2023

Yearbook of China's Forestry Intellectual Property

中国林业和草原知识产权年度报告

国家林业和草原局科技发展中心
国家林业和草原局知识产权研究中心 ▣编著

中国林业出版社
China Forestry Publishing House

图书在版编目(CIP)数据

2023中国林业和草原知识产权年度报告 / 国家林业和草原局科技发展中心,
国家林业和草原局知识产权研究中心编著. -- 北京：中国林业出版社, 2024.4
ISBN 978-7-5219-1290-6

Ⅰ. ①2… Ⅱ. ①国… ②国… Ⅲ. ①林业－知识产权－研究报告－中国－
2023②草原－知识产权－研究报告－中国－2023 Ⅳ. ①D923.404

中国国家版本馆CIP数据核字(2024)第068420号

策划编辑：刘家玲
责任编辑：甄美子

———————————————

出版发行：中国林业出版社
　　　　　（100009，北京市西城区刘海胡同7号，电话83143616）
电子邮箱：cfphzbs@163.com
网址：www.forestry.gov.cn/lycb.html
印刷：北京中科印刷有限公司
版次：2024年4月第1版
印次：2024年4月第1次
开本：889mm×1194mm 1/16
印张：20.5
字数：510千字
定价：69.00元

前　言

2023 年，国家林业和草原局深入学习贯彻习近平新时代中国特色社会主义思想和党的二十大精神，深入学习领会习近平总书记关于生态文明建设、知识产权保护工作和林草工作的重要指示批示精神，贯彻落实《知识产权强国建设纲要（2021—2035 年)》《"十四五"国家知识产权保护和运用规划》，深入实施知识产权强国战略，强化知识产权保护和运用，全面推进林草知识产权和植物新品种保护工作，为提升林草自主创新能力、加快林草行业发展方式转变、提高林草核心竞争力、促进林业和草原高质量发展提供了有力支撑和引领，林业和草原知识产权工作取得了新成绩，获得了新突破，迈上了新台阶。

2023 年，国家林业和草原局认真履行国家知识产权强国建设工作部际联席会议工作职责，积极推进《中华人民共和国植物新品种保护条例》修订工作。组织开展全国林业和草原知识产权宣传周系列活动，聚力提升林业和草原植物新品种权的审查质量和审查效率。加强林业和草原植物新品种权行政执法工作，实施林草专利技术和授权植物新品种转化运用项目，举办林草新品种及知识产权保护与管理培训班，推进林业和草原优良植物新品种转化运用和惠农工作，加强林业和草原知识产权基础数据库和信息共享平台建设。2023 年，国家林业和草原局科技发展中心（植物新品种保护办公室）共受理国内外植物新品种权申请 1906 件，较 2022 年增长 4.27%，授予植物新品种权 915 件，较 2022 年增长 40.55%。国家知识产权局中国专利数据库公开的林业相关专利共计 74191 件，其中林业科研院所的专利公开量为 2539 件，林业高等院校的专利公开量为 5557 件。

在认真回顾和总结 2023 年度林业和草原知识产权工作的基础上，国家林业和草原局科技发展中心组织编撰了《2023 中国林业和草原知识产权年度报告》，旨在通过对一年来林业和草原知识产权工作主要进展和成果的展示，让更多的人了解、关心和支持林业和草原知识产权工作，共同促进林业和草原知识产权的创造、运用、保护和管理，提升林业和草原知识产权公共服务水平，为加快推进现代林业和草原高质量发展提供有力支撑。

本报告资料系统、内容翔实，具有较强的科学性、可读性和实用性，可供林草行政管理部门和企事业单位的干部、科研和教学人员参考。

国家林业和草原局科技发展中心

2024 年 3 月

目　录

能力建设

国际合作

各地动态

统计分析

附表

概　述

2023 年，国家林业和草原局以实施国家知识产权战略为重点，贯彻落实《知识产权强国建设纲要（2021—2035 年）》《"十四五"国家知识产权保护和运用规划》，深入实施知识产权强国战略，强化知识产权保护和运用，全力推进林业和草原知识产权工作，有效提高了林业和草原知识产权创造、保护、运用、管理和服务水平，加快了林业和草原发展方式转变，增强了林业和草原核心竞争力，发挥了知识产权对推进林草现代化建设的支撑和保障作用。

1. 完善林业和草原知识产权管理制度与政策

持续推进《中华人民共和国植物新品种保护条例》修订工作，已正式按照程序报送国务院。组织开展林草植物新品种实质性派生品种制度研究，制定了枸杞、桂花、芦竹、樱桃 4 个品种实质性派生品种鉴定方法。国家林业和草原局公告（2024 年第 1 号）发布《中华人民共和国植物新品种保护名录（林草部分）（第九批）》，包括山姜属、罗布麻属和沉香属等 20 个属，自 2024 年 2 月 1 日起施行。至此，林草植物新品种保护名录累计涉及 313 个属（种），林草植物保护名录内容的大幅度增加有效满足了广大育种者申请新品种保护的迫切需求。

2. 加强林业和草原植物新品种权受理和审查工作

持续提升林草植物新品种受理审查的工作效率和服务水平。2023年，共受理国内外林草植物新品种权申请1906件，完成品种权申请初步审查1984件，组织完成植物新品种实质审查948件；发布植物新品种授权公告3批共915件。截至2023年年底，国家林业和草原局植物新品种保护办公室共受理国内外植物新品种申请10742件，授予植物新品种权4970件。

3. 推进林业和草原生物遗传资源多样性调查与评价工作

继续开展重要林草遗传资源多样性评价工作，对优质、珍稀和特有树种和林草资源遗传多样性进行调查与评价，挖掘优质林木遗传资源，拓宽遗传基础，研究提出遗传资源保护措施，明确遗传资源开发和利用方向。2023年，组织对新疆胡杨、贵州地宝兰、珍稀植物黑老虎等13项优质林木资源进行多样性调查与评价。

4. 促进林业和草原知识产权转化运用，推进植物新品种惠农工作

2023年，组织实施了"重瓣紫薇植物新品种'云裳'转化运用"等8项林草专利和授权植物新品种转化运用项目，对"水飞蓟素提取及纯化技术产业化开发"等43项林草知识产权转化运用项目进行了现场查定和验收。2011—2023年共组织实施了117项林草知识产权转化运用项目，其中97项林草知识产权转化运用项目通过了验收。对2011—2021年林草知识产权转化运用项目的实施情况进行了评估，"经济林PGPR[①]生物肥料专利技术产业化"等27个项目被评为知识产权转化运用优秀项目。

2023年，在全国20多个省（自治区、直辖市）开展了植物新品种惠农工作调研，进一步探索优良植物新品种转化运用和惠农模式，完成植物新品种惠农调研报告。充分发挥典型引领、榜样示范作用，组织开展优良林草植物新品种典型案例评选，从征集到的近70个案例中评选出典型案例13个，不断提升林草植物新品种的转化运用水平。

---

① PGPR为植物根际促生菌。

5. 开展林业和草原植物新品种行政执法工作

推进行政执法和司法衔接，制定《林草植物新品种保护行政执法管理办法（草案）》。强化植物新品种权执法保护，组织开展行政执法和专业技术培训，提高了执法人员的业务水平和办案能力，指导全国开展打击侵犯、假冒林草植物新品种权工作，强化了植物新品种行政执法工作的组织领导，加大了打击制售假冒伪劣林草种苗和侵犯植物新品种权行为工作力度。完成 2022 年打击侵权假冒绩效考核。配合法院等司法部门做好有关侵权案件的取证调查工作。

6. 完善林业和草原植物新品种测试体系

加强林草植物新品种测试体系顶层设计和布局研究，编制完成《林草植物新品种测试体系建设总体构想》。优化创新测试方式，依托昆明测试站开展社会化委托测试试点，着力破解测试能力不足、经费不足、方式单一等问题。加强测试平台建设，完成太平测试站、南昌测试站测试能力评估，新增樟属等 4 个属种测试，总体测试服务能力稳步提升。加强审查队伍建设，依托上海测试站组织开展两期 100 人次的现场审查专家技术培训。2023 年，组织林草植物新品种测试站对 657 个蔷薇属、杜鹃花属、绣球属、芍药属、山茶属申请品种开展田间测试工作，完成了 174 个品种的田间种植测试，提交正式测试报告。

7. 开展国际林业和草原知识产权动态跟踪与专利分析研究

跟踪世界各国林草知识产权动态，开展了澳大利亚森林遗传资源状况、法国森林遗传资源保护概况、欧盟植物新品种保护战略规划等研究。完成了马来西亚、阿尔及利亚、印度尼西亚、新加坡、缅甸、泰国 6 个国家的植物新品种保护制度研究。编印《林业知识产权动态》6 期，提供林业知识产权信息服务，为国际履约和谈判提供了技术支撑。开展林草重点领域专利情报分析研究，组织开展了林草生态修复技术、生物柴油、植物新品种基因编辑技术、松材线虫的专利分析研究。

8. 建设林业和草原知识产权基础数据库和共享平台

系统收集和整理了国内外与林草知识产权相关的主要科学数据和文献资料，完善和建设了林草专利、植物新品种权、林产品地理标志、知识产权动态等 15 个林草知识产权基础数据库，2023 年新增数据量 10 万条，累计数据量 180 万条。维护和管理中国林业知识产权网和林草植物新品种保护网，2023 年用户访问量超过 10 万人次，网站提供全年不间断、安全稳定的在线检索服务。"林业知识服务"微信公众号、微信小程序整合林草专利、授权植物新品种等知识产权数据资源，使用更为便捷和高效，解决了知识获取的时效性和地域性限制。

9. 开展国际履约与国际合作交流

积极派员参加国际植物新品种保护联盟（UPOV）2023 年度系列会议、第 16 届东亚植物新品种保护论坛会议、中欧知识产权工作组第二十六次会议，积极履行国际植物新品种保护公约，在国际舞台上展示中国形象、维护国家利益。参加联合国粮食及农业组织（FAO）森林遗传资源政府间技术工作组第七次会议，向 FAO 提交《第二次中国林木遗传资源国家报告》，在国际森林遗传资源保护管理利用中不断提高我国林草的影响力。

2023 年，启动银杏属国际植物新品种测试指南编制，同时推进枸杞属、木兰属国际植物新品种测试指南编制。截至 2023 年年底，我国专家共承担了山茶属、牡丹、丁香属、核桃属、木兰属、枸杞属和银杏属 7 项 UPOV 国际测试指南标准的制定，已完成山茶属、牡丹、丁香属、核桃属 4 项 UPOV 国际测试指南制定，并由 UPOV 发布实施，进一步提升了林草植物新品种国际标准话语权。

10. 加强林业和草原知识产权宣传培训

组织开展 2023 年全国林业和草原知识产权宣传周系列活动，制作"部长谈知识产权"、《新闻 2+1》知识产权宣传周特别节目"加强知识产权保护运用，加快知识产权强国建设"，在 UPOV 社交媒体平台发布中国优良林草植物新品种 4 个，在世界知识产权组织（WIPO）平台发布 4 位中国新品种保护优秀女性事迹。在国家林业和草原局政府网、国家知识产权网、中国林业知识产权网、中国林业信息网、林业专业知识服务系统、林草植物新品种保护网等主要网站登载或转载有关林草知识产权方面的报道80多篇，在《中国绿色时报》《中国花卉报》《中国知识产权报》上发表有关林草知识产权的重点报道40篇，开通2023年全国林草知识产权宣传周网站，出版《2022中国林业和草原知识产权年度报告》，扩大了林业和草原知识产权的影响力。

11. 林业和草原知识产权数量稳步增长，质量明显提升

随着林业和草原自主创新能力的不断增强，林业和草原植物新品种权、专利、商标、林产品地理标志、版权数量稳步增长，质量明显提高，知识产权对现代林业和草原发展的支撑作用日益明显。

截至2023年年底：

- 林业和草原植物新品种申请量10742件，授权量4970件。
- 林业相关专利公开量888320件，其中发明专利403408件。
- 草原相关专利公开量126227件，其中发明专利69560件。
- 林业科研院所专利公开量18481件，其中发明专利11696件。
- 林业高等院校专利公开量70772件，其中发明专利35380件。
- 林产品地理标志1687件。
- 林业和草原软件著作权18164项。

中华人民共和国植物新品种保护名录（林草部分）

（第九批）

国家林业和草原局公告

2024年第1号

　　根据《中华人民共和国植物新品种保护条例》《中华人民共和国植物新品种保护条例实施细则（林业部分）》的规定，现将《中华人民共和国植物新品种保护名录（林草部分）（第九批）》予以公布，自 2024 年 2 月 1 日起施行。

　　特此公告。

　　附件：中华人民共和国植物新品种保护名录（林草部分）（第九批）

国家林业和草原局

2024 年 1 月 2 日

附件：中华人民共和国植物新品种保护名录（林草部分）（第九批）

序号	种或者属名	学名
1	山姜属	*Alpinia* Roxb.
2	罗布麻属	*Apocynum* L.
3	沉香属	*Aquilaria* Lam.
4	槟榔属	*Areca* L.
5	木奶果属	*Baccaurea* Lour.
6	白及属	*Bletilla* Rchb. f.
7	橄榄属	*Canarium* L.
8	美人蕉属	*Canna* L.
9	龙血树属	*Dracaena* Vand. ex L.
10	野鸦椿属	*Euscaphis* Siebold & Zucc.
11	贝母属	*Fritillaria* L.
12	甘草属	*Glycyrrhiza* L.
13	伽蓝菜属	*Kalanchoe* Adans.
14	柯属	*Lithocarpus* Blume
15	木犀榄属	*Olea* L.
16	桔梗属	*Platycodon* A. DC.
17	地黄属	*Rehmannia* Libosch. ex Fisch. & C. A. Mey.
18	盐麸木属	*Rhus* L.
19	大岩桐属	*Sinningia* Nees
20	山香圆属	*Turpinia* Vent.

专项工作

完善林业和草原知识产权管理制度与政策

1. 履行部际联席会议成员单位职责

国家林业和草原局作为国家知识产权强国建设工作部际联席会议成员单位，认真履行部际联席会议成员单位职责，落实《关于强化知识产权保护的意见》《知识产权强国建设纲要（2021—2035 年）》《"十四五"国家知识产权保护和运用规划》《知识产权强国建设纲要和"十四五"规划实施年度推进计划》的各项分工任务，切实推进林草知识产权各项工作，并按要求完成"十四五"规划中期评估和国家林业和草原局 2023 年知识产权强国建设重点任务落实情况报告，顺利通过国家知识产权局联合中央宣传部、国家市场监督管理总局对国家林业和草原局 2023 年知识产权保护工作的检查考核。完成了《2022 年中国知识产权保护状况》白皮书、《中国知识产权年鉴（2022）》林草知识产权相关材料。

2. 持续推进《中华人民共和国植物新品种保护条例》修订工作

为贯彻落实中央种业振兴行动部署和新修改的《中华人民共和国种子法》有关要求，进一步加大种业知识产权保护力度，激励种业原始创新，国家林业和草原局完善植物新品种保护顶层设计，积极推进《中华人民共和国植物新品种保护条例》修订工作。

植物新品种权作为种业领域最重要的知识产权，是知识产权强国建设的重要任务之一。我国 1997 年颁布《中华人民共和国植物新品种保护条例》，建立植物新品种保护制度；1999 年，加入国际植物新品种保护联盟（UPOV）；2015 年，《中华人民共和国种子法》增设植物新品种保护专章；2021 年，修订《中华人民共和国种子法》，建立实质性派生品种制度。随着我国种业快速发展，特别是种业振兴行动深入实施，《中华人民共和国植物新品种保护条例》的部分条款已不能适应新形势、新要求，迫切需要从制度上提高植物新品种保护水平，加快推进种业自主创新和原始创新。本次条例修订全面衔接落实新修改的《中华人民共和国种子法》，打通植物新品种权创造、运用、保护、管理和服务全链条，更大力度加强植物新品种权保护，提升植物新品种和种业国际交流合作水平，为加快实现种业振兴提供了有力的制度保障。

3. 发布第九批林草植物新品种保护名录

为扩大林草植物新品种的保护范围，有效促进新品种创新和保护育种者的合法权益，满足育种者申请品种权保护需求，推动林草行业生态建设和产业高质量发展，筛选出山姜属、罗布麻属和沉香属等20个属，列入第九批林草植物新品种保护名录，自2024年2月1日起施行。林草植物新品种保护名录累计涉及313个属（种），林草植物保护名录内容的大幅度增加有效满足了广大育种者申请新品种保护的迫切需求。

4. 推动建立林草实质性派生品种（EDV）制度

2022年3月1日，新修改的《中华人民共和国种子法》正式施行，提出建立实质性派生品种制度。实质性派生品种制度主要是为了进一步鼓励育种原始创新，减少模仿性、修饰性育种。为了促使制度落地实施，需要在申请测试授权、进入市场、侵权维权等环节进行规范，品种权交易平台、品种价值评估体系等机制体系助力新品种产业发展也需进一步研究。

2023年国家林业和草原局科技发展中心（植物新品种保护办公室）组织开展了林草植物新品种实质性派生品种鉴定多核苷酸多态链（MNP）标记法研究，制定了枸杞、桂花、芦竹、樱桃4个品种实质性派生品种鉴定方法。力争在技术上、流程上、制度上层层突破，运用合适技术手段，推动实质性派生品种制度落到实处，对实质性派生品种制度实施步骤和办法作出规定，更好地激励原创育种和原始创新。（陈光、王地利、柳玉霞）

加强林业和草原植物新品种权受理和审查工作

国家林业和草原局植物新品种保护办公室全力做好林草植物新品种审批工作，持续优化审查流程，提高林草植物新品种权审查效率。升级优化"林草植物新品种保护管理系统"，完善数据库。2023年，国家林业和草原局植物新品种保护办公室共受理国内外林草植物新品种权申请1906件，较2022年增长4.27%。完成品种权申请网上初步审查1984件并公告，反馈修改意见1800次，初步审查反馈意见时间压缩至15天以内。

2023年，完善林草植物新品种现场审查专家库，进一步分类细化了审查专家擅长的属（种）及专业领域等信息，为科学高效组织开展现场审查工作提供支撑。中国林业科学研究院林业研究所、中国林业科学研究院亚热带林业实验中心、中国林业科学研究院亚热带林业研究所、黑龙江省林业科学研究所和江西省林业科学院等作为植物新品种实质审查组织单位，进一步完善了专家抽取和现场审查制度，提高了审查结果的严谨性、科学性和准确性。2023年，组织完成植物新品种实质审查948件，其中现场审查774件，田间测试174件，测试任务完成量创历史新高，较2022年增长41%，更好地适应了林草植物新品种申请量大幅增加的需求，为品种权申请人提供优质服务。

2023年，国家林业和草原局发布授权植物新品种公告3批，全年授权植物品种

915 件，较 2022 年增长 40.55%，其中：测试机构完成特异性、一致性和稳定性（DUS）测试 171 件，专家现场审查 744 件。对品种权申请、初审、授权及其他事项及时在"林草植物新品种保护网站"上公告，共发布了申请公告 6 批，申请撤回公告、品种名称变更公告、实质审查驳回公告、申请人变更公告、品种权人变更公告、品种权转让公告等事务公告 6 批，植物新品种授权公告（国家林业和草原局公告）3 批，确保了林草植物新品种审批和授权的公开、公正，审批规范、高效，接受社会的监督。

2023 年，国家林业和草原局植物新品种保护办公室完善向外国人转让植物新品种权和申请权办事指南，向 UPOV 提供了迄今为止最全的林草植物新品种保护名录信息，包含 8 批 293 个品种的中文名称、学名、UPOV 编码、常见英文名称等，完成了向 UPOV 报送我国 2022 年度林草植物新品种申请、授权、品种权统计等数据的工作，向 UPOV 新品种数据库填报了 651 件授权品种的详细信息，包括数据的整理、翻译和报送，以实现林草授权植物新品种数据的全球共享。

截至 2023 年年底，国家林业和草原局植物新品种保护办公室共受理国内外植物新品种申请 10742 件，授予植物新品种权 4970 件。（陈光、柳玉霞、刘源）

推进林业和草原遗传资源多样性调查与评价工作

为加强林业和草原生物遗传资源评价工作，提高林草遗传资源的保护和利用效率，落实《中国林业遗传资源保护与可持续利用行动计划（2015—2025）》，国家林业和草原局科技发展中心继续开展重要林草遗传资源多样性评价工作，对优质、珍稀及特有树种和林草资源遗传多样性进行调查与评价，挖掘优质林木遗传资源，拓宽遗传基础，研究提出遗传资源保护措施，明确遗传资源开发和利用方向。2023 年，组织对新疆胡杨、贵州地宝兰、珍稀植物黑老虎等 13 项优质林木资源进行多样性调查与评价。通过调查掌握重要林木遗传资源分布及收集、保存情况，研究建立遗传进化关系、观赏价值、应用价值和生态适应性的多样性分析与综合评价体系，提出遗传资源保护措施，挖掘特色基因并进行功能鉴定，明确遗传资源下一步开发和利用方向，为优良新品种选育提供特色育种材料，助力我国生态建设目标和乡村振兴战略实施。（马梅、杜冉）

开展林业和草原重点领域专利分析研究

专利文献的信息内容分析服务可以为科技创新寻找技术解决方案，使技术创新获得灵感，并能提高技术创新和科研的起点，同时避免重复研究、节约经费。因此，整合全球林业和草原专利信息资源，利用科学的专利分析方法挖掘全球林草技术情报，不仅能为林草技术创新指明方向，还能为国家政策制定、林产品国际贸易和国际谈判提供技术支撑。

国家林业和草原局知识产权研究中心引进了大为全球专利数据库、智慧芽

（Patsnap）等专利检索和分析工具。针对林草行业重大工程、重点领域和前沿技术进行动态跟踪和调查，对专利数据做统计和分析，聘请技术专家全程参与，采用定量和定性相结合的分析方法，运用数据挖掘技术和可视化技术，从海量、异构、分散的专利数据中挖掘和分析隐含的规律和发展趋势，掌握目标技术的专利分布情况和发展趋势、主要竞争对手和近年来的研究热点，剖析技术发展重点及空白点，判定知识产权风险及被侵权嫌疑，查明该领域现有的专利法律状态，重点防范已授权专利，密切关注已公开专利，积极利用失效专利，提出应对措施和方案，增强知识产权预警能力，为政策制定和破解林产品出口的技术贸易壁垒提供支撑。

2023 年，组织开展了林草生态修复技术、生物柴油、植物新品种基因编辑技术、松材线虫的专利分析研究。

1. 林草生态修复技术专利分析

地球上现存自然生态系统包括森林、草原、荒漠、湿地、河湖水域、海洋，其中小部分处在比较原始的状态，大多数处在不同的退化阶段。亟须以自然恢复与人工修复相结合的措施对遭到破坏的自然生态系统进行恢复与重建，即生态修复。实施生态修复是建设美丽中国的重要途径。林草生态修复技术专利分析表明：

（1）全球林草领域生态修复相关专利文献 937 件，其中授权专利 303 件（数据采集日期为 2023 年 2 月）。2013 年以前，林草生态修复相关专利的申请量和授权量增长缓慢且数量较少；2014 年以来，林草生态修复相关专利的申请量和授权量快速增长，特别是 2017 年以后更是迅猛增长，目前林草生态修复技术处于快速发展期。

（2）中国在林草生态修复技术领域的专利申请量、授权量和海外布局专利量方面处于世界第 1，其次是美国，其他国家专利量都较少。

（3）专利量排名前 10 位的申请人中，中国 9 个、美国 1 个，其中中国申请人以科研院所和高校为主，美国则以企业为主。专利量排名第 1 的是中国科学院新疆生态与地理研究所，专利技术主要涉及干旱区受损生态系统修复方法和草地生态修复方法；排名第 2 的是中国科学院西北生态环境资源研究院，专利技术主要涉及退化草地和沙漠化土地的生态修复方法；排名第 3 的是中国蒙草生态环境（集团）股份有限公司，专利技术主要涉及草原区荒废土地植被的养护、恢复方法和草原生态修复方法。

2. 生物柴油专利分析

生物柴油是一种以种植油料作物、野生油料作物或工程微藻等水生植物油脂以及动物油脂、废餐饮用油等可再生资源为原料，采用酯交换技术生产的一种新型的甲酯或乙酯燃料，是一种可取代一般柴油的清洁可再生绿色能源，具有低碳环保、燃油特性优良、可持续发展等特性。面对近年来石油等传统能源日益短缺，发展生物柴油已经成为各国政府和企业关心的问题，各国基于自身国情，以不同原料制备生物柴油，欧盟以菜籽油为主，美洲以大豆油为主，东南亚以棕榈油为主，中国奉行"不与人争粮"政策，主要采用废油脂为原料生产生物柴油。生物柴油专利分析表明：

（1）全球生物柴油相关专利文献 8218 件，其中授权专利 2448 件（数据采集日期为 2023 年 6 月）。生物柴油专利发展可以分为 3 个阶段：2002 年以前，生物柴油专利的申请量和授权量增长缓慢且数量较少；2003—2008 年，生物柴油专利的申请量和授权量快速增长；2009 年至今，申请量和授权量总体维持在稳定的水平上，但呈现缓慢下降趋势。

（2）中国在生物柴油领域的专利量最多，其次是美国；但是从海外专利布局量和发明授权量来看，美国具有明显的优势地位，其次是中国、德国、韩国、巴西、日本、英国。

（3）生物柴油专利申请人主要来自中国、印度、美国和巴西，排名前10位的申请人分别是中国石油化工股份有限公司、清华大学、印度科学与工业研究委员会、中国龙岩卓越新能源股份有限公司、中国唐山金利海生物柴油股份有限公司、美国埃克森研究工程公司、昆明理工大学、巴西石油公司、厦门卓越生物质能源有限公司和上海应用技术大学。

3. 植物新品种基因编辑技术专利分析

基因编辑技术作为一种基因工程技术，可以对生物体特定的基因进行修饰，包括基因的敲除、插入及替换，实现基因修复以及调控基因的表达，进而使生物体获得新的性状。与传统的转基因技术相比，基因编辑技术具有靶特异性、效率高、精确度高和周期短等特点，被广泛应用于诸多领域，在植物遗传育种及性状改良中也发挥着重要的作用，具有良好的应用前景。植物新品种基因编辑技术专利分析表明：

（1）全球植物新品种基因编辑相关专利申请量2318件，其中授权专利779件（数据采集日期为2023年10月）。2012年以前，植物新品种基因编辑专利几乎为零；2013年以来，专利申请量和授权量快速增长，特别是2017年以后更是迅猛增长，目前植物新品种基因编辑技术处于快速发展期。

（2）拥有专利量最多的国家是中国，其次是美国，其他国家拥有的基因编辑相关专利量较少。但从国际竞争力来看，美国遥遥领先，其拥有的海外专利量和有效发明授权量都是最多的，其次是中国、德国、日本和瑞士。

（3）专利量排名前10位的申请人中，中国7个、美国3个，其中美国的申请人均为跨国企业，他们在全球主要国家布局了大量专利，而中国则以科研机构和高校为主，专利申请大部分集中在国内。专利量排名第1的是美国的先锋国际良种公司，专利主要涉及大豆、玉米等品种基因改良、培育研究；排名第2的是中国农业科学院，专利主要涉及某一特定基因的作用以及通过基因编辑改良植物生长特性的方法；排名第3的是中国科学院，专利主要涉及基因编辑技术在植物育种中的应用。

4. 松材线虫专利分析

松材线虫是一种迁徙性植物内寄生线虫，是松材线虫病（又名松树枯萎病）的病原体。而松材线虫病是一种毁灭性森林病害，其能在短时间内使松属树种萎蔫、死亡，对中国在内的多个国家造成了严重的生态系统安全威胁和经济损失。由于松林在世界林业中占据较大比重，导致松材线虫病迅速蔓延，如何实现松材线虫病的有效防治成为全球共同关注的重点。松材线虫专利分析表明：

（1）全球松材线虫相关专利文献1341件，其中授权专利581件（数据采集日期为2023年12月）。松材线虫专利发展可以分为3个阶段：2005年以前，松材线虫专利的申请量和授权量增长缓慢且数量较少；2005—2015年，松材线虫专利的申请量和授权量呈波动增长，但总体维持在稳定水平；2016年至今，松材线虫专利的申请量和授权量迅猛增长。

（2）亚洲国家的松材线虫专利申请活动最为活跃，其中中国的专利量遥遥领先，其次是韩国和日本，其他国家拥有的松材线虫相关专利量较少。但是从海外专利布局量来看，韩国和日本较多，中国较少。

（3）松材线虫专利申请人主要来自中国和韩国，排名前10位的申请人分别是南京林业大学、韩国山林厅国立山林科学院、浙江农林大学、华南农业大学、云南大学、中国科学院动物研究所、南京生兴有害生物防治技术股份有限公司、北京林业大学、东北林业大学和山东农业大学。（马文君、王姣姣、李博）

开展国际林业和草原知识产权动态跟踪与履约研究

国家林业和草原局知识产权研究中心跟踪世界各国林草知识产权动态，重点开展国内外植物新品种保护、林业生物遗传资源获取与惠益分享的现状和发展趋势研究，组织专家进行信息采集、分析、翻译、编辑整理和综述，形成研究报告，提供林业知识产权信息服务，为国际履约和谈判提供了技术支撑。2023年，开展了澳大利亚森林遗传资源状况、法国森林遗传资源保护概况、欧盟植物新品种保护战略规划等研究。同时，针对"一带一路"和"东盟"国家的植物新品种保护制度进行了研究，完成了马来西亚、阿尔及利亚、印度尼西亚、新加坡、缅甸、泰国6个国家的植物新品种保护制度研究。

1. 澳大利亚森林遗传资源状况

根据《2021年澳大利亚森林遗传资源状况》，澳大利亚有1.32亿公顷的天然林和180万公顷的人工林，约有2500种乡土树种，主要为金合欢属（*Acacia*，约1000种）和桉树（桉属*Eucalyptus*、伞房桉属*Corymbia*和杯果木属*Angophora*，约800种）。联合国粮食及农业组织（FAO）将共计129种森林树种和杂交种列入澳大利亚的森林遗传资源清单，其中包括115种乡土树种和杂交种。这些树种不仅包括可用于生产木材制品的物种，还包括可用于食品、油料和饲料的树种。该清单中还包括一些标志性的和一些受威胁的澳大利亚森林树种。

澳大利亚将就地保护作为保护森林遗传资源的主要机制，但也包含一系列森林树木和其他植物物种的迁地保护计划。就地保护涉及多个保护体系：国家保护区系统（NRS）（澳大利亚正式的保护区网络体系）；根据《区域森林协定》制定的全面、充分和代表性的制度；为保护与合理利用多用途森林（包括用于木材生产的森林）中的澳大利亚天然林而制定的长期管理计划；以及私人土地的自愿正式保护协议。澳大利亚的森林物种迁地保护计划包括种子库、活体采集保存、保育林和种子园。种子库保存着FAO列出的澳大利亚森林遗传资源清单中的127个树种种子。基于联邦科学与工业研究组织（CSIRO）的澳大利亚林木种子中心是澳大利亚的主要种子库，也是森林树种种子的主要提供者。从商业性种子园和一些已转化为种子林的保护种植园也可以得到种子。其他一些种子库，包括通过澳大利亚种子库伙伴关系，也可以为保护、研究和植被恢复项目提供种子。

2. 法国森林遗传资源保护概况

自1989年以来，法国在国家森林遗传资源委员会（CRGF）的指导下，制定了保护森林遗传资源的国家计划。国家森林遗传资源委员会的成员来自中央行政部门、研究机构、公共和私人森林管理者、自然保护非政府组织和植物园，他们负责提出国家森林遗传资源保护计划的指导方针和优先事项。

近 10 年来，法国森林遗传资源保护单位逐年增加，截至 2019 年年底，已经达到 102 个，涉及 10 个树种，分别是欧洲冷杉（*Abies alba*）、欧洲山毛榉（*Fagus sylvatica*）、欧洲云杉（*Picea abies*）、海岸松（*Pinus pinaster*）、欧洲黑松（*Pinus salzmannii*）、欧洲赤松（*Pinus sylvestris*）、欧洲黑杨（*Populus nigra*）、无梗花栎（*Quercus petraea*）、无毛榆（*Ulmus glabra*）和欧洲白榆（*Ulmus laevis*）。法国森林遗传资源的异地保护地点共有 3 个，其中 2 个位于卡达拉舍（Cadarache）和盖梅内 - 庞福（Guemene-Penafao），由法国国家森林局（ONF）国家森林遗传资源中心（PNRGF）管理；另外 1 个位于贝勒加德（Bellegarde），由法国国家农业科学研究院（INRA）管理。迁地保护共涵盖 6 个树种（1648 个无性繁殖系个体），分别是赛文山脉黑松（*Pinus nigra* ssp. *salzmanii*）、胡桃（*Juglans regia*）、欧洲黑杨（*Populus nigra*）、欧洲大樱桃（*Prunus avium*）、榆属（*Ulmus*）、花楸果（*Sorbus domestica*）。法国森林遗传资源的动态异地保护设施（dynamic ex-situ devices）共有 5 个，涵盖 2 个树种，分别是欧洲冷杉（*Abies abla*）和欧洲大樱桃（*Prunus avium*）。

3. 欧盟植物新品种保护战略规划

欧盟植物新品种办公室(CPVO)网站 2022 年 11 月正式发布其 2026 年的愿景，即《欧盟植物新品种保护办公室战略规划(2022—2026 年)》(以下简称《战略规划》)。《战略规划》提出了一个总体愿景，并概述了 CPVO 未来几年内的优先和重点发展领域。该规划也是 CPVO 绩效管理框架的关键要素，有助于确保 CPVO 能够以更高效和更协调的方式实现目标。

《战略规划》提出的战略目标主要有 3 个：一是追求卓越运营，旨在不影响质量的情况下，最大限度地减少流程浪费，并为客户提供最大的服务价值；二是建立植物新品种权的价值链，旨在进一步优化服务范围，以提供一套丰富的、全面的、简便服务，即"一站式植物新品种服务"；三是形成与目标相符的法律和政策框架，旨在修订《欧盟植物新品种保护条例（第 2100/94 号)》，以使得法律法规适应植物新品种保护和育种创新的新发展和新变化。

4. 马来西亚植物新品种保护概况

马来西亚政府已经意识到植物新品种保护对国家发展的重要性。马来西亚是世界贸易组织（WTO）成员和《与贸易有关的知识产权协定》(TRIPS）的签署国，该协定第 27.3（b）条规定，成员国应通过专利或有效的独特制度或通过这两者的组合来保护植物品种。因此，马来西亚能够通过引入植物新品种保护立法来履行 TRIPS 协定第 27.3（b）条的义务。马来西亚目前尚未加入国际植物新品种保护联盟（UPOV）。马来西亚植物新品种保护制度是依据《植物新品种保护法（2004 年)》（PNPV Act 2004）实施的。此外，马来西亚农业部还发布了《植物新品种保护条例（2008 年)》和《植物新品种申请及注册行政指南（2008 年)》。

根据《植物新品种申请及注册行政指南（2008 年)》，马来西亚对菊花、兰花、百合、红掌、非洲菊、木瓜、番石榴、杧果、菠萝、油棕、可可、黑胡椒、橡胶、水稻、金合欢、柚木、非洲桃花心木、南洋楹、八果木、黄梁木 20 类植物提供优先保护，对其他植物新品种申请的处理取决于是否具备相关技术和数据，相关部门可能需要较长的时间来处理此类申请。

5. 阿尔及利亚植物新品种保护概况

阿尔及利亚是非洲北部马格里布的一个国家，目前尚未加入国际植物新品种保护联盟（UPOV）。阿尔及利亚立法机构将保护植物资产和植物新品种的任务交给了国家植物技术管理局。立法机构根据有关种子和种苗以及保护植物资产的法律的第 4 条，对管理机构的权责进行了明确说明，规定"应与农业部一起设立国家植物技术管理机构，负责以下工作：认证新品种的种子和种苗，监督其生产、销售和使用条件，以及保护植物资产"。

国家植物技术管理局由国家种子和种苗委员会构成，该委员会主要包括专业委员会和技术检查人员。国家种子和种苗委员会负责监督该机构的植物资产保护工作，第 06-24627 号行政法令对其权力、组成和工作内容进行了规定。国家技术主管部门在植物新品种权整个保护期内继续进行控制，这被称为品种保护控制，权利所有人必须向国家主管部门提交文件和样品，以保存该品种。如果出现权利先行终止的情况，将导致植物新品种保护权利的丧失。

6. 印度尼西亚植物新品种保护概况

印度尼西亚植物新品种相关的法律法规包括：第 29/2000 号法规《植物新品种保护法》及《关于植物新品种保护法的解释性说明》、第 14/2004 号条例《关于植物新品种权的权利转让以及受保护品种使用的要求和程序》、第 121/2013 号条例《农业部长关于植物新品种权的授权要求和程序》。这些法律法规也是印度尼西亚为满足《生物多样性公约》《植物新品种保护国际公约》和《与贸易有关的知识产权协定》的需要而制定的，这些公约要求成员国如印度尼西亚，在知识产权领域建立法律法规进行保护，包括植物新品种。印度尼西亚目前尚未加入国际植物新品种保护联盟（UPOV）。

印度尼西亚农业部植物新品种保护与许可中心（PVTPP Center）是植物新品种的主管部门，对所有植物品种给予保护，截至 2022 年年底已经授予 616 个植物新品种权，授权要求包括特异性、一致性、稳定性、新颖性、命名恰当，保护范围包括种子和收获材料。育种者权利范围包括：生产或繁殖、为繁殖目的做准备、广告、发售、出售或交易、进口、出口、为上述活动存储授权品种。

7. 新加坡植物新品种保护概况

新加坡于 2004 年 7 月 30 日正式加入 UPOV 公约 1991 年文本。在新加坡，一个植物品种可以同时受到植物新品种保护和专利保护，只要满足每个保护制度的要求即可。《植物新品种保护法》及其附属法规（包括《植物新品种保护条例》）构成了新加坡植物新品种保护的立法。新加坡《植物新品种保护法》于 2004 年颁布，只有特定的蔬菜、胡姬花、水生植物及观赏植物品种共 15 种，受到植物新品种保护；2014 年，新加坡国会通过《植物新品种保护（修正）法》，将植物新品种保护范围扩大至所有植物属种。

在植物新品种保护制度下，保护范围扩大到：①任何主要来源于受保护植物品种的植物品种（称为"原始植物品种"）；②与原始植物品种没有区别的任何植物品种；③生产此类植物品种需要重复使用原始植物品种的任何植物。如果满足以下条件，可以认为一个植物品种是"实质性派生品种"：①主要从原始品种派生而来，或主要从原始品种派生的品种派生而来；②保留了原始植物品种的基因型或基因型组合所产生的基本特征的表达，但派生过程产生的差异除外；③与原始植物品种有明显的区别。

8. 缅甸植物新品种保护概况

缅甸于 2019 年颁布了新的《植物新品种保护法》，取代了 2016 年的植物新品种保护法。新法实施后，政府鼓励私营公司、协会、组织和个体植物育种者申请植物新品种保护，以增加国家农作物产量。目前，缅甸还不是 UPOV 的成员。

国家植物新品种保护中央委员会负责新品种权申请的受理、审查和其他植物新品种保护的相关工作。中央委员会经联邦政府批准成立，由缅甸农业、畜牧和灌溉部副部长担任主席，农业研究司司长担任秘书，成员包括所有相关部委的相关部门和组织的相关人员及专家代表。缅甸农业、畜牧和灌溉部农业研究司的植物新品种保护处负责植物新品种注册事宜。要在缅甸申请植物育种者权利，应向植物新品种保护处提交植物新品种申请和技术调查问卷，植物新品种保护处审查技术调查问卷并确定该植物是否符合新品种资格。新品种审查采用以下 4 种方式之一，具体采用哪种方式由中央委员会决定：①在缅甸进行新品种种植的正式田间试验；②植物新品种保护处对繁殖场进行现场检查；③审查申请人所在国官方机构的测试报告；④购买植物新品种保护处的测试报告。

9. 泰国植物新品种保护概况

泰国于 1999 年颁布了《植物新品种保护法》，以履行其在世界贸易组织（WTO）的知识产权承诺。目前，泰国还未加入 UPOV，未能加入的原因是泰国《植物新品种保护法》中的条款与 UPOV 公约 1991 年文本不一致。泰国于 2010 年以来一直尝试修订《植物新品种保护法》，2017 年新修正案草案在网上征求公众意见。目前，尚不清楚这项新的修正案草案何时或是否会颁布。

泰国植物新品种保护的主管部门是农业和合作社部。《植物新品种保护法》旨在激励植物育种以及植物和种质的保护。该法将植物品种分为 4 类，包括本地国产植物品种、野生植物品种、一般国产植物品种和植物新品种。对于通过基因改造获得的植物新品种，只有在农业部或植物新品种保护委员会指定的机构经过环境、健康或公共福利安全评估，才能登记为植物新品种。虽然许多其他国家的植物新品种保护法涵盖所有属和种，但并非所有植物品种都有资格受到泰国法律的保护。农业和合作社部植物新品种保护部门会不定期公布可以受到保护的植物新品种名录。未进入保护名录的植物品种寻求保护时，需要寻求当地法律顾问的建议。（马文君）

转 化 运 用

促进林业和草原知识产权转化运用

为深入贯彻实施国家知识产权战略，促进林业和草原专利技术和植物新品种转化应用，推动林草产业转型升级，国家林业和草原局科技发展中心在地方林业和草原主管部门和有关单位推荐的基础上，经过专家评审，2011—2023 年期间组织实施了 117 项林草知识产权转化运用项目，有 97 项林草知识产权转化运用项目通过了验收。国家林业和草原局科技发展中心围绕林草重点产业发展对新技术的需求，优选林草专利技术和授权植物新品种成果，开展林草知识产权转化运用。通过工艺完善及技术组装配套，进一步熟化专利技术，进行中试和产品开发，形成完整的技术体系和产品线，建立林草专利产业化示范基地，促进了专利技术产业化运用。对授权新品种进行繁殖、培育、区域试验和示范，构建授权植物新品种繁育和栽培体系，促进了授权植物新品种转化应用。

1. 实施 8 项林草知识产权转化运用项目

2023 年，国家林业和草原局科技发展中心落实我为群众办实事，推进广西罗城三叶木通新品种转化应用项目助力乡村振兴。组织实施了"重瓣紫薇植物新品种'云裳'转化运用"等 8 项林草专利和授权植物新品种转化运用项目（表 1）。

表 1　2023 年林草知识产权转化运用项目

序号	项目名称	承担单位	负责人
1	重瓣紫薇植物新品种'云裳'转化运用	广西壮族自治区林业科学研究院	林茂
2	金银花植物新品种'丰蕾'转化运用	湖南省林业科学院	曾慧杰、李永欣、陈艺
3	白榆植物新品种'冀榆 3 号'转化运用	河北省林业和草原科学研究院	郑聪慧

(续)

序号	项目名称	承担单位	负责人
4	'余霞散绮'等5个牡丹植物新品种转化运用	甘肃省林业科技推广站	何丽霞
5	皂荚植物新品种'豫皂1号'在黄河中下游区域转化运用	河南省林业科学研究院	刘艳萍、范定臣
6	核桃植物新品种'楚林保魁'转化应用	湖北省林业科学研究院	徐永杰
7	"松脂分泌诱导组合物、松树疏伐药物以及松树疏伐方法"专利转化运用	广东省林业科学研究院	郭文冰、龙永彬
8	"一种提高大花红景天成苗率的育种方法"专利转化运用	四川省草原科学研究院	赵文吉、何正军

2.43项林草知识产权转化运用项目通过验收

2023年，国家林业和草原局科技发展中心组织专家对"水飞蓟素提取及纯化技术产业化开发"等43项林草知识产权转化运用项目进行了现场查定和验收。项目均完成了合同规定的任务和考核指标，取得了良好的社会经济效益，促进了林草专利技术和授权植物新品种的产业化应用（表2）。（陈光、王地利、王忠明）

表2　2023年通过验收的林草知识产权转化运用项目

序号	立项年份	项目名称	承担单位	负责人
1	2017	水飞蓟素提取及纯化技术产业化开发	大兴安岭林格贝寒带生物科技股份有限公司	段华锋
2	2017	龙脑樟地理标志产品产业化推广	江西林科龙脑科技股份有限公司	欧阳少林、彭小海
3	2017	白蜡新品种繁育专利技术产业化	山东省林业科学研究院	吴德军
4	2017	仰韶牛心柿的产业化推进与示范	河南省林业科学研究院	丁向阳
5	2017	榆林沙区煤矸石山快速复垦治理技术转化与示范	陕西省治沙研究所	赵国平
6	2017	南京椴繁殖磁处理专利技术	南京林业大学	史锋厚
7	2018	杉木优良新品种'鄂杉1号'规模化无性繁殖与转化运用	湖北省林业科学研究院	杜超群、许业洲
8	2018	油茶果剥壳清选生产线推广	湖南省林业科学院	陈泽君、康地、马芳
9	2018	智能林火视频监测系统产业化推广	广东省林业科学研究院	李小川、周宇飞
10	2019	文冠果新品种区域试验与示范	中国林业科学研究院林业研究所	王利兵
11	2019	一种新型二维网架结构地热地板和制造技术示范与应用	黑龙江省木材科学研究所	王宏棣
12	2019	'豫皂2号'皂荚新品种示范与推广	河南省林业科学研究院	刘艳萍
13	2019	'鲁白杨1号'新品种转化应用	山东省林业科学研究院	李善文
14	2019	南洋楹无性系组织培养规模化生产体系建立	广东省林业科学研究院	晏姝

（续）

序号	立项年份	项目名称	承担单位	负责人
15	2019	杉木优良种质无性扩繁中试及应用造林	广西壮族自治区林业科学研究院	陈琴、戴俊
16	2019	杜仲胶高效提取技术产业化推进与示范	中国林业科学研究院经济林研究所	孙志强
17	2019	沙棘新品种'红棘1号'示范和推广	中国林业科学研究院沙漠林业实验中心	罗红梅
18	2019	'辽瑞丰'核桃授权新品种转化	辽宁省经济林研究所	赵宝军
19	2019	海棠新品种'粉芭蕾'快繁与栽培示范	南京林业大学	谭鹏鹏、张往祥
20	2019	杜仲叶林丰产栽培技术及其精粉产品产业化开发	西北农林科技大学	朱铭强
21	2019	绿色家居用材加工专利技术产业化	中南林业科技大学	张仲凤
22	2019	人造板用防水级大豆蛋白胶剂制备方法的产业化	东北林业大学	高振华
23	2019	压力蒸汽热处理竹束制造户外竹重组材产业化示范	南京林业大学	李延军
24	2019	应用2n配子创造三倍体芍药新品种	北京林业大学	于晓南
25	2020	森林草原防火灭火指挥管理智慧平台转化应用与示范	昆明龙慧科技有限公司	隋永利
26	2020	生态养虾用茶粕专利技术转化应用与示范	湖南淳湘农林科技有限公司	喻应辉
27	2020	文冠果新品种'圆大硕种'等转化运用及示范	彰武县德亚文冠果专业合作社	崔天鹏
28	2020	锦带花优良植物新品种区域转化运用与示范	黑龙江省森林植物园	马立华
29	2020	容器微灌系统套装安装工具的转化应用与示范	河北省林业和草原科学研究院	赵广智
30	2020	'雪凝红'核桃新品种转化运用及示范	贵州省核桃研究所	侯娜
31	2020	林下种植大百合技术转化应用与示范	广西壮族自治区林业科学研究院	赵志珩
32	2020	油橄榄轻基质扦插育苗方法转化应用与示范	甘肃省林业科学研究院	陈炜青
33	2020	林业剩余物制备生物质燃气联产炭技术转化运用	中国林业科学研究院林产化学工业研究所	许玉
34	2020	木塑复合材料阻燃关键技术转化应用与示范	东北林业大学	宋永明
35	2020	杜仲胶高效连续提取分离技术	北京林业大学	樊永明
36	2020	干旱区无灌溉造林技术转化应用与示范	石河子大学	宋于洋

（续）

序号	立项年份	项目名称	承担单位	负责人
37	2020	'金王1号'和'金公主1号'丰产型文冠果新品种转化运用及示范	北京林业大学	关文彬
38	2021	龙丰1、2号杨新品种转化运用	黑龙江省林业科学院	王福森
39	2021	美人椒花椒新品种标准化栽培转化运用	四川省林业科学研究院	吴宗兴
40	2021	生物质多羟基土壤修复材料的关键制备技术转化运用	东北林业大学	黄占华
41	2021	"一种木耳挂袋栽培的方法"在贵州荔波县的转化运用	东北林业大学	邹莉
42	2021	华桉3号新品种转化运用	华南农业大学	莫晓勇
43	2021	青海高寒荒漠地区小叶杨优良抗逆新品种转化运用	北京林业大学	张德强

开展林草知识产权转化运用项目评估工作

2023年年底，国家林业和草原局知识产权研究中心组织对2011—2021年林草知识产权转化运用项目的实施情况进行了评估。

为深入贯彻实施国家知识产权战略，促进林业和草原专利技术和植物新品种转化应用，推动林草产业转型升级，国家林业和草原局科技发展中心在地方林业和草原主管部门和有关单位推荐的基础上，经过专家评审，2011—2021年期间组织实施了99项林业知识产权转化运用项目，97项通过了验收。97个验收项目分别进行了专利技术熟化、授权新品种和地理标志培育，共建成生产线62条、示范基地112处；新申请发明专利80件，实用新型专利36件；制定标准22项、生产技术规程（手册）27项；实现专利技术和授权新品种转让19次；11个项目进行了辐射推广应用；44个项目形成最终的终端产品，进入市场销售，实现产品化应用。

项目评估按照项目产出与项目投入进行。项目投入主要是项目经费和授权的专利、授权新品种数量。项目产出按以下方式赋分：专利技术熟化占50分、建成1条生产线占30分、1个示范基地占30分、申请1项发明专利占10分、1项实用新型专利占5分、苗木生产占15分、1项标准制定占10分、1项技术规程（手册）占5分、辐射推广占10分、技术转让15分、产品化应用占20分。每个项目的评估值按照项目产出进行加权统计。项目评估结果按照项目产出评估值与投入经费之比计算。97个项目评估结果的平均值为6.12，最高值为13.50，最低值为3.00。根据评估结果7.00以上的27个项目为知识产权转化运用优秀项目，其中：专利项目21个，授权新品种项目6个（表3）。

表3 2011—2021年林草知识产权转化运用优秀项目

序号	项目名称	承担单位	评估结果
1	经济林PGPR生物肥料专利技术产业化	山东省林业科学研究院	13.50
2	林木抗冻剂生产技术体系配套与完善	黑龙江省林业科学研究所	12.50
3	纤维化单板重组木制造技术	中国林业科学研究院木材工业研究所	11.00
4	红花玉兰新品种'娇红1号''娇红2号'产业化示范与推广	北京林业大学	10.75
5	文冠果新品种区域试验与示范	中国林业科学研究院林业研究所	10.75
6	平衡根系轻基质容器育苗专利技术产业化开发	山东省林业科学研究院	10.50
7	马尾松优良种群组培无性化育苗技术中试	广西壮族自治区林业科学研究院	10.25
8	风机叶片用竹木复合材料加长技术	国际竹藤中心	10.00
9	森林草原防火灭火指挥管理智慧平台转化应用与示范	昆明龙慧科技有限公司	10.00
10	南京椴繁殖磁处理专利技术	南京林业大学	9.75
11	林用专化性白僵菌菌剂产业化关键技术研发与示范	福建省林业科学研究院	9.33
12	叶用枸杞'宁杞9号'产业化示范	国家林业和草原局枸杞工程技术研究中心、宁夏林业研究院股份有限公司	9.00
13	海棠新品种'粉芭蕾'快繁与栽培示范	南京林业大学	8.75
14	木塑复合工程材料系列专利推广应用	中国林业科学研究院木材工业研究所	8.50
15	杜仲叶林丰产栽培技术及其精粉产品产业化开发	西北农林科技大学	8.50
16	绿色家居用材加工专利技术产业化	中南林业科技大学	8.25
17	防火耐水生态秸秆复合材料低碳制造关键技术示范	中南林业科技大学	8.00
18	杉木优良新品种'鄂杉1号'规模化无性繁殖与转化运用	湖北省林业科学研究院	8.00
19	人造板用防水级大豆蛋白胶剂制备方法的产业化	东北林业大学	8.00
20	薄壳山核桃容器嫁接苗培育技术	云南省林业科学院	7.75
21	杂交相思新品种'赤云相思'推广与示范	广西壮族自治区林业科学研究院	7.75
22	白蜡新品种繁育专利技术产业化	山东省林业科学研究院	7.75
23	细木工板生产技术及产业化开发项目	湖南福湘木业有限责任公司	7.50
24	石竹复合墙体加工及构件组装的产业化应用技术	国际竹藤中心	7.25
25	户外高耐竹材专利技术产业化推进	浙江大庄实业集团有限公司	7.00
26	压力升降式育苗床产业化示范	广西壮族自治区林业科学研究院	7.00
27	生物质多羟基土壤修复材料的关键制备技术转化运用	东北林业大学	7.00

评估报告遴选了林草知识产权转化运用的 10 个典型案例，分析了林草知识产权转化运用存在的主要问题，提出了促进林草知识产权转化运用的对策措施：一是完善林草知识产权转化运用激励政策；二是建设全国林草知识产权运营服务平台；三是实施林草知识产权惠林工程。

典型案例 1：经济林 PGPR 生物肥料专利技术产业化

山东省林业科学研究院应用"一株樱桃根际促生假单胞菌及其应用"（ZL201110376284）、"冬枣专用微生物菌剂、生物有机肥及其制备方法"（ZL201210501532.4）等 8 项专利技术，进一步熟化经济林 PGPR 筛选技术和新型生物肥料生产工艺，筛选适合冬枣、蓝莓、苹果等经济林树种的 PGPR 菌株 10 株，在山东农业大学和山东省林业科学研究院建立经济林 PGPR 菌种资源库 2 处。在山东德州创迪微生物资源有限公司建成液体菌剂二级和三级发酵中试生产线各 1 条，固体微生物肥料中试生产线 1 条，年生产能力 1 万吨。在山东滨州、济南、烟台、青岛建立经济林新型生物肥料中试示范基地 4 处，示范基地面积 6200 亩[①]。申请发明专利 1 项。

典型案例 2：红花玉兰新品种'娇红 1 号''娇红 2 号'产业化示范与推广

北京林业大学开展了红花玉兰新品种'娇红 1 号''娇红 2 号'嫁接育苗、大苗培育、病虫害防治等技术示范，形成了红花玉兰产业化示范推广技术体系。在北京鹫峰、湖北渔阳关镇建立'娇红 1 号''娇红 2 号'嫁接繁育示范基地 85 亩，繁育'娇红 1 号'苗木 31.8 万株、'娇红 2 号'苗木 11.5 万株。在湖北渔阳关镇、当阳镇建立大苗培育示范基地 100 亩，繁育苗木 1 万株。带动当地农民发展嫁接苗木繁育基地 300 亩，大苗培育基地 1800 亩，繁育苗木 43 万株。举办产业化配套技术培训班 2 期，培训 700 人次，建立苗木产业化科技示范户 15 户。编制技术标准 2 项，申请发明专利 1 项，出版专著 1 部。

典型案例 3：文冠果新品种区域试验与示范

中国林业科学研究院林业研究所应用授权新品种'中石 4 号'（品种权号：20180121）和'中石 9 号'（品种权号：20180122），构建了不同区域文冠果新品种的丰产栽培技术体系，建成了文冠果新品种丰产示范园 5 个，分别处于科尔沁沙地南缘（辽宁省阜新市彰武县 60 亩）、库布齐沙漠（内蒙古自治区鄂尔多斯市杭锦旗 160 亩）、秦巴山区（甘肃省陇南市徽县 60 亩）、毛乌素沙地（陕西省榆林市 20 亩）、大兴安岭南麓（内蒙古自治区通辽市开鲁县 60 亩）。2020 年，文冠果新品种的产量均是对照的 2 倍以上。通过品种权授权许可的方式进行了成果转化，进一步扩大推广面积，促进企业发展、林农增收，改善"三北"地区的生态环境。

典型案例 4：森林草原防火灭火指挥管理智慧平台转化应用与示范

昆明龙慧科技有限公司应用"一种基于大数据挖掘的集成化森林防火信息化系统"（ZL201610271102.6）发明专利技术，进行技术熟化，开发了森林草原防火灭火指挥管理智慧平台，提供火情监测、火险预警、护林员（扑火队）管理、扑火指挥、通信调度、航空管理、风险隐患排查等业务模块，业务功能完成率 95% 以上。在应急管理部、北京市、云南省、广西壮族自治区等森林防灭火工作中得到推广应用，建成了应急管理部森林消防局森林消防指挥调度系统（局、总队、支队、大队、中队）、北京市应急

---

① 1 亩 =1/15 公顷，下同。

管理局森林灭火指挥调度系统（局、总队、大队）、云南省森林防火指挥系统（省、市、县）、广西壮族自治区森林防火通信系统（区、市、县），系统的全年无故障运行时间达到99.5%以上。

典型案例5：叶用枸杞'宁杞9号'产业化示范

国家林业和草原局枸杞工程技术研究中心、宁夏林业研究院股份有限公司应用授权新品种'宁杞9号'，开展叶用枸杞新品种种苗繁育、绿色高效栽培、水肥一体化精准施肥、标准化产品采收管理等技术熟化与示范，形成了叶用枸杞高效栽培技术体系。在宁夏永宁、陕西杨凌建立叶用枸杞'宁杞9号'标准化栽培示范基地2131亩，种苗定植成活率达93%以上，建园当年产量达300千克/亩以上，第二年平均产量达600千克/亩以上。叶用枸杞'宁杞9号'在山西朔州、南京江陵等地授权转化应用，自主开发的森淼天精菜鲜菜、即食芽菜、芽茶、芽菜饼干、芽菜面等系列新产品，已进入市场销售。编写了《叶用枸杞'宁杞9号'高效繁育与栽培技术手册》，授权实用新型专利3项。

典型案例6：防火耐水生态秸秆复合材料低碳制造关键技术示范

中南林业科技大学应用"一种低成本高效木材阻燃剂"（ZL201110242942.7）、"一种低成本高强阻燃抑烟人造板无机胶黏剂及其制备方法"（ZL201410114444.8）、"一种非木质植物纤维增强无机复合材料制造方法"（ZL201210040041.1）等核心专利技术，进行集成创新、技术熟化和产业化推广，研发无醛防火硅镁系无机胶黏剂及其高效制备、秸秆/无机材料界面调控和防火耐水生态秸秆复合材料自加热成形3项新技术，研制应用于家具、地板、室内装修及建筑墙体等领域的高附加值环保防火系列材料，产品高强耐水、防霉防腐、无甲醛释放，防火等级最高达到A2级。在江苏连云港保丽森实业有限公司建成3万立方米/年阻燃耐水秸秆基家具室内装饰用复合材料示范生产线1条、江苏木易阻燃科技股份有限公司建成2万立方米/年防火耐水生态秸秆基地板用复合材料示范生产线1条、湖北省福江集团有限公司建成1.5万立方米/年防火耐水生态秸秆基轻质防火门及墙体用复合材料示范生产线1条，新增产值达4000万元/年。申请发明专利8件。

典型案例7：杉木优良新品种'鄂杉1号'规模化无性繁殖与转化运用

湖北省林业科学研究院开展了'鄂杉1号'规模化无性繁殖及集约栽培技术研究，形成了'鄂杉1号'设施化、标准化、规模化利用技术体系。在湖北省林业科学研究院九峰试验林场营建采穗圃1.2亩，改造半自动化育苗设施768平方米，建成轻基质容器生产线1条，繁育轻基质容器苗6.3万株，1年生容器苗平均苗高15.4厘米，营建试验示范林20亩，林分保存率90.2%，2年生平均树高138厘米；在罗田县林业科学研究所小塔山改建大树基部萌条采穗圃20亩；在咸宁市贺胜桥镇、钟祥市盘石岭林场推广营造高密度、短轮伐期试验示范林100亩。编制《'鄂杉1号'繁育与栽培技术手册》，举办培训班2期，培训相关技术人员116人次。

典型案例8：人造板用防水级大豆蛋白胶剂制备方法的产业化

东北林业大学应用了"人造板用防水级大豆蛋白胶黏剂及其制备技术"（ZL201510038624.7）发明专利技术进行熟化和中试，形成了适于产业化生产应用的防水级大豆蛋白胶黏剂配套制备技术。在广西融安中科朝露材料科技有限公司建成了大豆基胶黏剂改性剂生产线1条，生产大豆基胶黏剂7950吨。使用该大豆基胶黏剂生产的胶合板经第三方检测，达到国家标准 GB/T 9846—2015 的 I 类胶合板，甲醛释放量达到 GB/T 39600—2021 的 E_{NF} 级要求。获授权发明专利 3 项，在宁波中科朝露新材料有限公司和浙江衢州博蓝装饰材料有限公司进行转化应用。

典型案例 9：杂交相思新品种'赤云相思'推广与示范

广西壮族自治区林业科学研究院开展了授权新品种'赤云相思'无性扩繁技术研究，熟化了杂交相思无性系扦插育苗技术，形成了'赤云相思'扦插育苗技术体系。在玉林市陆川县林场、田东县百笔林场、广西国有高峰林场建成'赤云相思'试验示范林 205.8 亩，种植成活率达 96.2%，植株保存率达 93%，1.5 年生'赤云相思'平均树高和胸径分别为 5.78 米和 5.72 厘米。制定《杂交相思丰产栽培技术手册》1 套，授权发明专利 1 件，申请新品种 2 件，注册"广林杂交相思"商标 1 个，培训人员 130 人次。

典型案例 10：户外高耐竹材专利技术产业化推进

浙江大庄实业集团有限公司应用"竹重组型材及其制造方法"（ZL200810093764.4）发明专利技术，研制出了适用"竹材热改性"胶合用的低苯酚环保型户外耐候性树脂，实现 2 小时沸水吸水厚度膨胀率 ≤ 5%，筛选出了可延缓户外高耐竹材褪色的户外环保型水性涂料，提升了产品耐候性能。在福建庄禾竹材有限公司和资溪县大庄竹木制品有限公司进行工艺完善和技术组装配套，建成了年产 60 万平方米的户外高耐竹材生产线，产品已成功应用于千岛湖珍珠广场、南京青年奥林匹克运动会、北京大都会，以及美国、欧洲等国内外景观工程，取得了良好的经济效益和社会效益。"竹重组型材及其制造方法"获得了美国、新加坡、澳大利亚、马来西亚 4 个国家和欧洲专利局的专利授权，负责起草了"户外重组竹材"和参与制定了"重组竹地板"2 项国家标准。（王忠明、陈光、王地利、马文君）

推进林业和草原植物新品种惠农工作

植物新品种权对于保护育种者权益、激励育种创新、壮大种苗产业、推动林业和草原发展、实施精准扶贫等具有举足轻重的作用。授权植物新品种转化应用是展示新品种生产潜力、发挥新品种效益的重要途径。促进植物品种权转化运用，防止植物新品种"闲置"，是促进林草高质量发展和保障育种人权益的基础。

1. 开展植物新品种惠农调研工作

2023 年，国家林业和草原局科技发展中心在全国 20 多个省（自治区、直辖市）开展了植物新品种惠农工作调研，进一步探索优良植物新品种转化运用和惠农模式，组织开展"完善植物新品种测试体系，推进林草植物新品种惠农"重点调研工作，调研湖北红花玉兰、芦竹、山东白蜡、广东樱花、四季茶花、山西米槐等林草植物新品种推动区域产业发展和惠农情况，并完成植物新品种惠农调研报告。

2. 评选林草植物新品种惠农典型案例

为进一步探索优良植物新品种转化运用模式，充分发挥典型引领、榜样示范作用，在广泛征集全国林草植物新品种惠农典型案例的基础上，2023 年组织开展了优良林草植物新品种典型案例评选，经过初筛、自评、专家评审等流程，从征集到的近 70 个案例中评选出典型案例 13 个，从中优选 5 项，不断提升林草植物新品种的转化运用水平。

（1）红花玉兰新品种"三新"产学研惠农模式

红花玉兰花色艳丽多姿，具有极高的观赏、用材和药用等价值。北京林业大学红花玉兰课题组历经 17 年不懈努力，通过选育红花玉兰新品种、攻克红花玉兰全产业链新技术体系、建立"研发团队＋龙头企业＋合作社＋农户"的"三新"产学研一体化创新模式，先后选育出 9 个授权新品种，在湖北五峰带动农户 5000 余户，建立大苗培育基地 12800 亩，培育红花玉兰绿化苗 100 余万株。并在北京、河南、山东等 23 个省（直辖市）进行推广应用，在脱贫攻坚中做出了特殊贡献。

（2）'四季春 1 号'创新推广模式，助推农民增收致富

'四季春 1 号'紫荆树是我国紫荆属植物首个获植物新品种权的园艺品种，目前已推广至全国 21 个省（直辖市）62 个城市，打造了上百条网红"花荫大道"。为促进这一科技成果的快速转化应用，河南四季春园林艺术工程有限公司创新新品种推广模式，成立了"'四季春 1 号'工程苗合作生产联盟"，并通过"企业＋基地＋农户"的产业化模式，实现惠农富农。目前全国已签约联盟单位 20 余家，带动 1 万余户农户和 23 家企业参与新品种推广生产，每年解决 20 余万人次就业。

（3）能源植物超级芦竹综合利用全产业链技术

武汉兰多生物科技有限公司利用现代生物工程技术，培育出多个"超级芦竹"新品种，具有环境适应性广、生物量高、抗逆性强、田间管理成本低等优势，可广泛应用于燃烧、供热、发电、化工、发酵、冶金、造纸、建材、饲料、肥料、生态修复等行业。超级芦竹一次种植可连续收割 15 年以上。在其生长的过程中，超级芦竹从空气中捕获大量二氧化碳，平均每年可吸收 8.5～17 吨／亩，是森林的 25～50 倍，对中国实现碳中和、保障能源安全、治理生态环境、助推粮食安全意义重大。

（4）米槐蹚出致富路

山西迎波米槐开发有限公司成功培育出'米槐 1 号''高槐 1 号'等系列米槐新品种，采取典型引路、政府推动、企业支持的方式，在山西运城盐湖区三路里镇及周边干旱山区栽培 20 余万亩，并辐射到全国 10 余个省份，总面积 200 多万亩，使一大批旱塬村庄、数十万山区农民走上增收致富道路，同时大面积的荒山秃岭得到了绿化，生态环境大为改观。

（5）板栗新品种富了栗乡人

板栗是河北省燕山—太行山连片贫困区农民脱贫致富的支柱产业，但长久以来缺乏抗旱、省工的优质高产新品种。河北省农林科学院板栗团队培育抗旱、省工、高产优质新品种 3 个，20 余年间通过"送品种＋教技术＋换思想＋建机制＋育团队＋塑品牌"的工作模式在板栗产区规模化实施成果转化应用。目前，3 个新品种在河北省内种植面积 74 万亩，占河北省板栗种植总面积的 21%，带动 1.2 万户农民人均年增收 950.75 元，实现年创产值 14.8 亿元、出口创汇 2125 万美元，助力塑造国家级产业品牌 2 个。

3. 植物新品种权转让

2023 年，国家林业和草原局植物新品种保护办公室发布的林草植物新品种保护公告涉及 30 个植物新品种权协议转让（表 4），这表明，林草授权新品种的市场潜力越来越大。（陈光、王地利、刘源）

表4　2023年林草植物新品种权协议转让备案

序号	品种权号	品种名称	转让前品种权人	转让后品种权人
1	20180037	红袖添香	江苏省中国科学院植物研究所	苏州农业职业技术学院
2	20200434	艺峰婷美2号	杜林峰	居峰实业发展（河南）有限公司
3	20160063	亚特1号	山东亚特生态技术股份有限公司、山东省中新金银花合作研究中心	康伯伦生态农业（山东）有限公司
4	20210307	防川3号	吉林翠绿农业综合开发有限公司	延边昊润大果玫瑰科技开发有限公司
5	20230183	绿早	国际竹藤中心、国家林业和草原局竹子研究开发中心、杭州临安太湖源观赏竹种园有限公司	国际竹藤中心、国家林业和草原局竹子研究开发中心
6	20170063	旱峰柳	焦传礼	山东一逸农林科技有限责任公司
7	20170064	旱豪柳	焦传礼	山东一逸农林科技有限责任公司
8	20170065	仁居柳1号	焦传礼	山东一逸农林科技有限责任公司
9	20200395	盐柳2号	焦传礼	山东一逸农林科技有限责任公司
10	20200396	仁居柳3号	焦传礼	山东一逸农林科技有限责任公司
11	20200397	仁居柳4号	焦传礼	山东一逸农林科技有限责任公司
12	20200398	仁居柳5号	焦传礼	山东一逸农林科技有限责任公司
13	20200399	仁居柳6号	焦传礼	山东一逸农林科技有限责任公司
14	20200400	仁居柳7号	焦传礼	山东一逸农林科技有限责任公司
15	20200401	仁居柳8号	焦传礼	山东一逸农林科技有限责任公司
16	20200402	仁居柳9号	焦传礼	山东一逸农林科技有限责任公司
17	20200403	渤海柳17号	焦传礼	山东一逸农林科技有限责任公司
18	20200404	渤海柳26号	焦传礼	山东一逸农林科技有限责任公司
19	20200405	渤海柳27号	焦传礼	山东一逸农林科技有限责任公司
20	20210406	丰果玫六号	山东朴润源农业发展有限公司	济南紫金玫瑰股份有限公司
21	20230062	矗贔	林继志	云南为君开园林工程有限公司
22	20170129	金凤凰	李玉祥	江西三农花木集团有限公司
23	20190156	富丽	淄博凯创园林有限公司	临淄区金富丽园艺场
24	20190288	锦袍	王新留	江西三农花木集团有限公司
25	20190290	丰园5号	榆林市丰园果业科技有限公司	西安丰园果业科技有限公司
26	20190291	丰园晚蜜	榆林市丰园果业科技有限公司	西安丰园果业科技有限公司
27	20190304	鹤山榆	山东泓森林业有限公司	湖南省林大生物科技有限公司
28	20210424	秾月呈祥	中国农业科学院蔬菜花卉研究所	中蔬种业科技（北京）有限公司
29	20210426	秾滟春华	中国农业科学院蔬菜花卉研究所	中蔬种业科技（北京）有限公司
30	20220055	胭脂雪	南京林业大学、福建丹樱生态农业发展有限公司	江西三农花木集团有限公司

执 法 保 护

加强林业和草原植物新品种行政执法工作

1. 强化植物新品种权执法保护

按照全国打击侵权假冒工作领导小组办公室的统一部署，国家林业和草原局科技发展中心对各省级林草主管部门的植物新品种行政执法工作进行了考核，顺利完成了2022年打击侵权假冒绩效考核。配合法院等司法部门做好有关侵权案件的取证调查工作。指导全国开展打击侵犯、假冒林草植物新品种权工作，组织开展行政执法和专业技术培训，提高了执法人员的业务水平和办案能力，强化了植物新品种行政执法工作的组织领导，加大了打击制售假劣林草种苗和侵犯植物新品种权行为工作力度，保护品种权人的合法权益。

各省级林业和草原主管部门高度重视林草植物新品种权执法保护工作，加强组织领导，建立健全植物新品种权行政执法体系，加强行政执法队伍建设，健全了林业植物新品种保护的执法机构，加大了植物新品种行政执法能力建设，强化宣传引导，形成了打击侵犯植物新品种权的强大态势。

2. 制定林草植物新品种保护行政执法管理办法

2022年3月1日起，新《种子法》正式实施，国家林业和草原局启动了《中华人民共和国林草植物新品种保护条例》制定工作，2023年在公开征求意见的基础上，形成《林草植物新品种保护行政执法管理办法（草案）》，下一步将推进办法发布实施。

3. 指导品种权人积极维权，营造良好的市场氛围

仔细解答品种权人的各种维权咨询，认真解释《中华人民共和国植物新品种保护条例》《中华人民共和国植物新品种保护条例实施细则（林业部分）》及《林业植物新品种保护行政执法办法》的有关规定，指导利害关系人积极维权。同时，对各省林草部门在实施《林业植物新品种保护行政执法办法》过程中的疑问及时解答，认真指导，努力促进各地营造良好的新品种市场氛围。（陈光、王地利）

开展2023年全国林业和草原知识产权宣传周活动

2023 年 4 月 20~26 日是全国知识产权宣传周，主题为"加强知识产权法治保障，有力支持全面创新"。2023 年 4 月 26 日是第 23 个世界知识产权日。根据国家知识产权局《关于开展 2023 年全国知识产权宣传周活动的通知》精神，国家林业和草原局科技发展中心制定了林草知识产权宣传周活动方案，于 2023 年 4 月 20~26 日组织开展2023 年全国林草知识产权宣传周系列活动。旨在通过系列活动，面向社会广泛宣传普及林草知识产权知识，提高大众知识产权保护意识，使林草知识产权保护工作更好地融入林草事业发展大局，力争在提升林草治理体系和治理能力现代化中展现更大作为。

在宣传周期间，国家林业和草原局科技发展中心与有关司局和单位配合，以国家林业和草原局政府网、中国林业知识产权网、林业专业知识服务系统、《中国绿色时报》等媒体为载体，开通了"2023 年全国林草知识产权宣传周"网站。2023 年 4 月 26 日，在《中国绿色时报》发表专栏文章《保护知识产权，推进林草高质量发展》，全面介绍了 2022 年林业和草原知识产权的工作进展和成就，扩大了林业和草原知识产权的影响力。在大型系列主题公益访谈节目《新闻 2+1》中制作推出知识产权宣传周特别节目"加强知识产权保护运用，加快知识产权强国建设"，在 UPOV 社交媒体平台发布中国优良林草植物新品种 4 个，在 WIPO 平台发布 4 位中国新品种保护优秀女性事迹。同时，编辑出版了《2022 中国林业和草原知识产权年度报告》，编印了《林业知识产权动态》。进一步完善林草知识产权数据库，开展了林草知识产权信息咨询和专利预警服务，提高了林草知识产权信息资源的利用效率和服务水平，提倡全行业树立"尊重知识、崇尚创新、诚信守法"的知识产权文化理念，引导全行业从注重林草知识产权的数量向注重知识产权的质量、价值和效益转变。（陈光、柳玉霞）

出版《2022中国林业和草原知识产权年度报告》

2023 年 4 月，由国家林业和草原局科技发展中心、国家林业和草原局知识产权研究中心共同编著的《2022 中国林业和草原知识产权年度报告》由中国林业出版社出版发行。该书全面总结了 2022 年林业和草原知识产权工作的主要进展和成果，旨在通过对一年来林业和草原知识产权工作主要进展和成果的展示，让更多的人了解、关心和支持林业和草原知识产权工作，共同促进林业和草原知识产权的创造、运用、保护，提升林业和草原知识产权管理和服务水平，为加快推进现代林业和草原高质量发展提供有力支撑。

中国林业和草原知识产权年度报告系列图书是反映我国林业和草原知识产权工作基本状况的资料性工具书，全面收录林业和草原知识产权相关政策法规、专项工作、转化运用、执法保护、宣传培训、能力建设、国际合作、各地动态、统计分析等内容。2014 年以来每年 4 月份出版，反映的是前一年度我国林业和草原知识产权工作的情况。该书已经成为林草行政管理部门和企事业单位的干部、科研和教学人员参考的重要工具书，不仅促进了林业和草原知识产权的创造、运用、保护和管理，还见证和记录了林业和草原知识产权事业的发展历程，具有重要意义。（马文君）

编印《林业知识产权动态》

为加强林业知识产权信息服务工作，跟踪国内外林业知识产权动态，实时监测和分析林业行业相关领域的专利动态变化，为国际履约和谈判提供信息支撑，2023 年编印了《林业知识产权动态》6 期，全年共发表动态信息 37 篇，政策探讨论文 6 篇，研究综述报告 6 篇，统计分析报告 6 篇。

《林业知识产权动态》是国家林业和草原局知识产权研究中心承办的内部刊物，旨在跟踪国内外林业知识产权动态、政策、学术前沿和研究进展，通过组织专家进行信息采集、分析、翻译和编辑整理，对世界各国的林业知识产权现状及相关政策进行深入解读，提供林业知识产权信息服务。该刊为双月刊，每期 20 页，设有动态信息、政策探讨、研究综述、统计分析 4 个栏目，内容包括：各国林业知识产权动态、相关法律法规、国际履约相关问题研究、各国专利、植物新品种和生物遗传资源研究进展、林业重点领域专利分析研究、知识产权信息统计分析等。读者对象为知识产权相关的管理、科研、教学和企业人员。（马文君）

举办林草新品种及知识产权保护与管理培训班

2023 年 4 月 19~21 日，国家林业和草原局科技发展中心在北京举办"林草新品种及知识产权保护与管理培训班"，来自 31 个省（自治区、直辖市）和新疆生产建设兵团林草主管部门，以及来自中国林业科学研究院、国际竹藤中心、各大林草类高校等的相关人员 60 多人参加培训。

培训班上，中国社会科学院法学研究所专家就"新《种子法》实施后植物新品种保护的难点问题及应对"作专题报告。河北好望角律师事务所律师结合实际案例就植物新品种保护法律实务进行授课。国务院知识产权战略实施工作部际联席会议办公室、国家林业和草原局科技发展中心相关负责人分别就《知识产权强国建设纲要（2021—2035 年)》和《"十四五"国家知识产权保护和运用规划》，对林草植物新品种行政执法、转化运用及惠农、受理审查授权程序流程进行专题解读和讲解。

此次培训班于全国知识产权宣传周启动当天开班，也是林草知识产权宣传周系列活动之一。通过课程学习和交流研讨，使各省林草系统工作人员对林草知识产权和植物新品种保护工作了解更加全面、认识逐步加深，进一步增强全国林草部门林草知识产权工作的核心力和凝聚力。（陈光、柳玉霞）

加强林业和草原知识产权宣传与媒体报道

充分利用报刊、电视和网络等媒体以及科普平台，多渠道、多层次扩大林业知识产权动态、政策法规、创新成果和典型案例的宣传面和普及率，积极培育尊重知识、崇尚创新、诚信守法的知识产权文化，营造有利于林业知识产权创造、保护和运用的良好氛围，提高林业行业的知识产权保护意识，形成全社会关注和支持林草知识产权工作的文化环境。2023 年，在国家林业和草原局政府网、国家知识产权网、中国林业知识产权网、中国林业信息网、林业专业知识服务系统、中国林业植物新品种保护网等主要网站登载或转载有关林草知识产权方面的报道 80 多篇，在《中国绿色时报》《中国花卉报》《中国知识产权报》上发表有关林草知识产权的重点报道 40 篇（表 5）。（柳玉霞、王地利、付贺龙）

表 5　主要媒体宣传报道林草知识产权

序号	标题	媒体	报道日期
1	国家林草局①发布 2022 年第二批植物新品种授权名单	中国绿色时报	20230112
2	我国两个品种获国际睡莲新品种大赛奖项	中国绿色时报	20230112
3	山东蝴蝶兰新品种深受市场欢迎	中国绿色时报	20230131
4	云南去年新增 6 个草品种良种	中国绿色时报	20230208
5	高产良种有"香花"，产业跨越有"双千"	中国绿色时报	20230213
6	筑邦园林新品种亮相德国植物展	中国绿色时报	20230221
7	厦门园林植物园再添 5 个三角梅新品种	中国绿色时报	20230221
8	从"人防"到"技防"——专利筑牢森林防火墙	中国知识产权报	20230222
9	武汉植物园培育荚蒾新品种'翩然'	中国绿色时报	20230223
10	培育紫薇新品种 81 个，品种权"三分天下有其一"	中国花卉报	20230302

(续)

序号	标题	媒体	报道日期
11	花卉品种创新为北京增添灵动色彩	中国绿色时报	20230309
12	油茶飘香日子甜	中国知识产权报	20230329
13	保护知识产权，推进林草高质量发展	中国绿色时报	20230420
14	国家林草局①发布今年首批217个植物新品种，卡特兰等首次被授权	中国花卉报	20230426
15	《2022中国林业和草原知识产权年度报告》出版	中国绿色时报	20230427
16	2023林草新品种及知识产权保护与管理培训班举办	中国绿色时报	20230428
17	WIPO发布4位中国新品种保护优秀女性事迹	中国绿色时报	20230504
18	国家林草局①发布2023年第一批植物新品种权名单	中国绿色时报	20230504
19	北林大②4个菊花新品种跻身良种行列	中国绿色时报	20230504
20	国家林草局①首次授予台湾居民植物新品种权	中国绿色时报	20230505
21	国家林草局①向世界推介4个中国优良林草植物新品种	中国绿色时报	20230509
22	我国首次开展林草种质资源设施保存备份	中国绿色时报	20230519
23	华南国家植物园3个新品种通过审定	中国绿色时报	20230525
24	福建文心兰省级花卉种质资源库通过评审	中国绿色时报	20230606
25	彩色针叶树园艺新品种观赏价值高	中国绿色时报	20230606
26	山东菏泽学院牡丹新品种首获国际登录	中国绿色时报	20230613
27	去年国家林草局①受理植物新品种权申请1828件，创历史新高	新京报	20230630
28	天津首次开展林草种质资源普查	中国绿色时报	20230719
29	地标"编织"幸福路，竹海泛波绿生金	中国知识产权报	20230719
30	北京首次竞拍10个月季新品种冠名权	中国绿色时报	20230823
31	多国代表共议国际月季知识产权保护	中国绿色时报	20230906
32	国际月季知识产权保护座谈会举行	中国知识产权报	20230908
33	点竹成金，踏绿前行	中国知识产权报	20230920
34	国家林草局①授予372个植物新品种权，紫藤、夏蜡梅等首次获授权	中国花卉报	20230923
35	三个植物新品种获浙江省知识产权奖	中国绿色时报	20230925
36	国家林草种质资源设施保存库山东分库启用	中国绿色时报	20231220
37	天津印发林草种质资源库管理办法	中国绿色时报	20231222
38	内蒙古组织收集林草种质资源	中国绿色时报	20231222
39	四川印发知识产权对外转让审查细则	中国知识产权报	20231227
40	北林大②张启翔团队选育月季新品种推广15省区	中国绿色时报	20231228

注：①全称为"国家林业和草原局"；②全称为"北京林业大学"。

能力建设

完善林业和草原植物新品种测试体系

开展植物新品种特异性、一致性和稳定性（DUS）测试是植物新品种授权机关对申请品种进行实质审查的重要内容。通过建立、健全林草植物新品种保护的技术支撑体系，加快测试指南编制，完善已知品种数据库，加强测试机构的合理布局和条件能力建设，有效提高了林草植物新品种的审查测试能力。

1. 加强林业和草原植物新品种测试体系建设

加强林草植物新品种测试体系顶层设计和布局研究，编制完成《林草植物新品种测试体系规划》，为下一步优化测试机构布局、提升测试服务能力提供支撑。优化创新测试方式，依托昆明测试站开展社会化委托测试试点，着力破解测试能力不足、经费不足、方式单一等问题。加强测试平台建设，完成太平测试站、南昌测试站测试能力评估，新增樟属等4个属种测试，总体测试服务能力稳步提升。

2. 有序推进林草植物新品种田间测试工作

按照林草植物品种权审查进度，及时下达品种测试任务，组织并指导测试机构开展田间测试工作。2023年，委托林草植物新品种昆明测试站、上海测试站、杭州测试站、菏泽测试站对蔷薇属、杜鹃花属、绣球属、芍药属、山茶属等657个申请品种开展田间测试工作。各测试机构按照有关植物新品种测试指南标准和《林业植物新品种测试管理规定》进行田间测试，2023年共完成106个月季品种、11个杜鹃花品种、21个山茶品种、35个绣球品种和1个一品红品种的田间种植测试工作，提交正式测试报告，为这些申请品种的依法授权提供了科学的审查依据。

截至2023年年底，国家林业和草原局植物新品种保护办公室共委托各测试机构开展了2495个申请品种的田间测试工作，已完成1325个品种的田间测试，提交正式测试报告。

3. 举办林草新品种现场实质审查技术培训班

为加强林草植物新品种实质审查工作，学习借鉴国外林木新品种实质审查技术，统一林草现场审查标准，规范现场审查程序，进一步提升林草植物新品种审查工作质量和效率，2023 年 5 月和 9 月，国家林业和草原局植物新品种保护办公室委托上海市林业总站（国家林草植物新品种上海测试站）举办了 2 期林草新品种现场审查技术培训班，植物新品种测试机构人员、实质审查专家和审查员等共计 100 余人参加了培训。国家林业和草原局科技发展中心有关负责同志、上海市林业局有关负责同志出席开班仪式。授课内容包括：植物新品种现场审查组织工作规则解读、国内外植物新品种现场审查比较分析、植物新品种测试指南解读、植物新品种实质审查规则及技术要点、以樱花为例介绍植物新品种实质审查近似品种确定与特异性性状选择、林草植物新品种现场审查体会、植物新品种权申请受理审查中的法律适用问题等。通过培训，进一步增强了林草新品种现场审查专家对新品种保护与测试相关法规制度的理解和认识，在提升新品种保护的理论知识、丰富现场实审工作经验等方面取得了良好成效。

4. 加强植物新品种测试指南编制工作

植物新品种测试指南是对申请品种权的新品种进行技术审查和描述的技术标准，也是开展植物新品种 DUS 测试的基础。按照 UPOV 对品种审查的要求，品种测试需依据相应的测试指南进行。为适应林业植物新品种申请、审查的需求，不断加快植物新品种测试指南制定工作。

5. 推进国际植物新品种测试指南编制工作

2022 年 6 月，在 UPOV 第 54 届观赏植物和树木工作组（TWO）网络会议上，银杏属（*Ginkgo* L.）国际植物新品种测试指南获国际植物新品种保护联盟批准立项，将由中国专家牵头编制。2023 年，启动银杏属国际植物新品种测试指南编制，同时推进枸杞属、木兰属国际植物新品种测试指南编制。

截至 2023 年年底，我国专家共承担了山茶属、牡丹、丁香属、核桃属、木兰属、枸杞属和银杏属 7 项 UPOV 国际测试指南标准的制定，已完成山茶属、牡丹、丁香属、核桃属 4 项 UPOV 国际测试指南制定，并由 UPOV 发布实施，进一步提升了林草植物新品种国际标准话语权。（段经华、周建仁）

建设林业和草原知识产权基础数据库和共享平台

科技创新的基础是知识的积累、传播、运用和创新，专利文献和科学数据是提供知识和技术的源泉，是科技创新的基础。充分利用和整合国内外林草知识产权信息资源，建立林草知识产权数据库和公共信息服务平台将为林业科学研究和科技创新提供信息支撑。

1. 林草知识产权基础数据库建设

国家林业和草原局知识产权研究中心系统收集和整理了国内外与林草知识产权相关的主要科学数据和文献资料，构建了知识产权信息资源的组织、收集和整合建设机制，加大了林草知识产权信息资源的整合、专家知识的搜集和数据库建设力度，完善和建设了林草专利、植物新品种权、林产品地理标志、商标、著作权、知识产权动态、案例、文献、法律法规和资源导航等 15 个林草知识产权基础数据库，2023 年新增数据量 10 万条，累计数据量 180 万条。

2. 林草知识产权网站运维管理

维护和管理了中国林业知识产权网和中国林草植物新品种保护网。加强网络信息安全管理，建立网络信息安全监控和保障系统，做好服务器的定期检查、软件升级和监控等工作。完成 2023 年度中国林业知识产权网、植物新品种申报信息系统的安全渗透测试及问题整改，优化各网络安全设备策略，保障网络系统的信息安全和稳定运行。落实网站负责人责任制，加强网上信息发布的检查和审核，网上信息每日更新，免费使用，扩大了林草知识产权信息资源的共享途径和使用范围。2023 年，网站的用户访问量超过了 10 万人次，网站提供全年不间断、安全、稳定的在线检索服务，提高了林草知识产权信息资源的利用效率和服务水平。

3. 林草知识产权移动端应用

"林业知识服务"微信公众号、微信小程序整合林草专利、授权植物新品种等知识产权数据资源，与网站底层数据同步更新，用户无须注册和安装，只需关注"林业知识服务"微信公众号、微信小程序，可用智能手机或移动终端在线浏览和查询丰富的林草知识产权数据，每日更新，免费获取，使用更为便捷和高效，解决了知识获取的时效性和地域性限制。"林业知识服务"微信公众号的用户关注人数 1.4 万人。（王忠明、张慕博、马文君）

国际合作

开展林业和草原植物新品种履约与国际合作

国家林业和草原局积极派员参加国际植物新品种保护联盟（UPOV）2023年度系列会议、第16届东亚植物新品种保护论坛会议、中欧知识产权工作组第二十六次会议，积极履行国际植物新品种保护公约，在国际舞台上展示中国形象、维护国家利益。举办国际月季知识产权保护座谈会，开展中欧植物新品种DUS测试技术培训。

1. 参加国际植物新品种保护联盟（UPOV）系列国际会议

2023年10月23～27日，国际植物新品种保护联盟（UPOV）2023年度会议在日内瓦召开，中国政府组团参会，由国家知识产权局、农业农村部和国家林业和草原局代表组成。UPOV年度系列会议包括第59届技术委员会（TC）会议、第80届行政法律委员会（CAJ）会议、第101届顾问委员会（CC）会议和第57届理事会（TC）会议。UPOV有51个成员参会，2个观察员以及8个国际组织的代表参加了会议。

2. 参加第16届东亚植物新品种保护论坛会议

2023年8月2～3日，第16届东亚植物新品种保护论坛（简称东亚论坛，EAPVPF）年度会议在老挝万象召开，国家林业和草原局科技发展中心派员参加会议，中方代表团就"中国植物新品种保护进展"作报告。来自中国、日本、韩国、东盟10国、欧盟植物新品种保护办公室（CPVO）等国家和机构的40余名代表参加了会议。各国代表一致通过柬埔寨承办第17届东亚论坛会议。

3. 参加中欧知识产权工作组第二十六次会议

2023年11月14～15日，中欧知识产权工作组第二十六次会议在比利时布鲁塞尔召开。中方代表团由商务部牵头，中宣部、工业和信息化部、海关总署、市场监管总局、国家林业和草原局、商务部驻欧盟使团等部门组成。欧方代表团由欧委会贸易总司、增长总司、通信内容和技术总司、税务和海关同盟总司组成，欧盟驻华代表团与成员国代表在线参会。会议包括政府间工作组会和产业圆桌会。中欧双方就各自知识产权立法、执法、司法以及相关政策措施交换意见，并就知识产权重点领域和双方感兴趣的议题，包括专利、著作权、植物新品种、生成式人工智能、商标恶意注册、电子商务在线执法与平台责任、商业秘密保护等进行了广泛探讨和交流。

4. 举办中欧植物新品种 DUS 测试技术培训

根据中欧植物新品种保护合作工作计划，在中欧知识产权合作项目（IPKey 项目）支持下，由欧盟植物新品种保护办公室（CPVO）、国家林业和草原局科技发展中心（植物新品种保护办公室）、农业农村部科技发展中心联合主办的"中欧植物新品种 DUS 测试技术培训"于 2023 年 11 月 27～29 日在线上召开。中欧双方植物新品种保护专家、DUS 测试体系技术人员、部分省林草主管部门人员等近 200 人参加了会议。欧方的专家针对 DUS 测试质量管理、欧盟实质性派生品种（EDV）实施情况、数量性状测量、DUS 测试国际合作等方面进行了介绍。本次培训为我国植物新品种测试专家学习测试技术、了解最新进展提供了交流平台。

5. 参加国际月季知识产权保护座谈会

2023 年 8 月 31 日，国际月季知识产权保护座谈会在河南南阳召开，来自世界月季联合会的代表、国内行业专家及月季企业代表围绕月季知识产权保护、国内外月季合作交流、南阳月季产业高质量发展等话题展开深入交流。国家林业和草原局新品种保护办公室参会代表介绍了中国政府开展的保护知识产权行动计划，并表示支持南阳建立月季新品种测试基地，推动月季产业高质量发展。各方一致认同国家林业和草原局植物新品种保护办公室在月季新品种保护方面的贡献，同意对于引进中国市场的月季品种使用正确的注册名称，获得植物新品种权的月季受中国法律保护，未经授权不得繁殖或推广。（柳玉霞）

6. 参加联合国粮农组织（FAO）森林遗传资源政府间技术工作组第七次会议

参加 FAO 森林遗传资源政府间技术工作组第七次会议，向 FAO 提交《第二次中国林木遗传资源国家报告》，在国际森林遗传资源保护管理利用中不断提高我国林草的影响力。（李启岭、杜冉）

各地动态

江苏省林业和草原知识产权

1. 激发创新活力，促进林草知识产权创造

推进林草科技领域"放管服"改革，联合江苏省财政厅印发《江苏省林业科技创新与推广项目和资金管理办法》，增强科研人员的获得感，激发创新创业活力。以林业科技创新与推广项目为依托，积极推进林草种业振兴，引导各涉林高等院校和科研院所开展林草植物新品种培育开发和示范推广，助力国土绿化、生态系统保护和修复、林草种苗花卉产业等发展，加快推进林草种业高质量发展。

2023年12月7日，江苏省林业局联合沪浙皖林草部门共同建立了长三角一体化林业科技创新联盟，联动开展林草科技创新，加强科技平台、人才与团队合作，协同建立长三角地区林草植物新品种保护联动机制，努力建设具有国际影响力的长三角林业科技创新共同体。

2. 加强宣传推介，促进知识产权运用

组织江苏省有关涉林高校院所和经营主体参加国家林业和草原局举办的第16届义乌森林产品博览会、第1届世界林木业大会等重点展会活动，宣传推介江苏林草新品种、新技术、新产品，深化交流合作，促进贸易畅通、产业联通、市场融通。

2023年9月27日至10月3日，江苏省林业局指导举办第十届沭阳花木节暨2023首届江苏林草种苗新特优品种技术展，组织全省60余家涉林科研单位、林草种苗企业等参展，通过五大板块、57个标准展位，场景化、生活化展示林草种苗新特优品种技术，宣传推介江苏林草种苗新特优品种，推进植物新品种转化应用和植物新品种惠农，擦亮江苏林草种苗科创大省和产业强省招牌。同时，邀请上海、浙江、安徽、江西4个省（直辖市）种苗花卉经营单位参展。

2023年9月27日，江苏省林业局联合上海、浙江、安徽林草部门共同举办了长

三角林草种苗一体化高质量发展研讨会，共商推进种苗市场规则共通、流通体系共享、产销协作共赢、供应链区域合作共促、市场消费环境共建、资源共享和协调育种等。会上6位育种专家推介发布了中山杉、牧草、金脉槭、太秋甜柿等10个新优品种。

3. 加强林草知识产权行政保护，推进刑事司法衔接

将打击制售假劣林草种苗和侵犯植物新品种权工作列入常规工作进行部署开展，转发国家林业和草原局办公室《关于进一步加强林草种苗监管工作的通知》，部署各级林草主管部门落实工作责任，以种苗交易市场、各类种苗花卉展会和种苗电商平台为重点，严厉打击无证生产经营、制售假冒伪劣种苗和侵犯植物新品种权行为，规范林草种苗生产经营秩序，引导企业诚信守法经营，依法保护购苗者和品种权人合法权益，创造公平公正的市场环境。

为进一步健全江苏省林草行政执法与刑事司法衔接工作机制，依法惩处涉林违法犯罪行为，2023年12月，江苏省林业局、省公安厅、省检察院、省法院联合印发了《江苏省林业行政执法与刑事司法衔接工作办法》，规定了移送案件的程序和要求、刑事处罚与行政处罚关系处理、证据的收集使用，建立了部门协作和监督机制。2023年，江苏省林草知识产权侵权投诉举报案件数量为零，案件办理数量为零；全省立案查处制假售假等种子案件20件，罚没金额40.635万元，3个案件移送司法机关追究刑事责任，并将有关行政处罚信息面向社会公示。

4. 提升林草知识产权管理服务水平

一是加强知识产权保护人才队伍建设。举办了2023年江苏省林草种苗行政执法及植物新品种保护培训班，邀请全国林草植物新品种保护知名专家开展林草知识产权与植物新品种保护培训，提升依法行政能力，全省种苗执法监管人员近100人参加了培训。

二是推进林草行业信用监管相关工作。开展林木种苗"双随机、一公开"行政监管，并依照有关规定将有关情况反馈到信用监管平台。在林草科技项目申报管理等环节，督促项目单位履行科研诚信管理责任，恪守科研诚信并履行相关承诺，确保无知识产权侵权等科研不端行为。强化会展知识产权保护工作，在组织参加国家林业和草原局等单位主办的各类林草重点展会过程中，督促参展企业履行主体责任，增强知识产权保护意识，确保无知识产权侵权纠纷。

三是加强植物新品种保护宣传引导。为深入学习贯彻习近平总书记关于知识产权工作的重要指示论述，积极推进知识产权强省建设，2023年江苏省林业局联合江苏省中国科学院植物研究所，在南京中山植物园共同举办以"保护植物新品种权，促进林业科技创新"为主题的知识产权保护科普宣传活动，向社会大众宣传普及林草知识产权相关知识和法律法规，提高全社会知识产权保护意识。（管鑫）

浙江省林业和草原知识产权

1. 加强品种创新，推动种业振兴

紧紧围绕种业"卡脖子"问题和"打好种业翻身仗"工作目标，强化种质资源创新和选育技术攻关，2023年印发《浙江省林草种业振兴三年行动实施方案（2023—

2025年)》《浙江省可供利用种质资源管理办法》等文件，强化政策支持，基本完成全省第二次林草种质资源普查外业调查，调查种质资源近14万份，发现特异、优良单株1.4万余株，公布了第一批可供利用林木种质资源目录，开展了种质资源库综合评价及信息库申报工作，初步实现全省林草种质资源信息共享利用。指导实施浙江省"十四五"林木、花卉新品种选育重大科技专项，培育了一大批具有观赏性、适应性广的优良新品种。2023年，申请新品种169件，获国家林业和草原局授权78件，比2022年增长69.6%，授权量创历史新高，其中铁筷子属首次获国内授权。林草植物新品种申请量、授权量均呈快速增长态势，推动种业振兴和知识产权强省建设。

2. 开展"双打"行动，规范营商环境

认真贯彻国家和省打击侵犯知识产权和制售假冒伪劣商品工作领导小组办公室（以下简称"双打办"）文件通知精神，组织开展全省林草"双打护企"百日执法行动，强化多部门联合执法，开展"送法五进"（送《种子法》《植物新品种保护条例》和《浙江省知识产权保护和促进条例》进基地、进市场、进社区、进企业、进学校）活动，对重点品种、重点区域、重点企业摸底排查，严厉打击假冒伪劣和侵犯品种权等违法行为，行动期间检查经营主体951家次，无侵犯植物新品种权案件发生；强化法规宣传，在省重点苗交会联合倡议保护林草植物新品种权，号召全社会牢固树立保护植物新品种权就是保护创新的意识，积极履行植物新品种权保护社会责任。2023年，重点抽检绿化造林、油茶保供造林用苗144批次，许可证持证率、生产经营建档率、自检率均保持100%。

3. 强化培训宣传，提高监管能力

强化《种子法》《中华人民共和国植物新品种保护条例》（以下简称《植物新品种保护条例》）《浙江省知识产权保护和促进条例》等法律法规、国内植物新品种保护典型案例，以及林草植物新品种创新成果、转化运用成效等宣传，制作《认识和保护植物新品种》宣传册和《铁筷子诞生记》宣传视频，在"浙江林业""美丽浙江"公众号进行宣传报道和播放，受到各级林草系统和基层林农的广泛好评。举办全省林业知识产权培训班，重点宣讲《实质性派生品种条款解读及维权》《知识产权强国建设纲要实施意见》《浙江省知识产权保护和促进条例》，不断提升全省植物新品种保护工作者理论水平和执法能力水平。

4. 完善制度建设，提高服务质效

参与修改完善《植物新品种保护条例》《国家林草植物新品种行政保护执法办法》等文件，加强与浙江省知识产权局等单位联动，联合印发《浙江省知识产权技术调查官管理办法（试行）》《浙江省知识产权服务业高质量发展工程实施方案（2023—2027年）》，不断完善知识产权保护制度建设。认真组织全省开展林草系统知识产权技术调查官名录库建设，19名同志获聘植物新品种技术调查官，并在"知识产权在线平台"建立调查官动态信息库，不断提升浙江省植物新品种案件办理质效。

5. 政策激励创新，激活产业动能

积极发动育种专家参与首届浙江省知识产权（植物新品种）评奖申报，并做好省内外评选专家推荐、奖项初审、专家评审和综合评审保障工作，该奖系全国唯一涵盖知识产权全门类、"创运保管服"全链条的知识产权领域省政府奖。'亚林柿砧6号''红颜朱砂'（梅花属）和'红阳'（杜鹃花属）3个林草植物新品种分获二、三等奖，极大地激发了全省种业企业和育种人自主创新的活力。同时，采用建示范基地、转让品种权（或许可经营权）等形式，加快形成新质生产力，'甜柿''红颜朱砂''红阳'等一批优良植物新品种在全国 20 多个省份得到推广，亩均效益达 3 万～8 万元，年产值上亿元，有力推动了乡村振兴和美丽中国建设。（严晓素）

河南省林业和草原知识产权

1. 完善林草知识产权政策措施

一是积极推动建立"行刑衔接"等执法办案联动工作机制。河南省林业局印发《河南省林业行政执法与刑事司法衔接工作办法（试行）》，做好与司法部门、公安部门的案件线索通报、案件移送等，对假冒品种涉嫌构成犯罪的，依法移送司法机关，并报告上一级林草主管部门。河南省林长办公室（设在省林业局）联合省高级人民法院出台建立"林长＋法院院长"机制和工作方案，建立联席会议制度，健全信息共享、案情通报、案件移送等制度，共同维护公平有序的林草种苗市场。二是制定案件查处信息公开工作制度。按照《国务院批转全国打击侵犯知识产权和制售假冒伪劣商品工作领导小组〈关于依法公开制售假冒伪劣商品和侵犯知识产权行政处罚案件信息的意见（试行）〉的通知》和国家林业局《关于印发〈国家林业局公开制售假冒伪劣商品和侵犯知识产权行政处罚案件信息工作实施细则〉的通知》（林场发〔2014〕76 号）等要求，督促各级林草主管部门主动公开假冒伪劣种苗行政处罚案件的名称、被处罚者姓名或名称，以及主要违法事实和处罚种类、依据、结果等，充分利用国家企业信用信息公示系统，做好"双打"案件信息公开，接受社会监督。

2. 加强林草知识产权行政保护

开展打击制售假冒伪劣种苗、侵犯林草植物新品种权专项行动。一是河南省林业局印发《关于开展打击制售假劣林草种苗和侵犯植物新品种权专项行动的通知》（豫林技字〔2023〕61 号）《关于开展 2023 年全省林草种苗质量随机抽查工作的通知》（豫林技字〔2023〕41 号），各地林草主管部门结合实际开展调查摸底，对重点品种、重点区域、重点企业进行抽查，严厉打击制售假劣林草种苗、无证生产经营林草种子等违法行为。2023 年，共发现 3 起林草种苗生产经营违法案件，均按照法律法规立案查处，并将案件信息报送国家林业和草原局种苗司和河南省双打办。通过专项行动，有效遏制了制售假劣林草种苗、无证生产经营等违法行为，保障了林草种苗从业者的合法权益。二是河南省林业局印发《关于印发〈河南省 2023 年林草植物新品种保护执法专项行动方案〉的通知》（豫林科〔2023〕63 号）。在全省开展为期 6 个月的林草植物新品种保护执法专项行动，建立投诉举报制度，公布举报电话和举报邮箱。严格执行案件季报制度，要求各地（市）明确专人负责，认真执行种子侵权假冒案件季报告和零报告制度。据统计上报，全省现在没有发现侵犯林业植物新品种权案件。

3. 强化林草知识产权执法保护

认真开展全省"双随机、一公开"执法检查，河南省林业局印发《关于开展 2023 年林草种子生产经营许可证和造林苗木质量随机抽查工作的通知》，省、市、县、乡四级联动对持证林草种苗生产经营企业开展质量监管工作，形成日常监管、双随机抽检、信用监管多重监管并存，共同发挥作用的机制。根据单位人员变更及时更新"双随机、一公开"执法平台上专家库人员信息，补充完善执法对象信息，多形式对执法专家、执法人员开展执法培训。为加强林草种苗行业生产经营秩序管理，连续两年安阳市林业局、济源示范区林业主管部门等与当地市场监督管理部门开展联合执法行动，主要是针对林草种子生产经营单位开展"双随机、一公开"执法检查。检查中，严格按照"随机抽取检查对象、随机抽取检查人员"的要求，按照 6% 的抽查比例，随机抽查林木种子生产经营单位和新造林地块。通过实地查看企业的机构设立、生产经营档案、标签制度、种子包装、是否存在制假售假及侵犯新品种权和新造林地块种苗等情况，现场核实造林苗木相关指标、记录数据，并判定苗木质量。

4. 积极开展林草知识产权人才培训

2023 年 8 月 15～16 日，举办河南省林草植物新品种保护行政执法培训班，邀请专家解读林草植物新品种保护的法律法规、林草植物新品种行政执法内容、分享林草植物新品种保护典型案例及维权经验等。9 月 13～14 日，开展林草种苗行政执法和质量管理培训会，邀请专家分别就林草种苗市场发展新形势、行政许可、行政处罚等相关法律法规、规范林草种苗行政执法程序等专题授课，全省林草种苗管理机构负责人、行政执法技术骨干，林草种子生产经营许可证办证人员等 120 余人参加，进一步提升河南省林草种苗执法水平，全面推进依法治种进程。

5. 加强林草知识产权工作的组织协调和宣传

一是专班化推进。河南省林业局党组高度重视，召开专题会议进行工作部署，制定了河南省林业局 2023 年度知识产权保护检查考核工作台账和整改提升任务清单，明确了 2023 年林草知识产权工作整改提升重点工作和责任分工。在原"河南省林业局打击侵犯知识产权和制售假冒伪劣商品工作领导小组"基础之上，进一步成立了河南省林业局知识产权保护工作整改提升工作领导小组，明确由主管副局长负责，科技处牵头，办公室、规划财务处、省林业技术工作总站等共同参与。二是积极筹措专项工作经费。经与财政部门沟通协调，结合河南省财政科技兴林项目，下达省级林业知识产权保护工作专项经费 35 万元，用于林草知识产权保护培训和打击侵权假冒专项执法等工作，有效保障了打击制售假劣林草种苗和植物新品种权保护工作的落实。三是扎实开展知识产权宣传周活动。在全省林草系统组织开展知识产权宣传周活动，各地通过悬挂宣传横幅、发放宣传资料、开展林草植物新品种权相关法律讲解等方式，深入村镇、企业、林场、苗圃等苗木经营场所扎实开展宣传。河南省林业局参加河南省知识产权局主办的 2023 年知识产权宣传周启动仪式，通过展板宣传林草植物新品种保护相关内容。（李晓慧）

湖南省林业和草原知识产权

1. 加强组织领导，健全知识产权工作组织领导体制

湖南省林业局党组高度重视林草植物新品种保护工作，把国家林草植物新品种长

沙测试站筹建工作纳入 2024 年度全省林草科技重点工作，湖南省林业局办公室印发《关于开展 2023 年全省林木种苗质量抽查和种苗行政执法检查暨打击侵犯林业植物新品种权专项行动的通知》（湘林办场〔2023〕1 号），对全省林草植物新品种权保护工作做出专门部署并提出具体要求，采取"双随机、一公开"监督抽查、委托第三方检测机构抽查等多种方式开展专项行动。

2. 加强宣传发动，提高知识产权保护认识

加强植物新品种权法律法规宣传，提升全社会知识产权保护意识。2023 年知识产权宣传周期间，全省各级林草部门组织开展了一系列宣传活动，一是在湖南省林业局办公楼利用电子显示屏开展专题宣传；二是在湖南林业政务网发布了近年来湖南省林草领域的主要专利、授权林草植物新品种；三是各市州林业局、局直各单位结合工作实际开展了相关宣传活动；四是湖南林业信息网设立"双打信息"专栏，宣传相关政策，发布相关信息。

3. 加强业务培训，努力提升植物新品种保护能力

为提升湖南省林草植物新品种保护管理和行政执法水平，切实维护品种权人切身利益，湖南省林业局每年将知识产权保护纳入省局行业教育培训计划。2023 年，举办了 3 期培训班，分别是全省林草种苗行政执法和"双打"工作及油茶种苗质量监管暨林草种苗管理系统视频培训班、全省"双打"工作和林草良种繁育培训班暨油茶种苗质量监管现场会、全省林业标准化暨知识产权保护培训班，局直属单位科技人员及各市州林草局分管领导、科技科长、推广站长、种苗站长、林科所长等共计 740 余人次参加了培训。

4. 加强行业监管，扎实开展执法专项行动

为从源头上做好植物新品种权管理工作，各地结合实际开展了摸底调查，及时了解植物新品种转化应用情况，并重点检查已授权品种的繁殖、生产、销售环节，包括苗圃、繁殖场、种苗（花卉）交易市场、经营门店等场所。组织开展了 2023 年全省林木种苗质量抽查和种苗行政执法检查暨打击侵犯植物新品种权专项行动，对林草植物新品种侵权假冒行政处罚案件进行部署，重点检查了林草种苗交易市场等潜在侵权高发场所，严厉打击未经品种权人许可，生产或销售林草授权品种的繁殖材料、假冒林草授权品种的行为，以及销售林草授权品种时未使用其注册登记名称的行为，协助有关企业和个人维护其植物新品种权。通过专项行动，净化了市场，有效震慑了侵犯植物新品种权行为。2023 年，全省林草系统未受理侵犯植物新品种权案件。

5. 加强制度建设，积极探索植物新品种保护长效机制

湖南林业局高度重视法律法规贯彻执行以及规章制度的建设和完善，不断加大信息公开力度，将侵犯林草植物新品种权案件纳入政府信息公开范围，对发现的违法线索及时调查取证，对认定的违法行为及时立案查处，并及时公开工作进展和成效，曝光典型案例。此外，进一步规范植物新品种权交易市场，积极探索有效保护品种权人合法权益和促进植物新品种培育的机制，引导各法人单位在国家政策框架的前提下，完善本单位规章制度，全力推动植物新品种保护事业健康发展。（张华）

广东省林业和草原知识产权

1. 全面部署林草植物新品种保护执法专项行动

广东省林业局深入贯彻习近平总书记关于全面加强知识产权保护工作的重要批示指示精神，全面落实国家和省相关工作部署，坚持推进以植物新品种保护为重点的林草知识产权保护，建立常态化工作机制。2023年，印发了《关于开展打击侵犯植物新品种权专项行动的通知》，重点针对林木种苗、花卉生产经营者和繁殖、生产、销售场所及相关经营活动，在全省部署开展植物新品种保护执法专项行动。截至2023年12月，全省共开展执法行动300余次，出动执法人员1500余人次，累计检查了林木种苗生产、销售单位100余家，执法检查中未发现林草植物新品种权的假冒和侵权情况。

2. 积极推进林草植物新品种权侵权投诉处理

完善林草植物新品种权纠纷处理工作方法，逐步形成在全省可复制推广的林草植物新品种权纠纷处理机制。针对侵权投诉，广东省林业局高度重视，根据广东省人民政府《关于取消和调整实施一批省级权责清单事项的决定》（粤府〔2020〕1号），及时将《植物新品种权侵权投诉书》转送至相关地市林草主管部门，积极指导并督促当地林草主管部门开展调查并组织调解。2023年，广东省林业局政务服务大厅接到植物新品种权侵权投诉3起，成功调解2起，另1起侵权纠纷调查后发现无直接证据证明植物新品种侵权行为。肇庆四会市植物新品种权侵权纠纷的调解是《种子法》第三次修改以来，广东首例成功调解的林草植物新品种权侵权纠纷，对于植物新品种权保护范围的界定及调解具有重要的指引作用。针对茂名高州接到的涉嫌侵犯四季茶花植物新品种权案线索举报，广东省林业局积极指导当地林草主管部门开展询问、勘验检查、取样检测，加快案件处理；根据《种子法》等相关规定，当地林草主管部门对其作出了责令停止侵犯植物新品种权的违法行为，没收非法所得并处以侵权货值金额8倍罚款的行政处罚。茂名高州四季茶花植物新品种权侵权案件是广东林业行政主管部门首例办理的侵犯植物新品种权案件，为以后植物新品种权侵权行为的审查认定起到良好的示范作用。

3. 持续加强林草植物新品种创造与运用

为进一步推进植物新品种创造与运用，广东省林业局积极开展植物新品种保护调查和研究。2023年5月，召开了林草植物新品种保护座谈会，广东省及中直驻粤单位从事林草植物新品种育种的有关企事业单位知识产权管理人员、育种人和品种权人就林草植物新品种创造、运用和保护工作情况进行交流；6月，协助国家林业和草原局科技发展中心来广东开展林草植物新品种测试及惠农专题调研，深入茶花、樱花等新品种培育企业和有关科研院所、高等院校，并就植物新品种测试体系和转化运用等进行专题座谈，交流探讨林草植物新品种保护工作。广东省林业局还委托中国林业科学研究院热带林业研究所开展了广东林业知识产权发展状况研究，对广东省林业专利、植物新品种、林产品地理标志等情况进行了分析，并对广东省林业知识产权保护提出了对策与建议。2023年，广东省各单位获得国家林业和草原局植物新品种授权30件。

4. 深入开展林草植物新品种保护宣传培训

充分利用官方网站、微信公众号、广播电视等新闻媒体和世界知识产权日、科技进步活动月、科技活动周、全国科普日等活动，广泛开展科普宣传，提高公众知识产权保护意识。2023 年，广东省共组织开展植物新品种保护培训会 20 余次，培训基层管理和执法人员 400 余人，邀请国家林业和草原局科技发展中心从事植物新品种保护管理的领导和专家进行专题授课，切实提升基层工作人员业务水平。同时结合世界知识产权日、科技活动周、科技进步活动月等活动，通过林业科技下乡、专题宣讲、海报横幅及抖音、微信等新媒体方式，大力宣讲普及《种子法》等相关法律法规，发送宣传材料 26000 余份，营造良好的植物新品种保护社会氛围。（陈新宇）

贵州省林业和草原知识产权

1. 拓展渠道载体，扩大宣传覆盖面

以多种渠道为载体，形成"政府主导、媒体支撑、公众参与"的宣传格局，进一步增强全社会尊重和保护知识产权的意识，为贵州高质量发展营造良好舆论氛围。

一是传统宣传与新兴媒体相结合，拓展宣传渠道。利用"3.15 国际消费者权益日""4.26 世界知识产权日""全国科普日""科技活动周"等时机开展植物新品种宣传，制作宣传海报、展板，展示贵州获授权植物新品种，公示植物新品种权审批流程，科普保护植物新品种权法律知识。充分利用贵州省林业局公众号、黔林通 APP 等政务新媒体，大力宣传林草植物新品种保护，增强全社会植物新品种保护意识。

二是部署全省宣传活动，扩大宣传范围。贵州省林业局印发《关于做好 2023 年植物新品种保护专项行动的通知》，要求各单位开展主题突出、实用管用的宣传活动。安顺市林业局组织在花鸟市场等交易场所开展主题宣传，发放宣传资料 800 余份、帮助群众现场解答 80 余次。黔南州林业局利用赶集日等时机，在集市设立咨询点，开展打击假冒伪劣种苗和侵犯林草植物新品种权宣传和普法，向群众发放资料 500 余份。黔东南州林业局借助春季造林的黄金时机，在社区和林地一线开展打击制售假劣林草种苗及侵犯植物新品种权普法宣传，发放资料 1200 余份。贵阳市林业局参加全市"4.26 知识产权日"知识竞赛并获得第三名的成绩。

2. 采取多种措施，突出执法实效

采取统一部署、加强培训、摸底调查、严格执法等措施，加大侵犯植物新品种权、假冒植物新品种案件查处打击力度。通过开展打击侵犯植物新品种权专项执法检查，进一步规范了全省植物新品种交易市场秩序，保护了植物新品种权人的合法权益，促进植物新品种培育创新，推动了贵州植物新品种保护和发展。

一是统一部署，精心筹划组织。贵州省林业局制定下发《2023 年打击侵犯植物新品种权专项执法行动方案》，分 3 个阶段安排部署了专项执法活动任务、时间及步骤，明确活动的具体做法和要求。全省各市（自治州）林草主管部门结合实际制定方案，成立了组织机构，开展深入细致检查。

二是加强培训，提升能力水平。组织全省林草种苗行政执法和质量监管培训班，各市（自治州）林草种苗骨干人员共计 100 余人参加，培训内容涉及林草种苗行政执法、质量监管、植物新品种保护等，进一步加大执法人员培训力度，提高执法水平。

三是摸底调查，务实工作作风。对苗圃基地、繁殖场、良种基地、种苗交易市场、

经营门店、苗木生产经营企业等进行调查，摸排重点检查授权品种的繁殖、生产、销售环节，查清侵权、假冒等违法行为。通过公开投诉举报方式，鼓励举报制售假冒伪劣种苗和侵犯植物新品种权等线索。

四是严格执法，突出活动实效。着力打击未经品种权人许可，以商业目的生产或者销售林草授权品种的繁殖材料、假冒林草授权品种的行为，以及销售林草授权品种时未使用其注册登记名称的行为。活动期间，全省共出动执法检查人员 1000 多人次，对 850 多家企业、经营点和苗圃基地开展执法检查。（陈建平、李其琪）

新疆维吾尔自治区林业和草原知识产权

1. 建立林草植物新品种保护常态化工作机制

深入贯彻落实《新疆维吾尔自治区知识产权"十四五"规划》、新疆维吾尔自治区人民政府、国家知识产权局《共建丝绸之路经济带知识强区实施方案》、新疆维吾尔自治区人民政府、国家知识产权局《2022—2023 年共建知识产权强区工作要点》等工作任务和分工，加强与新疆维吾尔自治区市场监督管理局（知识产权局）的沟通协调，将植物新品种保护纳入知识产权强区工作内容，建立常态化工作机制，形成行政司法保护合力。

2. 开展打击侵犯植物新品种权工作

印发《关于开展 2023 年打击制售假劣林草种苗和侵犯植物新品种权工作的通知》，要求各地依据《种子法》《植物新品种保护条例》开展日常监督和集中专项整治，加大侵权假劣案件以及无证无档案生产经营、未执行检验检疫规程生产种苗等违法行为的查处力度，依法打击未经品种权人许可生产、繁殖、处理或者销售、储存林草授权品种的繁殖材料，假冒林草授权品种的行为，以及销售林草授权品种时未使用其注册登记名称的行为。在新疆维吾尔自治区林业和草原局网站公布打击制售假劣种苗和保护植物新品种权举报方式。

3. 开展林草知识产权保护宣传培训

在第 23 个世界知识产权日，新疆维吾尔自治区林业和草原局联合市场监督管理局、检察院、人民法院、农业农村厅等单位举办的"4.26"知识产权联合执法检查与现场宣传咨询活动。通过展板展示、发放宣传资料、现场讲解等形式，向市民宣传知识产权法律法规、方针政策、讲解知识产权保护知识，营造了保护植物新品种权等知识产权的良好社会氛围。举办 2023 年林草种苗行政执法和植物新品种保护视频培训班，全省各级林草主管部门、科研院校共计 340 余人参加。组织新疆维吾尔自治区从事相关工作的管理和技术人员参加国家林业和草原局和新疆维吾尔自治区举办的植物新品种权和知识产权培训班、行政执法培训班，以及技术经理人 / 经纪人培训班，提升知识产权保护能力。

4. 植物新品种权转化运用典型案例

新疆林业科学院大果沙枣科研团队历经 10 余年，通过优树选择、无性繁殖、子代测定等科学手段，综合丰产性、抗逆性、果实性状等综合特性，选育出了'雅丰''金莎''白沙甜''红玉''红玲''金皇后'6个大果沙枣品种,国家林业和草原局2022年授予植物新品种权。该团队在克州、喀什地区建立大果沙枣新优品种绿色高产栽培示范园,使大果沙枣干果亩产达350千克,改善生态环境的同时促进农牧民增收。为了不断优化疆内外大果沙枣推广品种,推动大果沙枣走向规模化、标准化、产业化发展道路,团队制定发布新疆地方标准《大果沙枣丰产栽培技术规程》(DB65/T 4727—2023)指导全疆科学栽培大果沙枣。'雅丰'和'红玉'成功通过新疆维吾尔自治区林木品种审定委员会审定为良种。团队采用知识产权技术转让实施许可的形式,主动对接企业,在和田、喀什和阿克苏3个地区,繁育'红玉''雅丰''白沙甜'3个大果沙枣新品种的苗木,获得成果转让费共计29万元。这是新疆林草领域植物新品种权首次作价转让,有效激发了科研人员发掘植物新品种、申报植物新品种权的积极性。(程瑶)

统 计 分 析

2023年林业和草原专利统计分析

专利分为发明、实用新型和外观设计3种类型。发明是指对产品、方法或者其改进所提出的新的技术方案。实用新型是指对产品的形状、构造或者其结合所提出的适于实用的新的技术方案。外观设计是指对产品的形状、图案或者其结合以及色彩与形状、图案的结合所作出的富有美感并适于工业应用的新设计。

一、林业专利分析

国家林业和草原局知识产权研究中心组织专家，研究整理形成了一批与林业相关的关键词和国际专利分类号，采用关键词与国际专利分类号相结合的方式检索数据，并进行数据清洗和整理，形成最终的林业专利数据。

1.总量分析

2023年，国家知识产权局专利数据库公开的林业专利量74191件，年度专利量较前5年首次出现大幅度下降。"十三五"期间（2016—2020年）公开的林业专利共376996件，同比增长176.49%。截至2023年年底，林业专利公开量共计888320件（表6，图1）。

表6 1985—2023年林业专利公开量统计　　　　　　　单位:件

年份	专利总量	发明	实用新型	外观设计
1985	8	6	1	1
1986	198	112	85	1
1987	396	195	191	10
1988	506	177	320	9
1989	619	229	366	24
1990	620	279	300	41
1991	752	250	442	60
1992	1130	322	731	77
1993	971	405	485	81
1994	1383	605	711	67
1995	1378	566	681	131
1996	1505	676	625	204
1997	1688	691	706	291
1998	1962	769	784	409
1999	2702	772	1336	594
2000	2791	872	1295	624
2001	3275	1134	1356	785
2002	3769	1246	1465	1058
2003	4755	1758	1621	1376
2004	4507	1856	1526	1125
2005	6506	3452	1808	1246
2006	7645	3388	2488	1769
2007	9560	4334	3052	2174
2008	11452	5322	3928	2202
2009	13739	6355	3968	3416
2010	13651	5466	3785	4400
2011	14232	7640	4776	1816
2012	18763	11449	6256	1058
2013	26453	14293	9636	2524
2014	31835	20065	9620	2150
2015	45066	27518	14199	3349
2016	52628	31086	18458	3084
2017	65260	40717	21337	3206
2018	86842	47113	35551	4178
2019	80343	39818	36847	3678
2020	91923	30633	56260	5030
2021	97686	28765	65869	3052
2022	105630	33039	66827	5764
2023	74191	30035	40930	3226
合计	888320	403408	420622	64290

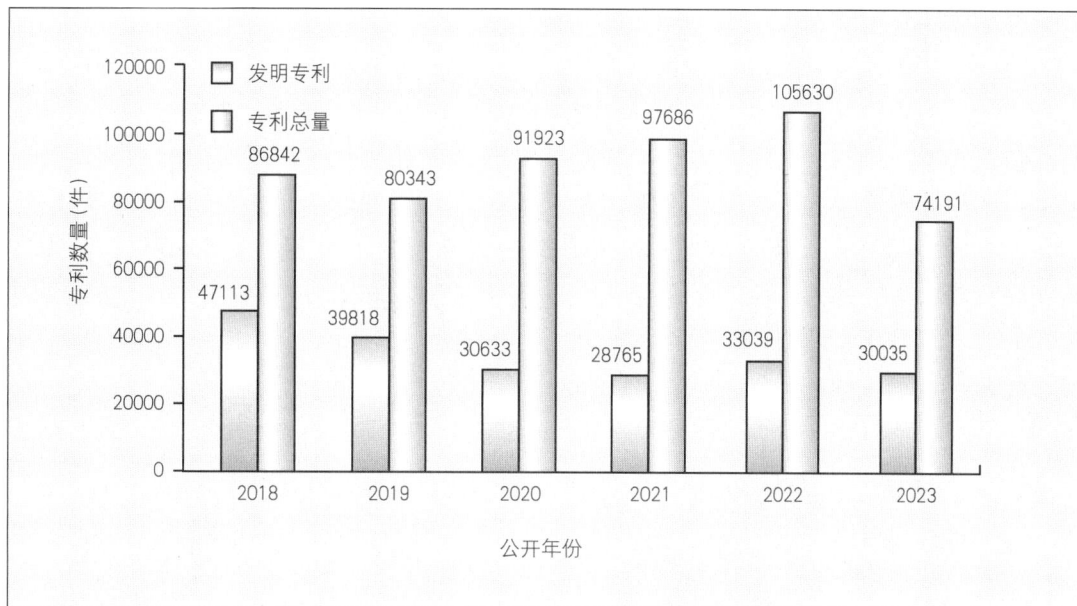

图 1　2018—2023 年林业专利公开量统计

2. 发展趋势分析

林业专利申请始于 1985 年。这一年我国刚刚开始实施专利法和建立专利制度。1985—1998 年，林业专利技术发展十分缓慢，每年公开的林业专利量不超过 2000 件；1999—2011 年，林业专利量平稳增长，每年公开的林业专利量从 1999 年的 2000 多件逐渐增长为 2011 年的 1 万多件；2012—2023 年期间，除了 2019 年和 2023 年林业专利量与往年相比有所下降以外，林业专利量迅猛增长，每年公开的林业专利量由 2012 年的 1 万多件攀升到 2022 年的最高值 10 万多件。值得注意的是，2019—2022 年期间虽然林业专利总量持续稳定上升，但是发明专利量呈下降和平稳趋势，2023 年林业专利总量和发明专利量均呈现明显下降趋势（图 2）。

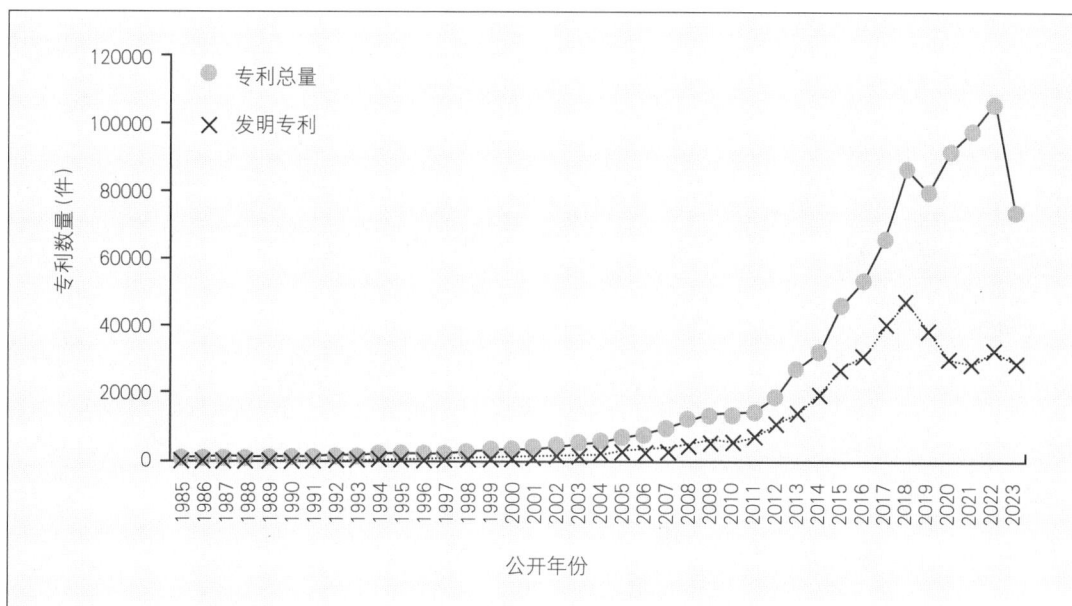

图 2　1985—2023 年林业专利量发展趋势

3. 专利类型分析

2023 年，林业专利共 74191 件，其中发明 30035 件（40.48%），实用新型 40930 件（55.17%），外观设计 3226 件（4.35%）。2011—2019 年，林业专利中发明专利所占比重均保持在 50%~64%；2020—2022 年，尽管林业专利量仍然迅速增长，但专利增长主要来自实用新型，发明占比明显下降，为 30%~33%；2023 年，林业专利量有所减少，但发明占比明显升高，超过 40%。截至 2023 年年底，林业专利共 888320 件，其中发明 403408 件，占林业专利总量的 45.41%，实用新型 420622 件（47.35%），外观设计 64290 件（7.24%）（图 3）。

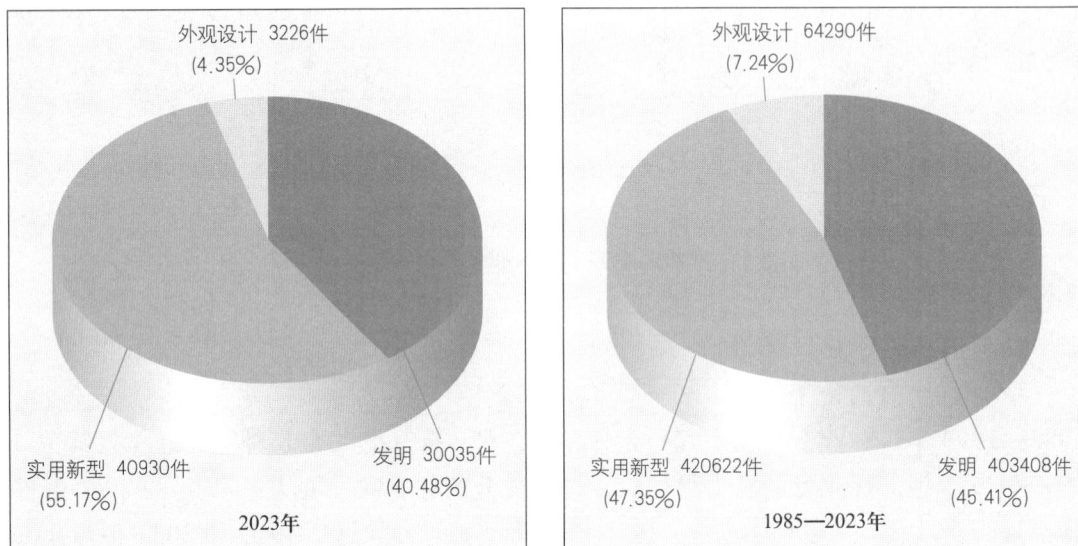

图 3　2023 年、1985—2023 年林业专利的专利类型统计

4. 申请人构成分析

林业专利的创造主体主要是企业。2023 年，林业专利申请人中企业、高等院校和科研院所所占比重分别为 60.61%、16.16% 和 18.02%。截至 2023 年年底，林业专利申请人中企业、高等院校和科研院所所占比重分别为 51.02%、16.43% 和 11.56%（图 4）。

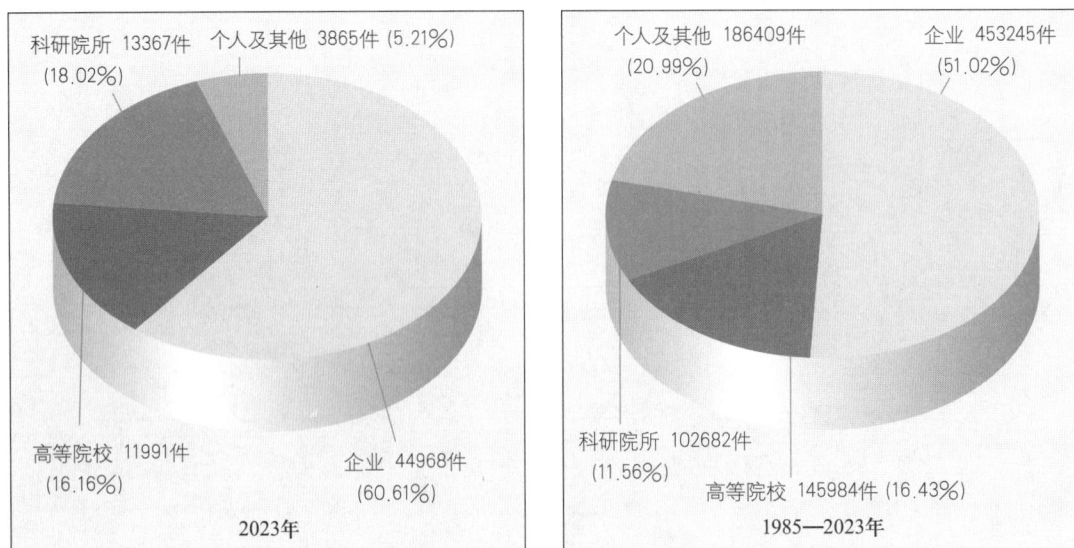

图 4　2023 年、1985—2023 年林业专利的申请人构成统计

5. 地域分析

对全国 31 个省（自治区、直辖市）的林业专利申请公开量的分析结果显示，2023
年各省（自治区、直辖市）公开的林业专利中，江苏的专利量最多，共 8373 件，其次
是山东（6750 件）、广东（6004 件）和浙江（5940 件），排名前 10 位的省（直辖市）
还包括安徽（4049 件）、北京（3830 件）、湖北（2763 件）、福建（2618 件）、河南（2613
件）、云南（2551 件）。截至 2023 年年底，江苏专利量排名第 1，共 112729 件，排名
前 10 位的省（直辖市）还包括浙江（88550 件）、广东（72912 件）、山东（61627 件）、
安徽（51861 件）、北京（41759 件）、福建（40389 件）、四川（30929 件）、河南（30297
件）、湖南（27308 件）（表 7）。

表 7　1985—2023 年全国各省（自治区、直辖市）的林业专利公开量统计　单位：件

排名	省（自治区、直辖市）	1985—2023年专利总量	公开年份					
			2018	2019	2020	2021	2022	2023
1	江苏	112729	10543	11964	14569	14557	12957	8373
2	浙江	88550	10885	7927	8181	7613	8047	5940
3	广东	72912	7342	6319	8385	9182	9680	6004
4	山东	61627	4341	4590	5855	7079	10253	6750
5	安徽	51861	6830	4121	4366	4488	5057	4049
6	北京	41759	3098	3332	3496	3987	4485	3830
7	福建	40389	4833	4044	5422	3624	3747	2618
8	四川	30929	3751	2923	2921	3341	3639	2499
9	河南	30297	3576	3105	3470	4002	3888	2613
10	湖南	27308	2309	2983	3261	3098	3387	2257
11	广西	27258	3717	1971	1716	1813	2479	1838
12	黑龙江	26007	2005	2148	2566	2835	3208	2216
13	陕西	25808	2162	3010	2439	2935	3139	2073
14	湖北	23717	2123	2267	2460	2666	3664	2763
15	云南	22995	2056	2433	2518	2935	3452	2551
16	上海	21681	1327	1592	1911	2279	2503	1840
17	河北	21531	1742	1853	2940	3113	3436	2257
18	江西	18520	2229	2029	2872	2756	2406	1909
19	辽宁	17037	1124	1259	1554	1818	2104	1527
20	重庆	15367	1453	1392	1338	1966	1642	1063
21	天津	14894	1578	1373	1391	1628	1165	944
22	贵州	14797	2348	1847	1434	1577	1423	1035
23	甘肃	11937	1226	1335	1477	1728	1650	1187
24	吉林	9315	757	690	807	871	1047	972
25	山西	8688	749	759	921	1092	1135	777
26	新疆	8045	599	510	577	979	1147	973
27	宁夏	6961	549	750	791	1058	1265	735
28	内蒙古	5992	430	434	675	900	1095	873
29	海南	4470	210	296	481	811	980	714
30	青海	2701	238	286	332	448	388	221
31	西藏	710	34	62	102	87	158	129

6. 林业重点领域专利分析

按森林培育、木材加工、林业机械、竹藤产业、木地板产业、林产化工和林业生物质能源 7 个主要领域对林业专利进行统计分析。2023 年，森林培育领域专利公开量为 9838 件、木材加工 9711 件、林业机械 6397 件、竹藤产业 5009 件、木地板产业 848 件、林产化工 1971 件、林业生物质能源 1069 件（表 8，图 5）。

截至 2023 年年底，专利量最多的是森林培育和木材加工，分别为 121806 件和 109334 件，其次是竹藤产业（77133 件）和林业机械（72278 件）。7 个林业重点领域中发明专利比重最高的是林产化工和林业生物质能源，分别为 66.50% 和 56.99%，其次是森林培育（48.70%）、林业机械（38.12%）、木材加工（37.66%）、竹藤产业（35.96%）和木地板产业（27.94%）（表 8，图 5）。

表 8　1985—2023 年林业重点领域专利公开量统计　　　　　　单位：件

领域分类	1985—2023年专利总量				2023年专利量			
	发明	实用新型	外观设计	合计	发明	实用新型	外观设计	合计
森林培育	59322	60913	1571	121806	3458	6187	193	9838
木材加工	41171	68108	55	109334	2540	7164	7	9711
林业机械	27551	44538	189	72278	2116	4264	17	6397
竹藤产业	27737	26332	23064	77133	1594	2046	1369	5009
木地板产业	4839	9566	2917	17322	234	577	37	848
林产化工	19319	9389	343	29051	1071	870	30	1971
林业生物质能源	9472	7041	108	16621	468	598	3	1069

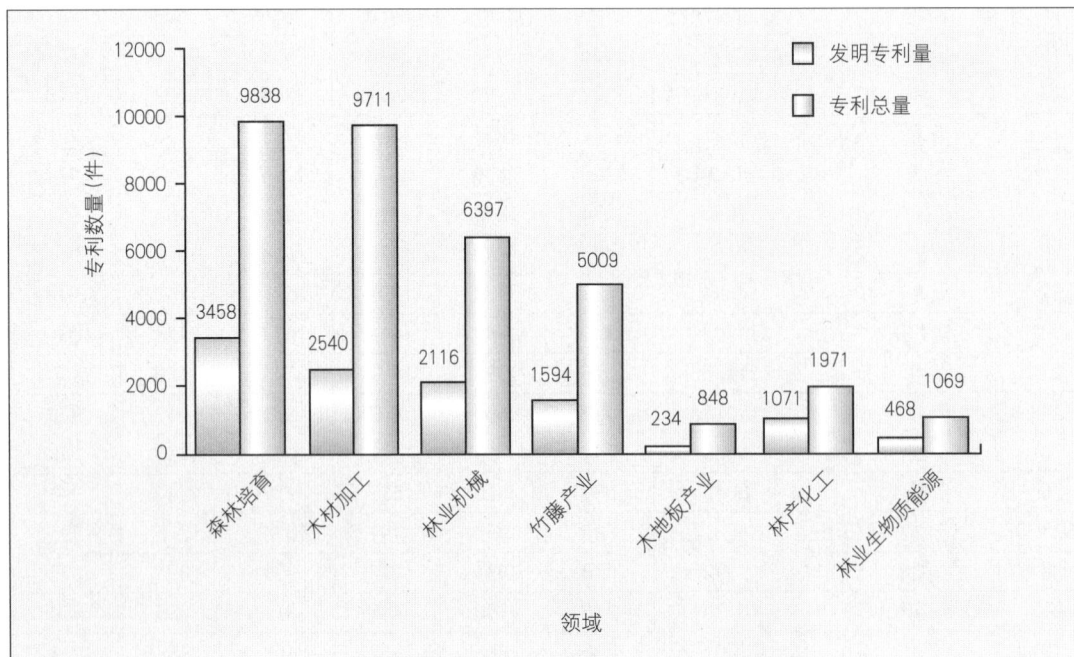

图 5　2023 年林业重点领域专利公开量统计

二、林业科研院所和高等院校专利分析

本报告中的林业科研院所是指林业系统的科研机构，主要包括国家、省（自治区、直辖市）、市、县 4 级林业科研和开发机构，不包括各类农林科学院。林业高等院校包括各类涉林高校。

1. 总量分析

2023 年，全国林业科研院所的专利公开量为 2539 件，其中发明专利公开量为 1545 件，占其专利公开总量 60.85%；林业高等院校的专利公开量为 5557 件，其中发明专利 3634 件，占其专利公开总量的 65.39%。截至 2023 年年底，林业科研院所的专利公开量共计 18481 件，其中发明专利公开量 11696 件，占其专利公开总量的 63.29%；林业高等院校的专利公开量共计 70772 件，其中发明专利公开量 35380 件，占其专利公开总量的 49.99%（表 9，图 6）。

表 9　1985—2023 年林业科研院所和高等院校的专利公开量统计　　单位：件

公开年份	科研院所				高等院校			
	发明	实用新型	外观设计	合计	发明	实用新型	外观设计	合计
1985	1	0	0	1	0	0	0	0
1986	9	5	0	14	1	1	0	2
1987	12	8	0	20	3	5	0	8
1988	9	12	0	21	6	2	0	8
1989	11	7	0	18	3	9	0	12
1990	13	13	0	26	6	4	0	10
1991	14	6	2	22	3	11	0	14
1992	12	22	1	35	13	8	0	21
1993	9	5	0	14	10	8	0	18
1994	11	9	0	20	3	7	0	10
1995	14	7	1	22	6	6	0	12
1996	10	6	3	19	8	11	0	19
1997	10	10	1	21	6	6	0	12
1998	11	3	0	14	9	10	0	19
1999	9	11	0	20	5	10	0	15
2000	5	14	0	19	12	14	0	26
2001	12	18	0	30	12	21	0	33
2002	9	1	0	10	21	14	0	35
2003	24	17	1	42	49	18	0	67
2004	31	17	3	51	58	22	0	80
2005	41	12	4	57	161	33	0	194

（续）

公开年份	科研院所				高等院校			
	发明	实用新型	外观设计	合计	发明	实用新型	外观设计	合计
2006	66	17	1	84	194	39	0	233
2007	106	13	1	120	305	31	2	338
2008	172	56	1	229	440	63	55	558
2009	200	62	0	262	569	102	48	719
2010	197	68	11	276	685	164	22	871
2011	280	101	3	384	845	382	82	1309
2012	396	96	7	499	1328	485	298	2111
2013	451	128	10	589	1476	882	445	2803
2014	561	136	2	699	1813	692	343	2848
2015	699	215	13	927	2050	921	363	3334
2016	672	285	16	973	2234	1121	227	3582
2017	966	304	12	1282	2794	1400	388	4582
2018	944	483	23	1450	3318	2287	816	6421
2019	1156	448	52	1656	4300	3689	808	8797
2020	757	799	57	1613	2690	5654	835	9179
2021	1152	1026	30	2208	3089	6227	511	9827
2022	1099	1063	33	2195	3221	3575	292	7088
2023	1545	928	66	2539	3634	1670	253	5557
合计	11696	6431	354	18481	35380	29604	5788	70772

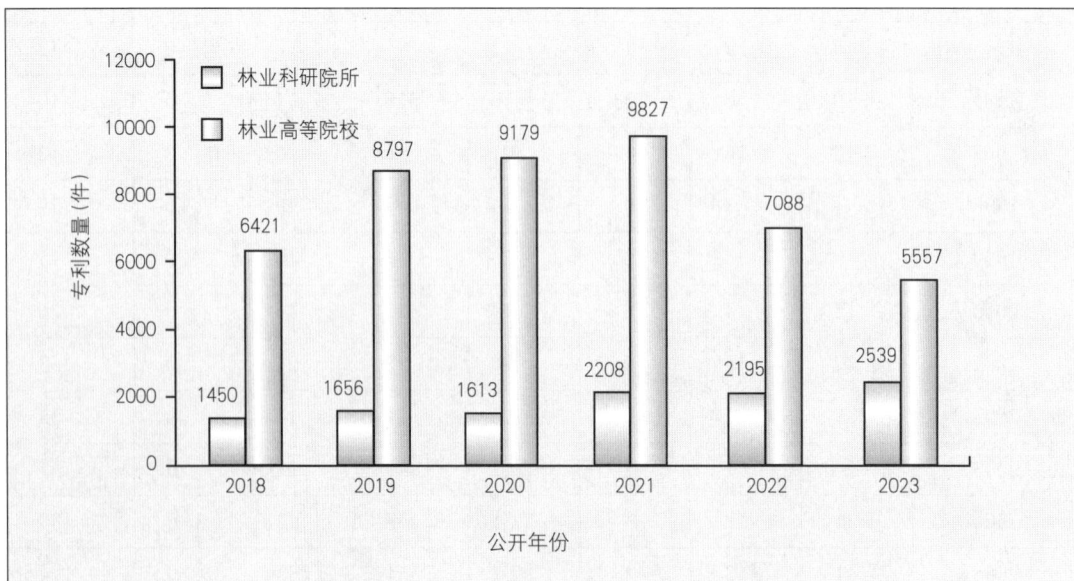

图6 2018—2023年林业科研院所和高等院校专利公开量统计

2. 发展趋势分析

林业科研院所和高等院校的专利发展趋势可以划分为 4 个阶段，第一阶段为
1985—2003 年，每年的专利量不足 100 件，增长十分缓慢；第二阶段为 2004—2010 年，
每年专利量 200～1000 件，增长较为迅速；第三阶段为 2011—2021 年，专利量迅猛增
长，由 2011 年的 1500 多件增至 2021 年 1 万多件，达到峰值；第四阶段为 2022 年至今，
年度专利量有所下降，不足 1 万件。2011—2021 年期间，林业高等院校的专利增长速
度明显超过了林业科研院所，二者专利量之间的差距逐步拉大，但在 2022 年之后，林
业高等院校的专利数量大幅度下降（图 7）。

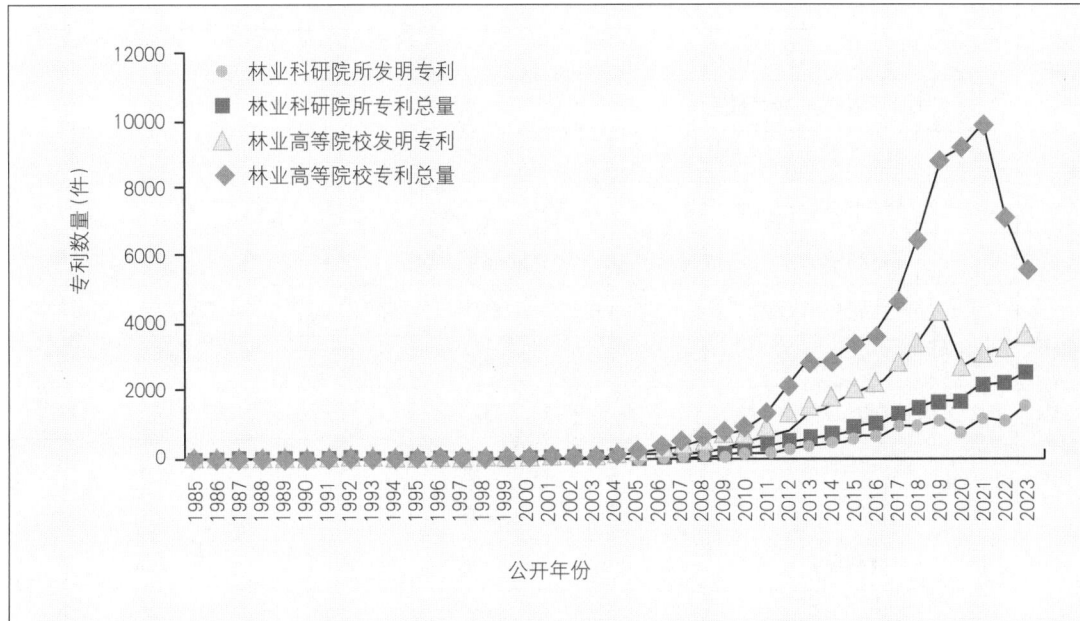

图 7 1985—2023 年林业科研院所和高等院校的专利公开量发展趋势

3. 申请人分析

专利申请人分析包括每件专利的所有共同申请人，并对申请人（机构）的不同写法、
历史变迁和异名进行了规范化加工整理，以保持统计数据的完整性和准确性。

2023 年，在林业科研院所中，中国林业科学研究院的专利公开量为 478 件，占林
业科研院所专利总量的 18.83%，其次是广西壮族自治区林业科学研究院（173 件）和
广东省林业科学研究院（86 件）。在林业高等院校中，南京林业大学的专利公开量为
1356 件，其次是西北农林科技大学（1116 件）和东北林业大学（848 件）。近两年农林
类高等院校的专利量有所减少（表 10）。

截至 2023 年年底，在林业科研院所中，中国林业科学研究院的专利公开量共
5493 件，占林业科研院所专利总量的 29.72%。其次是广西壮族自治区林业科学研究
院（1145 件）、浙江省林业科学研究院（819 件）、云南省林业和草原科学院（726 件）
和黑龙江省林业科学院（575 件）。近年来，省级林业科研院所的专利公开量增长较
快。在林业高等院校中，南京林业大学的公开专利量共 21100 件，其次是西北农林
科技大学（10193 件）、东北林业大学（9642 件）、福建农林大学（7547 件）、浙江
农林大学（5837 件）、北京林业大学（5317 件）、中南林业科技大学（4049 件）、西
南林业大学（2817 件）（表 11）。

表 10　2023 年林业科研院所和高等院校专利申请人的专利公开量统计　单位：件

分类	序号	申请人	发明	实用新型	外观设计	合计
林业科研院所	1	中国林业科学研究院	431	45	2	478
	2	广西壮族自治区林业科学研究院	96	76	1	173
	3	广东省林业科学研究院	45	18	23	86
	4	云南省林业和草原科学院	63	22	0	85
	5	江西省林业科学院	49	35	0	84
	6	陕西省林业科学院	25	52	0	77
	6	海南省林业科学研究院	41	36	0	77
	8	浙江省林业科学研究院	58	17	0	75
	9	黑龙江林业科学研究院	27	42	3	72
	10	吉林省林业科学研究院	36	33	0	69
林业高等院校	1	南京林业大学	835	484	37	1356
	2	西北农林科技大学	730	333	53	1116
	3	东北林业大学	467	352	29	848
	4	浙江农林大学	305	115	51	471
	5	北京林业大学	363	71	15	449
	6	福建农林大学	298	71	33	402
	7	中南林业科技大学	236	55	8	299
	8	西南林业大学	192	70	17	279
	9	信阳农林学院	96	33	0	129
	10	江苏农林职业技术学院	81	22	2	105

表 11　1985—2023 年林业科研院所和高等院校专利申请人的专利公开量统计　单位：件

分类	序号	申请人	发明	实用新型	外观设计	合计
林业科研院所	1	中国林业科学研究院	4476	988	29	5493
	2	广西壮族自治区林业科学研究院	896	248	1	1145
	3	浙江省林业科学研究院	497	322	0	819
	4	云南省林业和草原科学院	274	364	88	726
	5	黑龙江省林业科学院	226	339	10	575
	6	国际竹藤中心	353	141	11	505
	7	甘肃省治沙研究所	210	277	16	503
	8	湖南省林业科学院	328	162	0	490
	9	山东省林业科学研究院	333	87	1	421
	10	广东省林业科学研究院	232	108	47	387

（续）

分类	序号	申请人	发明	实用新型	外观设计	合计
林业高等院校	1	南京林业大学	7730	11949	1421	21100
	2	西北农林科技大学	6741	3274	178	10193
	3	东北林业大学	3863	4766	1013	9642
	4	福建农林大学	4602	2568	377	7547
	5	浙江农林大学	2846	1403	1588	5837
	6	北京林业大学	4419	808	90	5317
	7	中南林业科技大学	2645	1144	260	4049
	8	西南林业大学	1001	1067	749	2817
	9	信阳农林学院	579	1206	8	1793
	10	江苏农林职业技术学院	1150	391	26	1567

4. 授权发明专利分析

（1）授权发明专利总量分析

2023 年，林业科研院所发明专利授权共计 796 件，林业高等院校发明专利授权共计 2195 件。

截至 2023 年年底，林业科研院所共获得发明专利授权 5216 件，占林业科研院所发明专利申请总量的 44.60%；林业高等院校共获得发明专利授权 15538 件，占林业高等院校发明专利申请总量的 43.92%（表 12，图 8，图 9）。

表 12 1985—2023 年林业科研院所和高等院校的发明专利授权量统计 单位：件

授权年份	科研院所	高等院校	授权年份	科研院所	高等院校
1985	1	0	1998	2	1
1986	0	0	1999	4	5
1987	2	1	2000	3	3
1988	3	1	2001	5	6
1989	9	2	2002	4	4
1990	4	2	2003	8	6
1991	5	1	2004	11	25
1992	9	2	2005	13	38
1993	4	2	2006	26	60
1994	2	6	2007	39	85
1995	4	3	2008	32	114
1996	2	3	2009	75	188
1997	1	1	2010	105	266

（续）

授权年份	科研院所	高等院校	授权年份	科研院所	高等院校
2011	160	465	2018	341	1027
2012	181	636	2019	297	1076
2013	234	688	2020	433	1282
2014	239	709	2021	498	1686
2015	296	917	2022	654	1910
2016	324	1075	2023	796	2195
2017	390	1047	合计	5216	15538

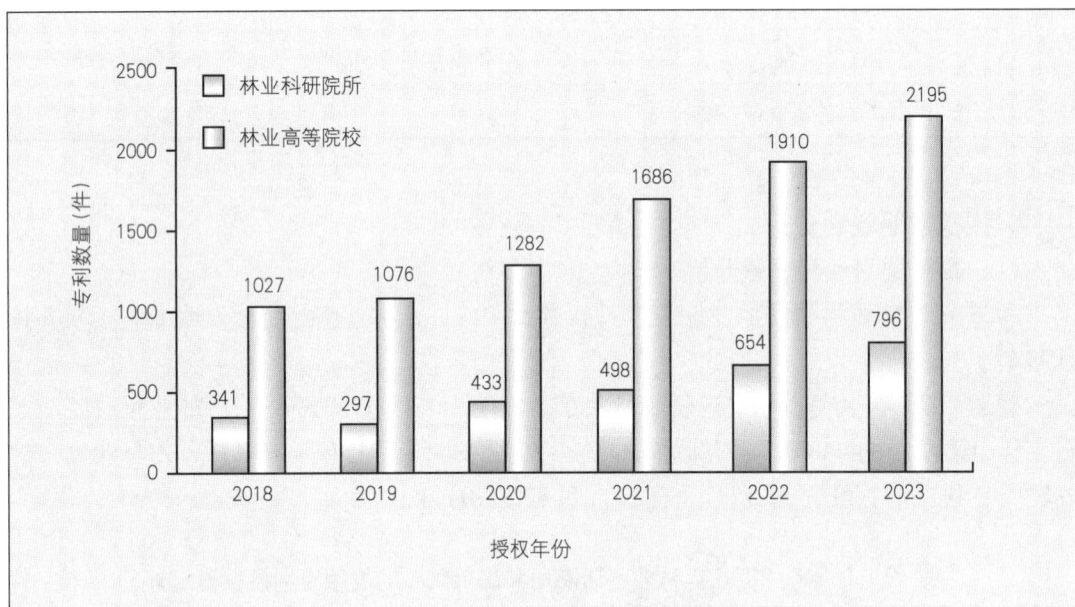

图8 2018—2023年林业科研院所和高等院校发明专利授权量统计

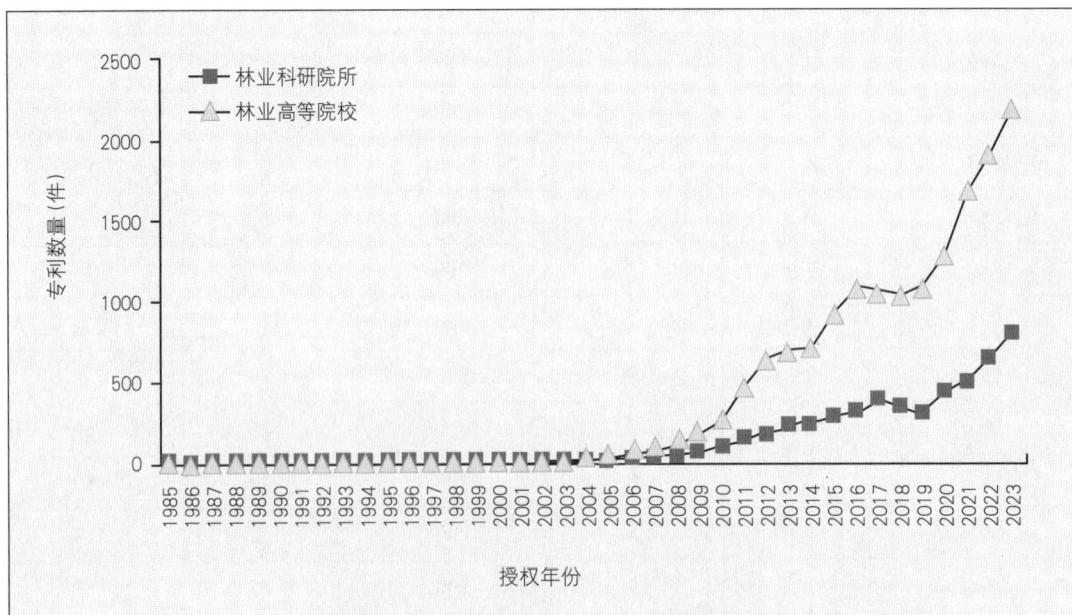

图9 1985—2023年林业科研院所和高等院校授权发明专利发展趋势

（2）专利权人分析

专利权人分析包括每件授权发明专利的所有共同专利权人，并对专利权人（机构）的不同写法、历史变迁和异名进行了规范化加工整理，以保持统计数据的完整性和准确性。

2023 年，在林业科研院所中，中国林业科学研究院的发明专利授权量为 265 件，占林业科研院所发明专利授权总量的 33.29%，其次是浙江省林业科学研究院（50 件）和广西壮族自治区林业科学研究院（44 件）。在林业高等院校中，排名前 3 的分别是南京林业大学（696 件）、西北农林科技大学（353 件）和北京林业大学（245 件）（表 13）。

截至 2023 年年底，在林业科研院所中，中国林业科学研究院的发明专利授权量共 2330 件，占林业科研院所发明专利授权总量的 44.67%，其次是广西壮族自治区林业科学研究院（396 件）和浙江省林业科学研究院（283 件）。在林业高等院校中，排名前 3 的分别是南京林业大学（3611 件）、西北农林科技大学（2282 件）和福建农林大学（2231 件）（表 14）。

表 13　2023 年林业科研院所和高等院校发明专利的专利权人授权量统计　单位：件

分类	序号	专利权人	授权量
林业科研院所	1	中国林业科学研究院	265
	2	浙江省林业科学研究院	50
	3	广西壮族自治区林业科学研究院	44
	4	湖南省林业科学院	27
	5	国际竹藤中心	26
	6	山东省林业科学研究院	24
	7	江西省林业科学院	23
	8	广东省林业科学研究院	20
	9	云南省林业和草原科学院	19
	10	上海市园林科学规划研究院	18
林业高等院校	1	南京林业大学	696
	2	西北农林科技大学	353
	3	北京林业大学	245
	4	东北林业大学	230
	5	福建农林大学	181
	6	浙江农林大学	140
	7	中南林业科技大学	135
	8	西南林业大学	113
	9	江苏农林职业技术学院	50
	10	信阳农林学院	25

表14 1985—2023年林业科研院所和高等院校发明专利的专利权人授权量统计 单位：件

分类	排名	专利权人	授权量
林业科研院所	1	中国林业科学研究院	2330
	2	广西壮族自治区林业科学研究院	396
	3	浙江省林业科学研究院	283
	4	山东省林业科学研究院	194
	5	国际竹藤中心	162
	6	湖南省林业科学院	131
	7	黑龙江林业科学研究院	101
	8	广东省林业科学研究院	91
	9	上海市园林科学规划研究院	90
	10	河北省林业和草原科学研究院	88
林业高等院校	1	南京林业大学	3611
	2	西北农林科技大学	2282
	3	福建农林大学	2231
	4	北京林业大学	2069
	5	东北林业大学	1488
	6	浙江农林大学	1422
	7	中南林业科技大学	1359
	8	西南林业大学	387
	9	江苏农林职业技术学院	363
	10	信阳农林学院	141

三、草原专利分析

国家林业和草原局知识产权研究中心组织专家，研究整理形成了一批与草原相关的关键词和国际专利分类号，采用关键词与国际专利分类号相结合的方式检索数据，并进行数据清洗和整理，形成最终的草原专利数据。

1.总量分析

2023年，国家知识产权局专利数据库公开的草原专利量11066件，近6年的专利量都维持在1万件以上。"十三五"期间（2016—2020年）公开的草原专利共51171件，同比增长113.25%。截至2023年年底，草原专利公开量共计126227件（表15，图10）。

表 15　1985—2023 年草原专利公开量统计　　　　　　　　　单位：件

年份	专利总量	发明	实用新型	外观设计
1985	0	0	0	0
1986	37	31	6	0
1987	75	60	14	1
1988	72	47	25	0
1989	77	57	19	1
1990	86	61	22	3
1991	109	71	37	1
1992	134	86	45	3
1993	149	100	37	12
1994	166	136	28	2
1995	169	110	46	13
1996	181	125	44	12
1997	244	188	48	8
1998	277	214	51	12
1999	321	203	106	12
2000	325	210	82	33
2001	447	288	119	40
2002	518	307	148	63
2003	622	362	183	77
2004	636	370	163	103
2005	955	670	185	100
2006	1237	705	294	238
2007	1181	703	308	170
2008	1339	758	332	249
2009	1826	1087	370	369
2010	2407	1380	564	463
2011	2633	1653	571	409
2012	3881	2520	762	599
2013	4630	2777	1140	713
2014	5565	3828	1187	550
2015	7287	4866	1884	537
2016	7814	5278	2174	362
2017	9646	6832	2449	365
2018	11926	7267	4133	526
2019	10081	5766	3814	501
2020	11704	4737	5705	1262
2021	12985	4974	7499	512
2022	13419	5330	7531	558
2023	11066	5403	5146	517
合计	126227	69560	47271	9396

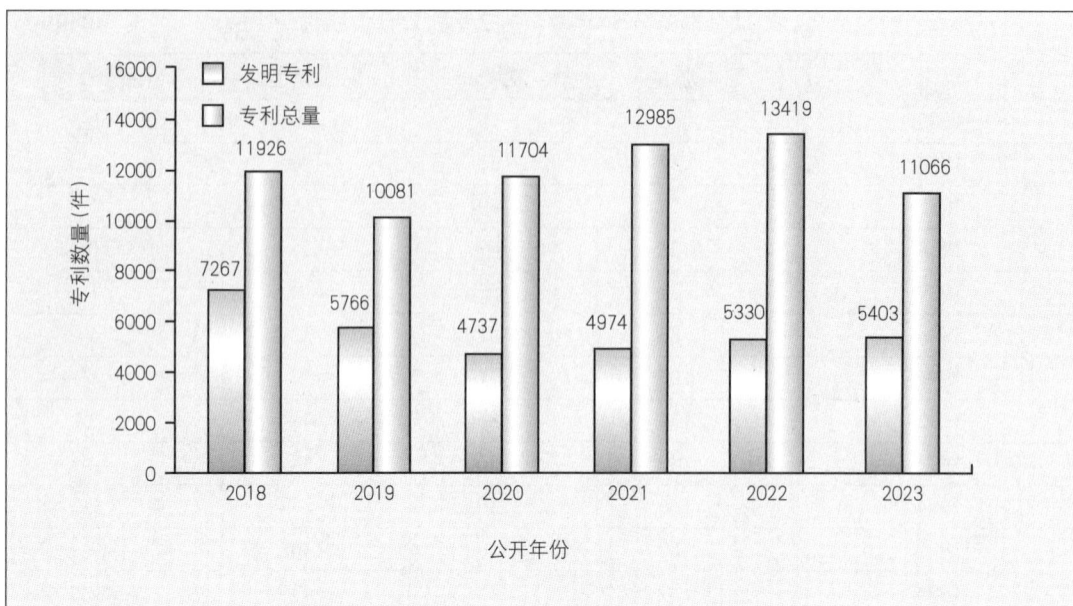

图 10 2018—2023 年草原专利公开量统计

2. 发展趋势分析

1986—2004 年，草原专利技术发展十分缓慢，每年公开的草原专利量不超过 700 件；2005—2011 年，草原专利量平稳增长，每年公开的草原专利量从 2005 年的 900 多件逐渐增长为 2011 年的 2000 多件；2012—2019 年期间，草原专利量迅猛增长，每年公开的草原专利量由 2012 年的 3000 多件攀升到 2019 年的 1 万多件；2020—2022 年草原专利总量持续上升，2023 年有所下降，近 5 年发明专利量则有所减少并趋于平稳（图 11）。

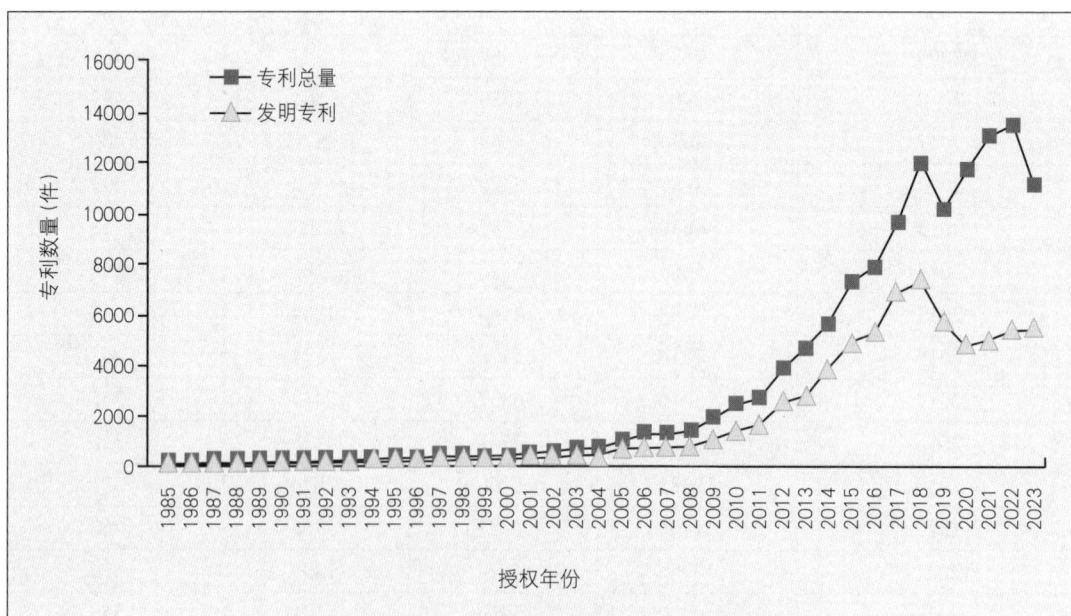

图 11 1985—2023 年草原专利量发展趋势

3. 专利类型分析

2023 年，草原专利共 11066 件，其中发明 5403 件（48.83%），实用新型 5146 件（46.50%），外观设计 517 件（4.67%）。截至 2023 年年底，草原专利共 126227 件，其中发明 69560 件，占草原专利总量的 55.11%，实用新型 47271 件（37.45%），外观设计 9396 件（7.44%）（图 12）。

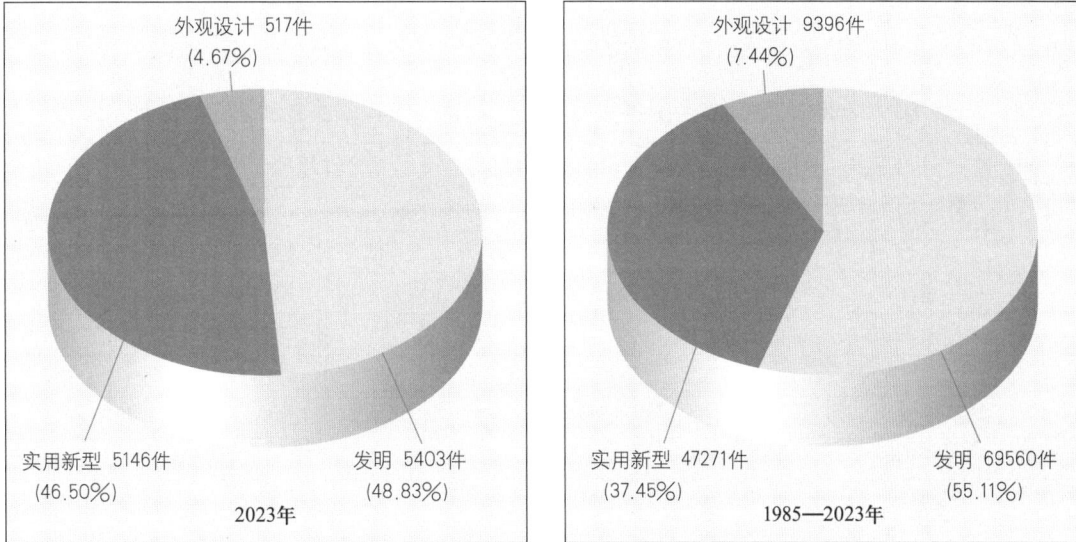

图 12　2023 年、1985—2023 年草原专利的专利类型统计

4. 申请人构成分析

草原专利的创造主体主要是企业。2023 年，草原专利申请人中企业、高等院校和科研院所所占比重分别为 62.07%、12.78% 和 20.55%。截至 2023 年年底，草原专利申请人中企业、高等院校和科研院所所占比重分别 53.70%、10.99% 和 10.77%（图 13）。

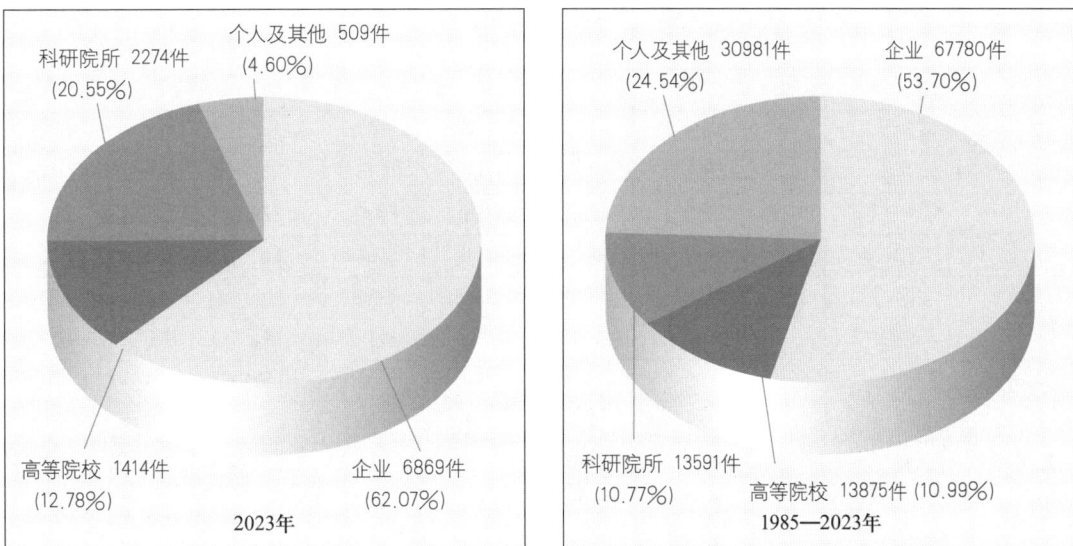

图 13　2023 年、1985—2023 年草原专利的申请人构成统计

5. 地域分析

对全国 31 个省（自治区、直辖市）的草原专利申请公开量的分析结果显示，2023 年，各省（自治区、直辖市）公开的草原专利中，江苏的专利量最多，共 1105 件，其次是山东（904 件）和广东（802 件），排名前 10 位的省还包括浙江（799 件）、云南（598 件）、安徽（536 件）、内蒙古（497 件）、河南（492 件）、北京（490 件）、湖北（385 件）。截至 2023 年年底，江苏的专利量最多，共 18351 件，其次是浙江（12373 件），此外山东、广东、安徽的草原专利公开量也较多，均在 7000 以上（表 16）。（李博）

表 16　1985—2023 年全国各省（自治区、直辖市）草原专利公开量统计　单位：件

排名	省（自治区、直辖市）	1985—2023年专利总量	公开年份					
			2018	2019	2020	2021	2022	2023
1	江苏	18351	1649	1476	1752	1786	1402	1105
2	浙江	12373	1344	1040	1285	1025	923	799
3	山东	9596	783	732	780	983	1111	904
4	广东	9347	1033	736	1090	1120	1187	802
5	安徽	7271	1092	587	602	667	547	536
6	北京	4968	361	379	394	430	542	490
7	河南	4763	455	421	456	562	707	492
8	四川	3780	421	318	323	385	432	364
9	福建	3757	457	283	422	340	367	309
10	湖北	3316	414	321	284	319	498	385
11	广西	3315	385	209	176	219	290	181
12	内蒙古	3206	248	214	330	491	465	497
13	湖南	3167	288	385	322	327	357	276
14	云南	2923	164	156	278	428	664	598
15	黑龙江	2920	165	176	231	316	329	256
16	上海	2910	170	191	269	299	299	295
17	甘肃	2868	359	343	318	381	359	305
18	河北	2670	187	231	356	400	417	288
19	辽宁	2402	229	159	157	245	213	163
20	陕西	2107	210	206	174	213	237	194
21	贵州	2049	237	191	190	229	239	211
22	天津	1982	181	190	164	152	126	104
23	江西	1928	202	202	252	302	256	212
24	新疆	1504	98	98	118	182	201	179
25	吉林	1190	89	97	93	152	170	120
26	重庆	1083	197	158	150	230	184	201
27	宁夏	1007	80	73	115	153	205	183
28	山西	915	92	93	108	125	93	81
29	青海	674	56	83	124	121	114	68
30	海南	584	14	44	74	101	112	94
31	西藏	282	28	36	44	48	37	63

2023年林业和草原植物新品种统计分析

植物新品种是指经过人工培育或者对发现的野生植物加以开发，具有新颖性、特异性、一致性和稳定性并适当命名的植物品种。

一、总量分析

2023年，国家林业和草原局植物新品种保护办公室共受理植物新品种权申请1906件，授予植物新品种权915件。截至2023年年底，国家林业和草原局已受理国内外植物新品种申请10742件，授予植物新品种权4970件。2016年以来，林业和草原植物新品种的申请量和授权量均快速增长（表17，图14）。

表17　1999—2023年林业和草原植物新品种申请量和授权量统计　　单位：件

年度	申请量			授权量		
	国内申请人	国外申请人	合计	国内品种权人	国外品种权人	合计
1999	181	1	182	6	0	6
2000	7	4	11	18	5	23
2001	8	2	10	19	0	19
2002	13	4	17	1	0	1
2003	14	35	49	7	0	7
2004	17	19	36	16	0	16
2005	41	32	73	19	22	41
2006	22	29	51	8	0	8
2007	35	26	61	33	45	78
2008	57	20	77	35	5	40
2009	62	5	67	42	13	55
2010	85	4	89	26	0	26
2011	123	16	139	11	0	11
2012	196	26	222	169	0	169
2013	169	8	177	115	43	158
2014	243	11	254	150	19	169
2015	208	65	273	164	12	176
2016	328	72	400	178	17	195
2017	516	107	623	153	7	160
2018	720	186	906	359	46	405
2019	656	146	802	351	88	439
2020	897	150	1047	332	109	441
2021	1225	217	1442	637	124	761
2022	1649	179	1828	501	150	651
2023	1671	235	1906	798	117	915
合计	9143	1599	10742	4148	822	4970

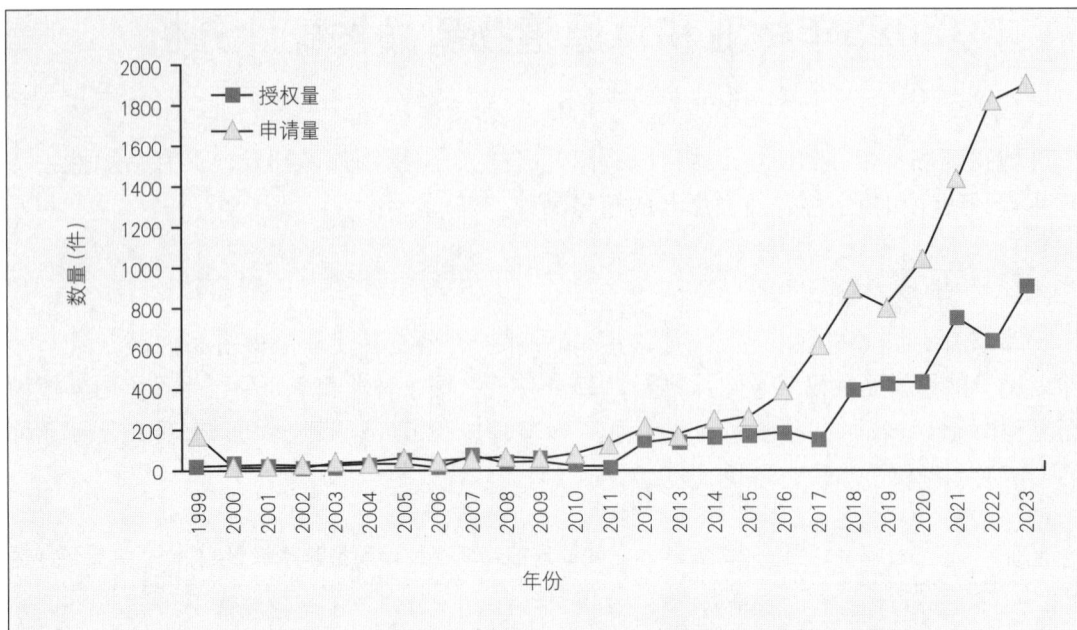

图14 1999—2023年林业和草原植物新品种申请量和授权量变化趋势

二、授权品种分析

1. 植物类别分析

林业和草原授权植物新品种的植物类别以观赏植物为主，2023年，林业和草原授权植物新品种中，观赏植物580件，占年度授权总量的63.39%，其次是经济林203件（22.19%）、林木119件（13.00%）、竹7件（0.76%）。截至2023年年底，在林业和草原授权植物新品种中观赏植物3357件，占总量的67.55%，其次是经济林740件（14.89%）、林木726件（14.61%）（表18，图15）。

表18 1999—2023年林业和草原授权植物新品种中不同植物类别的授权量统计 单位：件

年份	林木	经济林	观赏植物	竹	木质藤本	其他	合计
1999	6	0	0	0	0	0	6
2000	3	0	20	0	0	0	23
2001	2	2	14	0	0	1	19
2002	0	1	0	0	0	0	1
2003	6	1	0	0	0	0	7
2004	6	4	5	0	0	1	16
2005	3	1	34	0	0	3	41
2006	5	0	3	0	0	0	8
2007	7	1	70	0	0	0	78

（续）

年份	林木	经济林	观赏植物	竹	木质藤本	其他	合计
2008	10	6	19	1	0	4	40
2009	14	1	39	0	0	1	55
2010	10	6	10	0	0	0	26
2011	2	1	5	0	0	3	11
2012	27	20	113	0	2	7	169
2013	34	9	114	1	0	0	158
2014	25	13	120	1	0	10	169
2015	31	28	106	1	2	8	176
2016	44	40	104	2	3	2	195
2017	18	17	120	1	1	3	160
2018	62	99	238	2	3	1	405
2019	69	70	287	1	0	12	439
2020	90	75	258	1	0	17	441
2021	65	80	600	9	3	4	761
2022	68	62	498	0	7	16	651
2023	119	203	580	7	1	5	915
合计	726	740	3357	27	22	98	4970

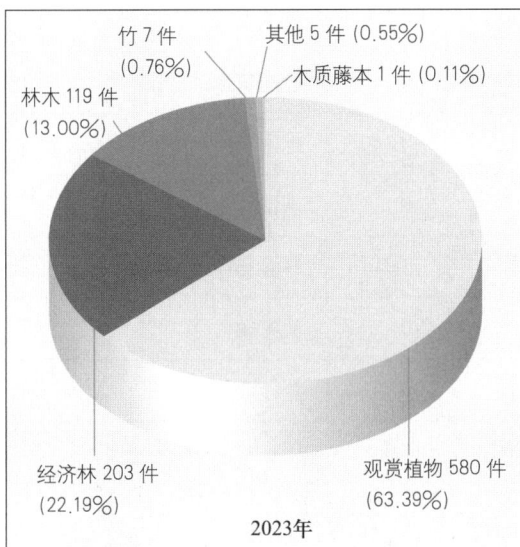

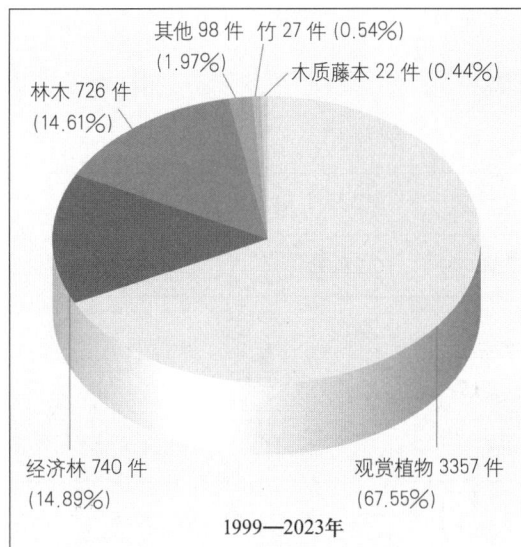

图 15　2023 年、1999—2023 年林业和草原授权植物新品种的不同植物类别统计

2. 申请国家分析

2023 年，国内申请人获得林业和草原植物新品种权 798 件，占年度授权总量的 87.21%，授权品种以李属和山茶属为主；在国外申请人中，有 8 个国家的品种权人获得林业和草原植物新品种授权 117 件，占年度授权总量的 12.79%，授权品种以蔷薇属为主。截至 2023 年年底，国内申请人获得林业和草原植物新品种权 4148 件，占授权总量的 83.46%，授权品种以蔷薇属和李属为主；国外共有 14 个国家的品种权人在中国获得林业和草原植物新品种权 822 件，占授权总量的 16.54%，授权品种以蔷薇属为主，其次是越橘属和大戟属，授权量最多的国家是荷兰，共 316 件，其次是德国（119件）、法国（118 件）、美国（88 件）、英国（50 件）、日本（40 件）、澳大利亚（38 件）、丹麦（32 件）（表 19）。

表 19　1999—2023 年林业和草原授权植物新品种中各国的授权量统计　单位：件

排名	国家	1999—2023年授权总量	2023年授权量	主要植物属种
1	中国	4148	798	蔷薇属、李属
2	荷兰	316	22	蔷薇属
3	德国	119	26	蔷薇属
4	法国	118	16	蔷薇属
4	美国	88	19	越橘属
6	英国	50	6	蔷薇属
7	日本	40	20	绣球属
8	澳大利亚	38	5	越橘属、蔷薇属、大戟属
9	丹麦	32	0	蔷薇属
10	比利时	6	0	杜鹃花属
11	西班牙	6	0	越橘属
12	意大利	4	0	蔷薇属
13	以色列	3	3	舞春花属
14	新西兰	1	0	蔷薇属
15	厄瓜多尔	1	0	蔷薇属
	合计	4970	915	

3. 属（种）分析

2023 年，林业和草原植物新品种授权量最多的是蔷薇属，其次是李属、山茶属、苹果属、绣球属、杨属。截至 2023 年年底，授权量最多的是蔷薇属 1038 件，占授权总量的 20.89%，其次是李属 241 件（4.85%）、山茶属 213 件（4.29%）、杨属 206 件（4.15%）、杜鹃花属 202 件（4.06%）（图 16，表 20）。

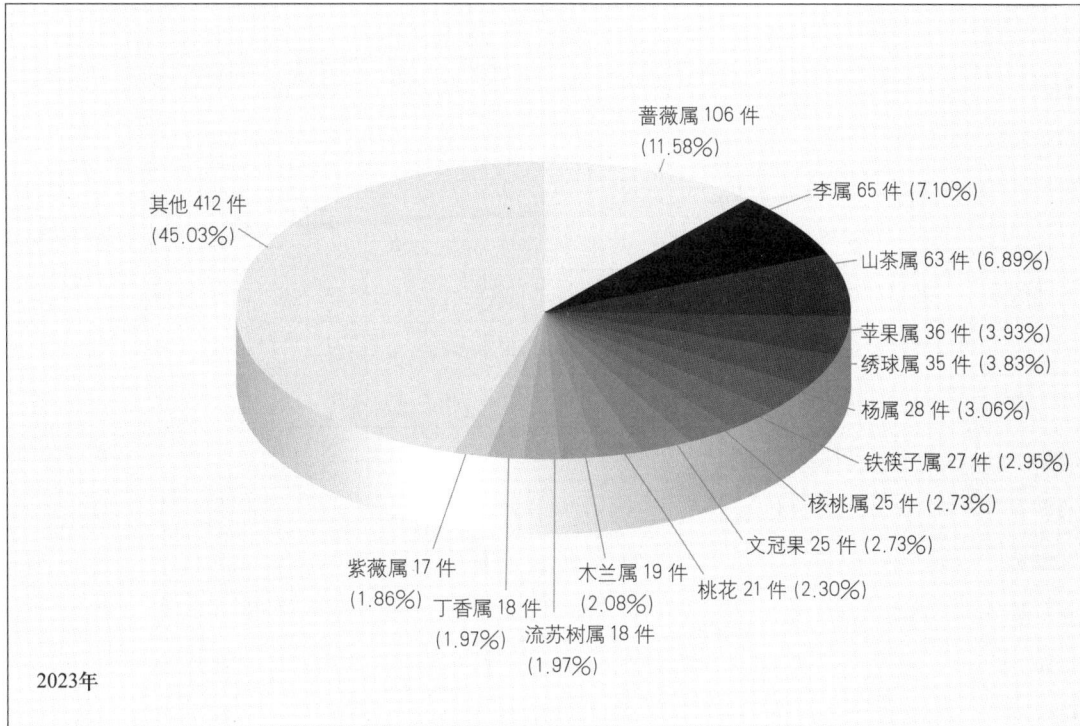

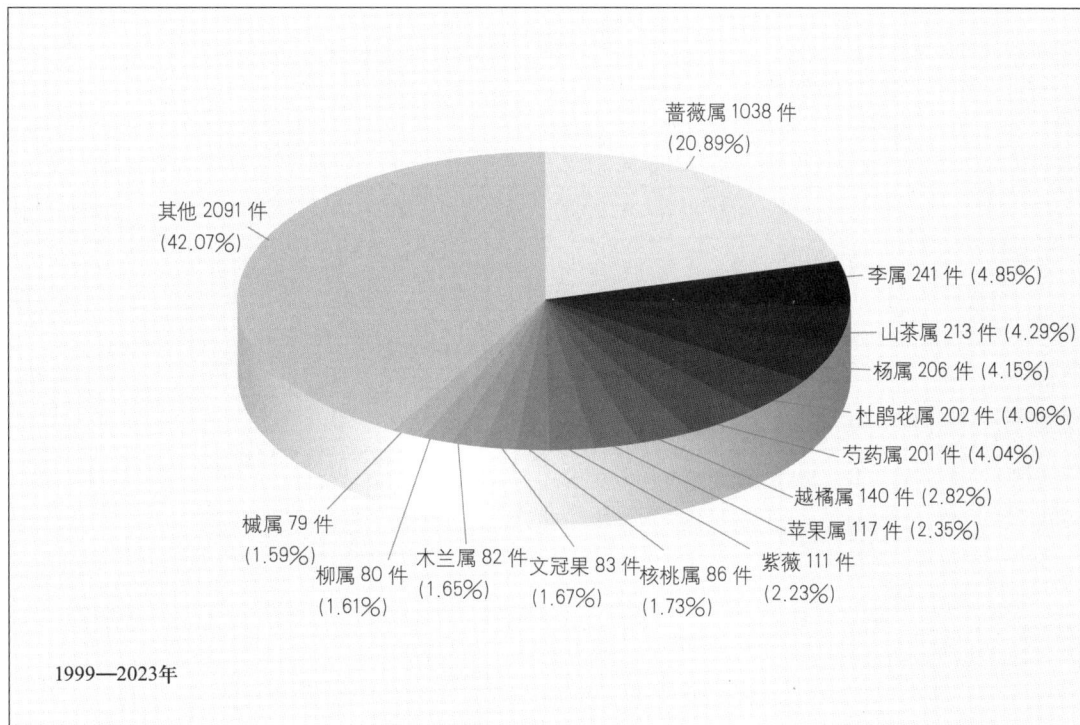

图 16　2023 年、1999—2023 年林业和草原授权植物新品种的属（种）统计

表20　1999—2023年各国授权品种的属（种）授权量统计　　　单位：件

| 属（种） | 1999—2023年授权总量 | | | | | | | | | | | | | | | |
	中国	荷兰	德国	法国	美国	英国	日本	澳大利亚	丹麦	比利时	西班牙	意大利	以色列	新西兰	厄瓜多尔	合计
蔷薇属	428	303	77	117	5	46	12	12	32	0	0	4	0	1	1	1038
李属	241	0	0	0	0	0	0	0	0	0	0	0	0	0	0	241
山茶属	213	0	0	0	0	0	0	0	0	0	0	0	0	0	0	213
杨属	206	0	0	0	0	0	0	0	0	0	0	0	0	0	0	206
杜鹃花属	192	0	0	0	0	0	4	0	0	6	0	0	0	0	0	202
芍药属	201	0	0	0	0	0	0	0	0	0	0	0	0	0	0	201
越橘属	87	0	0	0	35	0	0	13	0	0	5	0	0	0	0	140
苹果属	117	0	0	0	0	0	0	0	0	0	0	0	0	0	0	117
紫薇	111	0	0	0	0	0	0	0	0	0	0	0	0	0	0	111
核桃属	86	0	0	0	0	0	0	0	0	0	0	0	0	0	0	86
文冠果	83	0	0	0	0	0	0	0	0	0	0	0	0	0	0	83
木兰属	82	0	0	0	0	0	0	0	0	0	0	0	0	0	0	82
柳属	80	0	0	0	0	0	0	0	0	0	0	0	0	0	0	80
槭属	75	0	0	0	4	0	0	0	0	0	0	0	0	0	0	79
桂花	65	0	0	0	0	0	0	0	0	0	0	0	0	0	0	65
紫薇属	65	0	0	0	0	0	0	0	0	0	0	0	0	0	0	65
卫矛属	63	0	0	0	0	0	0	0	0	0	0	0	0	0	0	63
绣球属	33	2	0	1	1	0	19	0	0	0	0	0	0	0	0	56
杏	54	0	0	0	2	0	0	0	0	0	0	0	0	0	0	56
含笑属	55	0	0	0	0	0	0	0	0	0	0	0	0	0	0	55
桃花	47	0	0	0	0	0	0	0	0	0	0	0	0	0	0	47
大戟属	3	7	19	0	7	0	0	10	0	0	0	0	0	0	0	46
榆属	43	0	0	0	0	0	0	0	0	0	0	0	0	0	0	43
木瓜属	41	0	0	0	0	0	0	0	0	0	0	0	0	0	0	41
桉属	41	0	0	0	0	0	0	0	0	0	0	0	0	0	0	41
悬钩子属	14	0	0	0	22	4	0	0	0	0	0	1	0	0	0	41
丁香属	41	0	0	0	0	0	0	0	0	0	0	0	0	0	0	41
其他	1381	4	23	0	12	0	5	3	0	0	0	0	0	3	0	1431
合计	4148	316	119	118	88	50	40	38	32	6	6	4	3	1	1	4970

4. 品种权人授权量分析

品种权人授权量分析包括每件授权植物新品种的所有共同品种权人，并对品种权人（机构）的不同写法、历史变迁和异名进行了规范化加工整理，以保持统计数据的完整性和准确性。

2023 年，林业和草原植物新品种授权量最多的是中国林业科学研究院，共 50 件，其次是南京林业大学（48 件）、北京林业大学（44 件）、中国科学院（38 件）、约瑟夫·海伊格(Josef Heuger)(26 件)；排名前 15 的品种权人中有 1 名外国人。截至 2023 年年底，林业和草原植物新品种授权总量最多的是北京林业大学，共 317 件，其次是中国林业科学研究院（274 件）；排名前 15 的品种权人中有 1 家外国企业，是迪瑞特知识产权公司（De Ruiter Intellectual Property B.V.）（94 件）（表 21）。

表 21　1999—2023 年林业和草原授权植物品种的品种权人授权量统计　单位：件

序号	1999—2023年授权总量		序号	2023年授权量	
	品种权人	授权量		品种权人	授权量
1	北京林业大学	317	1	中国林业科学研究院	50
2	中国林业科学研究院	274	2	南京林业大学	48
3	中国科学院	167	3	北京林业大学	44
4	山东省林业科学研究院	158	4	中国科学院	38
5	南京林业大学	157	5	约瑟夫·海伊格（Josef Heuger）	26
6	中国农业科学院	106	6	扬州小苹果园艺有限公司	21
7	迪瑞特知识产权公司（De Ruiter Intellectual Property B.V.）	94	7	山东省果树研究所	20
8	云南省农业科学院	87	8	青岛樱花谷科技生态园有限公司	19
9	湖南省林业科学院	83	9	山东省林业科学研究院	19
10	山东农业大学	81	10	陕西省西安植物园	18
11	棕榈生态城镇发展股份有限公司	65	11	肇庆棕榈谷花园有限公司	16
12	江苏省林业科学研究院	64	12	中国农业科学院	16
13	长沙湘莹园林科技有限公司	58	13	广西壮族自治区林业科学研究院	15
14	扬州小苹果园艺有限公司	58	14	棕榈生态城镇发展股份有限公司	15
15	陕西省西安植物园	56	15	昆明南国山花园艺科技有限责任公司	14

5. 品种权人构成分析

品种权人构成分析以第一品种权人类型进行统计。2023 年，林业和草原植物新品种的品种权人以企业为主，共获得植物新品种权 353 件（38.58%），其次是科研院所 273 件（29.84%）和高等院校 146 件（15.96%）。截至 2023 年年底，林业和草原植物新品种的品种权人以企业和科研院所为主，分别获得植物新品种权 2007 件和 1439 件，分别占总量的 40.38% 和 28.95%，其次是高等院校 831 件（16.72%）（图 17）。企业更加侧重于观赏植物的新品种培育，科研院所和高等院校则相对均衡一些，林木和经济林的新品种培育也较多（表 22）。

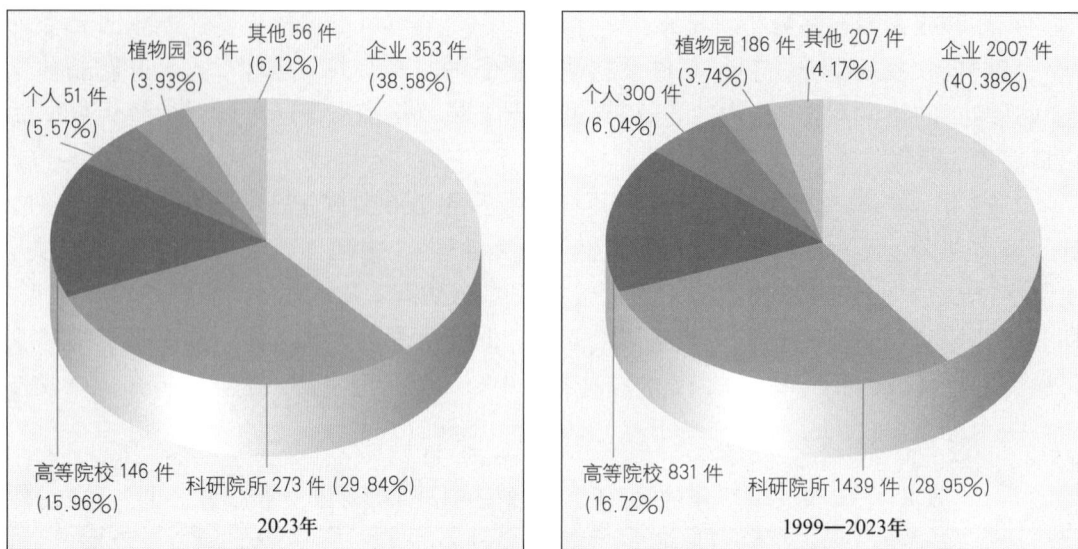

图 17　2023 年、1999—2023 年林业和草原授权植物新品种品种权人构成统计

表 22　1999—2023 年林业和草原授权品种中不同植物类别品种权人授权量统计　单位：件

植物类别	品种权人						
	企业	科研院所	高等院校	个人	其他	植物园	合计
观赏植物	1609	718	503	217	135	175	3357
林木	144	333	172	46	28	3	726
经济林	198	345	124	34	37	2	740
其他	49	22	19	3	5	0	98
木质藤本	7	4	4	0	2	5	22
竹	0	17	9	0	0	1	27
合计	2007	1439	831	300	207	186	4970

6. 授权品种地域分析

授权品种地域分析根据品种培育地进行统计。2023 年，全国共有 31 个省（自治区、直辖市）获得林业和草原植物新品种权，授权量最多的是山东和江苏，分别为 138 件和 85 件，占国内授权总量的 17.29% 和 10.65%，其次是浙江（77 件）、北京（69 件）、河北（57 件）和云南（57 件）。截至 2023 年年底，全国共有 31 个省（自治区、直辖市）获得林业和草原植物新品种权，授权量最多的是北京，共 676 件，占国内授权总量的 16.30%，其次是山东、浙江、云南和江苏。北京以芍药属、山东以李属、浙江以杜鹃花属、云南以蔷薇属、江苏以苹果属为主要授权品种（表 23）。

表 23　1999—2023 年全国各省（自治区、直辖市）新品种授权量统计　　单位：件

序号	省（自治区、直辖市）	1999—2023年授权总量	2023年授权量	主要属（种）
1	北京	676	69	芍药属、杨属、蔷薇属
2	山东	559	138	李属、苹果属
3	浙江	452	77	杜鹃花属、山茶属
4	云南	370	57	蔷薇属
5	江苏	327	85	苹果属
6	广东	257	31	山茶属、李属
7	河南	215	40	桃花、杨属、卫矛属
8	河北	161	57	榆属、枣属
9	湖南	154	23	紫薇、山茶属
10	福建	154	27	李属、桂花
11	辽宁	108	9	越橘属
12	甘肃	90	15	芍药属、牡丹
13	广西	84	27	木槿属、山茶属
14	上海	70	12	山茶属、木瓜属
15	陕西	66	19	木兰属
16	黑龙江	62	13	锦带花属
17	四川	50	13	花椒属、核桃属
18	湖北	45	12	悬铃木属
19	宁夏	41	13	枸杞属
20	内蒙古	40	11	丁香属、杨属
21	安徽	39	15	李属、杜鹃花属
22	江西	35	5	南酸枣、樟属
23	山西	29	12	皂荚属
24	新疆	26	8	核桃属、胡颓子属
25	贵州	11	2	方竹属、蔷薇属
26	海南	9	2	木槿属、叶子花属
27	吉林	6	1	杨属、越橘属
28	天津	6	2	蔷薇属
29	重庆	4	1	杜鹃花属、桂花、木通属
30	台湾	1	1	叶子花属
31	青海	1	1	杏
	合计	4148	798	

三、申请品种分析

2023 年，林业和草原植物新品种申请量共 1906 件，其中国内申请 1671 件，占申请量的 87.67%，国外申请 235 件（12.33%）。截至 2023 年年底，林业和草原植物新品种申请量共 10742 件，其中国内申请 9143 件，占申请量的 85.11%，国外申请 1599 件（14.89%）。

1. 属（种）分析

2023 年，林业和草原植物新品种申请以蔷薇属为主，共 355 件，占年度申请总量的 18.63%，其次是芍药属 142 件(7.45%)、越橘属 108 件(5.67%)、李属 71 件(3.72%)、苹果属 67 件（3.51%）（图 18）。

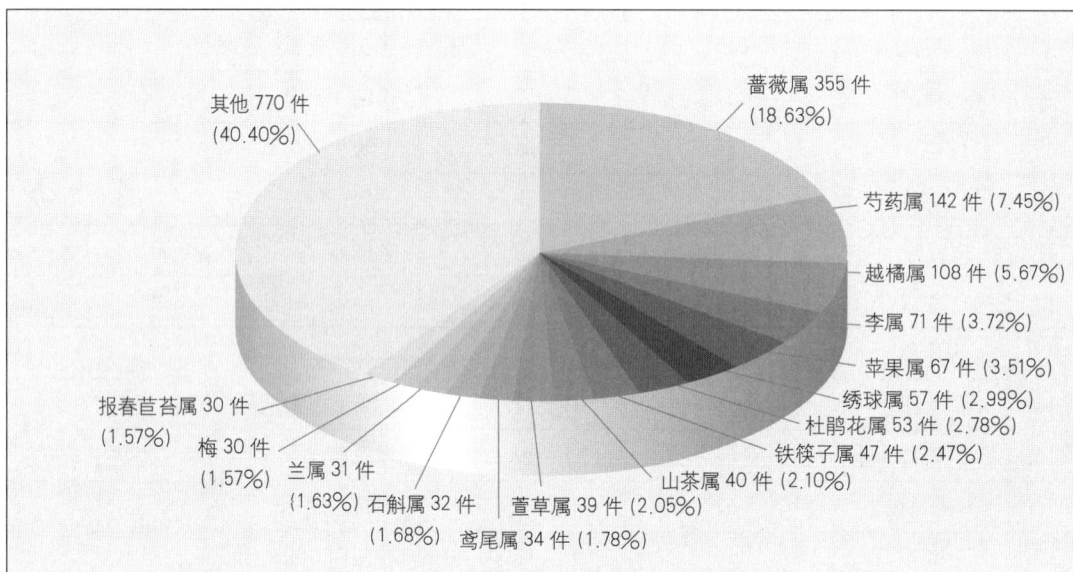

图 18　2023 年申请的林业和草原植物新品种属（种）统计

2. 申请人分析

品种申请人分析包括每件植物新品种的所有共同申请人，并对申请人（机构）的不同写法、历史变迁和异名进行了规范化加工整理，以保持统计数据的完整性和准确性。

2023 年，全国共有 444 位申请人申请了林业和草原植物新品种，排名前 3 的是云南锦科花卉工程研究中心有限公司(61 件)、扬州大学(60 件)、中国科学院(57 件)和南京林业大学（57 件），申请量排名前 15 位的申请人见表 24。

表 24　2023 年林业和草原植物新品种申请人的申请量统计　　　　单位：件

序号	申请人	申请量	主要属（种）
1	云南锦科花卉工程研究中心有限公司	61	蔷薇属
2	扬州大学	60	芍药属
3	中国科学院	57	越橘属、羊蹄甲属
4	南京林业大学	57	苹果属
5	甘肃省林业科技推广站	54	芍药属

（续）

序号	申请人	申请量	主要属（种）
6	约瑟夫·海伊格（Josef Heuger）	52	铁筷子属
7	云南省农业科学院花卉研究所	44	蔷薇属、杜鹃花属
8	北京林业大学	43	梅、杨属
9	山东农业大学	43	苹果属、蔷薇属
10	浙江省园林植物与花卉研究所	40	萱草属
11	广西壮族自治区农业科学院	38	报春苣苔属
12	山东省林业科学研究院	38	松属、栎属
13	杭州市园林绿化股份有限公司	37	绣球属、鸢尾属
14	荷兰英特普兰特月季育种公司（Interplant Roses B.V.）	35	蔷薇属
15	东北林业大学	30	白蜡树属

3. 申请人构成分析

申请人构成分析以第一申请人类型进行统计。2023 年，林业植物新品种的申请人以企业和科研院所为主，分别申请植物新品种权 699 件和 513 件，分别占总量的 36.67% 和 26.92%，其次是高等院校 355 件，个人 111 件，植物园 73 件（图 19）。

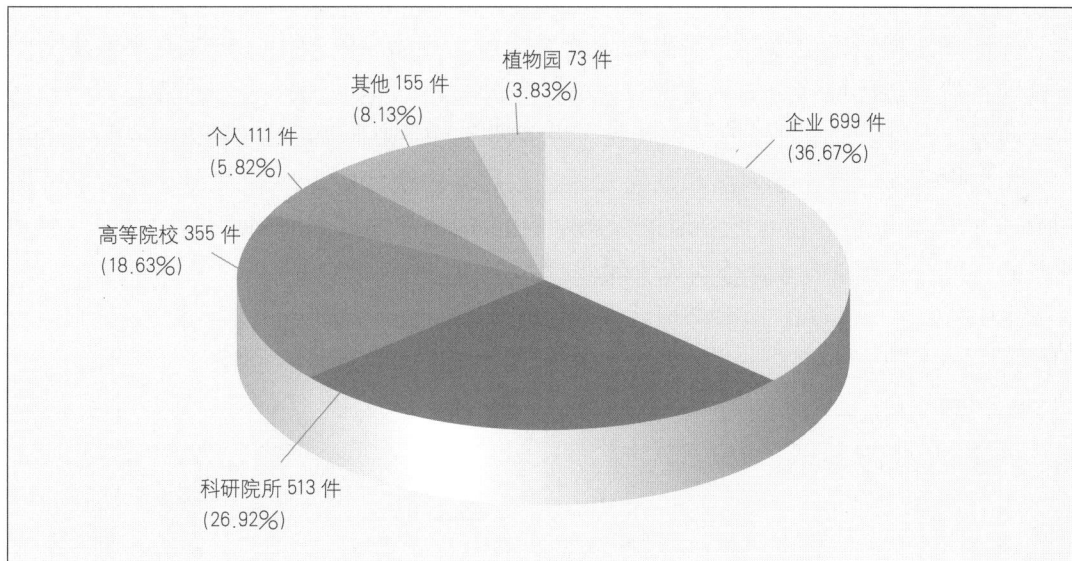

图 19 2023 年林业和草原植物新品种申请人构成统计

4. 申请人地域分析

从申请人国家来看，2023 年共有 11 个国家申请了林业和草原植物新品种，按申请量依次是中国（1671 件）、德国（87 件）、荷兰（71 件）、法国（28 件）、美国（26 件）、澳大利亚（13 件）、英国（5 件）、瑞士（2 件）、加拿大（1 件）、日本（1 件）、意大利（1 件）。

从国内申请人的地域分布来看，申请量排名前 6 位的是山东（233 件）、江苏（230 件）、云南（197 件）、浙江（187 件）、北京（100 件）、甘肃（84 件），这 6 个地区的申请量占国内申请总量的 61.69%（图 20）。（王姣姣、刘源）

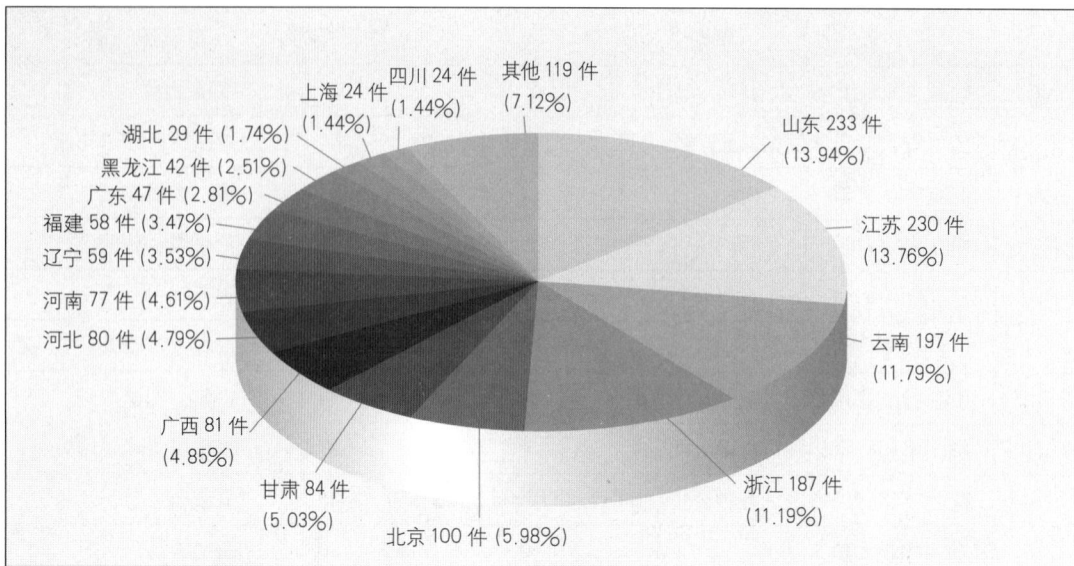

图 20　2023 年国内林业和草原植物新品种申请人地域分布

2023年林产品地理标志统计分析

　　林产品地理标志是指林产品来源于特定地域，产品品质和相关特性主要取决于该地域的自然生态环境和历史人文因素，并经审核批准以地域名称冠名的特有林产品标志。地理标志属于特定领域的知识产权，许多林产品都具有地理标志特性。

　　根据中国农业农村部网站和国家知识产权局公告统计，2023 年注册和登记的林产品地理标志共 70 件，占林产品地理标志总量的 4.15%（图 21）。2023 年，核桃、枣和油茶的地理标志数量较多，分别为 3 件、2 件和 2 件（表 25）。

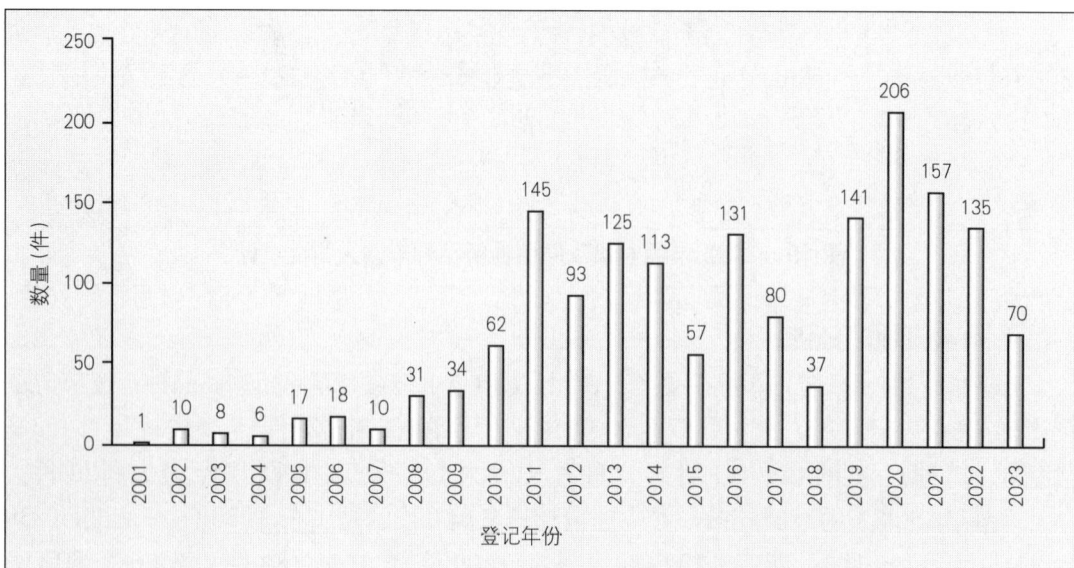

图 21　2001—2023 年注册和登记的林产品地理标志数量统计

表25　2001—2023年主要林产品地理标志登记量统计　　　　单位：件

产品类别	累计总量	2022年	2023年
枣	156	3	2
核桃	150	4	3
板栗	77	2	1
花椒	59	7	0
木耳	55	2	1
杏	49	2	1
枸杞	33	3	0
油茶（含茶油）	32	3	2
其他	1076	109	60
合计	1687	135	70

　　截至2023年年底，我国已注册和登记的林产品地理标志共1687件，主要有枣、核桃、板栗、花椒和木耳等。从林产品地理标志地域分布来看，四川和山东的地理标志数量较多，分别为163件和138件，占总量的9.66%和8.18%（表26）。（范圣明、王姣姣）

表26　2001—2023年主要省份林产品地理标志登记量统计　　　　单位：件

省份	累计总量	2022年	2023年
四川	163	12	3
山东	138	4	1
河北	97	14	5
福建	85	10	8
云南	83	20	4
湖北	79	3	6
浙江	76	5	2
安徽	76	9	3
甘肃	72	5	1
陕西	71	6	4
其他	747	47	33
合计	1687	135	70

2023年林业和草原著作权统计分析

1. 林业和草原图书

2023年，全国共出版图书276480种（全国新书目数据中心统计），其中，科技类图书64178种，相比于2022年总体增长了1%。生物科学、农业科学、环境科学等与林草业相关图书的出版数量也比2022年略有提升，其中，科普类图书及国家公园、碳中和碳达峰、生态保护、生态修复、自然保护区、环境保护等主题图书增长明显。2023年出版的主要林业和草原图书共363种。

2023年3月，《中国林业百科全书》编纂工作推进会暨《森林培育卷》出版发布会在北京召开。《中国林业百科全书》是我国首部荟萃古今中外林业科学知识并全面反映中国林业发展情况的大型专业性百科全书。《中国林业百科全书》首卷《森林培育卷》由中国工程院院士张守攻、南京林业大学教授方升佐担任主编，中国林业科学研究院、北京林业大学、南京林业大学、东北林业大学、国际竹藤中心等55个教学科研单位共300余人参与编写，是我国首部全面、系统、权威介绍森林培育相关知识的大型工具书，以条目形式系统梳理总结了我国森林培育科学研究成果和生产实践经验，展示了国际森林培育科技最新进展。《森林培育卷》全面介绍了森林培育的基本概念、基本理论、基本方法等，主要包括森林培育概论、林木种子、苗木培育、森林营造、森林抚育、森林主伐更新、林农复合经营、城市森林培育、竹藤培育、主要树种培育，以及森林培育学科重要人物、组织机构、出版物、事件等内容。

在全社会大力普及科学知识，弘扬科学精神的新形势下，2023年有多部科普作品荣获国家级及省部级奖项，其中：《中国科技之路·林草卷·绿水青山》获中国出版协会第八届中华优秀出版物奖；"湿地中国科普丛书"（9册）、《森林的故事》获2023年全国优秀科普作品；"林业草原科普读本"（7册）、"湿地中国科普丛书"（9册）、《大熊猫！大熊猫！》《北京鸟类图谱》等获2023年度优秀林草科普作品奖、第十一届梁希科普奖、第三届自然资源好书奖、2023年度首都科普好书奖等。《林学概论》《草地灌溉与排水》等教材获2023年北京高校"优质本科教材课件"等奖项。

2023年公布的国家出版基金拟资助项目中，《中国植被志（第一批）》《中国沙漠志（第一批）》《国家重点保护野生植物》（三卷）《东北植物检索图志》《中国生物多样性空间格局与自然保护地体系规划》《三江源生物资源地方考》《中国重要资源昆虫研究与工程开发》《中国菊科植物彩色图鉴（上下卷）》《云南昭通昆虫生态图鉴》和"碳达峰碳中和生态探索系列丛书"等林草相关学科图书入选。

列入2023年度国家科学技术学术著作出版基金资助项目的林草相关专业图书主要有：《中国草类植物菌物病害名录》《基于动态监测的热带天然林生物多样性格局与机制》《木材材质改性技术研究及应用》《昆虫表皮发育与害虫防治》《气候变化对植被斑图动力学的影响研究》《肯尼亚植物志：第二十三卷茜草科》《黄土高原柳枝稷的生产力与生态适应性》。（孙小满、尚玮姣）

2. 林业和草原软件著作权

软件著作权是指软件的开发者或者其他权利人依据有关著作权法律的规定，对于软件作品所享有的各项专有权利。软件著作权经过登记后，软件著作权人享有发表权、开发者身份权、使用权、使用许可权和获得报酬权。林业和草原软件著作权指与林业和草原相关的软件著作权。

根据中国版权保护中心计算机软件著作权登记公告统计，2023年林业和草原软件著作权登记共1540项，2023年登记量排名前5的软件著作权人分别是北京林业大学(430项)、西北农林科技大学（360项）、西南林业大学（130项）、浙江农林大学（130项）和中国林业科学研究院（92项）。

截至2023年年底，登记的林业和草原软件著作权共18164项，其中2023年的软件著作权登记量占8.48%。软件著作权人主要来自林草高等院校、科研院所及相关的林草企业。林业和草原软件著作权登记总量排名前5的软件著作权人分别是北京林业大学（3729项）、西北农林科技大学（2247项）、南京林业大学（2241项）、西南林业大学（1002项）和中国林业科学研究院（944项）。（范圣明、王姣姣）

附 表

附表1 2023年林业和草原授权植物新品种

序号	品种权号	品种名称	属（种）	品种权人	培育人	申请号	申请日	授权日
1	20230513	阿然苹克（ARANPRINC）	蔷薇属	A.R.B.A. 公司（A.R.B.A. B.V.）	艾尔·皮·德布林（Ir. P. de Bruin）	20211143	20211022	20230906
2	20230561	舒映3号	杜鹃花属	安徽野景农林科技有限公司	洪先友	20211681	20211228	20230906
3	20230735	格拉13928（GRA13928）	蔷薇属	澳大利亚巨花苗圃有限公司（Grandiflora Nurseries Pty. Ltd.）	H.E. 舒德尔斯（H.E.Schreuders）	20211036	20210924	20231229
4	20230736	格拉161225（GRA161225）	蔷薇属	澳大利亚巨花苗圃有限公司（Grandiflora Nurseries Pty. Ltd.）	H.E. 舒德尔斯（H.E.Schreuders）	20211038	20210924	20231229
5	20230131	夏紫	余甘子	保山市林业和草原技术推广站、中国林业科学院热带林业研究所	黄佳聪、杨晏平、周娟、郭俊杰、蒋华、杨涛铭、曾杰	20210859	20210812	20230420
6	20230128	早丰	余甘子	保山市林业和草原技术推广站、中国林业科学院热带林业研究所	黄佳聪、吴建花、杨晓霞、郭俊杰、蒋华、曾杰	20210856	20210812	20230420
7	20230127	亮脆	余甘子	保山市林业和草原技术推广站、中国林业科学院热带林业研究所	杨晏平、黄佳聪、赵江萍、蒋华、郭俊杰、杨晓霞、曾杰	20210855	20210812	20230420
8	20230057	安海繁星	蝴蝶兰属	北京安海之飞园林古建工程有限公司	许栩	20210253	20210426	20230420
9	20230571	绿精灵	蝴蝶兰属	北京安海之飞园林古建工程有限公司	许栩、李霞、运雪军、车德影、王进财、张文宾、孙金钱	20220048	20220113	20230906
10	20230469	雾迷1号	铁线莲属	北京花和草园艺科技有限公司	田国丽	20210828	20210809	20230906
11	20230558	彩蝶	鸢尾属	北京林业大学	高亦珂、李丛丛、肖建花、王鑫姿、张启翔	20211611	20211221	20230906
12	20230555	蝴蝶飞	鸢尾属	北京林业大学	高亦珂、李丛丛、肖建花、王鑫姿、张启翔	20211607	20211221	20230906
13	20230554	花蝴蝶	鸢尾属	北京林业大学	高亦珂、肖建花、李丛丛、王鑫姿、张启翔	20211606	20211221	20230906
14	20230887	京雄1号	杨属	北京林业大学	刘勇、张劲、李国雷、薛敦孟、彭玉信、李世安、张恒月	20220242	20220324	20231229
15	20230662	丽国1号杨	杨属	北京林业大学	王君、康向阳、冯祥元、张金旺、宋连君、康春凤、阿茹娜、马鸿文、李代丽	20200978	20201117	20231229
16	20230663	丽国2号杨	杨属	北京林业大学	康向阳、王君、张金旺、冯祥元、李代丽、宋连君、马鸿文、赵大庆、杜鹃、王多文、华晓琴	20200979	20201117	20231229

（续）

序号	品种权号	品种名称	属（种）	品种权人	培育人	申请号	申请日	授权日
17	20230664	丽国3号杨	杨属	北京林业大学	王君、康向阳、李代丽、冯祥元、张金旺、马鸿文、宋连君、铁龙、杨文静、王多文、华晓琴	20200980	20201117	20231229
18	20230666	林白	杨属	北京林业大学	李云、孙宇涵、赵烨、田彦挺、侯荣轩、韩佩苑、杜宁霞、刘欣、卢楠	20201057	20201214	20231229
19	20230665	林盐1号	杨属	北京林业大学	李云、孙宇涵、李娟、杨庆山、张华新、郭琪、魏冰、罗子敬、吕威	20201056	20201214	20231229
20	20230557	梦蝶	鸢尾属	北京林业大学	高亦珂、李丛丛、肖建花、王鑫姿、张启翔	20211609	20211221	20230906
21	20230836	秋实	栎属	北京林业大学	李国雷、杨雄、杨铁淞、杨宁、王佳茜、袁启华、姚飞、邵占海、白正甲、杨宝祥、薛敦孟、李世安、金莹杉	20220074	20220117	20231229
22	20230835	秋韵	栎属	北京林业大学	李国雷、杨雄、王佳茜、杨宁、杨铁淞	20220073	20220117	20231229
23	20230556	树蝴蝶	鸢尾属	北京林业大学	高亦珂、李丛丛、肖建花、张宁、杨含笑、张启翔	20211608	20211221	20230906
24	20230220	匀冠凝霞	文冠果	北京林业大学	王馨蕊、任任欣、刘巍巍、孙晓东、王俊杰、王青、向秋虹、周祎鸣、张秀丽、霍建民、李显玉、关文彬	20170508	20170912	20230906
25	20230221	匀冠卷霞	文冠果	北京林业大学、北京思路文冠果科技开发有限公司	王馨蕊、任任欣、杨卫东、孙诗文、向秋虹、胡晓丹、王青、周祎鸣、李显玉、段磊、关文彬	20170509	20170912	20230906
26	20230188	琦蕊	无患子属	北京林业大学、福建源华林业生物科技有限公司	贾黎明、赵国春、陈仲、孙操稳、王立之、王冕之、诗琦、罗水晶、张端光	20211346	20211115	20230420
27	20230679	彩燕	萱草属	北京林业大学、高亦珂	高亦珂、朱琳、任毅、关春景、张启翔	20210145	20210306	20231229
28	20230677	日初	萱草属	北京林业大学、高亦珂	高亦珂、任毅、高淑滢、关春景、张启翔	20210124	20210302	20231229
29	20230678	小团圆	萱草属	北京林业大学、高亦珂	高亦珂、任毅、朱琳、高淑滢、关春景、张启翔	20210125	20210302	20231229
30	20230632	和谐1号杨	杨属	北京林业大学、冠县国有毛白杨林场、冠县林木良种繁育基地	康向阳、张平冬、李赞、张锋、田书勇、宋连君	20200418	20200624	20231229
31	20230633	和谐2号杨	杨属	北京林业大学、冠县国有毛白杨林场、冠县林木良种繁育基地	张平冬、康向阳、李赞、李青华、王洪峰、宋连君	20200419	20200624	20231229

（续）

序号	品种权号	品种名称	属（种）	品种权人	培育人	申请号	申请日	授权日
32	20230634	和谐3号杨	杨属	北京林业大学，冠县国有毛白杨林场，威县林木良种繁育基地	康向阳，张平冬，张锋，田书勇，李资，张海林，末连君	20200420	20200624	20231229
33	20230635	和谐4号杨	杨属	北京林业大学，冠县国有毛白杨林场，威县林木良种繁育基地	张平冬，康向阳，李资，李青华，李心磊，末连君	20200421	20200624	20231229
34	20230636	和谐5号杨	杨属	北京林业大学，冠县国有毛白杨林场，威县林木良种繁育基地	张平冬，康向阳，张海林，李资，李心磊，末连君	20200422	20200624	20231229
35	20230357	金冠卷霞	文冠果	北京林业大学，秦皇岛常继民文冠果种植专业合作社，淄博川林文冠苗木种植有限公司	关文彬，孙远，徐丽，王馨蕊，许久恒，孙阆，常金玲，常继民，翟慎民，毛建丰	20210110	20210222	20230906
36	20230673	匀冠君霞	文冠果	北京林业大学，秦皇岛常继民文冠果种植专业合作社，淄博川林文冠苗木种植有限公司	胡晓丹，刘伟家，高兴泉，王馨蕊，余婷，常金玲，翟慎民，常继民，关文彬	20210072	20210129	20231229
37	20230344	匀冠橙霞	文冠果	北京林业大学，秦皇岛常继民文冠果种植专业合作社，淄博川林文冠苗木种植有限公司	任任欣，余婷，刘伟家，王馨蕊，孙阆，常金玲，常继民，翟慎民，关文彬	20210055	20210124	20230906
38	20230674	匀冠漫霞	文冠果	北京林业大学，秦皇岛常继民文冠果种植专业合作社，淄博川林文冠苗木种植有限公司	殷光宇，许久恒，云权政，王馨蕊，孙阆，常金玲，翟慎民，关文彬	20210073	20210129	20231229
39	20230384	紫气东来	蜡梅	北京林业大学，鄢陵沃鑫园林绿化工程有限公司，鄢陵县林海绿色投资发展有限公司	李庆卫，梁要辉，张纪堂，王秀军，宋振琪，王静，陈彦伟	20210304	20210516	20230906
40	20230332	鸿运长妆	蜡梅	北京林业大学，鄢陵县林海绿色投资发展有限公司，鄢陵县林业局	李庆卫，王静，王秀军，张纪堂，马军伟，刘建科，姬雪芹，晁俊，梁永恒	20201089	20201217	20230906
41	20230333	金香红韵	蜡梅	北京林业大学，鄢陵县林海绿色投资发展有限公司，鄢陵县林业局	张纪堂，李庆卫，王秀军，轩志敏，赵君艳，丁铭明，晁俊	20201092	20201217	20230906
42	20230334	鄢国晴雪	蜡梅	北京林业大学，鄢陵县林海绿色投资发展有限公司，鄢陵县林业局	李庆卫，丁铭明，张纪堂，王静，苏春萍，爱平，赵君艳，王秀军，赵变霞	20201094	20201217	20230906
43	20230338	匀冠芬霞	文冠果	北京林业大学，淄博川林文冠苗木种植有限公司，秦皇岛常继民文冠果种植专业合作社	徐丽，孙阆，付俊皓，王馨蕊，许久恒，翟慎民，王秀军，常金玲，常继民，关文彬	20210029	20210118	20230906

（续）

序号	品种权号	品种名称	属（种）	品种权人	培育人	申请号	申请日	授权日
44	20230339	匀冠漫卷	文冠果	北京林业大学，淄博川林文冠苗木种植有限公司，秦皇岛常继民文冠果种植专业合作社	王馨蕊、云权政、许久恒、余婷、丽、翟慎学、常金玲、关文彬	20210030	20210118	20230906
45	20230352	匀冠曲霞	文冠果	北京林业大学，淄博川林文冠苗木种植有限公司，秦皇岛常继民文冠果种植专业合作社	孙阔、高兴泉、郑书友、王馨蕊、丽、翟慎学、常金玲、关文彬	20210088	20210205	20230906
46	20230340	匀冠霞披	文冠果	北京林业大学，淄博川林文冠苗木种植有限公司，秦皇岛常继民文冠果种植专业合作社	王馨蕊、任钰欣、孙远、徐丽、翟慎学、常金玲、关文彬	20210031	20210118	20230906
47	20230534	金爽	丁香属	北京农学院	刘建斌、张炎	20211304	20211109	20230906
48	20230210	京毛早	栗属	北京农学院	邢宇、刘阳、秦岭、张卿、曹庆芹、房克凤	20211433	20211124	20230420
49	20230209	靓栗1号	栗属		邢宇、秦岭、刘阳、刘建玲、曹庆芹、张卿、房克凤	20211432	20211124	20230420
50	20230528	宿安	丁香属	北京农学院	刘建斌、张炎	20211279	20211109	20230906
51	20230529	宿邦	丁香属	北京农学院	刘建斌、张炎	20211280	20211109	20230906
52	20230530	宇仓	丁香属	北京农学院	刘建斌、张炎	20211282	20211109	20230906
53	20230533	宇澈	丁香属	北京农学院	刘建斌、张炎	20211301	20211109	20230906
54	20230532	宇姗	丁香属	北京农学院	刘建斌、张炎	20211300	20211109	20230906
55	20230531	紫琪	丁香属	北京农学院	刘建斌、张炎	20211283	20211109	20230906
56	20230851	春云	流苏树属	北京市绿地养护管理事务中心	薛敦孟、司瑞新、郑萍、李国雷、李世安、马岚	20220174	20220302	20231229
57	20230863	恋春	流苏树属	北京市绿地养护管理事务中心	李香、薛敦孟、王瑛、贺国鑫、李成、王朔、邢军	20220192	20220307	20231229
58	20230864	凝春	流苏树属	北京市绿地养护管理事务中心	司瑞新、薛敦孟、刘春和、姚飞、沙海峰、张雪源、郑为军	20220193	20220307	20231229
59	20230865	晴波	流苏树属	北京市绿地养护管理事务中心	薛敦孟、司瑞新、郑萍、李成、李国雷、刘兆林	20220194	20220307	20231229
60	20230867	晓月	流苏树属	北京市绿地养护管理事务中心	薛敦孟、司瑞新、郑萍、李成、李国雷、徐红江	20220196	20220307	20231229
61	20230862	新瑞	流苏树属	北京市绿地养护管理事务中心	司瑞新、薛敦孟、姚飞、方志军、吴志勇、李香、张华伟	20220191	20220307	20231229

（续）

序号	品种权号	品种名称	属（种）	品种权人	培育人	申请号	申请日	授权日
62	20230870	忆春	流苏树属	北京市绿地养护管理事务中心	李香、薛敦孟、王瑛、李成、张同、方志军、马岚	20220201	20220309	20231229
63	20230858	叠翠	流苏树属	北京市绿地养护管理事务中心	薛敦孟、司瑞新、郑萍、李国雷、李世安、李春兰	20220187	20220306	20231229
64	20230869	咏春	流苏树属	北京市绿地养护管理事务中心	司瑞新、薛敦孟、沙海峰、姜青樟、贺国鑫、邢立霞、张岳	20220199	20220309	20231229
65	20230866	晴雪	流苏树属	北京市绿地养护管理事务中心	薛敦孟、司瑞新、李国雷、李世安、郑萍、李成、张林玉	20220195	20220307	20231229
66	20230363	金火焰	卫矛属	北京市农林科学院	姚砚武、郭丽琴、廖婷、王烨、曹均、刘国彬、张青华	20210191	20210325	20230906
67	20230124	京绯红	杏	北京市农林科学院	孙浩元、杨丽、张俊环、王玉平、玉柱、潘青华、姜美玲	20210823	20210806	20230420
68	20230181	京夜杂 2	栗属	北京市农林科学院	兰彦平、程丽莉、刘建玲、曹庆昌、程运河	20211223	20211102	20230420
69	20230117	京仁 5 号	杏	北京市农林科学院	孙浩元、杨丽、张俊环、王玉柱、姜凤超、张美玲	20210787	20210803	20230420
70	20230179	早栗 6 号	栗属	北京市农林科学院	兰彦平、程丽莉、程运河	20211208	20211101	20230420
71	20230233	燕山红	蔷薇属	北京市园林科学研究院、北京林业大学	周燕、高达民、吉乃喆、杨慕菡、陈洪涛、张凡	20180884	20181211	20230906
72	20230058	彩云追月	蔷薇属	北京市园林科学研究院、辽阳市千百汇月季种植专业合作社	张西西、樊德新、张春和、赵世伟、李芳、舒健晔、吴建芝	20210254	20210426	20230420
73	20230055	蛋黄派	蔷薇属	北京市园林科学研究院、辽阳市千百汇月季种植专业合作社	张西西、许超、张春和、赵世伟、徐菁、樊德新、田宇	20210229	20210420	20230420
74	20230056	惊醒	蔷薇属	北京市园林科学研究院、辽阳市千百汇月季种植专业合作社	张西西、樊德新、张春和、赵世伟、许超、田宇	20210230	20210420	20230420
75	20230222	匀冠舒霞	文冠果属	北京思路文冠果科技开发有限公司、北京林业大学	任钰欣、王馨蕊、王俊杰、李显玉、冯昭辉、向秋虹、周伟鸣、王青、段磊、孟庆昇、金永利、徐国力、关文彬	20170511	20170912	20230906
76	20230290	妫水女神	蔷薇属	北京益卉农业科学研究院有限责任公司	王波、王付兴、付鑫淼	20200700	20200830	20230906
77	20230027	海忆之声	蔷薇属	北京益卉农业科学研究院有限责任公司	王波、王付兴、付鑫淼	20200701	20200830	20230420

（续）

序号	品种权号	品种名称	属（种）	品种权人	培育人	申请号	申请日	授权日
78	20230391	北中	忍冬属	北京中医药大学	李卫东、郝建宁	20210336	20210518	20230906
79	20230545	北中3号	忍冬属	北京中医药大学	李卫东	20211449	20211201	20230906
80	20230658	京欧5号	李属	北京中医药大学、保定市金欧药材种植农民专业合作社	李卫东、郝建伟	20200898	20201025	20231229
81	20230659	京欧6号	李属	北京中医药大学、保定市金欧药材种植农民专业合作社	李卫东、郝建伟	20200899	20201025	20231229
82	20230296	黄土坡	忍冬属	北京中医药大学、北京黄土坡种植专业合作社	李卫东、杨鉴昀	20200734	20200904	20230906
83	20230573	红润	苹果属	昌邑海棠苗木专业合作社、山东省林业科学研究院、昌邑市林业发展中心	姚兴海、王立辉、闫兴建、胡丁猛、陈俊强、许景伟、王清华、朱升祥、明建芹、刘浦孝、刘湘、庞友俊	20220070	20220117	20230906
84	20230271	碧玉	苹果属	昌邑市围子镇立辉苗木场、昌邑市林业发展中心	齐伟婧、王国斌、张兴涛、张恒亮、王立华、朱升祥、明建芹、王立辉、徐伟红、姚兴海	20200202	20200317	20230906
85	20230269	红秀	苹果属	昌邑市围子镇立辉苗木场、昌邑市林业发展中心	姚兴海、朱升祥、齐伟婧、张兴涛、郭斐、王忠华、王立辉、明建芹、李珊、邱燕	20200200	20200317	20230906
86	20230270	红艳	苹果属	昌邑市围子镇立辉苗木场、昌邑市林业发展中心	朱升祥、姚兴海、齐伟婧、张兴涛、郭光智、张航燕、王忠华、李珊、立辉、明建芹	20200201	20200317	20230906
87	20230324	粉萝	紫藤属	昌邑远华园艺有限公司	朱腾、朱绍远	20200953	20201108	20230906
88	20230325	艳萝	紫藤属	昌邑远华园艺有限公司	朱腾、朱绍远	20200954	20201108	20230906
89	20230697	沅澧春燕	桃花	常德职业技术学院、北京市植物园管理处	王燕、付俊秋	20210398	20210601	20231229
90	20230607	傲雪	桃花	常德职业技术学院、王燕	王燕	20180718	20181105	20231229
91	20230609	旭日	桃花	常德职业技术学院、王燕	王燕	20180722	20181105	20231229
92	20230687	情窦	蔷薇属	常州市园艺发展服务中心	商阳、李卉、陈向前、韩喾、姜马兰	20210169	20210316	20231229
93	20230192	福城芳华	紫薇属	郴州市林业科学研究所	何才生、刘海石、李毓泽、海霞、徐毓泽、李茂娟、曹炜、王曦、崔强、朱升平	20211383	20211118	20230420
94	20230193	福城笑语	紫薇属	郴州市林业科学研究所	何才生、徐毓泽、许怡晓、海霞、周志远、李茂娟、王曦、崔强、李玉明、吴淑飞	20211384	20211118	20230420

（续）

序号	品种权号	品种名称	属（种）	品种权人	培育人	申请号	申请日	授权日
95	20230191	福城紫娟	紫薇属	郴州市林业科学研究所	李茂娟、崔强、何才生、张海霞、廖祯妮、邓少华、刘娟娟、李恂、杨雄斌	20211382	20211118	20230420
96	20230570	隆凤妃	黄檀属	陈时金	陈时金、史御	20220026	20220106	20230906
97	20230023	永达含笑	含笑属	成都恩威道源圣城旅游开发有限公司	肖永达、薛维洪	20200232	20200401	20230420
98	20230490	盈香	桃花	成都市金堂县金收农业有限责任公司、四川省植物工程研究院	张纯均、杨业光、张景来、王成友、秦廷豪、吴银明、卓明	20210995	20210907	20230906
99	20230704	陇核6号	核桃属	成县大路沟核桃科技示范园	郭兴贵、王让军、吴利军、杨永平、胡永辉、王一峰、刚文辉、王淑芳、张艳霞、张继周、车明轩、张守珍、陈丹丹	20210696	20210719	20231229
100	20230705	陇核7号	核桃属	成县大路沟核桃科技示范园	胡永霞、杨永平、张守珍、王明霞、王一峰、吴利军、张永辉、唐永东、陈建雄、杜文涛、李海燕、郭兴贵、胡继周、张兑生、武涛涛	20210697	20210719	20231229
101	20230706	陇核8号	核桃属	成县大路沟核桃科技示范园	王明霞、胡继周、杨永平、唐永东、王亚茜、张永辉、强辉、王淑芳、张慧霞、王保平、牛军平、张克生、张守珍、车明轩、陈丹丹、赵潇	20210698	20210719	20231229
102	20230831	硕香1号	核桃属	成县大路沟核桃科技示范园	杨永平、胡永辉、李海燕、李红霞、杜文涛、武涛涛、王卫东、高正仁	20220028	20220106	20231229
103	20230816	鸟香2号	核桃属	成县大路沟核桃科技示范园	胡永辉、杨永平、李文霞、李海燕、武涛涛、张克生、张守珍、陈剑雄	20211529	20211214	20231229
104	20230876	陇核3号	核桃属	成县兴丰农林科技有限责任公司	朱福民、郭兴贵、李建红、唐永东、张永辉、杨永平、胡永辉、李海燕、马健鹏、朱文选、贺涣文、张艳霞、王保平、张克生、苏碧峰、车明轩、张守珍、牛军红、达霖霞、徐晓燕	20220210	20220313	20231229

序号	品种权号	品种名称	属（种）	品种权人	培育人	申请号	申请日	授权日
105	20230877	陇核 5 号	核桃属	成县兴丰农林科技有限责任公司	胡继周、唐永东、王明霞、胡永辉、王一峰、王亚茜、唐晓娟、李海燕、朱福民、王保平、张克生、车明轩、李维、张守珍、郭兴贵、郭社旗、牛军辉、刚文辉、张艳霞、王淑芳	20220211	20220313	20231229
106	20230168	妍直 1 号	李属	赤峰市林业科学研究所	程瑞春、李显玉、乌志额、张岱松、于海蛟、韩其木格、冯昭辉、赵明智、王艳刚	20211052	20210926	20230420
107	20230003	金豆杉	红豆杉属	崇义县绿地种苗场	林朝楷、刘蕾、黄文辉、马学忠、陈启荣、陈鼎沪、晏雨鸡、廖海红、王金秀、廖信远	20170173	20170417	20230420
108	20230234	汉风	李属	滁州中樱生态农业科技有限公司，南京林业大学	司家朋、伊贤贵、王贤荣、王宇、李蒙、周华近、吴桐	20180891	20181211	20230906
109	20230317	如山	李属	滁州中樱生态农业科技有限公司，南京林业大学，南京山樱生态农业有限公司	王宇、徐梁、陈发军、司家朋、王贤荣、周华近、吴桐、李蒙	20200859	20201020	20230906
110	20230318	唐韵	李属	滁州中樱生态农业科技有限公司，南京林业大学，南京山樱生态农业有限公司	司家朋、伊贤贵、严春风、王宇、陈发军、李蒙、周华近、王贤荣、吴桐	20200860	20201020	20230906
111	20230319	小雅	李属	滁州中樱生态农业科技有限公司，南京林业大学，南京山樱生态农业有限公司	王宇、伊贤贵、徐梁、王贤荣、司家朋、陈发军、李蒙、周华近、吴桐	20200861	20201020	20230906
112	20230464	丹卡丽克拉紫（DCALCLPFLM）	舞春花属	丹姿格"丹"花卉农场（Danziger "Dan" Flower Farm）	加利尔·丹姿格（Gabriel Danziger）	20210751	20210730	20230906
113	20230463	丹卡丽美依（DCALIMEYE）	舞春花属	丹姿格"丹"花卉农场（Danziger "Dan" Flower Farm）	加利尔·丹姿格（Gabriel Danziger）	20210739	20210728	20230906
114	20230478	丹珀普兹格（DPORMPZGL）	马齿苋属	丹姿格"丹"花卉农场（Danziger "Dan" Flower Farm）	加利尔·丹姿格（Gabriel Danziger）	20210889	20210817	20230906
115	20230714	坦 14230（TAN14230）	蔷薇属	德国坦涛月季育种公司（Rosen Tantau KG, Germany）	克里斯汀安·埃维尔斯（Christian Evers）	20210833	20210809	20231229
116	20230715	坦 14301（TAN14301）	蔷薇属	德国坦涛月季育种公司（Rosen Tantau KG, Germany）	克里斯汀安·埃维尔斯（Christian Evers）	20210834	20210809	20231229

（续）

序号	品种权号	品种名称	属（种）	品种权人	培育人	申请号	申请日	授权日
117	20230297	德瑞斯黑二十 (Dris Black Twenty)	悬钩子属	德瑞斯克公司 (Driscoll's, Inc.)	加文·R·西尔斯（Gavin R. Sills），马克·F·克苏哈 (Mark F. Crusha)，米塞尔·博尼法西奥奥·罗梅罗·埃斯科比多 (Missael Bonifacio Romero Escobedo)	20200738	20200907	20230906
118	20230298	德瑞斯蓝二十三 (Dris Blue Twenty Three)	越橘属	德瑞斯克公司 (Driscoll's, Inc.)	布鲁斯·D·莫里 (Bruce D. Mowrey)，伊斯尔·基伯 (Esther Kibbe)，玛塔·C·巴蒂斯塔 (Marta C. Baptista)，雷蒙德·L·雅各布三世 (Raymond L. Jacobs III)，莎拉·伍尔 (Sarah Wool)，詹姆斯·奥尔姆斯特德 (James Olmstead)	20200741	20200203	20230906
119	20230852	德瑞斯黑二十八 (Dris Black Twenty Eight)	悬钩子属	德瑞斯克公司 (Driscoll's, Inc.)	云文·王 (Yunwen Wang)，马克·F·克苏哈 (Mark F. Crusha)，约翰·范加里 (John Fangary)	20220175	20220302	20231229
120	20230477	德瑞斯黑二十二 (Dris Black Twenty Two)	悬钩子属	德瑞斯克公司 (Driscoll's, Inc.)	加文·R·西尔斯 (Gavin R. Sills)，云文·王 (Yunwen Wang)，马克·克苏哈 (Mark Crusha)，约翰·范加里 (John Fangary)	20210886	20210817	20230906
121	20230853	德瑞斯红十八 (Dris Rasp Eighteen)	悬钩子属	德瑞斯克公司 (Driscoll's, Inc.)	马提亚斯·D·维腾 (Matthias D. Vitten)，卢维亚·V·古铁雷斯 (Lluvia V. Gutierrez)，凯尔·拉克 (Kyle Rak)，路易斯·米格尔·罗德里格兹 (Luis Miguel Rodriguez)，詹姆斯·海里格 (James Heilig)	20220178	20220303	20231229
122	20230278	十里香	山矾属	德兴市荣兴苗木有限责任公司	周建荣、张桧、周卫荣、王樟富、倪蔚廷	20200435	20200628	20230906
123	20230560	瑞可 2032B(RUICO2032B)	蔷薇属	迪瑞特知知识产权公司 (De Ruiter Intellectual Property B.V.)	汉克·德·格罗特 (H. C. A. de Groot)	20211621	20211223	20230906
124	20230620	瑞普 0269A (RUIPP0269A)	蔷薇属	迪瑞特知知识产权公司 (De Ruiter Intellectual Property B.V.)	汉克·德·格罗特 (H. C. A. de Groot)	20190396	20190606	20231229
125	20230354	好雨	黄杨属	翟锦如	翟锦如	20210094	20210206	20230906
126	20230328	俏夕阳	木瓜属	定州市天恩家庭农场	杨恩普、郎葆、陈段芬	20201037	20201207	20230906
127	20230329	玉粉跳枝	木瓜属	定州市天恩家庭农场	杨恩普、郎葆、陈段芬	20201038	20201207	20230906
128	20230721	曲单杨 1588 号	杨属	东北林业大学	陈肃、刘彩霞、曲冠证、王遒	20210864	20210812	20231229

（续）

序号	品种权号	品种名称	属（种）	品种权人	培育人	申请号	申请日	授权日
129	20230720	曲单杨 1717 号	杨属	东北林业大学	曲冠证、刘彩霞、王遂、陈肃	20210863	20210812	20231229
130	20230719	曲单杨 2121 号	杨属	东北林业大学	刘彩霞、王遂、曲冠证、陈肃、樊二勤	20210861	20210812	20231229
131	20230722	曲单杨 21 号	杨属	东北林业大学	王遂、刘彩霞、黄海富、郭相娟、张晓丹、曲冠证、陈肃、刘轶	20210865	20210812	20231229
132	20230724	曲单杨 350 号	杨属	东北林业大学	曲冠证、赵中南、黄海富、郭相娟、张晓丹、王遂、刘彩霞	20210875	20210816	20231229
133	20230723	曲四杨 1 号	杨属	东北林业大学	陈肃、曲冠证、刘彩霞、王遂、赵中南、樊二勤	20210866	20210812	20231229
134	20230323	朴丰四号	枣属	杜芫臣、马荣申	杜芫臣、马荣申	20200940	20201103	20230906
135	20230459	朴酸六号	枣属	杜芫臣、马荣申	杜芫臣、马荣申	20210723	20210722	20230906
136	20230446	多盟德瑞拉（Dorodrelov）	蔷薇属	多盟集团公司（Dümmen Group B.V.）	法比安·塔珀（Fabian Topper）	20210570	20210707	20230906
137	20230343	多盟弗古平（Doroforgopi）	蔷薇属	多盟集团公司（Dümmen Group B.V.）	西尔万·卡穆斯塔（Silvan Kamstra）	20210051	20210122	20230906
138	20230833	多盟格拉默（Doroglamo）	蔷薇属	多盟集团公司（Dümmen Group B.V.）	西尔万·卡穆斯塔（Silvan Kamstra）	20220045	20220112	20231229
139	20230246	多盟赫曼（Dorohemer）	蔷薇属	多盟集团公司（Dümmen Group B.V.）	西尔万·卡穆斯塔（Silvan Kamstra）	20190354	20190522	20230906
140	20230738	多盟瓦丽（Dorovalrie）	蔷薇属	多盟集团公司（Dümmen Group B.V.）	西尔万·卡穆斯塔（Silvan Kamstra）	20211042	20210924	20231229
141	20230004	阿雅 NO5（AYANO5）	蔷薇属	法国玫兰国际有限公司（MEILLAND INTERNATIONAL S.A）	早野公春（Kimiharu Hayano）	20180444	20180720	20230420
142	20230018	玫拉德纳（MEIRADENA）	蔷薇属	法国玫兰国际有限公司（MEILLAND INTERNATIONAL S.A）	阿兰·安东尼·玫兰（Alain Antoine Meilland）、威廉·J.拉德勒（William J. Radler）	20200140	20200119	20230420
143	20230590	玫玛苏拉（MEIMASULA）	蔷薇属	法国玫兰国际有限公司（MEILLAND INTERNATIONAL S.A）	阿兰·安东尼·玫兰（Alain Antoine Meilland）	20160206	20160809	20231229
144	20230737	玫慕斯泰德（Meimustrad）	蔷薇属	法国玫兰国际有限公司（MEILLAND INTERNATIONAL S.A）	阿兰·安东尼·玫兰（Alain Antoine Meilland）	20211040	20210924	20231229

（续）

序号	品种权号	品种名称	属（种）	品种权人	培育人	申请号	申请日	授权日
145	20230273	玫万吉（MEIWANGY）	蔷薇属	法国玫兰国际有限公司（MEILLAND INTERNATIONAL S.A）	阿兰·安东尼·玫兰（Alain Antoine Meilland）	20200243	20200407	20230906
146	20230274	玫维恩娜（MEIVHIENNA）	蔷薇属	法国玫兰国际有限公司（MEILLAND INTERNATIONAL S.A）	阿兰·安东尼·玫兰（Alain Antoine Meilland）	20200244	20200407	20230906
147	20230615	玫赞尼尔（MEIZOLNIL）	蔷薇属	法国玫兰国际有限公司（MEILLAND INTERNATIONAL S.A）	阿兰·安东尼·玫兰（Alain Antoine Meilland）	20190250	20190328	20231229
148	20230604	诺娃罗莎普（NOVAROSPOP）	蔷薇属	法国玫兰国际有限公司（MEILLAND INTERNATIONAL S.A）	迈克尔·S.多布斯（Michael S. Dobres）	20180322	20180613	20231229
149	20230725	波莱罗（Bolero）	绣球属	法国绣球世界 HW²（Hydrangea World Wide HW²）	海伦·伯特兰（Hélène Bertrand）、克劳迪·兰伯特（Claudie Lambert）、丹妮尔·道瑞（Danièle Daury）、丹尼尔·瑞里昂（Daniel Relion）	20210904	20210819	20231229
150	20230204	香丰	核桃属	费县绿缘核桃专业合作社、山东省果树研究所	许海峰、陈新、张美勇、相昆、王贵芳、徐颖颖	20211403	20211119	20230420
151	20230885	灿若云霞	李属	福建丹樱生态农业发展有限公司	魏一、王琳、林玮捷、林荣光、胡坚平	20220231	20220319	20231229
152	20230875	春风拂面	李属	福建丹樱生态农业发展有限公司	王珉、王琳、林荣光、阙平、胡坚平	20220207	20220311	20231229
153	20230879	春如意	李属	福建丹樱生态农业发展有限公司	王珉、阙平、林荣光、王琳、林毅捷	20220216	20220315	20231229
154	20230893	粉恋	李属	福建丹樱生态农业发展有限公司	王珉、阙平、吕彤、林毅雁、胡坚平、林荣光、王琳	20220253	20220325	20231229
155	20230872	拂袖翠香	李属	福建丹樱生态农业发展有限公司	王珉、林荣光、阙平、胡坚平、王琳	20220204	20220311	20231229
156	20230894	俏颜	李属	福建丹樱生态农业发展有限公司	王珉、吕彤、林玮捷、王琳、魏一、阙平	20220263	20220328	20231229
157	20230884	如梦	李属	福建丹樱生态农业发展有限公司	王珉、王琳、胡坚平、阙平、林荣光	20220228	20220318	20231229
158	20230878	丝缘粉蝶	李属	福建丹樱生态农业发展有限公司	王珉、阙平、林荣光、王琳	20220212	20220314	20231229
159	20230874	丝缘晚粉蝶	李属	福建丹樱生态农业发展有限公司	王珉、阙平、胡坚平、王琳	20220206	20220311	20231229
160	20230873	丝缘玉蝶	李属	福建丹樱生态农业发展有限公司	王珉、阙平、王琳	20220205	20220311	20231229
161	20230068	嫣红	李属	福建丹樱生态农业发展有限公司	王琳、王英姿、林荣光、阙平	20210470	20210610	20230420

（续）

序号	品种权号	品种名称	属（种）	品种权人	培育人	申请号	申请日	授权日
162	20230886	一抹嫣红	李属	福建丹樱生态农业发展有限公司	王琳、林毅雁、魏一、王星格、林采光、林祎捷	20220235	20220322	20231229
163	20230151	发达	木麻黄属	福建省惠安赤湖国有防护林场、福建省林业科学研究院	李茂瑾、吴惠忠、聂森、春贵、王小红、李秀明、柳靖、黄金塔	20210962	20210826	20230420
164	20230152	如意凤	木麻黄属	福建省惠安赤湖国有防护林场、福建省林业科学研究院	李茂瑾、叶功富、陈胜、宝川、林伟东、王小红、柳靖、郑焙华	20210964	20210826	20230420
165	20230150	兴旺	木麻黄属	福建省惠安赤湖国有防护林场、福建省林业科学研究院	李茂瑾、叶功富、吴惠忠、小菊、李秀明、尤芬蕾、柳靖、黄金塔、王小红	20210961	20210826	20230420
166	20230153	平安	木麻黄属	福建省惠安赤湖国有防护林场、福建省林业科学研究院	黄云鹏、李茂瑾、苏宝川、尤芬蕾、林伟东、王小红、苏荣桂、张莉萍	20210965	20210826	20230420
167	20230260	翠屏春玉	杜鹃花属	福建洋塔园艺有限公司	游文聪、张丽丽、方永根、张经荣、林春平、戴丽新	20200088	20191230	20230906
168	20230054	玫蕾皇后	蔷薇属	阜阳市百益花卉园艺有限公司、安徽颖荷生态农业发展有限公司、安徽农业大学	樊德新、张雨涵、史良、孟艳琼、由娟、唐菲、康丽云、史丹、王晶晶、章玲玲	20210204	20210407	20230420
169	20230053	丝绸之路	蔷薇属	阜阳市百益花卉园艺有限公司、安徽颖荷生态农业发展有限公司、安徽农业大学	孟艳琼、樊德新、唐菲、马冲、兰伟、马宗新、康丽云、章玲玲、耿秀婷	20210201	20210407	20230420
170	20230351	黄金甲	槭属	高跃	高跃	20210080	20210131	20230906
171	20230898	四季魔幻	山茶属	广东阿婆六生态农业发展有限公司、佛山市林业科学研究所（佛山植物园）、肇庆市棕榈谷花园有限公司	殷爱华、黎艳玲、万利鑫、玄祖迎、柯欢、侯文卿、刘信凯、黄万坚、钟乃盛、叶绮君	20220269	20220330	20231229
172	20230902	年年有余	山茶属	广东阿婆六生态农业发展有限公司、上海星源农业实验场、肇庆市棕榈谷花园有限公司	刘信凯、张斌、周和达、钟乃盛、文卿、高继银、叶绮君、黎艳玲	20220281	20220401	20231229
173	20230903	四季财宝	山茶属	广东阿婆六生态农业发展有限公司、上海星源农业实验场、肇庆市棕榈谷花园有限公司	刘信凯、张斌、周和达、钟乃盛、文卿、高继银、黎艳玲、叶绮君	20220282	20220401	20231229

（续）

序号	品种权号	品种名称	属（种）	品种权人	培育人	申请号	申请日	授权日
174	20230904	四季出彩	山茶属	广东阿婆六生态农业发展有限公司，肇庆棕榈谷花园有限公司	黄万坚、周敏中、冯骥、刘信凯、小琴、李维全、高继银、叶琦君、黎艳玲	20220283	20220401	20231229
175	20230900	祖庙雕刻	山茶属	广东阿婆六生态农业发展有限公司，肇庆棕榈谷花园有限公司，佛山市林业科学研究所（佛山植物园）	张学平、李鑫、刘信凯、侯文卿、胡麦聪、高继银、赵鸿杰、钟乃盛、黎艳玲、叶琦君	20220273	20220330	20231229
176	20230901	红龙舞天	山茶属	广东阿婆六生态农业发展有限公司，肇庆棕榈谷花园有限公司，高州市品然人家农业发展有限公司	黎艳玲、周明顺、邓小琴、吴文诗、叶琦君、冯骥、李维全、钟乃盛、刘信凯	20220279	20220401	20231229
177	20230899	玲珑黑妹	山茶属	广东阿婆六生态农业发展有限公司，肇庆棕榈谷花园有限公司，高州市品然人家农业发展有限公司	侯文卿、钟乃盛、黎艳玲、刘信凯、周明顺、周敏中、叶琦君	20220270	20220330	20231229
178	20230170	美林1号	山茶属	广东美林农业投资发展有限公司，中南林业科技大学	袁德义、肖诗鑫、刘远炳、卢元贤	20211100	20211012	20230420
179	20230171	美林2号	山茶属	广东美林农业投资发展有限公司，中南林业科技大学	袁德义、胡观兴、刘远炳、卢元贤	20211101	20211012	20230420
180	20230173	美林4号	山茶属	广东美林农业投资发展有限公司，中南林业科技大学	肖诗鑫、袁德义、刘远炳、卢元贤	20211103	20211012	20230420
181	20230172	美林3号	山茶属	广东美林农业投资发展有限公司，中南林业科技大学	袁德义、胡观兴、刘远炳、卢元贤	20211102	20211012	20230420
182	20230892	绯衣	木槿属	广西槿汇岭南园林科技有限公司，南宁市园林科研所	黄旭光、杨思霞、陆炎松、阮俊	20220252	20220325	20231229
183	20230888	粉霞	木槿属	广西槿汇岭南园林科技有限公司，南宁市园林科研所	黄旭光、杨思霞、陆炎松、阮俊、秦玲、黄爱玲	20220244	20220324	20231229
184	20230897	沁雪	木槿属	广西槿汇岭南园林科技有限公司，南宁市园林科研所	黄旭光、陆炎松、杨思霞、黄旭富、赵建文、黄宁寒	20220268	20220329	20231229
185	20230890	烟雨	木槿属	广西槿汇岭南园林科技有限公司，南宁市园林科研所	黄旭光、杨思霞、黄旭富、黄宁寒、罗恩波	20220248	20220325	20231229
186	20230891	芸然	木槿属	广西槿汇岭南园林科技有限公司，南宁市园林科研所	陆炎松、杨思霞、霍行、黄旭光、阮俊、孙利娜	20220251	20220325	20231229

（续）

序号	品种权号	品种名称	属（种）	品种权人	培育人	申请号	申请日	授权日
187	20230889	缀明珠	木槿属	广西槿汇岭南园林科技有限公司，南宁市园林科科研所	杨思霞，王卫南，廖志兵，黄旭富	20220247	20220325	20231229
188	20230709	黑美人	紫薇属	广西壮族自治区林业科学研究院	秦波，孙开道，黄欣，唐黎明，蒋日红，李立杰，黄红宝，杨舒婷，杜铃，宁海	20210807	20210805	20231229
189	20230012	鸿果	山茶属	广西壮族自治区林业科学研究院	叶航，陈国臣，江泽鹏，蔡娅，夏莹，都丙青，陈林强	20190456	20190719	20230420
190	20230011	鸿林	山茶属	广西壮族自治区林业科学研究院	马锦林，叶航，梁国校，郭兰，夏莹，韦维，刘凯	20190455	20190719	20230420
191	20230033	华柳相思1号	金合欢属	广西壮族自治区林业科学研究院	彭玉华，黄志玲，曹艳云，郝海坤，欧芷阳，申文辉，何琴飞，陆国导	20201008	20201126	20230420
192	20230034	华玉相思1号	金合欢属	广西壮族自治区林业科学研究院	曹艳云，彭玉华，黄志玲，申文辉，何琴飞，谭长强，陆国导	20201009	20201126	20230420
193	20230035	华玉相思2号	金合欢属	广西壮族自治区林业科学研究院	曹艳云，彭玉华，郝海坤，黄志玲，申文辉，何琴飞，谭长强，黄小荣	20201010	20201126	20230420
194	20230036	锦羽相思1号	金合欢属	广西壮族自治区林业科学研究院	曹艳云，彭玉华，黄志玲，郝海坤，谭长强，申文辉，何琴飞，欧芷阳，陆国导	20201011	20201126	20230420
195	20230037	锦羽相思2号	金合欢属	广西壮族自治区林业科学研究院	曹艳云，申文辉，欧芷阳，黄小荣，谭长强，黄志玲，郝海坤，彭玉华	20201012	20201126	20230420
196	20230038	青云相思1号	金合欢属	广西壮族自治区林业科学研究院	曹艳云，谭长强，郝郝海坤，何琴飞，欧芷阳，黄志玲，蒙芳，彭玉华，黄小荣	20201013	20201126	20230420
197	20230039	青云相思2号	金合欢属	广西壮族自治区林业科学研究院	曹艳云，黄小荣，欧芷阳，黄志玲，申文辉，何琴飞，郝海坤，蒙芳，彭玉华	20201014	20201126	20230420
198	20230742	圣代	紫薇属	广西壮族自治区林业科学研究院	秦波，黄欣，唐黎明，孙开道，李进华，林茂，杨天太，蒋日红，黄红宝，杜铃，秦赐梅	20211057	20210927	20231229

序号	品种权号	品种名称	属（种）	品种权人	培育人	申请号	申请日	授权日
199	20230013	夏思	山茶属	广西壮族自治区林业科学研究院	夏莹莹、叶航、廖健明、王东雪、张乃燕、曾雯珺、梁斌	20190457	20190719	20230420
200	20230002	义臣	山茶属	广西壮族自治区林业科学研究院	陈国臣、马锦林、曾祥艳、叶航、李开祥、梁国校、陈林强、江泽鹏、文雯珺	20170153	20170407	20230420
201	20230009	义丹	山茶属	广西壮族自治区林业科学研究院	马锦林、陈国臣、叶航、夏莹莹、曾祥艳	20190453	20190719	20230420
202	20230010	义禄	山茶属	广西壮族自治区林业科学研究院	马锦林、陈国臣、叶航、夏莹莹、文汇	20190454	20190719	20230420
203	20230696	繁花似锦	报春苣苔属	广西壮族自治区农业科学院	闫海霞、周锦业、陶大燕、关世凯、朱倩	20210367	20210525	20231229
204	20230695	如意	报春苣苔属	广西壮族自治区农业科学院	闫海霞、陶大燕、关世凯、周锦业、朱倩	20210358	20210524	20231229
205	20230824	紫月	报春苣苔属	广西壮族自治区中国科学院广西植物研究所	温放、韦毅刚、符龙飞、辛子兵	20211631	20211224	20231229
206	20230624	翠月	野牡丹属	广州普邦园林股份有限公司、中山大学	谢腾芳、刘晓洲、李冰敏、陈园、吴雪仪、谭广文、曾凤、李银、关开朗、邓滇文、周仁超、刘莹、易慧林、李子华、智雪珂	20190623	20190830	20231229
207	20230717	红妃	野牡丹属	广州市林业和园林科学研究院	邹沛姗、代色平、倪建中、郑锡荣、阮琳、王伟、刘国锋	20210845	20210810	20231229
208	20230125	紫珊	野牡丹属	广州市林业和园林科学研究院	倪建中、邹沛姗、郑锡荣、代色平、王伟、阮琳、刘国锋	20210846	20210810	20230420
209	20230074	增彩	山茶属	广州市增城区林业和园林科学研究所、中国林业科学研究院亚热带林业研究所、广州园艺科学研究所有限公司	朱政财、李纪元、高继银、陈织争、王海华、黎艳玲、刘伟鑫、李文业、刘信凯、范正琪、钟乃盛	20210538	20210702	20230420
210	20230077	欢乐聚会	山茶属	广州棕科园艺开发有限公司、中国林业科学研究院亚热带林业研究所、肇庆棕榈谷花园有限公司	赵强民、李纪元、钟乃盛、刘伟鑫、陈卓娜、刘信凯、范正琪、黄万坚、叶士生	20210552	20210705	20230420

（续）

序号	品种权号	品种名称	属（种）	品种权人	培育人	申请号	申请日	授权日
211	20230078	帕特之乐	山茶属	广州棕科园艺开发有限公司、中国林业科学研究院亚热带林业研究所、肇庆市棕榈谷花园有限公司	刘信凯、李纪元、叶嵿君、宋遇文、陈卓娜、钟乃盛、刘伟盛、赵强民、范正琪、黄万坚	20210554	20210705	20230420
212	20230076	乔之千金	山茶属	广州棕科园艺开发有限公司、中国林业科学研究院亚热带林业研究所、肇庆市棕榈谷花园有限公司	钟乃盛、李纪元、叶土生、黎艳玲、刘伟鑫、刘信凯、高继银、黄万坚	20210547	20210705	20230420
213	20230307	景华1号	刚竹属	国际竹藤中心、安徽省林业科学研究院、广德市林业科学研究所	高健、吴中能、曹志华、李娟、马艳军、方明刚、蔡新玲、江泽慧	20200820	20201009	20230906
214	20230308	景华2号	刚竹属	国际竹藤中心、安徽省林业科学研究院、广德市林业科学研究所	高健、吴中能、曹志华、李娟、牟少华、方明刚、蔡新玲、江泽慧	20200821	20201009	20230906
215	20230309	景华3号	刚竹属	国际竹藤中心、安徽省林业科学研究院、广德市林业科学研究所	高健、吴中能、曹志华、牟少华、李娟、彭常福、刘俊龙、江泽慧	20200822	20201009	20230906
216	20230183	绿早	刚竹属	国际竹藤中心、国家林业和草原局竹子研究开发中心、杭州临安大湖源观赏竹种园有限公司	高健、程占超、卞方圆、钟哲科、张小平、顾李俭	20211268	20211107	20230420
217	20230026	黄秆红竹	刚竹属	国际竹藤中心、扬州大禹风景园林有限公司	高健、禹在定、禹迎春	20200680	20200824	20230420
218	20230025	金枝玉叶	刚竹属	国际竹藤中心、扬州大禹园林景观有限公司	高健、禹在定、禹迎春	20200679	20200824	20230420
219	20230559	海岛红韵	叶子花属	海南省农业科学院热带园艺研究所	符瑞侃、杨珺	20211613	20211222	20230906
220	20230211	海岛佳人	叶子花属	海南省农业科学院热带园艺研究所	符瑞侃、杨珺	20211448	20211130	20230420
221	20230330	青山曙光	绣球属	杭州市园林绿化股份有限公司	魏建芬、王雯、彭悠悠、刘丽娟、田伟莉	20201075	20201214	20230906
222	20230486	灿辰	冬青属	杭州市园林绿化股份有限公司、杭州市林业和湿地科学研究院	魏建芬、高凯、胡亚芬、余毅敏、朱淑霞、彭悠悠、孙丽娜	20210950	20210824	20230906

（续）

序号	品种权号	品种名称	属（种）	品种权人	培育人	申请号	申请日	授权日
223	20230487	鸢凤	冬青属	杭州市园林绿化股份有限公司，杭州市市林业和湿地科学研究院	张俊林、罗优波、王宏、朱淑霞、金建海、陈学芳	20210959	20210825	20230906
224	20230331	青山瑰丽	绣球属	杭州市园林绿化股份有限公司，上海交通大学	陈伯翔、邱帅、刘群录、高凯、魏坤义	20201080	20201214	20230906
225	20230667	青山炫彩	绣球属	杭州市园林绿化股份有限公司，浙江省林业科学研究院	魏建芬、邱帅、陈浩、彭悠悠、孙丽娜、李婷婷	20201079	20201214	20231229
226	20230326	金焰	槭属	杭州啄木鸟古树救护有限公司、沈波	陈一锋、沈波、刘志高、陈林、吴云晓、赵梦恬、沈洁	20200971	20201112	20230906
227	20230380	合植素心	蜡梅	合肥植物园	程红梅、周耘峰、窦维奇、张继妹、王德梅、方宏昆、张瑞	20210297	20210514	20230906
228	20230381	合植檀香	蜡梅	合肥植物园	周耘峰、程红梅、管双侯	20210298	20210514	20230906
229	20230378	素心金蝶	蜡梅	合肥植物园	程红梅、王德梅、周耘峰、姚晓春、周莉、王静、丁常聪	20210278	20210507	20230906
230	20230692	燕宝	栗属	河北科技师范学院	曹飞、郭春磊、王东升、张京政、齐永顺、王同坤	20210284	20210510	20231229
231	20230402	玉波	卫矛属	河北科技师范学院	程蓓蓓、王东升、袁平立	20210389	20210528	20230906
232	20230403	玉刀	卫矛属	河北科技师范学院	程蓓蓓、王东升、袁平立	20210390	20210528	20230906
233	20230756	波光	枣属	河北农业大学	刘孟军、刘平、王玖瑞、段艳军、杨猛、刘志国	20211166	20211025	20231229
234	20230757	雨龙	枣属	河北农业大学	刘平、刘志国、刘孟军、段艳军、王立新、赵璇	20211167	20211025	20231229
235	20230442	普天红霞	木瓜属	河北农业大学、河北宇红苗木种植有限公司	邱葆、杨浩普、陈段芬、杨世理	20210550	20210705	20230906
236	20230814	碧玉	榆属	河北润丰林业科技有限公司	代嵩华、刘易超、冯树香、陈丽丽英、樊彦聪、张国君、张永芝、王进茂、黄印朋	20211510	20211213	20231229
237	20230755	鸿途	榆属	河北润丰林业科技有限公司	代嵩华、刘易超、冯树香、樊彦聪、陈丽丽英、杨敏生、黄印朋、王进茂、张永芝	20211150	20211022	20231229
238	20230815	秋翠	榆属	河北润丰林业科技有限公司	刘易超、黄印朋、张永芝、樊彦聪、代嵩华、陈丽丽英、冯树香、王进茂、张国君、闫淑芳	20211511	20211213	20231229

（续）

序号	品种权号	品种名称	属（种）	品种权人	培育人	申请号	申请日	授权日
239	20230754	秋霞	榆属	河北润丰林业科技有限公司	代嵩华、刘易超、冯树香、闫淑芳、杨敏生、樊彦聪、陈丽英、王进茂、张国君、黄印朋、张永芝	20211149	20211022	20231229
240	20230672	冀洪槐1号	槐属	河北省洪崖山国有林场、河北农业大学	庞丁玮、王进茂、刘朝华、周苗苗、庞久帅、张婉莹、杨敏生、张军	20210070	20210128	20231229
241	20230792	冀洪槐3号	槐属	河北省洪崖山国有林场、河北农业大学	张桂芳、董研、于水情、欧国范、刘昭阳、许晨明、杨敏生、范畅、刘恒泰	20211394	20211119	20231229
242	20230775	冀洪槐2号	槐属	河北省洪崖山国有林场、河北农业大学、国有故城县饶阳店林场	赵津、张军、刘佳林、任俊杰、卢茂、李静雅、杨敏生、郭雅	20211315	20211111	20231229
243	20230883	冀椒1号	花椒属	河北省林业和草原科学研究院	郭伟珍、秦素洁、李明远、曹军合	20220227	20220318	20231229
244	20230880	冀椒2号	花椒属	河北省林业和草原科学研究院	郭伟珍、曹军合、赵俊喜、邱政芳	20220220	20220317	20231229
245	20230882	冀椒3号	花椒属	河北省林业和草原科学研究院	郭京献、赵京献、曹军合、秦素洁、李明远	20220226	20220318	20231229
246	20230750	磐玉	榆属	河北省林业和草原科学研究院	黄印冉、冯树香、王玉忠、刘易超、张国君、樊彦聪、陈丽英、董谦	20211124	20211015	20231229
247	20230726	菁丽	榆属	河北省林业和草原科学研究院	黄印冉、闫淑芳、冯树香、张国君、王进茂、王玉忠、董谦	20210935	20210823	20231229
248	20230730	菁云	榆属	河北省林业和草原科学研究院	黄印冉、冯树香、闫淑芳、王玉忠、张国君、董谦	20210968	20210826	20231229
249	20230712	行健	榆属	河北省林业和草原科学研究院	黄印冉、闫淑芳、刘易超、王玉忠、杨敏生、代嵩华、陈丽英、樊彦聪、张国君、董谦	20210826	20210806	20231229
250	20230713	云锦	榆属	河北省林业和草原科学研究院	黄印冉、冯树香、刘易超、闫淑芳、王玉忠、杨敏生、张国君、代嵩华、陈丽英、樊彦聪、董谦	20210827	20210807	20231229
251	20230749	云秀	榆属	河北省林业和草原科学研究院	黄印冉、刘易超、冯树香、闫淑芳、王玉忠、张国君、代嵩华、陈丽英、樊彦聪、董谦	20211115	20211013	20231229
252	20230660	燕栗3号	栗属	河北省农林科学院昌黎果树研究所	张馨方、王广鹏、张树航、李颖、郭燕、刘金雨、范丽颖、高倩、刘师源	20200905	20201029	20231229

（续）

序号	品种权号	品种名称	属（种）	品种权人	培育人	申请号	申请日	授权日
253	20230661	燕栗5号	栗属	河北省农林科学院昌黎果树研究所	张树航、王广鹏、李颖、郭燕、张馨方、刘金雨、范丽颖、刘师源、高倩	20200906	20201029	20231229
254	20230540	冀翘2号	连翘属	河北省农林科学院经济作物研究所	刘灵娣、谢晓亮、温春秀、姜涛、田伟、贾东升、刘铭	20211351	20211116	20230906
255	20230541	冀翘一号	连翘属	河北省农林科学院经济作物研究所	刘灵娣、谢晓亮、温春秀、姜涛、贾东升、田伟、刘铭、边建波	20211369	20211117	20230906
256	20230433	冀美红	否	河北省农林科学院石家庄果树研究所	武晓红、景雪峰、王端、刘志琨	20210524	20210624	20230906
257	20230439	普红晚艳	木瓜属	河北宇红苗木种植有限公司	杨恩普、邸葆、陈段芬、杨世理	20210542	20210705	20230906
258	20230445	普天茶香	木瓜属	河北宇红苗木种植有限公司	杨恩普、邸葆、陈段芬、杨世理	20210557	20210705	20230906
259	20230436	普天高寿	木瓜属	河北宇红苗木种植有限公司	杨恩普、邸葆、陈段芬、杨世理	20210536	20210702	20230906
260	20230437	普天红举	木瓜属	河北宇红苗木种植有限公司	杨恩普、邸葆、陈段芬、杨世理	20210539	20210705	20230906
261	20230441	普天红宇	木瓜属	河北宇红苗木种植有限公司	杨恩普、邸葆、陈段芬、杨世理	20210545	20210705	20230906
262	20230444	普天墨玫	木瓜属	河北宇红苗木种植有限公司	杨恩普、邸葆、陈段芬、杨世理	20210556	20210705	20230906
263	20230434	普天玉粉	木瓜属	河北宇红苗木种植有限公司	杨恩普、邸葆、陈段芬、杨世理	20210532	20210702	20230906
264	20230438	普天玉曦	木瓜属	河北宇红苗木种植有限公司	杨恩普、邸葆、陈段芬、杨世理	20210540	20210705	20230906
265	20230443	普天红3号	木瓜属	河北宇红苗木种植有限公司	杨恩普、邸葆、陈段芬、杨世理	20210555	20210705	20230906
266	20230440	普天红曲	木瓜属	河北宇红苗木种植有限公司	杨恩普、邸葆、陈段芬、杨世理	20210543	20210705	20230906
267	20230435	普天玉霓	木瓜属	河北宇红苗木种植有限公司	杨恩普、邸葆、陈段芬、杨世理	20210534	20210702	20230906
268	20230656	黑美人	接骨木属	河南卡乐夫园艺有限公司、河南省格兰德市政园林科技有限公司	程建明、沈植国、韩健、武方方、沈希辉、王腾飞	20200866	20201020	20231229
269	20230657	烈焰	接骨木属	河南卡乐夫园艺有限公司、河南省格兰德市政园林科技有限公司	沈希辉、程建明、沈植国、韩健、武方方、王腾飞	20200867	20201020	20231229
270	20230795	豫太	山桐子属	河南农业大学	蔡齐飞、代莉、李志、耿晓东、王艳梅、刘震、任军战、李中福	20211404	20211119	20231229
271	20230655	紫嫣	接骨木属	河南省格兰德市政园林科技有限公司、河南卡乐夫园艺有限公司	韩健、沈植国、程建明、吕胜利、齐远平、李洪超、武方方、夏鹏云、李剑侠、贾长荣、周皖豫、陈静、韩中海	20200865	20201020	20231229
272	20230146	鹤锦城	素馨属	河南省鹤城迎春花研究院有限公司	张志华、梅继林、王纪华、史先元、王金梅、王美娥、杜纪松、张素芳、崔亚娜	20210946	20210824	20230420

（续）

序号	品种权号	品种名称	属（种）	品种权人	培育人	申请号	申请日	授权日
273	20230644	国红	接骨木属	河南省林业科学研究院	沈植国、丁鑫、武方方、田丽、李国卿、卜瑞卿、呼雷磊、赵肃然、董希玲、汤正辉、陈超、苏爱平、罗胜	20200563	20200722	20231229
274	20230642	红宝石	接骨木属	河南省林业科学研究院	孙萌、汤正辉、吕胜利、贾长荣、王超、王冉、李剑青、马俊青、金钰、李洪超、张纪堂、张春萍、韩中海	20200561	20200722	20231229
275	20230640	金穗	接骨木属	河南省林业科学研究院	沈植国、丁鑫、张肃然、田丽、李洪超、贾长荣、赵肃然、李剑侠、李春明、孙萌、陈静、侯志华、陈彦伟	20200559	20200722	20231229
276	20230909	金晕波皱	蜡梅	河南省林业科学研究院	沈植国、丁鑫、王志刚、程建明、孙萌、汤正辉、王冉、沈希辉、李会宽	20220296	20220406	20231229
277	20230286	玲珑	木兰属	河南省林业科学研究院	刘艳萍、范定臣、祝亚平、骆玉平、田丽、赵英普	20200620	20200810	20230906
278	20230643	黑宝石	接骨木属	河南省林业科学研究院、河南卡乐夫园艺有限公司	汤正辉、孙萌、沈希辉、程建明、王超、夏鹏云、金钰、侯志华	20200562	20200722	20231229
279	20230641	早紫	接骨木属	河南省林业科学研究院、河南卡乐夫园艺有限公司	丁鑫、沈植国、曹应伟、张纪堂、武方方、王冉、张春萍、陈超	20200560	20200722	20231229
280	20230277	锦毓	石楠属	河南省农业科学院园艺研究所	王利民、董晓宇、符真珠、张和臣、蒋卉、王慧娟、高杰、袁欣、王耀曈、李艳敏、冯乃曦	20200407	20200612	20230906
281	20230337	豫金4号	忍冬属	河南师范大学	李建军、赵喜亭、常翠芳、牛瑶、刘保彬、叶永森、程婷、董倩倩、常筱沛	20210012	20210113	20230906
282	20230553	西露丝80239（SCH80239）	蔷薇属	荷兰西露丝花卉控股有限公司(Piet Schreurs Holding B.V.)	P.N.J.西露丝（Petrus Nicolaas Johannes Schreurs）	20211552	20211215	20230906
283	20230549	西露丝83213（SCH83213）	蔷薇属	荷兰西露丝花卉控股有限公司(Piet Schreurs Holding B.V.)	P.N.J.西露丝（Petrus Nicolaas Johannes Schreurs）	20211522	20211213	20230906
284	20230550	西露丝84986（SCH84986）	蔷薇属	荷兰西露丝花卉控股有限公司(Piet Schreurs Holding B.V.)	P.N.J.西露丝（Petrus Nicolaas Johannes Schreurs）	20211535	20211214	20230906
285	20230912	西露丝86293（SCH86293）	蔷薇属	荷兰西露丝花卉控股有限公司(Piet Schreurs Holding B.V.)	P.N.J.西露丝（Petrus Nicolaas Johannes Schreurs）	20220311	20220408	20231229
286	20230818	西露丝88111（SCH88111）	蔷薇属	荷兰西露丝花卉控股有限公司(Piet Schreurs Holding B.V.)	P.N.J.西露丝（Petrus Nicolaas Johannes Schreurs）	20211553	20211215	20231229
287	20230739	爱普开054317（IPK054317）	蔷薇属	荷兰英特普兰特月季育种公司(Interplant Roses B.V.)	范·多伊萨姆（ir. A.J.H. van Doesum）	20211043	20210924	20231229

（续）

序号	品种权号	品种名称	属（种）	品种权人	培育人	申请号	申请日	授权日
288	20230741	爱普开072816（IPK072816）	蔷薇属	荷兰英特普兰特兰月季育种公司（Interplant Roses B.V.）	范·多伊萨姆（ir. A.J.H. van Doesum）	20211053	20210926	20231229
289	20230740	爱普开105316（IPK105316）	蔷薇属	荷兰英特普兰特兰月季育种公司（Interplant Roses B.V.）	范·多伊萨姆（ir. A.J.H. van Doesum）	20211045	20210926	20231229
290	20230494	爱普开398813（IPK398813）	蔷薇属	荷兰英特普兰特兰月季育种公司（Interplant Roses B.V.）	范·多伊萨姆（ir. A.J.H. van Doesum）	20211046	20210926	20230906
291	20230495	爱普开450018（IPK450018）	蔷薇属	荷兰英特普兰特兰月季育种公司（Interplant Roses B.V.）	范·多伊萨姆（ir. A.J.H. van Doesum）	20211048	20210926	20230906
292	20230499	爱普特201216（IPT201216）	蔷薇属	荷兰英特普兰特兰月季育种公司（Interplant Roses B.V.）	范·多伊萨姆（ir. A.J.H. van Doesum）	20211066	20211003	20230906
293	20230631	爱普开155216（IPK155216）	蔷薇属	荷兰英特普兰特兰月季育种公司（Interplant Roses B.V.）	范·多伊萨姆（ir. A.J.H. van Doesum）	20200213	20200331	20231229
294	20230751	北国红	橄属	黑龙江碧云园科技开发有限公司、吉林农业大学、东北林业大学	刘凤英、赵曦阳、胡彦波、裴晓娜、由香玲	20211132	20211019	20231229
295	20230143	幻紫	风箱果属	黑龙江省森林植物园	翟晓鸥、张少琳、单琳、司玉娟、王颖、魏、郁永英、宋莹莹、姜远翩	20210940	20210823	20230420
296	20230134	金碧	风箱果属	黑龙江省森林植物园	王颖、梁希武、李东升、李晓晶、孙雁冰、郁永英、宋莹莹、翟晓鸥、张少琳、姜远翩	20210906	20210820	20230420
297	20230142	金益	风箱果属	黑龙江省森林植物园	翟晓鸥、张少琳、单琳、司玉娟、王佳、魏、郁永英、宋莹莹、王颖、姜远翩	20210939	20210823	20230420
298	20230164	玲珑	锦带花属	黑龙江省森林植物园	王晓冬、马立华、李广明、马东萍、姜思佳、韩志程、刘玮	20211007	20210909	20230420
299	20230165	秋月	锦带花属	黑龙江省森林植物园	马立华、王晓冬、李广明、马东萍、姜思佳、韩志程、刘玮	20211008	20210909	20230420
300	20230133	炫紫	风箱果属	黑龙江省森林植物园	王颖、梁希武、李东升、孙雁冰、郁永英、宋莹莹、李晓晶、翟晓鸥、张少琳、姜远翩	20210905	20210820	20230420
301	20230761	潇湘彩虹	紫薇属	湖南省林业科学院、长沙湘莹园林科技有限公司	蔡能、王晓明、乔中全、曾慧杰、李永欣、陈艺、王湘莹、王惠	20211196	20211031	20231229
302	20230765	潇湘如意	紫薇属	湖南省林业科学院、长沙湘莹园林科技有限公司	曾慧杰、蔡能、陈艺、李永欣、乔中全、王晓明、王惠	20211218	20211101	20231229

（续）

序号	品种权号	品种名称	属（种）	品种权人	培育人	申请号	申请日	授权日
303	20230766	潇湘雅馨	紫薇属	湖南省林业科学院、长沙湘莹园林科技有限公司	陈艺、李永欣、王晓明、蔡能、曾慧杰、乔中全、王湘莹、王惠	20211219	20211101	20231229
304	20230764	潇湘天娇	紫薇属	湖南省林业科学院、长沙湘莹园林科技有限公司	王晓明、王湘莹、曾慧杰、陈艺、乔中全、王吴、永欣、蔡能、王惠	20211214	20211101	20231229
305	20230767	潇湘醉妃	紫薇属	湖南省林业科学院、长沙湘莹园林科技有限公司、湘西自治州林学会	王湘莹、秦平书、和红晓、蒋龙、龚发武、陈昶睿、蔡能、王晓明、王惠	20211220	20211101	20231229
306	20230063	灿霞	李属		柏文富、吴思政、禹霖、聂东伶、李建挥、严佳文、熊颖	20210391	20210528	20230420
307	20230067	春晓	李属	湖南省植物园	李建挥、柏文富、吴思政、聂东伶、禹霖、严佳文、熊颖	20210446	20210608	20230420
308	20230064	湘绯	李属	湖南省植物园	禹霖、马涛、吴思政、聂东伶、李建挥、熊颖、严佳文、李铖	20210399	20210601	20230420
309	20230066	湘妍	李属	湖南省植物园	柏文富、吴思政、禹霖、聂东伶、李建挥、熊颖、严佳文	20210442	20210608	20230420
310	20230698	湘槿花竹	箣竹属	湖南省植物园	黄程前、刘玮、黄文韬、郑硕理、黄涫、陈白冰、王红霞、舒东霄、严佳文、晓玲、袁春	20210425	20210604	20231229
311	20230005	翔云	含笑属	湖南省植物园、怀化市林业科学研究所	颜立红、向光锋、蒋利媛、田晓明、何友军、佘海平、李江、王晓玲、张凌宏	20180727	20181106	20230420
312	20230645	紫禧	紫薇属	华南农业大学、广东春源生态园林科技发展有限公司	邓小梅、奚如春、徐善燕、邓演文	20200590	20200804	20231229
313	20230498	华农舞龙	悬铃木属	华中农业大学	包满珠、张佳琪、刘国锋、林战帅	20211061	20210930	20230906
314	20230497	华农雄风	悬铃木属	华中农业大学	包满珠、张佳琪、刘国锋、郑往腾	20211060	20210929	20230906
315	20230496	华农盘龙	悬铃木属	华中农业大学、万绿生态园林股份有限公司	张佳琪、包满珠、刘国锋、邵长生、汤思涵、顾天雷、刘帅	20211059	20210929	20230906
316	20230500	华农福凤	悬铃木属	武汉市苗业有限公司	张佳琪、包满珠、刘国锋、王斐、杨梦晴、沙飞	20211081	20211008	20230906
317	20230059	粉娇	山茶属	怀化市林业科学研究所、湖南省植物园	唐娟、蒋利媛、张凌宏、向红艳、田晓明、袁春、杨勇、周芳芝、李斐、李江、陆彦羽、舒鸿飞、邓旭	20210280	20210509	20230420

（续）

序号	品种权号	品种名称	属（种）	品种权人	培育人	申请号	申请日	授权日
318	20230060	妍丽	山茶属	怀化市林业科学研究所，湖南省植物园	袁春、颜立红、张凌宏、唐忠、黄新兵、向光锋、唐娟、王晓玲、张良勇、王国晖、张炜、季鑫	20210281	20210509	20230420
319	20230752	吉瑞1号	落叶松属	吉林农业大学	赵曦阳、肖振海、康野、段加玉、国辉、崔永洪、霍志发、朱景林、经希天、王连君、胡佰策、赵	20211138	20211020	20231229
320	20230616	柯莫12-36A（KAMO12-36A）	绣球属	加茂株式会社（KAMO Company Limited）	一江豊一（Ichie Toyokazu）	20190279	20190328	20231229
321	20230602	柯莫阿拉莫德（KAMOALAMODE）	绣球属	加茂株式会社（KAMO Company Limited）	一江豊一（Ichie Toyokazu）	20180199	20180330	20231229
322	20230603	柯莫阿里加多（KAMOARIGATOU）	绣球属	加茂株式会社（KAMO Company Limited）	一江豊一（Ichie Toyokazu）	20180200	20180330	20231229
323	20230597	柯莫加苏里（KAMOKASUMI）	绣球属	加茂株式会社（KAMO Company Limited）	一江豊一（Ichie Toyokazu）	20180193	20180330	20231229
324	20230594	柯莫柯谷牙西梅（KAMOKAGUYAHIME）	绣球属	加茂株式会社（KAMO Company Limited）	一江豊一（Ichie Toyokazu）	20180189	20180330	20231229
325	20230596	柯莫千尤九（KAMOCHIYOJO）	绣球属	加茂株式会社（KAMO Company Limited）	一江豊一（Ichie Toyokazu）	20180191	20180330	20231229
326	20230600	柯莫赛赛（KAMOSAISAI）	绣球属	加茂株式会社（KAMO Company Limited）	一江豊一（Ichie Toyokazu）	20180196	20180330	20231229
327	20230599	柯莫乌塔哇瑟（KAMOUTAAWASE）	绣球属	加茂株式会社（KAMO Company Limited）	一江豊一（Ichie Toyokazu）	20180195	20180330	20231229
328	20230593	柯莫西莫托利（KAMOHINOTORI）	绣球属	加茂株式会社（KAMO Company Limited）	一江豊一（Ichie Toyokazu）	20180188	20180330	20231229
329	20230601	柯莫依之米都立（KAMOIZUMIDORI）	绣球属	加茂株式会社（KAMO Company Limited）	一江豊一（Ichie Toyokazu）	20180197	20180330	20231229
330	20230598	柯莫尤鲁诺妮奇（KAMOYORUNONIJI）	绣球属	加茂株式会社（KAMO Company Limited）	一江豊一（Ichie Toyokazu）	20180194	20180330	20231229
331	20230595	柯莫尤梅谷科加（KAMOYUMEGOKOCHI）	绣球属	加茂株式会社（KAMO Company Limited）	一江豊一（Ichie Toyokazu）	20180190	20180330	20231229
332	20230428	紫莹	铁线莲属	江苏农林职业技术学院	王磊、宋微、孟浩南	20210518	20210624	20230906
333	20230187	苏柳2261	柳属	江苏省林业科学研究院	王伟伟、陈庆生、隋德宗、王保松	20211339	20211115	20230420
334	20230189	苏柳2262	柳属	江苏省林业科学研究院	王伟伟、何旭东、隋德宗、王保松	20211349	20211116	20230420

（续）

序号	品种权号	品种名称	属（种）	品种权人	培育人	申请号	申请日	授权日
335	20230190	苏柳2263	柳属	江苏省林业科学研究院	郑纪伟、王伟伟、教忠意、王保松	20211350	20211116	20230420
336	20230197	苏柳2264	柳属	江苏省林业科学研究院	郑纪伟、王伟伟、教忠意、王保松	20211390	20211118	20230420
337	20230774	苏柳2578	柳属	江苏省林业科学研究院	黄瑞芳、周洁、王红玲、施士争、王保松	20211314	20211111	20231229
338	20230773	苏柳2644	柳属	江苏省林业科学研究院	黄瑞芳、王红玲、隋德宗、施士争、王保松	20211313	20211111	20231229
339	20230772	苏柳2681	柳属	江苏省林业科学研究院	黄瑞芳、隋德宗、王红玲、施士争、王保松	20211306	20211109	20231229
340	20230322	金阳	椴属	江苏省农业科学院	马秋月、闻婧、颜坤元、李淑顺、李倩中、杜一鸣、朱璐、黎璇	20200936	20201102	20230906
341	20230001	紫金红	椴属	江苏省农业科学院、延边大学	李倩中、闻婧、唐玲、荣立苹、李淑顺	20170121	20170302	20230420
342	20230569	矮冠粉	紫薇属	江苏省中国科学院植物研究所	吕芬妮、王淑安、李鹏、李林芳、李素梅、高露璐、杨如同、汪庆	20220025	20220105	20230906
343	20230538	红拂女	铁线莲属	江苏省中国科学院植物研究所	王淑安、李林芳、李亚、李素梅、高露璐、吕芬妮、杨如同、汪庆	20211325	20211112	20230906
344	20230566	金福金灿	紫薇属	江苏省中国科学院植物研究所	王淑安、王鹏、李素梅、李林芳、吕芬妮、汪庆、高露璐、杨如同	20220022	20220105	20230906
345	20230565	金福乔	紫薇属	江苏省中国科学院植物研究所	李素梅、王淑安、王鹏、李林芳、高露璐、吕芬妮、李林芳、汪庆	20220021	20220105	20230906
346	20230567	金姬	紫薇属	江苏省中国科学院植物研究所	王鹏、吕芬妮、李林芳、王淑安、李素梅、高露璐、杨如同、汪庆	20220023	20220105	20230906
347	20230299	可卿	铁线莲属	江苏省中国科学院植物研究所	李林芳、王淑安、李亚、王鹏、高露璐、杨如同、吕芬妮、汪庆	20200775	20200918	20230906
348	20230536	李纨	铁线莲属	江苏省中国科学院植物研究所	王淑安、李林芳、李亚、李素梅、王鹏、高露璐、杨如同、吕芬妮、汪庆	20211322	20211112	20230906
349	20230300	妙玉	铁线莲属	江苏省中国科学院植物研究所	李林芳、李亚、王淑安、王鹏、高露璐、杨如同、汪庆、吕芬妮	20200780	20200918	20230906
350	20230366	宁青1号	冬青属	江苏省中国科学院植物研究所	陈红、周艳威、陆小清、李云龙、婷、蔡小龙	20210205	20210409	20230906
351	20230367	宁青2号	冬青属	江苏省中国科学院植物研究所	陈红、周婷、蔡小龙、种昕冉、李云龙威	20210206	20210409	20230906
352	20230368	宁青3号	冬青属	江苏省中国科学院植物研究所	陈红、种昕冉、王传永、周婷、陆小清、蔡小龙	20210216	20210412	20230906

（续）

序号	品种权号	品种名称	属（种）	品种权人	培育人	申请号	申请日	授权日
353	20230369	宁青 4 号	冬青属	江苏省中国科学院植物研究所	陈红、李云龙、周艳威、蔡小龙、陆小清、种昕冉、张凡	20210219	20210413	20230906
354	20230301	巧儿	铁线莲属	江苏省中国科学院植物研究所	李林芳、王淑安、王鹏、李素梅、高露露、杨如同、汪庆、吕芬妮	20200782	20200918	20230906
355	20230558	秋炫	紫薇属	江苏省中国科学院植物研究所	杨如同、王淑安、李亚、高露露、李林芳、吕芬妮、李素梅、汪庆	20220024	20220105	20230906
356	20230734	苏植 6 号	结缕草属	江苏省中国科学院植物研究所	郭海林、宗俊勤、李建建、王赵新勇、陈静波、王晶晶、张苓、浩然、李丹丹、姚荣荣、孔维一、李晓慧、陈荣荣、张东利	20211002	20210908	20231229
357	20230733	苏植 7 号	结缕草属	江苏省中国科学院植物研究所	郭海林、李建建、李晓慧、赵新勇、陈静波、宗俊勤、陈荣荣、姚祥、李玲、宗俊勤、王浩然、李丹丹、郝东利	20211001	20210908	20231229
358	20230732	苏植 8 号	结缕草属	江苏省中国科学院植物研究所	郭海林、陈静波、宗俊勤、李建建、孔维一、李玲、李浩然、王晶晶、姚祥、陈荣荣、赵新勇、李晓慧、张苓、郝东利	20211000	20210908	20231229
359	20230261	桃夭	铁线莲属	江苏省中国科学院植物研究所	李林芳、王淑安、王鹏、高露露、杨如同、汪庆、李素梅、吕芬妮	20200096	20200103	20230906
360	20230262	西子	铁线莲属	江苏省中国科学院植物研究所	李林芳、王淑安、王鹏、高露露、杨如同、汪庆、李素梅、吕芬妮	20200097	20200103	20230906
361	20230539	湘夫人	铁线莲属	江苏省中国科学院植物研究所	李林芳、王淑安、王鹏、吕芬妮、高露露、杨如同、李素梅、汪庆	20211326	20211112	20230906
362	20230535	湘云	铁线莲属	江苏省中国科学院植物研究所	王淑安、李亚、吕芬妮、李素梅、高露露、杨如同、王鹏、汪庆	20211311	20211111	20230906
363	20230285	玉露	含笑属	江苏省中国科学院植物研究所	殷云龙、於朝广、王紫阳、王芝权、徐建华、杨颖、顾春笋、施钦、卢治国、王年鹤、孙明义	20200599	20200805	20230906
364	20230284	玉乔	含笑属	江苏省中国科学院植物研究所	殷云龙、於朝广、王紫阳、王芝权、徐建华、杨颖、顾春笋、施钦、卢治国、王年鹤、孙明义	20200598	20200805	20230906
365	20230537	元春	铁线莲属	江苏省中国科学院植物研究所	李林芳、李亚、王淑安、王鹏、吕芬妮、李素梅、高露露、杨如同、汪庆	20211324	20211112	20230906

（续）

序号	品种权号	品种名称	属（种）	品种权人	培育人	申请号	申请日	授权日
366	20230238	云香	铁线莲属	江苏省中国科学院植物研究所	李林芳、李亚、王淑安、王鹏、杨如同、汪庆、高露路、李素梅、姚涂	20190130	20190102	20230906
367	20230591	新昕2号	越橘属	江苏省中国科学院植物研究所、浙江蓝美科技股份有限公司	韦继光、姜燕光、蒋佳峰、田亮亮、刘丽琴、於梦溪、杨曙方	20160241	20160903	20231229
368	20230583	蠹翠流金	山茶属	江西省林业科学院	温强、刘丽婷、高伟、黄文印、王波、汪雁楠、李田、朱恒、龚春	20220108	20220124	20230906
369	20230219	阳春白雪	山茶属	江西省林业科学院	温强、刘丽婷、李田、高伟、汪雁楠、黄文印、周文才、查康、朱恒、桂丽静、龚春、杨军	20170289	20170604	20230906
370	20230315	粉融香雪	蔷薇属	姜正之	姜正之	20200851	20201016	20230906
371	20230785	名贵御	李属	胶南明桂园艺场、南京林业大学	丁明贵、伊贤贵、赵瑞英、董京京、杨宏、李蒙、王贤荣	20211353	20211116	20231229
372	20230769	名贵美人	李属	胶南明桂园艺场、南京林业大学、潍坊工程职业学院	丁明贵、伊贤贵、傅善江、丁柏文、赵瑞英、李蒙、王贤荣	20211246	20211103	20231229
373	20230808	黄缬球	木犀属	金华市奔月桂花专业合作社、浙江农林大学	鲍健、鲍志贤、鲍维、赵宏波、肖政、董彬、杨丽媛、方遒、钟诗蔚、王艺光	20211499	20211212	20231229
374	20230809	金蟾	木犀属	金华市奔月桂花专业合作社、浙江农林大学	鲍健、鲍志贤、鲍维、肖政、赵宏波、杨丽媛、钟诗蔚、王艺、方遒、光、张璐	20211500	20211212	20231229
375	20230810	香魁	木犀属	金华市奔月桂花专业合作社、浙江农林大学	鲍志贤、张程刚、鲍维、赵宏波、肖政、董彬、杨丽媛、方遒、钟诗蔚、王艺光、张璐	20211501	20211212	20231229
376	20230817	胜雪	木犀属	金华市奔月桂花专业合作社、浙江农林大学	鲍志贤、朱光夏、赵宏波、肖政、董彬、方遒、钟诗蔚、杨丽媛、王艺光、张璐	20211538	20211215	20231229
377	20230257	红冠	杜鹃花属	金华市永根杜鹃花培育有限公司	方承根、汤荣堂、郑国良、黄飞来	20200007	20191209	20230906
378	20230849	皇后	李属	喀什地区林业工作站	祖力甫努尔·阿布都克力木、麦麦提依明、吾吉古丽·阿吉古丽、古丽坚乃提·麦合木提、秦玥	20220161	20220222	20231229
379	20230848	珍珠	李属	喀什地区林业工作站	祖力甫努尔·阿布都克力木、麦麦提敏、乌热依木·阿吉古丽、古丽坚乃提·麦合木提、阿斯木·阿斯明、秦玥	20220160	20220222	20231229

（续）

序号	品种权号	品种名称	属（种）	品种权人	培育人	申请号	申请日	授权日
380	20230008	傲霜红	绣球属	昆明南国山山花园艺科技有限责任公司	杨玉勇、南北	20190210	20190303	20230420
381	20230627	白塔	绣球属	昆明南国山山花园艺科技有限责任公司	杨玉勇	20200115	20200112	20231229
382	20230017	白雪	绣球属	昆明南国山山花园艺科技有限责任公司	杨玉勇	20200120	20200112	20230420
383	20230626	彩虹塔	绣球属	昆明南国山山花园艺科技有限责任公司		20200111	20200112	20231229
384	20230015	红塔	绣球属	昆明南国山山花园艺科技有限责任公司	杨玉勇	20200112	20200112	20230420
385	20230016	金山	绣球属	昆明南国山山花园艺科技有限责任公司	杨玉勇	20200113	20200112	20230420
386	20230263	蓝水晶	绣球属	昆明南国山山花园艺科技有限责任公司	杨玉勇	20200114	20200112	20230906
387	20230629	蓝天	绣球属	昆明南国山山花园艺科技有限责任公司	杨玉勇	20200119	20200112	20231229
388	20230628	蓝韵	绣球属	昆明南国山山花园艺科技有限责任公司	杨玉勇	20200118	20200112	20231229
389	20230264	瑞雪	绣球属	昆明南国山山花园艺科技有限责任公司	杨玉勇	20200117	20200112	20230906
390	20230630	象牙塔	绣球属	昆明南国山山花园艺科技有限责任公司	杨玉勇	20200121	20200112	20231229
391	20230243	心相印	绣球属	昆明南国山山花园艺科技有限责任公司	杨玉勇、杨曾华	20190211	20190303	20230906
392	20230611	紫鸢	绣球属	昆明南国山山花园艺科技有限责任公司	杨玉勇	20190212	20190303	20231229
393	20230289	冬月金	卫矛属	李庆洲、李硕涵、胡静洋	李硕涵、胡静洋	20200689	20200826	20230906
394	20230288	章邱红	卫矛属	李硕涵、胡静涵、李庆洲	李庆洲	20200688	20200826	20230906
395	20230356	硕梅1号	悬钩子属	丽水市本润农业有限公司，丽水市农林科学研究院	华金渭、胡理滨、姚宏、杨先裕、周婧、蒋燕锋、谢建秋	20210106	20210220	20230906
396	20230355	硕梅2号	悬钩子属	丽水市本润农业有限公司，丽水市农林科学研究院	华金渭、胡理滨、谢建秋、周婧、杨先裕、姚宏	20210105	20210220	20230906
397	20230121	净魂灵裳	蔷薇属	辽宁省经济作物研究所	李振涛、阮芳、赵小慧、马策、李成俊	20210812	20210805	20230420

序号	品种权号	品种名称	属（种）	品种权人	培育人	申请号	申请日	授权日
398	20230118	秋日风韵	蔷薇属	辽宁省经济作物研究所	马策、阮芳、李振涛、李成俊、赵小慧	20210789	20210803	20230420
399	20230710	夏日彩蝶	蔷薇属	辽宁省经济作物研究所	马策、李振涛、赵小慧、阮芳	20210814	20210805	20231229
400	20230122	心灵之约	蔷薇属	辽宁省经济作物研究所	阮芳、李成俊、赵小慧、马策、李振涛	20210813	20210805	20230420
401	20230185	辽青3号	杨属	辽宁省杨树研究所	彭儒胜、梁德军、蔺胜军、朱立志、冯连荣、林晓峰、刘魏、张超	20211336	20211114	20230420
402	20230186	辽青4号	杨属	辽宁省杨树研究所	彭儒胜、梁德军、刘魏、蔺胜军、尹杰、彭建东、赵鑫闻、冯连荣、林晓峰、庞忠义	20211337	20211114	20230420
403	20230062	飒飒	叶子花属	林继志	林继志、林耿达	20210386	20210528	20230420
404	20230120	八月红	山楂属	刘海敏、聂宗省	聂有文、李朝阳、马金龙、高明月、聂宗省、刘海敏、聂帅、曹守珍、李全法、刘学海、李占芹、刘征、陈荣阜	20210801	20210804	20230420
405	20230686	陇薄丰1号	核桃属	陇南市经济林研究院核桃研究所	辛国、朱建朝、汪海、郑小平、辛小国、张波	20210157	20210310	20231229
406	20230707	陇乌仁1号	核桃属	陇南市经济林研究院核桃研究所	辛国、朱建朝、胡永辉、任志勇、贾星宏、张波、周鹏飞、赵婷、徐丽	20210724	20210722	20231229
407	20230676	陇原红	核桃属	陇南市经济林研究院核桃研究所	辛国、汪海、朱建朝、郑小平、辛小国	20210123	20210302	20231229
408	20230823	陇研2号	花椒属	陇南市经济林研究院花椒研究所、陇南市武都区金权花椒种植农民专业合作社	曹永红、杨建雷、郭立新、林云、武衡、吕瑞娥、张春回、张聚会	20211630	20211223	20231229
409	20230825	金权申串红	花椒属	陇南祥和金权农业有限公司、陇南市经济林研究院花椒研究所	曹永红、张小慧、任苗、王勃、杨小江、杨建雷、张春回、刘岁芳	20211656	20211225	20231229
410	20230155	洛欧1号	李属	洛阳农林科学院	韦静波、赵水景、杨亚蒙、姬延伟、周子发、李灿、郭红娜、王有信	20210974	20210827	20230420
411	20230804	天翼务春	桃花	漯河天翼生物工程有限公司、中国农业科学院郑州果树研究所	王玲玲、王力荣、罗大奇、朱更瑞、杨桂梅、方伟超	20211460	20211206	20231229
412	20230154	金冠	李属	马国华	马国华、马立森	20210971	20210826	20230420
413	20230040	九金	桃花	马国华	马国华、马立森	20201108	20201221	20230420
414	20230279	贝06-126VC-4（BB06-126VC-4）	越橘属	美国BB知识产权储备有限公司（BB IP Repository LLC.）	埃德蒙德·J.威乐（Edmund J. Wheeler）、詹姆斯·F.汉考克（James F. Hancock）、玛丽亚·P.纳多斯（Maria Pilar Banados）	20200493	20200708	20230906

（续）

序号	品种权号	品种名称	属（种）	品种权人	培育人	申请号	申请日	授权日
415	20230855	迪威（DIVINE）	越橘属	美国BB知识产权储备库有限公司（BB IP Repository LLC.）	埃德蒙豪·J.惠勒（Edmund J. Wheeler）、詹姆斯·F.汉考克（James F. Hancock）、玛丽亚·P.巴纳多斯（Maria Pilar Banados）	20220182	20220303	20231229
416	20230237	富03-015（FF03-015）	越橘属	美国秋溪农场苗圃有限公司（Fall Creek Farm and Nursery, Inc., USA）	大卫·M.布莱尔顿（David M. Brazelton）、亚当·L.瓦格纳（Adam L. Wagner）、彼得·S.布切丝（Peter S. Boches）、安东尼奥·A.A.波姆多（Antonio A.A. Bermudo）、保罗·里仁（Paul Lyrene）	20190106	20181225	20230906
417	20230266	富美12-087（FCM12-087）	越橘属	美国秋溪农场苗圃有限公司（Fall Creek Farm and Nursery, Inc., USA）	大卫·M.布莱尔顿（David M. Brazelton）、亚当·L.瓦格纳（Adam L. Wagner）、彼特·S.布切丝（Peter Stefan Boches）、安东尼奥·A.A.波姆多（Antonio A.A. Bermudo）	20200157	20200224	20230906
418	20230267	富美12-097（FCM12-097）	越橘属	美国秋溪农场苗圃有限公司（Fall Creek Farm and Nursery, Inc., USA）	大卫·M.布莱尔顿（David M. Brazelton）、亚当·L.瓦格纳（Adam L. Wagner）、彼特·S.布切丝（Peter Stefan Boches）、安东尼奥·A.A.波姆多（Antonio A.A. Bermudo）	20200158	20200224	20230906
419	20230268	富美14-052（FCM14-052）	越橘属	美国秋溪农场苗圃有限公司（Fall Creek Farm and Nursery, Inc., USA）	大卫·M.布莱尔顿（David M. Brazelton）、彼特·S.布切丝（Peter Stefan Boches）、安东尼奥·A.A.波姆多（Antonio A.A. Bermudo）	20200160	20200224	20230906
420	20230370	金橐	陀螺果属	南京林业大学	许晓岗、童丽丽	20210220	20210414	20230906
421	20230371	毛橐	陀螺果属	南京林业大学	许晓岗、童丽丽	20210221	20210414	20230906
422	20230196	南林金玉	木犀属	南京林业大学	岳远征、王良桂、杨秀莲、施婷婷	20211389	20211118	20230420
423	20230194	南林嫣红	木犀属	南京林业大学	杨秀莲、王良桂、岳远征、施婷婷	20211387	20211118	20230420
424	20230195	南林紫玉	木犀属	南京林业大学	王良桂、杨秀莲、岳远征、施婷婷	20211388	20211118	20230420
425	20230258	金盏1号	鹅掌楸属	南京林业大学、安吉县龙山林场	陈金慧、肖保荣、黄世清、万众、傅火勇、施季森、张永志、沈冰、杨顶杰、翁禹豪	20200046	20191211	20230906
426	20230259	金盏2号	鹅掌楸属	南京林业大学、安吉县龙山林场	肖保荣、陈金慧、黄世清、诸炜荣、韩春、施季森、王章荣、王斌、陈婷婷、盛宇	20200047	20191211	20230906

（续）

序号	品种权号	品种名称	属（种）	品种权人	培育人	申请号	申请日	授权日
427	20230316	炎黄	李属	南京林业大学, 滁州中樱生态农业科技有限公司, 南京山樱生态农业有限公司	伊贤贵、佘初华、司家明、王贤荣、王宇、李蒙、周华近、吴桐	20200858	20201020	20230906
428	20230021	红玛瑙	冬青属	南京林业大学, 江苏省林业科学研究院, 江苏青好景观园艺有限公司	郝明灼、张敏、周鹏、梁有旺、邹义萍、杨丁、卓涛、马广军、余有祥	20200169	20200313	20230420
429	20230020	橘色精灵	冬青属	南京林业大学, 江苏省林业科学研究院, 江苏青好景观园艺有限公司	郝明灼、张敏、周鹏、梁有旺、邹义萍、杨丁、卓涛、马广军、余有祥	20200168	20200313	20230420
430	20230251	雪洛霞	李属	南京林业大学, 江苏天悦生态农业有限公司	伊贤贵、陈飞、王贤荣、张立梅、李蒙、谈焕明、段一凡、陈林、李雪霞、朱淑霞	20190603	20190827	20230906
431	20230784	名贵垂丝	李属	南京林业大学, 胶南明桂园艺场、潍坊职业学院	伊贤贵、丁明贵、赵瑞英、李蒙、王贤荣	20211338	20211115	20231229
432	20230472	坚韧	安息香属	南京林业大学, 金陵科技学院	许晓岗、童丽丽、陈敏、程瑶、田露	20210869	20210813	20230906
433	20230474	金铃子	安息香属	南京林业大学, 金陵科技学院	许晓岗、童丽丽、陈敏、程瑶、田露、王洪超	20210878	20210817	20230906
434	20230479	涟漪	安息香属	南京林业大学, 金陵科技学院	许晓岗、童丽丽、陈敏、程瑶、田露	20210902	20210819	20230906
435	20230475	玲珑	安息香属	南京林业大学, 金陵科技学院	许晓岗、童丽丽、陈敏、程瑶、田露、王洪超	20210880	20210817	20230906
436	20230480	嫣紫	安息香属	南京林业大学, 金陵科技学院	许晓岗、童丽丽、陈敏、程瑶、田露	20210903	20210819	20230906
437	20230476	朱丹	安息香属	南京林业大学, 金陵科技学院	许晓岗、童丽丽、陈敏、程瑶、田露	20210882	20210817	20230906
438	20230493	初雪映红	安息香属	南京林业大学, 南京扬子茉莉谷文化科技有限公司	喻方圆、陈晨、黄博帆、刘继华、王继华泽茂	20211028	20210923	20230906
439	20230420	安妮	苹果属	南京林业大学, 扬州小苹果园艺有限公司	张往祥、张之晨、陈永霞、谢寅峰	20210482	20210610	20230906
440	20230419	彩云	苹果属	南京林业大学, 扬州小苹果园艺有限公司	张往祥、徐立安、冯岚、刘星辰、范月嵘、谢寅峰	20210481	20210610	20230906
441	20230418	红孔雀	苹果属	南京林业大学, 扬州小苹果园艺有限公司	张往祥、彭冶、陆晓吉、何娜、曹福亮	20210480	20210610	20230906
442	20230417	红烛	苹果属	南京林业大学, 扬州小苹果园艺有限公司	张往祥、谢寅峰、徐立安、徐天炜、刘星辰	20210479	20210610	20230906

（续）

序号	品种权号	品种名称	属（种）	品种权人	培育人	申请号	申请日	授权日
443	20230422	千帆竞秀	苹果属	南京林业大学、扬州小苹果园艺有限公司	张往祥、陈永霞、谢黄峰、魏子秋、刘星辰	20210490	20210611	20230906
444	20230416	亭亭玉立	苹果属	南京林业大学、扬州小苹果园艺有限公司	张往祥、彭冶、谢黄峰、范月嵘、徐立安	20210477	20210610	20230906
445	20230413	舞女	苹果属	南京林业大学、扬州小苹果园艺有限公司	张往祥、刘星辰、冯岚、彭琴、魏子秋	20210472	20210610	20230906
446	20230414	星辰	苹果属	南京林业大学、扬州小苹果园艺有限公司	张往祥、刘成魁、李贵林、罗玉亮、李镛钰	20210474	20210610	20230906
447	20230412	勇士	苹果属	南京林业大学、扬州小苹果园艺有限公司	张往祥、何娜、彭琴、曹福亮	20210460	20210609	20230906
448	20230411	状元红	苹果属	南京林业大学、扬州小苹果园艺有限公司	张往祥、张之晨、陈永霞、谢黄峰	20210458	20210609	20230906
449	20230410	姊妹花	苹果属	南京林业大学、扬州小苹果园艺有限公司	张往祥、彭冶、刘星辰、曹福亮	20210457	20210609	20230906
450	20230421	紫涵	苹果属	南京林业大学、扬州小苹果园艺有限公司	张往祥、彭冶、刘星辰、曹福亮	20210488	20210611	20230906
451	20230415	湘妃	苹果属	南京林业大学、扬州小苹果园艺有限公司	张往祥、陈永霞、张之晨、谢黄峰	20210476	20210610	20230906
452	20230514	金不换	无患子属	南京清泉谷生态农业科技发展有限公司	刘倩、许一心、郑爱春	20211154	20211024	20230906
453	20230458	粉花陀螺	丁香属	内蒙古和盛生态科技研究院有限公司	赵泉胜、李怀明、王志平、高博	20210718	20210721	20230906
454	20230462	晚春1号	丁香属	内蒙古和盛生态科技研究院有限公司	铁英、李瑞静、刘洋、杨成林、白婷玉	20210737	20210726	20230906
455	20230461	晚春2号	丁香属	内蒙古和盛生态科技研究院有限公司	铁英、李瑞静、封卫平、王彦龙、水清	20210735	20210726	20230906
456	20230455	紫英	丁香属	内蒙古和盛生态科技研究院有限公司	李瑞静、孙树青、王志刚、崔宇宇、王志明	20210708	20210720	20230906
457	20230456	粉繁	丁香属	内蒙古和盛生态科技建设集团有限公司、蒙树生态建设集团有限公司	王彦龙、刘洋、李瑞静、王娟、张刚毅	20210711	20210720	20230906

（续）

序号	品种权号	品种名称	属（种）	品种权人	培育人	申请号	申请日	授权日
458	20230457	紫颖	丁香属	内蒙古利盛生态科技研究院有限公司、蒙树生态建设集团有限公司	赵泉胜、马黎明、铁英、孙树青、王水清	20210713	20210720	20230906
459	20230576	林杞1号	枸杞属	内蒙古农业大学	白玉娥、杨荣、党晓宏、包文慧、格根珠拉、吴秀花、包文泉、伊特格乐、王宁	20220083	20220118	20230906
460	20230548	林杞5号	枸杞属	内蒙古自治区林业科学研究院	杨荣、铁牛、张文军、王美珍、乌日恒、福升	20211513	20211213	20230906
461	20230546	荣杞1号	枸杞属	内蒙古自治区林业科学研究院	杨荣、黄海广、吴秀花、海龙、胡永宁、王玉芝、伊特格乐	20211479	20211208	20230906
462	20230336	曼婵滴（MANCHANDY）	蔷薇属	尼尔普国际有限公司（NIRP INTERNATIONAL SA）	亚历山德罗·吉奥恩（Alessandro Ghione）	20201134	20201231	20230906
463	20230335	尼尔柏莱姿（NIRPBREZ）	蔷薇属	尼尔普国际有限公司（NIRP INTERNATIONAL SA）	亚历山德罗·吉奥恩（Alessandro Ghione）	20201129	20201231	20230906
464	20230670	尼尔普格兰朵（NIRPGRANDO）	蔷薇属	尼尔普国际有限公司（NIRP INTERNATIONAL SA）	亚历山德罗·吉奥恩（Alessandro Ghione）	20201133	20201231	20231229
465	20230406	尼尔普纳赫特（NIRPNACHT）	蔷薇属	尼尔普国际有限公司（NIRP INTERNATIONAL SA）	亚历山德罗·吉奥恩（Alessandro Ghione）	20210400	20210601	20230906
466	20230232	尼尔普塔莫（NIRPTAMO）	蔷薇属	尼尔普国际有限公司（NIRP INTERNATIONAL SA）	亚历山德罗·吉奥恩（Alessandro Ghione）	20180834	20181207	20230906
467	20230065	尼尔普瓦尔迪（NIRPVALDI）	蔷薇属	尼尔普国际有限公司（NIRP INTERNATIONAL SA）	亚历山德罗·吉奥恩（Alessandro Ghione）	20210403	20210601	20230420
468	20230669	尼尔普雅塔（NIRPJATA）	蔷薇属	尼尔普国际有限公司（NIRP INTERNATIONAL SA）	亚历山德罗·吉奥恩（Alessandro Ghione）	20201131	20201231	20231229
469	20230123	雪里红	山楂属	聂宗省	王宝广、曹守珍、刘海敏、李朝阳、聂宗省、刘学海、李占芹、李全法、刘征、聂荣早、王艳华	20210817	20210805	20230420
470	20230516	四明秀山	槭属	宁波城市职业技术学院、宁海县力洋镇野村苗木专业合作社、宁波市海曙区章水镇杖锡花木专业合作社	林乐静、周海萍、祝志勇、叶国庆、黄增芳、赖伟景、潘陵洁	20211159	20211025	20230906

（续）

序号	品种权号	品种名称	属（种）	品种权人	培育人	申请号	申请日	授权日
471	20230517	四明秀狮子	槭属	宁波城市职业技术学院、宁海县力洋镇野村苗木专业合作社、宁海市海曙区草水镇杖锡花木专业合作社	林乐静、祝志勇、任杰、叶国庆	20211171	20211026	20230906
472	20230515	四明绣锦	槭属	宁波城市职业技术学院、宁海县力洋镇野村苗木专业合作社、宁海市海曙区草水镇杖锡花木专业合作社	祝志勇、林乐静、叶国庆、黄增芳、严春风、赵晓燕、王程安	20211158	20211025	20230906
473	20230484	粉珠	山茶属	宁波大学、金华市莫闲园艺工程有限公司	倪穗、游鸣飞、夏修新、陈江辉、周建得、王琪、周杨浦甲、王大庄	20210920	20210820	20230906
474	20230364	嫣红	山茶属	宁波大学、宁波植物园	倪穗、陈越、周建得、夏修新、郑小青、万开元、游鸣飞、王大庄、王琪	20210202	20210407	20230906
475	20230365	晕染	山茶属	宁波大学、宁波植物园	倪穗、陈越、周建得、夏修新、郑小青、万开元、游鸣飞、王大庄、王琪	20210203	20210407	20230906
476	20230911	秦妞	铁线莲属	宁波二淘铁线莲农业有限公司	孙同冰、倪建刚、王豪、陆云峰、王军、严春风、沈波	20220306	20220407	20231229
477	20230910	水彩碗	铁线莲属	宁波二淘铁线莲农业有限公司、浙江农林大学	孙同冰、刘志高、邵伟丽、王豪、陆云峰、王建军、严春风、沈波、倪建刚	20220305	20220407	20231229
478	20230589	采金玉	山茶属	宁波黄金韵茶业科技有限公司	张龙杰、王荣芬、胡涨吉、张完林、戴建建	20220118	20220129	20230906
479	20230842	御金芽	山茶属	宁波黄金韵茶业科技有限公司	张龙杰、王荣芬、胡涨吉、张完林、戴建建	20220133	20220212	20231229
480	20230584	曙雪	山茶属	宁波黄金韵茶业科技有限公司、宁波市农业技术推广总站、浙江大学	王开荣、王荣芬、张完林、王静芬、梁月荣、郑新强、张龙杰	20220113	20220129	20230906
481	20230585	红韵1号	山茶属	宁波黄金韵茶业科技有限公司、浙江大学、宁波市农业技术推广总站	郑新强、张龙杰、李明、王开荣、月荣、吴颖、韩震、黄杨、梁	20220114	20220129	20230906
482	20230588	采金雪	山茶属	宁波黄金韵茶业科技有限公司、浙江大学、余姚市农业技术服务总站	张龙杰、郑新强、王开荣、月荣、王静芬、胡涨吉、梁、李明	20220117	20220129	20230906
483	20230587	红韵2号	山茶属	宁波黄金韵茶业科技有限公司、浙江大学、余姚市农业技术推广服务总站	郑新强、张龙杰、李明、王开荣、月荣、吴颖、韩震、黄杨、梁	20220116	20220129	20230906

（续）

序号	品种权号	品种名称	属（种）	品种权人	培育人	申请号	申请日	授权日
484	20230580	甬早梅2号	杨梅	宁波市农业科学研究院	焦云、房聪玲、柴春燕	20220104	20220122	20230906
485	20230051	碧玉王子	冬青属	宁波市农业科学研究院、舟山市定海贵林花木经营部	沈登锋、周志本、章建红、洪春桃、魏斌	20210118	20210225	20230420
486	20230050	圆舟	冬青属	宁波市农业科学研究院、舟山市定海贵林花木经营部	章建红、周志本、沈登锋、魏斌、洪春桃	20210117	20210225	20230420
487	20230049	朱露	冬青属	宁波市农业科学研究院、舟山市定海贵林花木经营部	章建红、周志本、沈登锋、魏斌、洪春桃	20210116	20210225	20230420
488	20230132	宁农杞16号	枸杞属	宁夏农林科学院枸杞科学研究所	戴国礼、黄婷、秦垦、焦恩宁、曹有龙、张波、何昕孺、周旋、段淇渊、闫亚美、安巍、石志刚、何军、张曦燕、高燕、赵建华、刘俭	20210871	20210813	20230420
489	20230136	宁农杞17号	枸杞属	宁夏农林科学院枸杞科学研究所	焦恩宁、黄婷、曹有龙、张波、何昕孺、周旋、段淇渊、闫亚美、安巍、石志刚、何军、张曦燕、高燕、赵建华、刘俭	20210919	20210820	20230420
490	20230157	宁农杞19号	枸杞属	宁夏农林科学院枸杞科学研究所	王亚军、梁晓婕、安巍、陈彦珍、李越鲲、曹有龙、尹跃、赵建华、石志刚、张曦燕、刘兰英、万如、何昕楠	20210976	20210831	20230420
491	20230167	宁农杞20号	枸杞属	宁夏农林科学院枸杞科学研究所	曹有龙、梁晓婕、安巍、陈彦珍、张越鲲、贾占魁、石志刚、李建华、何昕孺、曦燕、尹跃、王孝、赵建华、段淇渊、闫成楠	20211016	20210913	20230420
492	20230176	宁杞菜2号	枸杞属	宁夏农林科学院枸杞科学研究所	张波、段淇渊、戴国礼、何昕孺、秦垦、焦恩宁、曹有龙、唐建宁、乔彩云、黄婷、胡学玲、赵建华、李晓莺、罗青	20211191	20211029	20230420
493	20230175	宁杞菜3号	枸杞属	宁夏农林科学院枸杞科学研究所	张波、段淇渊、戴国礼、祁伟、秦垦、焦恩宁、黄婷、董婕、何昕孺、安巍、王亚军、马利奋、赵建华、闫亚美、万如	20211180	20211027	20230420
494	20230177	宁杞菜4号	枸杞属	宁夏农林科学院枸杞科学研究所	段淇渊、秦垦、安巍、戴国礼、黄婷、张波、焦恩宁、张雨、姚源、旋、乔彩云、梁晓婕、王亚军、秦小雅	20211198	20211031	20230420

（续）

序号	品种权号	品种名称	属（种）	品种权人	培育人	申请号	申请日	授权日
495	20230135	宁农杞18号	枸杞属	宁夏农林科学院枸杞科学研究所	黄婷、秦垦、曹育龙、焦恩宁、戴国礼、张波、何昕嵘、段淋渊、周旋、闫亚美、安巍、石志刚、何军、张曦燕、高燕、刘俭、赵建华	20210918	20210820	20230420
496	20230161	杞鑫6号	枸杞属	宁夏杞鑫种业有限公司	朱金忠、丁学利、龚小梅、郭玉琴、武永存、张霞、唐建宁、王贵荣、朱金文、马月兰、郝爱华	20210982	20210901	20230420
497	20230158	杞鑫8号	枸杞属	宁夏杞鑫种业有限公司	朱金忠、曹有龙、祁伟、郭玉琴、王亚军、刘娟、亢彦东、赵映书、邢学武、张丽、武永存、马月兰、郝爱华	20210979	20210901	20230420
498	20230160	杞鑫9号	枸杞属	宁夏杞鑫种业有限公司	朱金忠、丁学利、郭洁、郭玉琴、邢学武、安巍、马月兰、贺晓燕、邢学军、赵映书、王学军、郝爱华	20210981	20210901	20230420
499	20230162	杞鑫5号	枸杞属	宁夏杞鑫种业有限公司	朱金忠、祁伟、何月红、牛锦凤、丁学利、郭玉琴、乔彤云、亢彦东、马月兰、武永存、王学军、邢学武、郝爱华	20210983	20210901	20230420
500	20230159	杞鑫7号	枸杞属	宁夏杞鑫种业有限公司	朱金忠、张霞、苟春林、祁伟、郭玉琴、毛桂莲、王贵荣、梁东海、张伟、邢学武、武永存、马月兰、郝爱华	20210980	20210901	20230420
501	20230491	鎏金	流苏树属	宁阳维景苗木种植专业合作社、泰安市泰山林业科学研究院	李承秀、孙连合、程甜甜、孙忠奎、孔凡伟、燕语、张安琪、于永畅、任红剑、孙飞、杜邦、张林	20211018	20210913	20230906
502	20230650	倍嘉	石榴属	攀枝花市农林科学研究院	潘宏兵、杜邦、李贵利、刀丽平、郝兆祥	20200674	20200822	20231229
503	20230564	磐卷榧	榧树属	磐安县自然资源和规划局、浙江省林业科学研究院、磐安县农家香榧专业合作社	陈红星、李海波、宋其岩、叶碧欢、黄少平、徐晓锋、傅志华、李秋龙	20220018	20220105	20230906
504	20230350	匀冠颜霞	文冠果	秦皇岛常继民文冠果种植专业合作社、淄博川林文冠苗木种植有限公司、北京林业大学	常金玲、常继民、孙海玲、王馨蕊、徐丽、孙阔、许久恒、关文彬	20210078	20210129	20230906
505	20230347	匀冠艳霞	文冠果	秦皇岛常继民文冠果种植专业合作社、淄博川林文冠苗木种植有限公司、北京林业大学	常金玲、常继民、王馨蕊、翟慎学、许久恒、王馨蕊、孙阔、徐丽、余婷、关文彬	20210074	20210129	20230906

（续）

序号	品种权号	品种名称	属（种）	品种权人	培育人	申请号	申请日	授权日
506	20230302	大棠吉庆	苹果属	青岛市农业科学研究院	沙广利、黄粤、孙吉禄、张蕊芬、张翠玲、马荣群、葛红娟、孙红涛、李磊	20200783	20200918	20230906
507	20230346	大棠君安	苹果属	青岛市农业科学研究院	黄粤、沙广利、马荣群、孙红涛、孙吉禄、葛红娟、张蕊芬	20210067	20210127	20230906
508	20230451	红韵	苹果属	青岛市农业科学研究院	马荣群、沙广利、郎平勇、孙红涛、尹琳、王孝钢、末正旭	20210591	20210708	20230906
509	20230431	青砧16号	苹果属	青岛市农业科学研究院	沙广利、葛红娟、黄粤、马荣群、张蕊芬、孙吉禄、纪高尚、末永骏、王桂莲	20210522	20210624	20230906
510	20230430	青砧39号	苹果属	青岛市农业科学研究院	沙广利、张蕊芬、黄粤、马荣群、红娟、孙吉禄、张翠玲、末永骏	20210521	20210624	20230906
511	20230450	紫伊	苹果属	青岛市农业科学研究院	马荣群、沙广利、张蕊芬、郎平勇、王孝钢、末正旭	20210590	20210708	20230906
512	20230432	大棠婷丽	苹果属	青岛市农业科学研究院、伊犁哈萨克自治州林业科学研究院	葛红娟、沙广利、卢磊、唐金、陶俊、徐海鸿、居玛洪、拜热、末永骏	20210523	20210624	20230906
513	20230429	洒金枝	苹果属	青岛市农业科学研究院、伊犁哈萨克自治州林业科学研究院	葛红娟、沙广利、赵兵、拜热、居玛洪、徐海鸿、陶俊、刘君、卢磊、唐金、末永骏	20210520	20210624	20230906
514	20230115	标兵	椴树属	青岛拾头生态建设工程有限公司	朱晓兵、郝雪英、张振英、郭赛谦、余拱鑫、郭百川	20210771	20210802	20230420
515	20230744	飞天	椴属	青岛拾头生态建设工程有限公司	朱晓兵、郭赛谦、张振英、郝雪英、李增强、余拱鑫	20211074	20211008	20231229
516	20230743	红韵	椴属	青岛拾头生态建设工程有限公司	张振英、刘静、郝雪英、郭赛谦、李增强、郭百川	20211072	20211007	20231229
517	20230113	华东1号	椴树属	青岛拾头生态建设工程有限公司	郭百川、张振英、郝雪英、李增强、朱晓兵、余拱鑫	20210759	20210802	20230420
518	20230112	华东2号	椴树属	青岛拾头生态建设工程有限公司	郭赛谦、张振英、郝雪英、余拱鑫、李增强、朱晓兵	20210758	20210802	20230420
519	20230111	华东3号	椴树属	青岛拾头生态建设工程有限公司	李增强、郭赛谦、张振英、朱晓兵、郝雪英、余拱鑫	20210757	20210802	20230420
520	20230747	翎羽	椴属	青岛拾头生态建设工程有限公司	高婷婷、徐金莲、刘平、郭赛谦、郭百川、张振英、郝雪英、朱晓兵	20211098	20211011	20231229

（续）

序号	品种权号	品种名称	属（种）	品种权人	培育人	申请号	申请日	授权日
521	20230745	屏风	槭属	青岛拾头生态建设工程有限公司	郭赛谦、李青、朱晓兵、郝雪英、余拱鑫	20211094	20211009	20231229
522	20230746	羽蝶	槭属	青岛拾头生态建设工程有限公司	郝雪英、郭赛谦、张振英、朱晓兵、李增强、余拱鑫	20211097	20211011	20231229
523	20230116	玉树临风	槭树属	青岛拾头生态建设工程有限公司	郭百川、张振英、郝雪英、朱晓兵、李增强	20210782	20210802	20230420
524	20230382	信诺彩虹	李属	青岛樱花谷科技生态园有限公司	王松、王子玉	20210302	20210514	20230906
525	20230398	信诺灿云	李属	青岛樱花谷科技生态园有限公司	王松、王子玉	20210349	20210521	20230906
526	20230447	信诺初心	李属	青岛樱花谷科技生态园有限公司	王松、王子玉	20210585	20210708	20230906
527	20230392	信诺芳华	李属	青岛樱花谷科技生态园有限公司	王松、王子玉	20210337	20210518	20230906
528	20230393	信诺芳姿	李属	青岛樱花谷科技生态园有限公司	王松、王子玉	20210338	20210518	20230906
529	20230448	信诺绯红	李属	青岛樱花谷科技生态园有限公司	王松、王子玉	20210586	20210708	20230906
530	20230385	信诺绯霞	李属	青岛樱花谷科技生态园有限公司	王松、王子玉	20210306	20210517	20230906
531	20230397	信诺绯云	李属	青岛樱花谷科技生态园有限公司	王松、王子玉	20210348	20210521	20230906
532	20230395	信诺红帽	李属	青岛樱花谷科技生态园有限公司	王松、王子玉	20210346	20210521	20230906
533	20230387	信诺合霞	李属	青岛樱花谷科技生态园有限公司	王松、王子玉	20210309	20210517	20230906
534	20230390	信诺玉黛	李属	青岛樱花谷科技生态园有限公司	王松、王子玉	20210334	20210517	20230906
535	20230394	信诺玉华	李属	青岛樱花谷科技生态园有限公司	王松、王子玉	20210345	20210520	20230906
536	20230388	信诺玉皎	李属	青岛樱花谷科技生态园有限公司	王松、王子玉	20210310	20210517	20230906
537	20230383	信诺玉洁	李属	青岛樱花谷科技生态园有限公司	王松、王子玉	20210303	20210514	20230906
538	20230396	信诺玉婉	李属	青岛樱花谷科技生态园有限公司	王松、王子玉	20210347	20210521	20230906
539	20230386	信诺玉香	李属	青岛樱花谷科技生态园有限公司	王松、王子玉	20210308	20210517	20230906
540	20230389	信诺玉雅	李属	青岛樱花谷科技生态园有限公司	王松、王子玉	20210311	20210517	20230906
541	20230231	信诺雪	李属	青岛樱花谷科技生态园有限公司，山东省林业科学研究院，青岛市黄岛区林业局	王松、胡丁猛、许景伟、闫兴建、李贵学、丁守和	20180811	20181205	20230906
542	20230625	阳光	杜鹃花属	青岛永根园艺有限公司	方永根	20200024	20191209	20231229
543	20230621	菁宏杏	杏	青海宏博农林科技开发有限公司，中国林业科学研究院经济林研究所	罗彬、乌云塔娜、王楚、姜楠、赵万林、荀宁宁、吴锦秋、汪生霞、徐宗才、马长文、李永华、马成静	20190414	20190621	20231229
544	20230582	竹叶椢	椢树属	衢州市兴柯农林开发有限公司，黄庆烈、黄煜震	黄庆烈、刘汝明、余建英、李建辉、喻卫武、黄煜震	20220107	20220124	20230906

（续）

序号	品种权号	品种名称	属（种）	品种权人	培育人	申请号	申请日	授权日
545	20230275	金国王	栎属	日照昊瑞农业科技有限公司、日照市林业科学研究院、山东省林业科学研究院	高伟、许崇杰、马丙尧、刘桂民、李官明、顾凤春、高世军、高敏敏	20200288	20200412	20230906
546	20230652	禾沃1号	越橘属	日照禾沃农业开发有限公司	李亚东、李春雷	20200817	20201008	20231229
547	20230653	禾沃2号	越橘属	日照禾沃农业开发有限公司	李亚东、李春雷	20200818	20201008	20231229
548	20230654	禾沃3号	越橘属	日照禾沃农业开发有限公司	李亚东、李春雷	20200819	20201008	20231229
549	20230207	黄金瀑布	栎属	日照金枫园林科技有限公司、山东省林业科学研究院	王霞、王洪永、周祥云、马丙尧、宋兴安、刘桂民、王振猛、高伟、高嘉、王清华、朱文成、王世科、丁立臻、李永涛	20211422	20211123	20230420
550	20230206	金字塔	栎属	日照金枫园林科技有限公司、山东省林业科学研究院	王洪永、马丙尧、刘德玺、曹基武、王振猛、郑泽玉、周祥云、刘桂民、王霞、高嘉、杜振宇、丁立臻、王世才、陈雷	20211416	20211122	20230420
551	20230205	秋之恋	栎属	日照金枫园林科技有限公司、山东省林业科学研究院	马丙尧、王洪永、刘德玺、郑泽玉、刘桂民、王振猛、王霞、宋兴安、朱文成、张新嘉、杜振宇、张兰英、王世科、陈慰	20211415	20211122	20230420
552	20230208	春之韵	栎属	日照金枫园林科技有限公司、山东省林业科学研究院	王洪永、马丙尧、王振猛、曹基武、高伟、刘桂民、王霞、高嘉、张兰英、张新慰、王清华、王世才、李永涛、陈雷	20211427	20211123	20230420
553	20230671	润泰丰	蔷薇属	瑞金市润泰丰农业科技有限公司	陈建成、陈金龙、吴小玲	20201136	20201231	20231229
554	20230731	八月尤子	榕属	三明市农业科学研究院	罗晓锋、周建金、廖承树、颜沛沛、王培育、叶炜、江金兰、杨学	20210994	20210906	20231229
555	20230680	皎月	白鹤芋属	三明市农业科学研究院	莫智龙、周辉明、林辉锋、许春枝、张亮、陈昌铭、林发壮、沈双玲	20210148	20210309	20231229
556	20230675	绿萌	白鹤芋属	三明市农业科学研究院	林辉锋、周辉明、陈昌铭、莫智龙、林发壮、曹奕蓉	20210111	20210223	20231229
557	20230688	青云	白鹤芋属	三明市农业科学研究院	周辉明、林辉锋、莫智龙、陈昌铭、曹奕蓉、林发壮	20210194	20210401	20231229
558	20230699	沙阳奶香	榕属	三明市农业科学研究院	罗晓锋、周建金、乔炜、廖承树、汇金兰、杨学、王培育、叶炜、颜沛沛、王	20210511	20210621	20231229

（续）

序号	品种权号	品种名称	属（种）	品种权人	培育人	申请号	申请日	授权日
559	20230881	千日红1号	叶子花属	厦门千日红园艺有限公司	王利法、王锦池	20220225	20220317	20231229
560	20230895	千日红2号	叶子花属	厦门千日红园艺有限公司	王利法、王锦池	20220265	20220328	20231229
561	20230896	千日红3号	叶子花属	厦门千日红园艺有限公司	王锦池、王利法	20220266	20220328	20231229
562	20230702	蓝怡	越橘属	山东大丰园农业有限公司	周扬颜、钟醒宇、王彦娟、尼秀娟、甄青	20210646	20210714	20231229
563	20230703	香兰公子	越橘属	山东大丰园农业有限公司	周扬颜、尼秀娟、钟醒宇、王彦娟	20210663	20210714	20231229
564	20230249	鲁粉黛	蔷薇属	山东飞天园林工程有限公司、山东省林业科学研究院	苏丰忠、姜楠南、张冲、房义福、徐金光、李成凯、王媛、吴晓星、黄琳	20190590	20190826	20230906
565	20230248	鲁红铃	蔷薇属	山东飞天园林工程有限公司、山东省林业科学研究院	苏丰忠、孙立、王媛、房义福、李成凯、张冲、宋鹏、李丽	20190589	20190826	20230906
566	20230140	半如意	文冠果	山东林县昱丰文冠果股份有限公司、山东省林草种质资源中心	陆永军、解孝满、吴丹、王震、王磊、张鑫洋、林俊梅、李孟	20210937	20210823	20230420
567	20230141	将军帽	文冠果	山东林县昱丰文冠果股份有限公司、山东省林草种质资源中心	吴丹、解孝满、王震、王磊、陆永军、葛磊、张鑫洋、杨海平、张现祥	20210938	20210823	20230420
568	20230145	金螺	文冠果	山东林县昱丰文冠果股份有限公司、山东省林草种质资源中心	赵永军、王磊、吴丹、王震、陆永军、刘德深、张鑫洋、庄振杰	20210945	20210824	20230420
569	20230139	金夏	文冠果	山东林县昱丰文冠果股份有限公司、山东省林草种质资源中心	解孝满、王磊、陆永军、张鑫洋、林俊梅、王震、吴丹、赵永军、王宁	20210936	20210823	20230420
570	20230147	如意	文冠果	山东林县昱丰文冠果股份有限公司、山东省林草种质资源中心	吴丹、陆永军、王磊、王震、张鑫洋、解孝满、林俊梅、刘鹏、张现祥	20210947	20210824	20230420
571	20230520	博金	流苏树属	山东农业大学	李际红、邢世岩、任静、孙茂桐、王如月、牛牧歌、王冬月、王雪菱	20211212	20211101	20230906
572	20230180	豪金	流苏树属	山东农业大学	李际红、谢会成、孙茂桐、任静、刘翠双、郭海丽、牛牧歌、王如月	20211213	20211101	20230420
573	20230523	迁金	流苏树属	山东农业大学	李际红、孙立民、王如月、牛牧歌、任静、孙茂桐、高铖铖、王雪菱	20211232	20211102	20230906
574	20230224	日仙杨	杨属	山东农业大学	吴其超、孙居文、谢会成、田成玉、臧德奎、姜磊	20180399	20180711	20230906
575	20230178	梭叶苏	流苏树属	山东农业大学	李际红、王锦楠、高铖铖、王雪菱、刘瑞源、刘翠双、赵天然、唐燕	20211199	20211031	20230420

（续）

序号	品种权号	品种名称	属（种）	品种权人	培育人	申请号	申请日	授权日
576	20230521	雪绒球	流苏树属	山东农业大学	李际红、王锦楠、刘翠双、王如月、孙茂桐、任静、刘源	20211227	20211102	20230906
577	20230519	银针	流苏树属	山东农业大学	李际红、桑亚林、牛牧歌、唐燕、锦楠、高铖、刘源、王冬月	20211209	20211101	20230906
578	20230522	源金	流苏树属	山东农业大学	李际红、刘会香、孙海丽、王如月、王锦楠、郭海丽、刘佳庚、王冬月	20211231	20211102	20230906
579	20230860	莱子	榉属	山东齐圃生物科技有限公司	李国杰、胡永梅、李泽宇、董雅霖	20220189	20220307	20231229
580	20230854	齐峰	榉属	山东齐圃生物科技有限公司、董雅霖	董雅霖、李国杰、胡永梅、李泽宇	20220179	20220303	20231229
581	20230859	状元	榉属	山东齐圃生物科技有限公司、胡永梅	胡永梅、李泽宇、董雅霖	20220188	20220307	20231229
582	20230861	晏子	榉属	山东齐圃生物科技有限公司、李国杰	李国杰、胡永梅、李泽宇、董雅霖	20220190	20220307	20231229
583	20230857	凤尾	榉属	山东齐圃生物科技有限公司、李泽宇	李泽宇、李国杰、胡永梅、董雅霖	20220186	20220305	20231229
584	20230613	岱红2号	石榴属	山东省果树研究所	尹燕雷、杨雪梅、唐海霞、王传增、焦其庆、武冲	20190225	20190314	20231229
585	20230614	岱红3号	石榴属	山东省果树研究所	冯立娟、尹燕雷、唐海霞、王菲、焦其庆、武冲	20190226	20190314	20231229
586	20230826	黛丹1号	石榴属	山东省果树研究所	尹燕雷、冯立娟、张汉修、张锦超、杨雪梅、唐海霞、王增辉、安萌萌	20211674	20211227	20231229
587	20230829	黛丹8号	石榴属	山东省果树研究所	冯立娟、尹燕雷、张汉修、张锦超、杨雪梅、唐海霞、王菲、安萌萌	20211680	20211228	20231229
588	20230547	国华	杏	山东省果树研究所	苑兑俊、牛庆森、王培久	20211489	20211209	20230906
589	20230841	凯丰1号	枣属	山东省果树研究所	李晓军、周广芳、沈广宁、翟浩、贤美	20220110	20220126	20231229
590	20230843	凯丰2号	枣属	山东省果树研究所	李晓军、曲健禄、张琼、王涛、翟浩	20220145	20220214	20231229
591	20230845	凯丰3号	枣属	山东省果树研究所	李晓军、张勇、王中堂、曲健禄、马亚男	20220151	20220216	20231229
592	20230844	凯丰4号	枣属	山东省果树研究所	李晓军、阴启忠、高瑞、张勇、王涛	20220146	20220214	20231229

（续）

序号	品种权号	品种名称	属（种）	品种权人	培育人	申请号	申请日	授权日
593	20230200	鲁康 10 号	核桃属	山东省果树研究所	王贵芳、陈新、相昆、勇、徐颖、许海峰、张美	20211399	20211119	20230420
594	20230198	鲁康 8 号	核桃属	山东省果树研究所	相昆、陈新、许海峰、勇、徐颖、王贵芳、张美	20211397	20211119	20230420
595	20230223	满园	杏	山东省果树研究所	苑兆俊、王培人、葛福荣、牛庆霖	20180083	20180112	20230906
596	20230199	奇抗 1 号	核桃属	山东省果树研究所	张美勇、徐颖、相昆、陈新、许海峰、王贵芳	20211398	20211119	20230420
597	20230202	心文 1 号	核桃属	山东省果树研究所	王贵芳、张美勇、陈新、相昆、许海峰、徐颖、许海	20211401	20211119	20230420
598	20230612	玉丰	石榴属	山东省果树研究所	冯立娟、尹燕雷、杨雪梅、唐海霞、王传增、王菲、焦其庆、武冲	20190223	20190314	20231229
599	20230201	鲁康 1 号	核桃属	山东省果树研究所、费县绿缘核桃专业合作社	陈新、相昆、王贵芳、张美勇、许海峰、徐颖	20211400	20211119	20230420
600	20230203	鲁康 9 号	核桃属	山东省果树研究所、费县绿缘核桃专业合作社	陈新、相昆、王贵芳、张美勇、许海峰、徐颖	20211402	20211119	20230420
601	20230485	黄冠	文冠果	山东林草种质资源中心、山东林昱宏文冠果股份有限公司	解孝满、赵永军、吴丹、陆璐、王震、张鑫洋、王莉、林俊梅、赵立军	20210933	20210823	20230906
602	20230483	团锦	文冠果	山东省林草种质资源中心、山东林昱宏文冠果股份有限公司	王震、张鑫洋、吴丹、陆璐、解孝满、王磊、赵永军、王宁、林俊梅	20210917	20210820	20230906
603	20230481	纤秀	文冠果	山东省林草种质资源中心、山东林昱宏文冠果股份有限公司	赵永军、解孝满、王磊、吴丹、陆璐、庄振杰、张鑫洋、赵立军	20210914	20210820	20230906
604	20230482	长锦	文冠果	山东省林草种质资源中心、山东林昱宏文冠果股份有限公司	张鑫洋、王震、陆璐、吴丹、赵永军、解孝满、刘莉、林俊梅	20210916	20210820	20230906
605	20230182	鲁锦 2 号	核桃属	山东省林业科学研究院	韩传明、王翠香、梁燕、孙超、姚玉章	20211259	20211105	20230420
606	20230184	楸铃	核桃属	山东省林业科学研究院	韩传明、王翠香、梁燕、孙超、姚玉章	20211273	20211108	20230420
607	20230574	红悄	苹果属	山东省林业科学研究院、昌邑海棠苗木专业合作社、昌邑市林业发展中心	王立辉、程鸿雁、画兴建、胡丁猛、李宗泰、姚兴海、朱圩祥、明建芹、王忠英、王孟葭、王孟葭	20220071	20220117	20230906
608	20230575	娇红	苹果属	山东省林业科学研究院、昌邑海棠苗木专业合作社、昌邑市林业发展中心	胡丁猛、陈俊强、刘海燕、王立辉、画兴建、许景伟、王清华、李宗泰、朱圩祥、王霞、明建芹、刘浦孝、宗泰	20220072	20220117	20230906

（续）

序号	品种权号	品种名称	属（种）	品种权人	培育人	申请号	申请日	授权日
609	20230572	云润	苹果属	山东省林业科学研究院，昌邑海棠苗木专业合作社，昌邑市林业发展中心	囤兴建、许景伟、胡丁猛、王立辉、姚兴海、王清华、李宗泰、朱升祥、刘浦孝、王孟筱、张乐民、刘海燕、张乐吉	20220069	20220117	20230906
610	20230137	寒楸	梓树属	山东省林业科学研究院，德州天盛园林工程有限公司	韩友吉、陈俊强、董玉峰、李善文、张振南、庄若楠、仲伟国、孔羚、苑正赛	20210930	20210823	20230420
611	20230144	黄金楸	梓树属	山东省林业科学研究院，德州天盛园林工程有限公司	陈俊强、辛烁、李善文、友吉、庄若楠、仲伟国、韩振南、孔羚、苑正赛	20210941	20210823	20230420
612	20230245	信诺粉霞	李属	山东省林业科技生态园有限公司，青岛市黄岛区林业局	胡丁猛、许景伟、王子玉、兴建、李贵学、丁寸和	20190329	20190424	20230906
613	20230250	鲁粉荷	蔷薇属	山东省林业科学研究院，山东飞天园林工程有限公司	姜楠楠、苏丰忠、张冲、孙音、王媛、赵登超、梁燕、成凯、房义福、宋鹏、李	20190592	20190826	20230906
614	20230287	冬春红	卫矛属	山东省林业科学研究院，章丘市黄河镇阳光绿化苗圃	胡丁猛、李国华、刘德玺、董玉峰、贺燕、庄若楠、毛秀红	20200687	20200826	20230906
615	20230280	锦妃	丁香属	山东省潍坊市农业科学院	邱玉宾、赵志莹、杨海良	20200584	20200804	20230906
616	20230281	丽妃	丁香属	山东省潍坊市农业科学院	赵志莹、邱玉宾、张海良	20200585	20200804	20230906
617	20230282	紫魁	丁香属	山东省潍坊市农业科学院	赵庆柱、杨志莹、张海良	20200587	20200804	20230906
618	20230283	紫韵	丁香属	山东省潍坊市农业科学院	张海良、邱庆柱、赵庆柱、杨志莹	20200588	20200804	20230906
619	20230837	鲁葵4号	向日葵属	山东益得来生物科技有限公司	左兆河、张涛、田宝兰	20220092	20220119	20231229
620	20230838	鲁葵5号	向日葵属	山东益得来生物科技有限公司	左兆河、张涛、田宝兰	20220093	20220119	20231229
621	20230839	鲁葵7号	向日葵属	山东益得来生物科技有限公司	左兆河、张涛、田宝兰	20220095	20220119	20231229
622	20230840	鲁葵8号	向日葵属	山东益得来生物科技有限公司	左兆河、张涛、田宝兰	20220096	20220119	20231229
623	20230423	密州红妃	李属	山东樱大农业科技有限公司	胡志华、聂超仁	20210493	20210615	20230906
624	20230424	密州香妃	李属	山东樱大农业科技有限公司	胡志华、聂超仁	20210497	20210616	20230906
625	20230711	德溢王	枣属	山西林业职业技术学院，柳林县德溢生态农林科技开发有限公司	尹卫东、刘阳平、郭艳、侯艳霞、刘和	20210822	20210806	20231229
626	20230148	绿欧1号	李属	山西农业大学	穆霄鹏、王鹏飞、杜俊杰	20210956	20210824	20230420
627	20230138	紫欧1号	李属	山西农业大学	王鹏飞、杜俊杰、穆霄鹏、张建成	20210932	20210823	20230420

（续）

序号	品种权号	品种名称	属（种）	品种权人	培育人	申请号	申请日	授权日
628	20230868	立阳	杨属	山西省林业和草原科学研究院，山西芦芽山国家级自然保护区管理局，山西省桑干河杨树丰产林实验局	武秀娟、郭建荣、姚建忠、奥小平、郑智礼、郭斌、李不全、吴丽荣、赵育鹏、雍鹏、李宝龙、张彩红	20220198	20220308	20231229
629	20230075	帅荚1号	皂荚属	山西省林业和草原科学研究院，山西绿源春生态林业有限公司	雷永元、郝向春、韩丽君、陈天成、朱晋存、张海军、徐塔、周帅、陈思、吴建华	20210546	20210705	20230420
630	20230073	帅荚2号	皂荚属	山西省林业和草原科学研究院，山西绿源春生态林业有限公司	韩丽君、陈思、翟瑜、刘建军、郝向春、任达、雷永元、杨军胜、陈天成、周帅、崔璐	20210530	20210625	20230420
631	20230070	帅荚3号	皂荚属	山西省林业和草原科学研究院，山西绿源春生态林业有限公司	郝向春、周帅、任达、陈思、陈天成、翟瑜、同义定、吴建华、徐塔、君、崔璐、雷永元	20210501	20210618	20230420
632	20230072	帅荚4号	皂荚属	山西省林业和草原科学研究院，山西绿源春生态林业有限公司	韩丽君、郝向春、陈思、徐塔、任达、张华、翟瑜、雷永元	20210529	20210625	20230420
633	20230252	秦草绛紫	含笑属	陕西秦草生态环境科技有限公司，陕西省西安植物园	王亚玲、牛梦莹、李傲瑞、高鸿永、叶卫	20190664	20190917	20230906
634	20230579	大唐绿地	木兰属	陕西省西安植物园	冯胜利、王亚玲、冯瑞生、叶卫	20220101	20220120	20230906
635	20230247	芳华	桃花	陕西省西安植物园	樊璐、王亚玲、秋晓冬、张莹、丁芳兵、谢斌	20190450	20190718	20230906
636	20230404	红云	桃花	陕西省西安植物园	樊璐、王亚玲、秋晓冬、李仁娜、叶卫、闫会玲	20210396	20210531	20230906
637	20230542	水中卓玛	木兰属	陕西省西安植物园	闫会玲、王亚玲、李仁娜、叶卫、樊璐、丁芳兵、谢斌、冯瑞生、王胜利、张莹、冯瑞生	20211370	20211117	20230906
638	20230405	紫衣粉梦	桃花	陕西省西安植物园	樊璐、王亚玲、闫会玲、冯瑞生	20210397	20210601	20230906
639	20230230	长安金杯	木兰属	陕西省西安植物园，棕榈生态城镇发展股份有限公司	刘立成、王亚玲、吴建军、赵珊珊、王晶、严丹峰、叶卫	20180529	20180902	20230906
640	20230240	紫嫣	木兰属	陕西省西安植物园，棕榈生态城镇发展股份有限公司	王亚玲、叶卫、岳琳、王晶、严丹峰、赵强民、赵珊珊	20190172	20190122	20230906
641	20230610	霓裳羽衣	绣球属	上海辰山植物园	胡永红、秦俊、张荭权、叶康、刘钢、刘群录、潘月	20190145	20190108	20231229
642	20230465	红笑	夏蜡梅属	上海哪哝生态园艺中心，上海市园林科学规划研究院	陈香波、田旗、陆亮、刘钢、尹丽娟	20210752	20210730	20230906

（续）

序号	品种权号	品种名称	属（种）	品种权人	培育人	申请号	申请日	授权日
643	20230488	沪花之韵	木兰属	上海市园林科学规划研究院	张冬梅、尹丽娟、申亚梅、张浪、有祥亮、罗玉兰、傅仁杰	20210978	20210831	20230906
644	20230228	粉玉抱枝	木兰属	上海市园林科学规划研究院、南召县林业局	张浪、张冬梅、田彦、周虎、尹丽娟、田文晓、李云晓、马会阳、臧明杰、谷珂、余佼洋、王柯力、李廷、石大强、乔德印	20180518	20180901	20230906
645	20230473	粉灿	夏蜡梅属	上海市园林科学规划研究院、上海哪哒生态园艺中心	陈香波、陆亮、田旗、刘钢、尹丽娟、吕秀立	20210870	20210813	20230906
646	20230466	美夏	夏蜡梅属	上海市园林科学规划研究院、上海哪哒生态园艺中心	陈香波、陆亮、刘钢、田旗、尹丽娟、张冬梅、吕秀立	20210764	20210802	20230906
647	20230471	小蝶	夏蜡梅属	上海市园林科学规划研究院、上海哪哒生态园艺中心	陈香波、田旗、陆亮、刘钢、尹丽娟、傅仁杰	20210851	20210812	20230906
648	20230605	粉玉台阁	山茶属		费建国、奉树成、张亚利、李湘鹏、郭卫珍、宋垚、莫健彬	20180332	20180629	20231229
649	20230606	墨红台阁	山茶属		费建国、奉树成、张亚利、郭卫珍、李湘鹏、宋垚、莫健彬	20180335	20180629	20231229
650	20230619	上植宝莲灯	山茶属	上海植物园	张亚利、奉树成、宋垚、郭卫珍、莫健彬	20190325	20190418	20231229
651	20230617	上植粉黛雪	山茶属	上海植物园	李湘鹏、奉树成、张亚利、郭卫珍、莫健彬、宋垚	20190323	20190418	20231229
652	20230618	上植秋玫瑰	山茶属	上海植物园	奉树成、张亚利、李湘鹏、莫健彬、宋垚、郭卫珍、莫	20190324	20190418	20231229
653	20230700	上植月光杯	山茶属	上海植物园	张亚利、奉树成、李湘鹏、宋垚、郭卫珍、严巍	20210515	20210623	20230906
654	20230518	翡翠茸	蔷薇属	深圳市时代园林花卉有限公司、中国农业大学	林永明、卢结兰、苏钦、高俊平、马男、孙小明	20211203	20211101	20230906
655	20230763	粉妆颜	蔷薇属	深圳市时代园林花卉有限公司、中国农业大学	郭康、陈林、王永锄、高俊平、周晓锋、马男	20211204	20211101	20231229
656	20230762	浪漫珊瑚	蔷薇属	深圳市时代园林花卉有限公司、中国农业大学	郭康、周世慧、陈林、高俊平、马超、马男	20211200	20211101	20231229
657	20230623	红钻	悬钩子属	沈阳农业大学	代汉萍、郭朝晖、郭成久、雷家军、赵玥、李淑梅、刘镇东、邓金东、孙靖棋、李凯	20190495	20190809	20231229

（续）

序号	品种权号	品种名称	属（种）	品种权人	培育人	申请号	申请日	授权日
658	20230563	香雪 3 号	栀子属	嵊州市栀香花木有限公司	张冬芬、张军、黄少平、施玲玲、张朗锋、求鹏英、毕文玉、郑峰、王英明、吴丽萍、温莉娜、张大伟、刘汝明、胡亚芬、罗优波、徐全华	20220008	20220104	20230906
659	20230562	香雪 5 号	栀子属	嵊州市栀香花木有限公司、张军、张冬芬	张冬芬、张军、黄少平、施玲玲、张朗锋、求鹏英、毕文玉、郑峰、王英明、吴丽萍、张大伟、温莉娜、刘汝明、胡亚芬、罗优波、徐全华	20220007	20220104	20230906
660	20230042	傲冬	报春花属	四川农业大学	贾茵、潘远智、李茜、刘庆林	20210002	20210105	20230420
661	20230043	粉沉香	报春花属	四川农业大学	贾茵、潘远智、李茜、刘庆林	20210003	20210105	20230420
662	20230041	蜀红	报春花属	四川农业大学	贾茵、潘远智、李茜、刘庆林	20210001	20210105	20230420
663	20230069	红诗雨	含笑属	四川农业大学、范继才、罗泽治	王刚、范继才、罗泽治、蒲擎宇、刘诚、詹秀文、余雨红	20210494	20210615	20230420
664	20230768	川核 66	核桃属	四川省林业科学研究院、安徽农业大学、蓬溪县自然资源和规划局	李不军、刘华、漆峰嵘、吴泞孜、王泽亮、郑崇文、张诗吟、彭彦若	20211235	20211103	20231229
665	20230690	川椒 1 号	花椒属	四川省林业科学研究院、丹旺源农业发展有限公司	陈善波、王莎、王丽华、罗德智、银春	20210265	20210506	20231229
666	20230691	川椒 2 号	花椒属	四川省林业科学研究院、丹旺源农业发展有限公司	陈善波、王莎、王丽华、罗德智、银春	20210266	20210506	20231229
667	20230708	贵人椒	花椒属	四川省林业科学研究院、四川兴益生态农林科技开发有限责任公司、四川安龙天然林技术有限公司	吴玉丹、徐惠、吴宗兴、叶敏、王丽华、熊量、王莎、梁颇、宋小军、王奎阳、彭晓曦、李李	20210788	20210803	20231229
668	20230834	蜀椒 3 号	花椒属	四川省农业特色植物研究院、汉源县农业农村局、四川省林业科学研究院	龚霞、曾攀、罗成荣、王海峰、唐亚、吴银明、胡文、王雪强、陈政、温继、李佩洪、张艳	20220067	20220117	20231229
669	20230577	蜀椒 4 号	花椒属	四川省植物工程研究院、四川省林业科学研究院、四川农业大学	吴银明、龚霞、曾攀、罗成荣、龚伟、王海峰、李佩洪、杜洪俊、张艳、唐亚、温继、朱艳	20220088	20220119	20230906
670	20230361	秋粉佳人	蔷薇属	苏州农业职业技术学院	黄长兵、耿晓东、朱旭东、李庆魁、梁淇、程培蕾、王荷、杨杰、汪成忠、朱晓国	20210176	20210317	20230906

（续）

序号	品种权号	品种名称	属（种）	品种权人	培育人	申请号	申请日	授权日
671	20230362	苏子霞	蔷薇属	苏州农业职业技术学院	黄长兵、朱旭东、程皆、李庆魁、耿晓东、梁琪、王荷、汪成忠、尹原森	20210177	20210317	20230906
672	20230312	慈萱	蔷薇属	苏州市华冠创园艺科技有限公司	姜正之	20200845	20201016	20230906
673	20230310	红荆	蔷薇属	苏州市华冠创园艺科技有限公司	姜正之	20200841	20201016	20230906
674	20230342	幻紫	蔷薇属	苏州市华冠创园艺科技有限公司	姜正之	20210046	20210120	20230906
675	20230313	洛霞飞	蔷薇属	苏州市华冠创园艺科技有限公司	姜正之	20200847	20201016	20230906
676	20230314	薰风	蔷薇属	苏州市华冠创园艺科技有限公司	姜正之	20200848	20201016	20230906
677	20230360	照夜清	蔷薇属	苏州市华冠创园艺科技有限公司	姜正之	20210144	20210306	20230906
678	20230311	朱砂贯金	蔷薇属	苏州市华冠创园艺科技有限公司	姜正之	20200844	20201016	20230906
679	20230149	苏薇一号	紫薇属	苏州市绿和苗木专业合作社	柳建国、陈建芳、钱红艳、梁文玉	20210960	20210826	20230420
680	20230552	林红	核桃属	泰安市泰山林业科学研究院	张继亮、孙阳阳、张文越、董丽娟、杨波、张春香	20211549	20211215	20230906
681	20230551	美红	核桃属	泰安市泰山林业科学研究院	孙阳阳、张继亮、张文越、董丽娟、杨波、张春香	20211547	20211215	20230906
682	20230374	蛋挞（SweetTart）	矾根属	特拉诺瓦苗圃有限公司（Terra Nova Nurseries, Inc.）	珍妮特·N.艾格（Janet N. Egger）	20210268	20210430	20230906
683	20230375	红辣椒（Paprika）	矾根属	特拉诺瓦苗圃有限公司（Terra Nova Nurseries, Inc.）	珍妮特·N.艾格（Janet N. Egger）	20210269	20210430	20230906
684	20230376	红色警戒（FireAlarm）	矾根属	特拉诺瓦苗圃有限公司（Terra Nova Nurseries, Inc.）	珍妮特·N.艾格（Janet N. Egger）	20210271	20210430	20230906
685	20230373	里约（Rio）	矾根属	特拉诺瓦苗圃有限公司（Terra Nova Nurseries, Inc.）	珍妮特·N.艾格（Janet N. Egger）	20210267	20210430	20230906
686	20230377	永恒红（ForeverRed）	矾根属	特拉诺瓦苗圃有限公司（Terra Nova Nurseries, Inc.）	珍妮特·N.艾格（Janet N. Egger）	20210273	20210430	20230906
687	20230401	永恒紫（ForeverPurple）	矾根属	特拉诺瓦苗圃有限公司（Terra Nova Nurseries, Inc.）	珍妮特·N.艾格（Janet N. Egger）	20210371	20210526	20230906

（续）

序号	品种权号	品种名称	属（种）	品种权人	培育人	申请号	申请日	授权日
688	20230470	卓悦柠檬黄（ExcellenceLime）	矾根属	特拉诺瓦苗圃有限公司（Terra Nova Nurseries, Inc.）	珍妮特·N.艾格（Janet N. Egger）	20210847	20210810	20230906
689	20230468	卓悦红（ExcellenceRed）	矾根属	特拉诺瓦苗圃有限公司（Terra Nova Nurseries, Inc.）	珍妮特·N.艾格（Janet N. Egger）	20210794	20210804	20230906
690	20230638	泰达春语	蔷薇属	天津泰达盐碱地绿化研究中心有限公司，天津泰达绿化集团有限公司	秘洪雷、于路、张涛、王鹏山、张凯、慈华聪	20200513	20200715	20231229
691	20230639	泰达粉泽	蔷薇属	天津泰达盐碱地绿化研究中心有限公司，天津泰达绿化集团有限公司	秘洪雷、田晓明、慈华聪、瞿彤彤、王鹏山、张凯	20200514	20200715	20231229
692	20230682	凤凰（Houou）	绣球属	田中伸介	田中伸介	20210150	20210309	20231229
693	20230683	雷音（Raion）	绣球属	田中伸介	田中伸介	20210151	20210309	20231229
694	20230685	美恋（Miren）	绣球属	田中伸介	田中伸介	20210153	20210309	20231229
695	20230684	最后的晚餐（Saigonobansan）	绣球属	田中伸介	田中伸介	20210152	20210309	20231229
696	20230681	巴御前（Tomoegozen）	绣球属	田中伸介	田中伸介	20210149	20210309	20231229
697	20230753	德源1号	杏	吐鲁番德源庄园酒有限责任公司	林静、林森源、林现丰、李凤英、赵晓梅	20211140	20211021	20231229
698	20230689	皇妃	栾树属	王文彬	王文彬、鲁亚非、陈麒春、周强	20210257	20210430	20231229
699	20230608	沅澧春色	桃花	王燕	王燕	20180719	20181105	20231229
700	20230019	韦尔19375（WEL19375）	大戟属	韦尔泽尔·克里斯提（Christian Welzel）	韦尔泽尔·克里斯提（Christian Welzel）	20200142	20191227	20230420
701	20230510	贵妃2号	丁香属	潍坊市农业科学院	赵庆柱、杨志莹、邱玉宾、张海良	20211117	20211014	20230906
702	20230169	紫袍娇红	木兰属	五峰博翎种业有限公司，北京林业大学，三峡大学	马履一、朱仲龙、陈发菊、贾忠奎、桑子阳、马江、谭兵	20211056	20210926	20230420
703	20230213	翠绿101	芦竹属	武汉兰多生物科技有限公司	李永博、余细俊、许磊、席葬、王杰	20211482	20211208	20230420
704	20230216	绿煤101	芦竹属	武汉兰多生物科技有限公司	韩晓红、郑清雷、李泊玉、詹永康、王路为	20211485	20211208	20230420
705	20230217	绿煤102	芦竹属	武汉兰多生物科技有限公司	李泊玉、黄金涛、万炜、巢成生、何庆梦、易浪、张秀民	20211491	20211209	20230420
706	20230215	绿煤103	芦竹属	武汉兰多生物科技有限公司	何庆梦、易浪、游永宁、祁飞翔、刘福鹏、朱思奇	20211484	20211208	20230420

（续）

序号	品种权号	品种名称	属（种）	品种权人	培育人	申请号	申请日	授权日
707	20230214	绿煤104	芦竹属	武汉兰多生物科技有限公司	李江苏、刘福鹏、张方静、陈理非、崔忠银、尹金	20211483	20211208	20230420
708	20230212	绿煤105	芦竹属	武汉兰多生物科技有限公司	黄邦连、席奔、李家伟、申晓彤、孙亮	20211481	20211208	20230420
709	20230460	楚天之舞	李属	武汉市园林科学研究院、法雅环境生态集团有限公司	章晓琴、况红玲、李娜、孟晨、王建强、王昆、聂超仁、丁昭全、涂继红、徐慧、孙宏兵、夏文胜	20210734	20210726	20230906
710	20230320	丰园星	杏	西安丰园果业科技有限公司	李迁恩、杜锡莹、杜燕群、杜少愍、陈堪鹏	20200862	20201020	20230906
711	20230321	丰园早子	杏	西安丰园果业科技有限公司	李迁恩、杜锡莹、杜燕群、杜少愍、陈堪鹏	20200864	20201020	20230906
712	20230425	金丝秀发	卫矛属	西安岭秦野生林木科学研究所	袁平立	20210505	20210621	20230906
713	20230426	秋艳	卫矛属	西安岭秦野生林木科学研究所	袁平立	20210506	20210621	20230906
714	20230427	柱彩	卫矛属	西安岭秦野生林木科学研究所	袁平立	20210507	20210621	20230906
715	20230793	临优8号	石榴属	西安市农业技术推广中心、西安市临潼区果友石榴专业合作社	郭晓成、房浩、李方向、张淑霞、郝蕊平、宋喜芳	20211395	20211119	20231229
716	20230771	丽山红	石榴属	西安市农业技术推广中心、西安市临潼区秦陵石榴专业合作社	郭晓成、刘永忠、睢长鑫、杨莉、李方向、张淑霞、郝蕊平	20211272	20211108	20231229
717	20230915	黄馨	李属	新疆林科院经济林研究所	韩宏伟、李勇、刘凤兰、王琴、阿依米热·毛拉木、王建友	20220360	20220414	20231229
718	20230913	新露	李属	新疆林科院经济林研究所	韩宏伟、刘凤兰、王琴、李勇、毛金梅、阿依米热·毛拉木、王建友	20220358	20220414	20231229
719	20230914	圣美	李属	新疆林科院经济林研究所	韩宏伟、毛金梅、李勇、刘凤兰、王琴、阿依米热·毛拉木、王建友	20220359	20220414	20231229
720	20230770	新雄	核桃属	新疆林业科学院	王宝庆、徐业勇、虎海防、李明昆、李宏	20211253	20211104	20231229
721	20230454	嫣碧花香	桃花	鄢陵县东华种植农民专业合作社	岳长平、孙萌、沈植国、郑红建、丁鑫、晋志慧、沈希辉、陈晓燕、袁新征、岳顺明、岳慧芳、周国友、王春玲	20210672	20210716	20230906
722	20230509	初心	苹果属	扬州小苹果园艺有限公司、南京林业大学	张住祥、刘星辰、谢黄峰、曾杰、范月嵘	20211111	20211013	20230906
723	20230508	飞天	苹果属	扬州小苹果园艺有限公司、南京林业大学	张住祥、王宏霞、罗玉亮、刘成魁、李贵林	20211110	20211013	20230906

（续）

序号	品种权号	品种名称	属（种）	品种权人	培育人	申请号	申请日	授权日
724	20230507	浣溪沙	苹果属	扬州小苹果园艺有限公司，南京林业大学	张佳祥、陈永霞、刘星辰、张之晨、何娜	20211109	20211013	20230906
725	20230506	笛卷西风	苹果属	扬州小苹果园艺有限公司，南京林业大学	张佳祥、徐立安、彭琴、陆晓吉、曾杰、冯岚	20211108	20211013	20230906
726	20230505	珊瑚花	苹果属	扬州小苹果园艺有限公司，南京林业大学	张佳祥、谢黄峰、魏子秋、徐天炜、刘星辰	20211107	20211013	20230906
727	20230504	韶华	苹果属	扬州小苹果园艺有限公司，南京林业大学	张佳祥、彭怡、徐天炜、范月嵘、王静茹	20211106	20211013	20230906
728	20230503	西江月	苹果属	扬州小苹果园艺有限公司，南京林业大学	张佳祥、徐立安、冯岚、张苏其、魏子秋	20211105	20211013	20230906
729	20230502	紫云烟	苹果属	扬州小苹果园艺有限公司，南京林业大学	张佳祥、陈永霞、刘星辰、何娜、曾杰	20211104	20211013	20230906
730	20230668	杨选杏二号	杏	杨添慧、李鸿亮、杨明	杨添慧、李鸿亮、杨明、宋宏启、赵润华	20201110	20201224	20231229
731	20230022	初妆	蔷薇属	宜良多彩盆栽有限公司	刘天平、胡明飞、何云县、卢燕、叶晓念	20200226	20200401	20230420
732	20230272	绝恋	蔷薇属	宜良多彩盆栽有限公司	刘天平、胡明飞、何云县、卢燕、叶晓念	20200222	20200401	20230906
733	20230236	暮光	蔷薇属	宜良多彩盆栽有限公司	刘天平、胡明飞、何云县、卢燕、叶晓念	20190029	20181218	20230906
734	20230235	娜乌西卡	蔷薇属	宜良多彩盆栽有限公司	刘天平、胡明飞、何云县、卢燕、叶晓念	20190016	20181218	20230906
735	20230399	奥斯恩肖（AUSEARNSHAW）	蔷薇属	英国大卫奥斯汀月季公司（David Austin Roses Limited）	大卫·奥斯汀（David J.C. Austin）	20210353	20210524	20230906
736	20230407	奥斯卡通（AUSCARTOON）	蔷薇属	英国大卫奥斯汀月季公司（David Austin Roses Limited）	大卫·奥斯汀（David J.C. Austin）	20210417	20210603	20230906
737	20230400	奥斯克朗德（AUSCROWD）	蔷薇属	英国大卫奥斯汀月季公司（David Austin Roses Limited）	大卫·奥斯汀（David J.C. Austin）	20210354	20210524	20230906
738	20230408	奥斯克乐吉（AUSCLERGY）	蔷薇属	英国大卫奥斯汀月季公司（David Austin Roses Limited）	大卫·奥斯汀（David J.C. Austin）	20210419	20210603	20230906
739	20230409	奥斯拉夫洛（AUSRAVELOE）	蔷薇属	英国大卫奥斯汀月季公司（David Austin Roses Limited）	大卫·奥斯汀（David J.C. Austin）	20210420	20210603	20230906
740	20230359	奥斯派克（AUSPIKE）	蔷薇属	英国大卫奥斯汀月季公司（David Austin Roses Limited）	大卫·奥斯汀（David J.C. Austin）	20210122	20210301	20230906

（续）

序号	品种权号	品种名称	属（种）	品种权人	培育人	申请号	申请日	授权日
741	20230226	英特多036514（IPT036514）	蔷薇属	英特普兰特兰月季育种公司（Interplant Roses B.V.）	范·多伊萨姆（Ir. A.J.H. van Doesum）	20180418	20180711	20230906
742	20230225	英特雷思慕（Intereithooms）	蔷薇属	英特普兰特兰月季育种公司（Interplant Roses B.V.）	范·多伊萨姆（Ir. A.J.H. van Doesum）	20180415	20180711	20230906
743	20230379	精灵女王（Queen of the Elves）	蔷薇属	有限会社木村企画（CO.LTD. KIMURA PLANNING）、沈阳晶卉园艺有限公司	木村卓功（Takunori Kimura）	20210289	20210513	20230906
744	20230061	浪漫舞裙（Romantic Tutu）	蔷薇属	有限会社木村企画（CO.LTD. KIMURA PLANNING）、沈阳晶卉园艺有限公司	木村卓功（Takunori Kimura）	20210291	20210513	20230420
745	20230014	红色浪潮	蔷薇属	俞红强	俞红强	20190491	20190809	20230420
746	20230622	阳光女孩	蔷薇属	俞红强	俞红强	20190489	20190809	20231229
747	20230244	皇后阳台	蔷薇属	王溪迪瑞特花卉有限公司	杜秀娟	20190230	20190314	20230906
748	20230578	鸿运兰馨	木兰属	豫兰（河南）生态科技有限公司、陕西省西安植物园	刘青发，乔转运，王亚玲，冯胜利，冯瑞生，叶卫，樊路	20220100	20220120	20230906
749	20230094	柯萨4000（COSEH4000）	铁筷子属	约瑟夫·海伊格（Josef Heuger）	约瑟夫·海伊格（Josef Heuger）	20210650	20210714	20230420
750	20230047	柯萨4200（COSEH4200）	铁筷子属	约瑟夫·海伊格（Josef Heuger）	约瑟夫·海伊格（Josef Heuger）	20210091	20210205	20230420
751	20230048	柯萨4500（COSEH4500）	铁筷子属	约瑟夫·海伊格（Josef Heuger）	约瑟夫·海伊格（Josef Heuger）	20210092	20210205	20230420
752	20230089	柯萨4600（COSEH4600）	铁筷子属	约瑟夫·海伊格（Josef Heuger）	约瑟夫·海伊格（Josef Heuger）	20210630	20210713	20230420
753	20230079	柯萨4700（COSEH4700）	铁筷子属	约瑟夫·海伊格（Josef Heuger）	约瑟夫·海伊格（Josef Heuger）	20210601	20210712	20230420
754	20230052	柯萨4800（COSEH4800）	铁筷子属	约瑟夫·海伊格（Josef Heuger）	约瑟夫·海伊格（Josef Heuger）	20210129	20210302	20230420
755	20230095	柯萨5000（COSEH5000）	铁筷子属	约瑟夫·海伊格（Josef Heuger）	约瑟夫·海伊格（Josef Heuger）	20210651	20210714	20230420
756	20230093	柯萨5100（COSEH5100）	铁筷子属	约瑟夫·海伊格（Josef Heuger）	约瑟夫·海伊格（Josef Heuger）	20210635	20210713	20230420
757	20230091	柯萨5200（COSEH5200）	铁筷子属	约瑟夫·海伊格（Josef Heuger）	约瑟夫·海伊格（Josef Heuger）	20210632	20210713	20230420
758	20230096	柯萨5400（COSEH5400）	铁筷子属	约瑟夫·海伊格（Josef Heuger）	约瑟夫·海伊格（Josef Heuger）	20210652	20210714	20230420
759	20230080	柯萨5600（COSEH5600）	铁筷子属	约瑟夫·海伊格（Josef Heuger）	约瑟夫·海伊格（Josef Heuger）	20210603	20210712	20230420
760	20230099	柯萨5700（COSEH5700）	铁筷子属	约瑟夫·海伊格（Josef Heuger）	约瑟夫·海伊格（Josef Heuger）	20210656	20210714	20230420
761	20230090	柯萨5800（COSEH5800）	铁筷子属	约瑟夫·海伊格（Josef Heuger）	约瑟夫·海伊格（Josef Heuger）	20210631	20210713	20230420
762	20230106	柯萨6000（COSEH6000）	铁筷子属	约瑟夫·海伊格（Josef Heuger）	约瑟夫·海伊格（Josef Heuger）	20210664	20210714	20230420
763	20230085	柯萨6200（COSEH6200）	铁筷子属	约瑟夫·海伊格（Josef Heuger）	约瑟夫·海伊格（Josef Heuger）	20210608	20210712	20230420
764	20230084	柯萨6300（COSEH6300）	铁筷子属	约瑟夫·海伊格（Josef Heuger）	约瑟夫·海伊格（Josef Heuger）	20210607	20210712	20230420
765	20230083	柯萨6400（COSEH6400）	铁筷子属	约瑟夫·海伊格（Josef Heuger）	约瑟夫·海伊格（Josef Heuger）	20210606	20210712	20230420

（续）

序号	品种权号	品种名称	属（种）	品种权人	培育人	申请号	申请日	授权日
766	20230082	柯萨6500（COSEH6500）	铁筷子属	约瑟夫·海伊格（Josef Heuger）	约瑟夫·海伊格（Josef Heuger）	20210605	20210712	20230420
767	20230081	柯萨6600（COSEH6600）	铁筷子属	约瑟夫·海伊格（Josef Heuger）	约瑟夫·海伊格（Josef Heuger）	20210604	20210712	20230420
768	20230101	柯萨7100（COSEH7100）	铁筷子属	约瑟夫·海伊格（Josef Heuger）	约瑟夫·海伊格（Josef Heuger）	20210658	20210714	20230420
769	20230100	柯萨7300（COSEH7300）	铁筷子属	约瑟夫·海伊格（Josef Heuger）	约瑟夫·海伊格（Josef Heuger）	20210657	20210714	20230420
770	20230102	柯萨7400（COSEH7400）	铁筷子属	约瑟夫·海伊格（Josef Heuger）	约瑟夫·海伊格（Josef Heuger）	20210659	20210714	20230420
771	20230097	柯萨7700（COSEH7700）	铁筷子属	约瑟夫·海伊格（Josef Heuger）	约瑟夫·海伊格（Josef Heuger）	20210653	20210714	20230420
772	20230098	柯萨7900（COSEH7900）	铁筷子属	约瑟夫·海伊格（Josef Heuger）	约瑟夫·海伊格（Josef Heuger）	20210655	20210714	20230420
773	20230092	柯萨8000（COSEH8000）	铁筷子属	约瑟夫·海伊格（Josef Heuger）	约瑟夫·海伊格（Josef Heuger）	20210634	20210713	20230420
774	20230086	柯萨8100（COSEH8100）	铁筷子属	约瑟夫·海伊格（Josef Heuger）	约瑟夫·海伊格（Josef Heuger）	20210609	20210712	20230420
775	20230007	黄金成指	蔷薇属	云南艾蔷薇园艺科技有限公司	严莎莎、谭思艳、卢秀慧、程小毛、傅小鹏、何燕红	20180742	20181118	20230420
776	20230006	清醇	蔷薇属	云南艾蔷薇园艺科技有限公司	傅小鹏、谭思艳、卢秀慧、何燕红、张林华	20180737	20181118	20230420
777	20230265	芭比	蔷薇属	云南大学、昆明南国山花园艺科技有限责任公司	吴学尉、王丽花、刘海英、曾倩、杨玉勇、黄斌全、刘丹丹、何飞飞	20200131	20200106	20230906
778	20230693	云上瑶琴	山茶属	云南省黄文仲茶花种植有限公司、云南省农业科学院花卉研究所	资溪荟、蔡艳飞、黄文仲	20210331	20210517	20231229
779	20230292	都市恋人	蔷薇属	云南锦科花卉工程研究中心有限公司	倪功、曹荣根、乔丽婷、田连通、阳明祥、王江兵	20200716	20200901	20230906
780	20230291	含香	蔷薇属	云南锦科花卉工程研究中心有限公司	倪功、曹荣根、乔丽婷、田连通、阳明祥、王江兵	20200712	20200901	20230906
781	20230651	如梦	蔷薇属	云南锦科花卉工程研究中心有限公司	倪功、曹荣根、乔丽婷、田连通、阳明祥、王江兵	20200719	20200901	20231229
782	20230295	天使之恋	蔷薇属	云南锦科花卉工程研究中心有限公司	倪功、曹荣根、乔丽婷、田连通、阳明祥、王江兵	20200723	20200901	20230906
783	20230293	无敌	蔷薇属	云南锦科花卉工程研究中心有限公司	倪功、曹荣根、乔丽婷、田连通、阳明祥、王江兵	20200721	20200901	20230906
784	20230294	幸福佳人	蔷薇属	云南锦科花卉工程研究中心有限公司	倪功、曹荣根、乔丽婷、田连通、阳明祥、王江兵	20200722	20200901	20230906
785	20230467	六月红	石榴属	云南六月红农业科技有限公司	张聪宽、侯乐峰、罗华、张晋、赵登超	20210785	20210803	20230906
786	20230119	桔美人	石榴属	云南六月红农业科技有限公司、枣庄学院	张聪宽、余创业、罗华、谭伟、魏志为、张晋、侯乐峰、张立华、赵登	20210790	20210803	20230420

（续）

序号	品种权号	品种名称	属（种）	品种权人	培育人	申请号	申请日	授权日
787	20230759	金钟晚	核桃属	云南省林业和草原科学院	郝佳波、陆斌、张尚书、赵川、徐亮、赵敏、冯倩、张雨、孙绍文、胡万焜、朱金国、徐仁米	20211186	20211028	20231229
788	20230760	宣红	核桃属	云南省林业和草原科学院	陆斌、李启信、冯倩、王毅、赵川、徐亮、赵敏、张雨、孔令桥、朱俊桢、朱家诺	20211187	20211028	20231229
789	20230802	红尘	蔷薇属	云南省农业科学院花卉研究所	蹇洪英、王其刚、李树发、张婷、王慧纯、陈敏、周宁宁、晏慧君、邱显钦	20211453	20211202	20231229
790	20230830	红船	蔷薇属	云南省农业科学院花卉研究所	唐开学、王其刚、张颜、晏慧君、王丽花、邱显钦、蹇洪英、周宁宁、陈敏	20220016	20220105	20231229
791	20230832	蜜汁	蔷薇属	云南省农业科学院花卉研究所	王其刚、晏慧君、邱显钦、周宁宁、蹇洪英、陈敏	20220038	20220111	20231229
792	20230694	云上桃天	山茶属	云南省农业科学院花卉研究所、云南黄文仲茶花种植有限公司	蔡艳飞、资笔琴、黄文仲、李树发、宋杰、张露	20210332	20210517	20231229
793	20230871	颂春风	杜鹃花属	云南省农业科学院花卉研究所、云南吉成园林科技股份有限公司	宋杰、李伟、王继华、陈伟、彭绿春、解玮佳、张露、李云伟、段仕学	20220202	20220309	20231229
794	20230847	舞春风	杜鹃花属	云南省农业科学院花卉研究所、云南吉成园林科技股份有限公司、云南春禾园林有限公司	宋杰、李伟、李世峰、陈伟、彭绿春、王继华、张露、解玮佳、段仕学	20220157	20220222	20231229
795	20230032	彩焰	蔷薇属	云南省农业科学院花卉研究所、云南集创园艺科技有限公司	王其刚、邱显钦、李树发、蹇洪英、陈敏、周宁宁、李淑斌	20200937	20201102	20230420
796	20230028	翡翠	李属	云南万家红园艺有限公司	王云赋、张华能、范林元、王月红、赵琳琳、郭简宁、李简宁、张真、王竣、陈莲、李兰兰	20200900	20201029	20230420
797	20230030	仙女	李属	云南万家红园艺有限公司	王云赋、赵琳琳、范林元、潘宇雪、王月红、李帆、张真、王竣、陈莲、郭简宁	20200902	20201029	20230420
798	20230031	红春晚	李属	云南万家红园艺有限公司、云南农业大学、南京林业大学	王云赋、李叶芳、关文灵、潘宇雪、李帆、张真、郭简宁、伊贤贵、王贤荣、张华能、王晨	20200903	20201029	20230420
799	20230029	万家红	李属	云南万家红园艺有限公司、云南农业大学、南京林业大学	王云赋、关文灵、潘宇雪、伊贤贵、王贤贵、张真、李帆、郭简宁、张华能、陈莲、王晨	20200901	20201029	20230420

（续）

序号	品种权号	品种名称	属（种）	品种权人	培育人	申请号	申请日	授权日
800	20230372	蓝颜	蔷薇属	云南云秀花卉有限公司	段云晟、王其刚、杨培娟、王丽花、周增清、许艺瀛、何紫怡、段金辉	20210228	20210418	20230906
801	20230801	丹金	红豆杉属	张彦文、赫崇文、唐日波	张彦文、赫崇文、唐日波	20211436	20211125	20231229
802	20230800	金红颜	红豆杉属	张彦文、赫崇文、唐日波	张彦文、赫崇文、唐日波	20211434	20211125	20231229
803	20230906	汉森之悦	山茶属	肇庆棕榈谷花园有限公司,广东阿婆六生态农业发展有限公司	黄万坚、钟乃盛、刘信凯、侯文卿、黎艳玲、高继银、叶琦君	20220285	20220401	20231229
804	20230905	满堂喝彩	山茶属	肇庆棕榈谷花园有限公司,广东阿婆六生态农业发展有限公司,高州市品然人家农业发展有限公司	黄万坚、叶冰、彭逢惠、吴文诗、刘信凯、李维全、黎艳玲、钟乃盛、高继银、叶琦君	20220284	20220401	20231229
805	20230586	采金毫	山茶属	浙江大学,宁波黄金韵茶业有限公司,宁波市品然人家农业技术推广总站	郑新强、张龙杰、李明、王开荣、月荣、吴颖、韩震、黄杨	20220115	20220129	20230906
806	20230108	墨美1号	秋海棠属	浙江虹安园艺有限公司	龚仲幸、江胜德、陈溪、张鑫、方旭初、杨怡钰	20210667	20210715	20230420
807	20230126	墨美2号	秋海棠属	浙江虹安园艺有限公司	龚仲幸、江胜德、杨怡钰、方卓尔、张鑫	20210850	20210812	20230420
808	20230114	墨美3号	秋海棠属	浙江虹安园艺有限公司	江胜德、陈溪、方旭初、林玉、杜习武、龚仲幸	20210760	20210802	20230420
809	20230637	蓝美I号	越橘属	浙江蓝美技术股份有限公司	杨曙方、於虹、洪麒明、王琦、杨皎	20200439	20200629	20231229
810	20230489	景丹	木兰属	浙江农林大学	申亚梅、叶喜阳、刘志高、赵立永、任明杰、章颖佳	20210984	20210902	20230906
811	20230501	景杭	木兰属	浙江农林大学	申亚梅、吴伟健、谢君、毛仙龙、吴超、任明杰、章颖佳	20211086	20211008	20230906
812	20230512	景丽	木兰属	浙江农林大学	申亚梅、吴伟健、谢君、毛仙龙、章颖佳、陆丹迎	20211136	20211019	20230906
813	20230511	吴越粉绣	木兰属	浙江农林大学	申亚梅、程少禹、戴梦怡、王卓为、常鹏杰、卞赛男	20211133	20211019	20230906
814	20230811	华灿	木犀属	浙江农林大学,金华市本月桂花专业合作社	赵宏波、肖政、张程刚、董彬、杨丽媛、方遒、钟诗蔚、王艺光、方建设、张璐	20211502	20211212	20231229

（续）

序号	品种权号	品种名称	属（种）	品种权人	培育人	申请号	申请日	授权日
815	20230779	春江粉玉	山茶属	浙江钱塘湾农业发展有限公司，中国林业科学研究院亚热带林业研究所，杭州富阳万山红园林科技有限公司	李纪元、刘伟鑫、范正琪、葛万川、方建平、游鸣飞、俞文仙、夏奇	20211320	20211111	20231229
816	20230777	春江粉妆	山茶属	浙江钱塘湾农业发展有限公司，中国林业科学研究院亚热带林业研究所，杭州富阳万山红园林科技有限公司	李纪元、葛万川、范正琪、刘伟鑫、游鸣飞、方建平、夏奇、俞文仙	20211318	20211111	20231229
817	20230776	春江梦月	山茶属	浙江钱塘湾农业发展有限公司，中国林业科学研究院亚热带林业研究所，杭州富阳万山红园林科技有限公司	李纪元、方建平、游鸣飞、夏奇、俞文仙	20211316	20211111	20231229
818	20230788	春江秋香	山茶属	浙江钱塘湾农业发展有限公司，中国林业科学研究院亚热带林业研究所，杭州富阳万山红园林科技有限公司	李纪元、范正琪、刘伟鑫、游鸣飞、葛万川、夏奇、沈剑、俞文仙	20211357	20211116	20231229
819	20230787	春江瑞香	山茶属	浙江钱塘湾农业发展有限公司，中国林业科学研究院亚热带林业研究所，杭州富阳万山红园林科技有限公司	李纪元、范正琪、刘伟鑫、葛万川、游鸣飞、方建平、俞文仙、夏奇	20211356	20211116	20231229
820	20230786	春江瑞紫	山茶属	浙江钱塘湾农业发展有限公司，中国林业科学研究院亚热带林业研究所，杭州富阳万山红园林科技有限公司	李纪元、范正琪、刘伟鑫、葛万川、游鸣飞、沈剑、夏奇、方建平	20211355	20211116	20231229
821	20230044	金烨	冬青属	浙江森城种业有限公司	沈劲余、沈鸿明、朱王微、张晓杰、薛桂芳、王国联	20210027	20210118	20230420
822	20230492	蓝梦	铁线莲属	浙江省亚热带作物研究所	郑坚、钱仁卷、胡青荻、张旭乐、马晓华、陈义增、林韧安	20211025	20210915	20230906
823	20230071	华魅垞紫	铁筷子属	浙江省园林植物与花卉研究所	史小华、马广莹	20210504	20210619	20230420
824	20230748	秋意	萱草属	浙江省园林植物与花卉研究所	周琴、马广莹、史小华	20211099	20211012	20231229
825	20230701	早夏	萱草属	浙江省园林植物与花卉研究所	马广莹、史小华	20210564	20210706	20231229
826	20230727	四季无忧	无忧花属	中国科学院华南植物园	宁祖林、翁楚雄、李冬梅、陈玲、曾小平、杨镇明、谢就媚	20210942	20210823	20231229

（续）

序号	品种权号	品种名称	属（种）	品种权人	培育人	申请号	申请日	授权日
827	20230728	紫红荷1号	紫金牛属	中国科学院华南植物园	宁祖林、李冬梅、陈玲、杨镇明、刘华、曾小平、卢琼珠	20210943	20210823	20231229
828	20230729	紫红荷2号	紫金牛属	中国科学院华南植物园	宁祖林、吴兴、李冬梅、卢琼珠、曾小平、刘华、谢甦媚、陈	20210944	20210823	20231229
829	20230227	金滇缘	山茶属	中国科学院昆明植物研究所	沈云光、夏丽芳、冯宝钧、王仲朗、谢坚	20180467	20180807	20230906
830	20230166	红丝绸	玉叶金花属	中国科学院西双版纳热带植物园	吴福川	20211010	20210909	20230420
831	20230163	火苗	玉叶金花属	中国科学院西双版纳热带植物园	吴福川	20210998	20210908	20230420
832	20230156	山雪	玉叶金花属	中国科学院西双版纳热带植物园	吴福川、李剑武、席会鹏	20210975	20210828	20230420
833	20230525	科园碧濑	柏木属	中国科学院植物研究所	唐宇丹、李慧、李锐丽、邢全、姚涓、白红彤	20211251	20211104	20230906
834	20230524	科园蓝缘	柏木属	中国科学院植物研究所	唐宇丹、邢全、李慧、姚涓、李锐丽	20211249	20211103	20230906
835	20230345	科植8号	忍冬属	中国科学院植物研究所	唐宇丹、李霞、李慧、法丹丹、姚涓、安玉茉、邢全、李锐丽	20210066	20210126	20230906
836	20230449	织女	牛至属	中国科学院植物研究所	李慧、石雷、白红彤、夏菲、王曛、李靖锐	20210589	20210708	20230906
837	20230581	红丝绵	杜仲	中国林业科学研究院经济林研究所	刘攀峰、杜庆鑫、王璐、杜红岩、兰英、孙志强、朱景乐、庆军、何凤	20220106	20220124	20230906
838	20230907	芳林1号	杨属	中国林业科学研究院林业研究所	唐芳、卢孟柱、王丽娟、贺学妍	20220289	20220403	20231229
839	20230908	芳林2号	杨属	中国林业科学研究院林业研究所	唐芳、卢孟柱、王丽娟、贺学妍	20220290	20220403	20231229
840	20230646	黄淮5号杨	杨属	中国林业科学研究院林业研究所	黄秦军、苏晓华、丁昌俊、董玉峰、张伟溪、王雷、张新叶	20200664	20200819	20231229
841	20230647	黄淮6号杨	杨属	中国林业科学研究院林业研究所	黄秦军、苏晓华、丁昌俊、董玉峰、张伟溪、李善文、樊孝萍	20200665	20200819	20231229
842	20230820	礼宾舞凤	木通属	中国林业科学研究院林业研究所	李斌、郑勇奇、林富荣、郭文英、黄平、赵耀新、曹芳、王津津、宋升平	20211602	20211221	20231229
843	20230819	礼宾侠凤	木通属	中国林业科学研究院林业研究所	李斌、郑勇奇、林富荣、郭文英、黄平、曹芳、王津津、宋升平	20211559	20211216	20231229
844	20230648	中雄6号杨	杨属	中国林业科学研究院林业研究所	黄秦军、苏晓华、丁昌俊、董玉峰、张伟溪、王雷、张新叶	20200666	20200819	20231229
845	20230649	中雄7号杨	杨属	中国林业科学研究院林业研究所	黄秦军、苏晓华、丁昌俊、董玉峰、张伟溪、李善文、樊孝萍	20200667	20200819	20231229

（续）

序号	品种权号	品种名称	属（种）	品种权人	培育人	申请号	申请日	授权日
846	20230088	林科白美人	卡特兰属	中国林业科学研究院林业研究所、北京市西山试验林场管理处	郑宝强、姚飞、王雁、李香、许丽、贾玮	20210627	20210713	20230420
847	20230087	林科粉妆佳人	卡特兰属	中国林业科学研究院林业研究所、北京市西山试验林场管理处	王雁、王平玺、郑宝强、刘文、薛柳、马亚云	20210611	20210713	20230420
848	20230453	林科幻彩	石斛属	中国林业科学研究院林业研究所、北京市西山试验林场管理处	郑宝强、马亚云、杜小娟、王雁、赵东波、何宝华、刘阳、宁少华、李箐	20210626	20210713	20230906
849	20230452	林科金币	石斛属	中国林业科学研究院林业研究所、北京市西山试验林场管理处	王雁、刘洋、郑宝强、王平玺、任云卯、程峰、闫梦禹、许丽、李香	20210625	20210713	20230906
850	20230109	九皂天丁	皂荚属	中国林业科学研究院林业研究所、河南豫博药业科技有限公司	林富荣、赵晓斌、何山林、李斌、勇奇、郭绍波、付志方、朱永旺	20210680	20210719	20230420
851	20230103	河东八号	皂荚属	中国林业科学研究院林业研究所、山西绿缘颐养生态林业有限公司	林富荣、雷永元、郑勇奇、闫义定	20210660	20210714	20230420
852	20230104	河东九号	皂荚属	中国林业科学研究院林业研究所、山西绿缘颐养生态林业有限公司	林富荣、雷永元、李斌、郑勇奇、闫义定、闫桂兰	20210661	20210714	20230420
853	20230105	河东十号	皂荚属	中国林业科学研究院林业研究所、山西绿缘颐养生态林业有限公司	林富荣、黄平、李斌、雷永元、闫义定、闫桂兰	20210662	20210714	20230420
854	20230107	河东雄风	皂荚属	中国林业科学研究院林业研究所、山西绿缘颐养生态林业有限公司	林富荣、李斌、黄平、郑勇奇、雷永元、闫义定	20210665	20210714	20230420
855	20230110	海绵宝宝	皂荚属	中国林业科学研究院林业研究所、嵩县林业局	林富荣、赵晓斌、何山林、李斌、勇奇、张超建、刘继红、王旭光、郑	20210681	20210719	20230420
856	20230758	沙新杨1号	杨属	中国林业科学研究院沙漠林业实验中心	王志刚、胡建军、刘明虎、苏智、赵英铭、张格、段瑞兵	20211183	20211028	20231229
857	20230218	美黛	胡颓子属	中国林业科学研究院生态保护与修复研究所、中国林业科学研究院黄河三角洲综合试验中心、廊坊市农林科学院	杨秀艳、武海雯、姜磊、张会龙、邹荣松、朱建峰、张华新、刘美玲、刘正祥、倪建伟	20150113	20150618	20230906
858	20230791	春江风光	山茶属	中国林业科学研究院亚热带林业研究所	李纪元、田敏、范正琪、李辛雷、刘恒福、刘伟鑫、葛万川、沈剑	20211366	20211116	20231229

（续）

序号	品种权号	品种名称	属（种）	品种权人	培育人	申请号	申请日	授权日
859	20230796	春江虹恋	山茶属	中国林业科学研究院亚热带林业研究所	李纪元、范正琪、李辛雷、刘伟鑫、葛万川、沈剑	20211407	20211120	20231229
860	20230797	春江田园	山茶属	中国林业科学研究院亚热带林业研究所	李纪元、殷恒福、刘伟鑫、范正琪、李辛雷、葛万川、沈剑	20211408	20211120	20231229
861	20230790	春江彤燕	山茶属	中国林业科学研究院亚热带林业研究所	李纪元、杨志玲、范正琪、李辛雷、刘伟鑫、葛万川	20211365	20211116	20231229
862	20230789	春江艳霞	山茶属	中国林业科学研究院亚热带林业研究所	李纪元、李辛雷、范正琪、殷恒福、刘伟鑫、沈剑、俞文仙	20211358	20211116	20231229
863	20230822	秀桐	油桐属	中国林业科学研究院亚热带林业研究所、贵州鸿发生态农业科技有限责任公司	汪阳东、陈益存、杨安仁、高暝、吴立文、赵耘霄、田晓堃、许杰、袁旭	20211618	20211223	20231229
864	20230821	亚鸿1号	油桐属	中国林业科学研究院亚热带林业研究所、贵州鸿发生态农业科技有限责任公司	汪阳东、陈益存、杨安仁、高暝、吴立文、赵耘霄、田晓堃、许杰、袁旭	20211617	20211223	20231229
865	20230718	美人指	椴树属	中国林业科学研究院亚热带林业研究所、杭州富阳森冠香榧专业合作社	姚小华、曹永庆、朱生国、王开良、任华东、常君	20210848	20210811	20231229
866	20230799	春江丹珠	山茶属	中国林业科学研究院亚热带林业研究所、金华市莫闲园艺工程有限公司	李纪元、刘伟鑫、游鸣飞、范正琪、李辛雷、殷恒福、葛万川、沈剑	20211417	20211123	20231229
867	20230798	春江含香	山茶属	中国林业科学研究院亚热带林业研究所、金华市莫闲园艺工程有限公司	李纪元、游鸣飞、沈剑、范正琪、刘伟鑫、葛万川	20211413	20211121	20231229
868	20230716	早珍珠	椴树属	中国林业科学研究院亚热带林业研究所、嵊州市大牛尖香榧专业合作社、杭州富阳森冠香榧专业合作社	曹永庆、姚小华、朱生国、王开良、常君、张永尧	20210844	20210810	20231229
869	20230130	秋红	余甘子	中国林业科学研究院热带林业研究所、保山市林业和草原技术推广站	郭俊杰、黄佳聪、罗存贞、杨晏平、曾杰、李碧珠、吴建花	20210858	20210812	20230420
870	20230129	铜皮	余甘子	中国林业科学研究院热带林业研究所、保山市林业和草原技术推广站	郭俊杰、黄佳聪、蒋华、杨晏平、曾杰、吴建花、李归林	20210857	20210812	20230420

（续）

序号	品种权号	品种名称	属（种）	品种权人	培育人	申请号	申请日	授权日
871	20230045	炽焰	蔷薇属	中国农业大学	高俊平、马男、李永红、马超、周晓锋、孙小明	20210038	20210119	20230420
872	20230846	虹韵	蔷薇属	中国农业大学	马超、高俊平、高月荣、马男、张常青、周晓锋	20220154	20220217	20231229
873	20230341	素霓	蔷薇属	中国农业大学	高俊平、周晓锋、马男、景维坤、李永红、张常青	20210045	20210120	20230906
874	20230046	云裳	蔷薇属	中国农业大学	高俊平、马男、景维坤、李永红、孙小明、马超	20210042	20210120	20230420
875	20230813	中碧朝霞	李属	中国农业科学院郑州果树研究所	谢景梅、朱更瑞、王新卫、方伟超、陈昌文、曹珂、吴金龙	20211504	20211213	20231229
876	20230812	中碧春霞	李属	中国农业科学院郑州果树研究所	王力荣、方伟超、陈昌文、朱更瑞、王新卫、曹珂、李勇、吴金龙、田鹏	20211503	20211213	20231229
877	20230856	中碧春月	桃花	中国农业科学院郑州果树研究所	王力荣、曹珂、陈昌文、方伟超、朱更瑞、吴金龙、张涛、张金龙、牛棚	20220183	20220304	20231229
878	20230807	中碧二乔粉萼	桃花	中国农业科学院郑州果树研究所	朱更瑞、方伟超、王力荣、王新卫、陈昌文、曹珂、李勇、吴金龙、谢景梅、李全红	20211467	20211207	20231229
879	20230805	中碧粉重	桃花	中国农业科学院郑州果树研究所	方伟超、朱更瑞、王力荣、陈昌文、曹珂、王新卫、李勇、吴金龙、张霞、牛棚	20211463	20211206	20231229
880	20230780	中碧粉绣	桃花	中国农业科学院郑州果树研究所	方伟超、陈昌文、王力荣、曹珂、朱更瑞、王新卫、吴金龙、李勇、李芳菲	20211321	20211112	20231229
881	20230781	中碧瑰绣	桃花	中国农业科学院郑州果树研究所	朱更瑞、陈昌文、方伟超、曹珂、王新卫、李勇、吴金龙、牛棚、张涛	20211323	20211112	20231229
882	20230806	中碧红铃重	桃花	中国农业科学院郑州果树研究所	陈昌文、王力荣、王新卫、朱更瑞、曹珂、李勇、吴金龙、岳林国、凌国钧	20211464	20211206	20231229
883	20230778	中碧玉绣	桃花	中国农业科学院郑州果树研究所	王新卫、王力荣、方伟超、曹珂、陈昌文、朱更瑞、李勇、吴金龙、凌国钧、岳林国	20211319	20211111	20231229

（续）

序号	品种权号	品种名称	属（种）	品种权人	培育人	申请号	申请日	授权日
884	20230803	中碧早丹红	桃花	中国农业科学院郑州果树研究所	王力荣、朱更瑞、方伟超、陈昌文、王新卫、曹珂、李勇、吴金龙	20211458	20211202	20231229
885	20230782	中碧早香春	桃花	中国农业科学院郑州果树研究所	朱更瑞、王力荣、方伟超、陈昌文、王新卫、吴金龙、谢景梅	20211330	20211112	20231229
886	20230783	中碧早香菊	桃花	中国农业科学院郑州果树研究所	王力荣、王新卫、朱更瑞、陈昌文、曹珂、李勇、吴金龙	20211332	20211112	20231229
887	20230543	中杏3号	杏	中国农业科学院郑州果树研究所	夏乐晗、陈玉玲、陈龙、崔泽轩、黄振宇、刘斌	20211431	20211124	20230906
888	20230544	中杏4号	杏	中国农业科学院郑州果树研究所	陈玉玲、夏乐晗、陈龙、崔泽轩、宋文清、乔书瑞、于志强	20211435	20211125	20230906
889	20230327	中杏5号	杏	中国农业科学院郑州果树研究所	夏乐晗、陈玉玲、黄振宇、宋文清、陈龙、崔泽轩、冯义彬	20200991	20201118	20230906
890	20230526	竹翠1号	黄精属	中国医学科学院药用植物研究所	丁自勉、祁建军	20211255	20211105	20230906
891	20230527	竹翠2号	黄精属	中国医学科学院药用植物研究所	祁建军、丁自勉、李先恩	20211256	20211105	20230906
892	20230174	国芩2号	黄芩属	中国中药种业有限公司	王继永、刘美娟、王浩、郑司浩、尚兴朴、李进瞳	20211148	20211022	20230420
893	20230024	红蕴	含笑属	中南林业科技大学	胡希军、邢文、张哲、刘彩贤、李瑞雪、张受恒、金晓玲	20200256	20200406	20230420
894	20230794	皇锦1号	红豆杉属	中南林业科技大学、娜塔莉娅树生态科技科技泰州有限公司	曹基武、何日成、刘木胜、曹受金、吴磊、陈雨	20211396	20211119	20231229
895	20230276	南杉2号	红豆杉属	中南林业科技大学、娜塔莉娅树生态科技科技泰州有限公司	曹基武、吴毅、彭继庆、刘春林、曹受金、吴磊、陈雨	20200403	20200610	20230906
896	20230358	祥云	杜鹃花属	重庆市南山植物园管理处	权俊萍、张绍林、陈静、王莉、何炜	20210120	20210227	20230906
897	20230592	玛丽安（Marian）	杜鹃花属	株式会社赤塚植物园（Akatsuka Garden Co., Ltd.）	仓林雪夫（Yukio Kurabayashi）	20180078	20180109	20231229
898	20230353	匀冠郁霞	文冠果	淄博川林文冠苗木种植有限公司、秦皇岛常继民文冠果种植专业合作社、北京林业大学	翟慎学、任钰欣、孙海玲、常金玲、王馨蕊、余婷、许久恒、徐丽、关文彬	20210089	20210205	20230906
899	20230348	匀冠蕴霞	文冠果	淄博川林文冠苗木种植有限公司、秦皇岛常继民文冠果种植专业合作社、北京林业大学	翟慎学、程伟、王馨蕊、常金玲、许久恒、孙阔、徐丽、余婷、毛建丰、关文彬	20210076	20210129	20230906

（续）

序号	品种权号	品种名称	属（种）	品种权人	培育人	申请号	申请日	授权日
900	20230349	匀冠紫霞	文冠果	淄博川林文冠苗木种植有限公司、秦皇岛常绿民文冠果种植专业合作社、北京林业大学	翟填学、余婷、常金玲、王馨蕊、许久恒、孙阔、毛建丰、关文彬	20210077	20210129	20230906
901	20230828	黛丹2号	石榴属	淄博锦川河富硒农业发展有限公司、山东省果树研究所	张汉修、尹燕雷、张锦超、冯立娟、杨雪梅、唐海霞、王菲、安萌萌	20211679	20211228	20231229
902	20230827	黛丹4号	石榴属	淄博锦川河富硒农业发展有限公司、山东省果树研究所	张锦超、尹燕雷、冯立娟、杨雪梅、唐海霞、安萌萌、王菲	20211675	20211227	20231229
903	20230303	粉增秀	山茶属	棕榈生态城镇发展股份有限公司、广州棕榈园园艺科开发有限公司、肇庆棕榈谷花园有限公司	钟乃盛、赵强民、叶土生、黎艳玲、宋遇文、李州	20200797	20200925	20230906
904	20230304	蒙爽	山茶属	棕榈生态城镇发展股份有限公司、广州棕榈园园艺科开发有限公司、肇庆棕榈谷花园有限公司	黎艳玲、叶琦君、赵珊珊、陈炽争、赵强民、钟乃盛、刘信凯	20200798	20200925	20230906
905	20230305	揽月阁	山茶属	棕榈生态城镇发展股份有限公司、广州棕榈园园艺科开发有限公司、肇庆棕榈谷花园有限公司	赵强民、吴桂昌、黎艳玲、刘信凯、钟乃盛、谢雨慧、李州、宋遇文	20200799	20200925	20230906
906	20230306	玉粉楼	山茶属	棕榈生态城镇发展股份有限公司、广州棕榈园园艺科开发有限公司、肇庆棕榈谷花园有限公司	刘信凯、高继银、钟乃盛、叶土生、李州、陈娜娟、赵强民、黎艳玲	20200800	20200925	20230906
907	20230254	粉琉璃	含笑属	棕榈生态城镇发展股份有限公司、陕西省西安植物园	赵强民、岳琳、王晶、赵珊珊、甘美娜、简向阳、谢雨慧	20190791	20191115	20230906
908	20230256	黑魔法	木兰属	棕榈生态城镇发展股份有限公司、陕西省西安植物园	赵强民、王亚玲、王晶、岳琳、甘美娜、赵珊珊、陈娜娟	20190796	20191115	20230906
909	20230229	洪金	木兰属	棕榈生态城镇发展股份有限公司、陕西省西安植物园	赵强民、王亚玲、吴建军、赵珊珊、王晶、严丹峰、叶卫	20180527	20180902	20230906
910	20230253	娇娇女	木兰属	棕榈生态城镇发展股份有限公司、陕西省西安植物园	赵珊珊、甘美娜、王亚玲、王晶、岳琳、谢雨慧、赵强民	20190790	20191115	20230906
911	20230850	流光	木兰属	棕榈生态城镇发展股份有限公司、陕西省西安植物园	王晶、赵珊珊、岳琳、高红升、陈娜娟、武艳芳、邓健、胡传伟	20220173	20220302	20231229
912	20230239	美脉	木兰属	棕榈生态城镇发展股份有限公司、陕西省西安植物园	吴建军、岳琳、甘美娜、王亚玲、严丹峰、唐春艳、简向阳	20190168	20190122	20230906

（续）

序号	品种权号	品种名称	属（种）	品种权人	培育人	申请号	申请日	授权日
913	20230255	小糖宝	木兰属	棕榈生态城镇发展股份有限公司，陕西省西安植物园	王晶、王亚玲、岳琳、甘美娜、赵强民、赵珊珊、简向阳、冯承婷	20190794	20191115	20230906
914	20230241	心连心	含笑属	棕榈生态城镇发展股份有限公司，陕西省西安植物园	王晶、赵珊珊、王亚玲、严丹峰、岳琳、赵珊珊、唐春艳、陈娜娟	20190174	20190122	20230906
915	20230242	栖蝶	含笑属	棕榈生态城镇发展股份有限公司，陕西省西安植物园，深圳市中科院仙湖植物园	王晶、严丹峰、王亚玲、岳琳、赵强民、赵珊珊	20190177	20190122	20230906

数据来源：国家林业和草原局局植物新品种保护办公室。

附表2　2023年林业和草原植物新品种申请

序号	申请号	品种名称	属（种）	申请人	培育人	申请日
1	20230012	阿康布洛（ARCANBLO）	蔷薇属	A.R.B.A.公司（A.R.B.A. B.V.）	艾尔·皮·德布林（Ir. P. de Bruin）	20230103
2	20230019	阿西娜（ARSINA）	蔷薇属	A.R.B.A.公司（A.R.B.A. B.V.）	艾尔·皮·德布林（Ir. P. de Bruin）	20230105
3	20231687	阿玛迪瑟（ARMADCER）	蔷薇属	A.R.B.A.公司（A.R.B.A. B.V.）	艾尔·皮·德布林（Ir. P. de Bruin）	20231114
4	20230002	希尔穆博034P（HILMB034P）	蔷薇属	E.G.希尔公司（E.G. Hill Company Inc.）	迪恩·如勒（Dean Rule）	20221229
5	20230072	希尔普布丽（HILpbrule）	蔷薇属	E.G.希尔公司（E.G. Hill Company Inc.）	迪恩·如勒（Dean Rule）	20230203
6	20230945	明凤圆条北术	苍术	艾侠	艾侠	20230728
7	20230249	春晓	山核桃属	安徽省林业科学研究院、宁国市林业事业发展中心、中国林业科学研究院亚热带林业研究所	陈素传、吴志辉、常君、韩文妍、张俊佩、陶孜鹏、刘俊龙	20230410
8	20221717	果桑5号	桑属	安徽省农业科学院蚕桑研究所、安徽省林业科技推广总站	邓永进、于洁、韩智宏、于得水	20221205
9	20230575	秋韵1号	越橘属	安徽紫约种业有限公司	李亚东、蒋洪洲	20230607
10	20230578	秋韵2号	越橘属	安徽紫约种业有限公司	李亚东、蒋洪洲	20230608
11	20230580	秋韵3号	越橘属	安徽紫约种业有限公司	李亚东、蒋洪洲	20230608
12	20230579	中芯1号	越橘属	安徽紫约种业有限公司	李亚东、蒋洪洲	20230608
13	20230581	中芯2号	越橘属	安徽紫约种业有限公司	李亚东、蒋洪洲	20230608
14	20230586	中芯3号	越橘属	安徽紫约种业有限公司	李亚东、蒋洪洲	20230608
15	20230585	中芯4号	越橘属	安徽紫约种业有限公司	李亚东、蒋洪洲	20230608
16	20230587	中芯5号	越橘属	安徽紫约种业有限公司	李亚东、蒋洪洲	20230608
17	20230584	中芯6号	越橘属	安徽紫约种业有限公司	李亚东、蒋洪洲	20230608
18	20230582	中芯7号	越橘属	安徽紫约种业有限公司	李亚东、蒋洪洲	20230608
19	20230583	中芯8号	越橘属	安徽紫约种业有限公司	李亚东、蒋洪洲	20230608
20	20230540	紫约10号	越橘属	安徽紫约种业有限公司	李亚东、蒋洪洲、闫黎明、黄金侠	20230602
21	20230520	紫约11号	越橘属	安徽紫约种业有限公司	李亚东、蒋洪洲、闫黎明、黄金侠	20230531
22	20230531	紫约12号	越橘属	安徽紫约种业有限公司	蒋洪洲、李亚东、黄金侠、闫黎明	20230601
23	20230518	紫约14号	越橘属	安徽紫约种业有限公司	蒋洪洲、李亚东、黄金侠、闫黎明	20230531
24	20230539	紫约15号	越橘属	安徽紫约种业有限公司	蒋洪洲、李亚东、黄金侠、闫黎明	20230602
25	20230537	紫约16号	越橘属	安徽紫约种业有限公司	李亚东、蒋洪洲、闫黎明、黄金侠	20230602

（续）

序号	申请号	品种名称	属（种）	申请人	培育人	申请日
26	20230544	紫约 17 号	越橘属	安徽紫约种业有限公司	李亚东、蒋洪洲、闫黎明、黄金侠	20230603
27	20230535	紫约 4 号	越橘属	安徽紫约种业有限公司	李亚东、蒋洪洲、闫黎明、黄金侠	20230602
28	20230542	紫约 5 号	越橘属	安徽紫约种业有限公司	李亚东、蒋洪洲、闫黎明、黄金侠	20230602
29	20230541	紫约 7 号	越橘属	安徽紫约种业有限公司	蒋洪洲、李亚东、黄金侠、闫黎明	20230602
30	20230516	紫约 8 号	越橘属	安徽紫约种业有限公司	蒋洪洲、李亚东、黄金侠、闫黎明	20230531
31	20230517	紫约 9 号	越橘属	安徽紫约种业有限公司	李亚东、蒋洪洲、闫黎明、黄金侠	20230531
32	20230519	紫约 13 号	越橘属	安徽紫约种业有限公司	李亚东、蒋洪洲、闫黎明、黄金侠	20230531
33	20221708	银光	山荆子属	安阳市园林绿化科研所，山东万路达毛樱文化产业发展有限公司，山东路达园林科技有限公司	崔东军、王永周、张帆、顾鲁、郭文霞、张焰、薛景、张伟、赵祥宝、李晓峰、张庆通、马健、王芳、刘洋	20221202
34	20231016	遨特希斯特（ALTsister）	蔷薇属	遨特萌植物公司（Altman Specialty Plants, LLC.）	林彬（Ping Lim）	20230811
35	20231014	遨特哲根（ALTdragon）	蔷薇属	遨特萌植物公司（Altman Specialty Plants, LLC.）	林彬（Ping Lim）	20230811
36	20231015	林 10（LIM10）	蔷薇属	遨特萌植物公司（Altman Specialty Plants, LLC.）	林彬（Ping Lim）	20230811
37	20231482	本朴 17100（BONPRI17100）	大戟属	澳大利亚本雅植物有限公司（Bonza Botanicals Pty Ltd.）	安德鲁·伯纽兹（Andrew Bernuetz）	20231030
38	20231480	本朴丽 1482（BONPRI1482）	大戟属	澳大利亚本雅植物有限公司（Bonza Botanicals Pty Ltd.）	安德鲁·伯纽兹（Andrew Bernuetz）	20231030
39	20231481	本朴丽 1495（BONPRI1495）	大戟属	澳大利亚本雅植物有限公司（Bonza Botanicals Pty Ltd.）	安德鲁·伯纽兹（Andrew Bernuetz）	20231030
40	20231483	本朴丽 1790（BONPRI1790）	大戟属	澳大利亚本雅植物有限公司（Bonza Botanicals Pty Ltd.）	安德鲁·伯纽兹（Andrew Bernuetz）	20231030
41	20231484	本朴丽 585（BONPRI585）	大戟属	澳大利亚本雅植物有限公司（Bonza Botanicals Pty Ltd.）	安德鲁·伯纽兹（Andrew Bernuetz）	20231030
42	20231144	格拉 101538（GRA101538）	蔷薇属	澳大利亚巨花苗圃有限公司（Grandiflora Nurseries Pty. Ltd.）	H.E. 舒德尔斯（H. E. Schreuders）	20230903
43	20231180	格拉 185212（GRA185212）	蔷薇属	澳大利亚巨花苗圃有限公司（Grandiflora Nurseries Pty. Ltd.）	H.E. 舒德尔斯（H. E. Schreuders）	20230905
44	20221741	思 15270（C15270）	越橘属	澳大利亚科世达浆果国际有限公司（Costa Berry International Pty Ltd.）	J. 斯卡佐（Jessica Scalzo）、J. W. 奥姆斯泰德（James W. Olmstead）	20221209

（续）

序号	申请号	品种名称	属（种）	申请人	培育人	申请日
45	20221558	思14409（C14409）	越橘属	澳大利亚科斯达世达浆果国际有限公司（Costa Berry International Pty Ltd.）、美国佛罗里达基金种业有限公司（Florida Foundation Seed Producers Inc.）	J.斯卡佐（Jessica Scalzo）、J. W.奥姆斯泰德（James W. Olmstead）	20221115
46	20221601	思14771（C14771）	越橘属	澳大利亚科斯达世达浆果国际有限公司（Costa Berry International Pty Ltd.）、美国佛罗里达基金种业有限公司（Florida Foundation Seed Producers Inc.）	J.斯卡佐（Jessica Scalzo）、J. W.奥姆斯泰德（James W. Olmstead）	20221123
47	20221624	思15143（C15143）	越橘属	澳大利亚科斯达世达浆果国际有限公司（Costa Berry International Pty Ltd.）、美国佛罗里达基金种业有限公司（Florida Foundation Seed Producers Inc.）	J.斯卡佐（Jessica Scalzo）、J. W.奥姆斯泰德（James W. Olmstead）	20221126
48	20221740	思15268（C15268）	越橘属	澳大利亚科斯达世达浆果国际有限公司（Costa Berry International Pty Ltd.）、美国佛罗里达基金种业有限公司（Florida Foundation Seed Producers Inc.）	J.斯卡佐（Jessica Scalzo）、J. W.奥姆斯泰德（James W. Olmstead）	20221209
49	20230815	金灿1号	侧柏属	保定市满城区苗圃场、河北农业大学	柳俊明、顾丽姣、王立成、任亚超、李清泉、董研、张军、郭宏良、杨敏生、王进茂、王竹、崔景淼、方可心、李金厂	20230703
50	20230050	香妃2号	梓树属	保定筑邦园林景观工程有限公司	高龙肖、岳彩伟、黄孝志、崔炫洁、崔伟京	20230116
51	20230803	炫杨4号	杨属	保定筑邦园林景观工程有限公司	高龙肖、周雨石、岳宗端、崔炫洁、崔伟京	20230702
52	20230116	筑枫1号	槭属	保定筑邦园林景观工程有限公司	高龙肖、岳宗端、黄孝志、崔炫洁、崔伟京	20230215
53	20230115	筑枫2号	槭属	保定筑邦园林景观工程有限公司	高龙肖、岳宗端、黄孝志、崔炫洁、崔伟京	20230215
54	20230141	筑枫3号	槭属	保定筑邦园林景观工程有限公司	高龙肖、岳宗端、崔炫洁、黄孝志、崔伟京	20230313
55	20230132	筑枫4号	槭属	保定筑邦园林景观工程有限公司	高龙肖、崔炫洁、岳宗端、岳彩伟、崔伟京	20230224
56	20230131	筑枸1号	枸属	保定筑邦园林景观工程有限公司	高龙肖、岳宗端、岳宗端、崔炫洁、崔伟京	20230224
57	20230130	筑槐1号	槐属	保定筑邦园林景观工程有限公司	高龙肖、黄孝志、岳宗端、崔伟京、崔炫洁	20230224
58	20230051	筑京2号	牡荆属	保定筑邦园林景观工程有限公司	高龙肖、崔炫洁、岳宗端、黄孝志、崔伟京	20230116
59	20230052	筑京3号	牡荆属	保定筑邦园林景观工程有限公司	高龙肖、黄孝志、岳彩伟、岳宗端、崔伟京	20230116

（续）

序号	申请号	品种名称	属（种）	申请人	培育人	申请日
60	20230053	筑栾 1 号	栾树属	保定筑邦园林景观工程有限公司	崔伟京、崔炫洁、高龙肖、黄孝志、岳宗瑞	20230116
61	20230127	筑栾 2 号	栾树属	保定筑邦园林景观工程有限公司	高龙肖、黄孝志、崔炫洁、岳宗瑞、崔伟京、岳彩伟	20230221
62	20230124	筑桃 1 号	李属	保定筑邦园林景观工程有限公司	高龙肖、岳彩伟、岳宗瑞、黄孝志、崔炫洁、崔伟京	20230221
63	20230126	筑杏 1 号	李属	保定筑邦园林景观工程有限公司	高龙肖、崔炫洁、岳宗瑞、黄孝志、崔伟京、岳彩伟	20230221
64	20230744	筑杏 2 号	李属	保定筑邦园林景观工程有限公司	高龙肖、黄孝志、崔炫洁、岳宗瑞、崔伟京	20230628
65	20221209	傲霜斗暑 10 号	杨属	北京林业大学	张德强、杜庆章、郝旭日、张峰、刘鹏、张瑞	20220907
66	20221210	傲霜斗暑 11 号	杨属	北京林业大学	张德强、谢剑波、张瑞、马文斌、于志海、卜琛皞	20220907
67	20221211	傲霜斗暑 12 号	杨属	北京林业大学	张德强、权明洋、张锦梅、刘宝尧、郝旭日、刘磊	20220907
68	20221206	傲霜斗暑 7 号	杨属	北京林业大学	张德强、宋跃朋、刘磊、申中文、徐振华、张瑞	20220907
69	20221207	傲霜斗暑 8 号	杨属	北京林业大学	张德强、宋跃朋、卜琛皞、王建军、申中文、徐振华、刘鹏	20220907
70	20221208	傲霜斗暑 9 号	杨属	北京林业大学	张德强、杜庆章、刘鹏、张峰、田书勇、刘磊、郝旭日	20220907
71	20221716	爆竹	杨属	北京林业大学	宋跃朋、张德强、郝旭日、卜琛皞、陈盼飞、刘磊	20221204
72	20231091	绯月	蔷薇属	北京林业大学	于超、程璧瑄、周利君、周美春、罗乐、潘会堂、张启翔	20230826
73	20231407	粉罗裙	芍药属	北京林业大学	于晓南、朱绍才、赵家庚、陈乐、陈曦、朱炜、陈启航、马艳芳、孙榕泽	20231018
74	20231397	粉面狮子头	芍药属	北京林业大学	于晓南、朱炜、曹津津、朱绍才、郑严仪、金梦竹、张葳、高凯	20231017
75	20230404	高原织云	菊属	北京林业大学	赵惠恩、孔丹睿、张玮	20230516
76	20231110	晴雪	蔷薇属	北京林业大学	于超、周利君、程璧瑄、陈沄毅、刘雨晨、罗乐、潘会堂、张启翔	20230830
77	20231408	香妃紫	芍药属	北京林业大学	于晓南、王宇喧、朱炜、崔雅琦、朱绍才、孙苗、陈丽媛、孙洪喆、张建军	20231018
78	20231090	星云	蔷薇属	北京林业大学	于超、程璧瑄、周利君、黄润环、罗乐、潘会堂、张启翔	20230826
79	20221610	烟花	杨属	北京林业大学	宋跃朋、张德强、刘磊、刘鹏、卜琛皞、张瑞、郝旭日	20221124
80	20231092	子衿	蔷薇属	北京林业大学	于超、周利君、程璧瑄、陈沄毅、刘庭函、罗乐、潘会堂、张启翔	20230826
81	20231217	髻丰后	梅	北京林业大学、北京丹青园林绿化有限责任公司	李庆卫、王梓煦、王秀军、秦孝天、赵彦贝、周丹、罗春燕、董向忠、赵东波、马润国	20230918
82	20231218	春雪	梅	北京林业大学、河北知雨农林开发有限公司	李庆卫、王梓煦、谷奎宪、申胜娥、秦孝天、王秀军、罗春燕、周丹、赵彦贝	20230919

（续）

序号	申请号	品种名称	属（种）	申请人	培育人	申请日
83	20231216	太行绯红	梅	北京林业大学、河北知雨农林开发有限公司	李庆卫、谷奎宪、申胜娥、王秀军、秦孝天、周丹、赵彦贝、王梓煦	20230918
84	20231219	太行昌粉	梅	北京林业大学、河北知雨农林开发有限公司	李庆卫、谷奎宪、王梓煦、秦孝天、王秀军、罗春燕	20230919
85	20231215	太行素春	梅	北京林业大学、河北知雨农林开发有限公司	李庆卫、谷奎宪、王秀军、王梓煦、申胜娥、秦孝天、周丹、赵彦贝、罗春燕	20230918
86	20231330	白朱砂	梅	北京林业大学、卢氏县豫西梅园梅花珍品研发有限公司	李庆卫、秦孝天、王秀军、李子航、秦少华、秦少飞	20231008
87	20231329	单粉跳朱砂	梅	北京林业大学、卢氏县豫西梅园梅花珍品研发有限公司	李庆卫、许联瑛、秦孝天	20231008
88	20231338	粉晕朱砂	梅	北京林业大学、卢氏县豫西梅园梅花珍品研发有限公司	李庆卫、秦孝天、卢扬、周丹、秦少华、秦少飞	20231008
89	20231361	红美人	梅	北京林业大学、卢氏县豫西梅园梅花珍品研发有限公司	陈瑞丹、秦孝天、王秀军、李庆卫、秦少华、秦少飞	20231012
90	20231332	美枝朱砂	梅	北京林业大学、卢氏县豫西梅园梅花珍品研发有限公司	李庆卫、秦孝天、陈瑞丹、秦少华、秦少飞	20231008
91	20231340	硕粉	梅	北京林业大学、卢氏县豫西梅园梅花珍品研发有限公司	李庆卫、秦孝天、周丹、卢扬、秦少华、秦少飞	20231008
92	20231334	豫西变绿	梅	北京林业大学、卢氏县豫西梅园梅花珍品研发有限公司	李庆卫、秦孝天、陈瑞丹、王秀军、李子航、秦少华、秦少飞	20231008
93	20231333	豫西彩枝	梅	北京林业大学、卢氏县豫西梅园梅花珍品研发有限公司	李庆卫、秦孝天、赵彦贝、王梓煦、秦少华、秦少飞	20231008
94	20231331	豫西锦垂	梅	北京林业大学、卢氏县豫西梅园梅花珍品研发有限公司	李庆卫、秦孝天、陈瑞丹、秦少华、秦少飞	20231008
95	20231337	豫西台绿	梅	北京林业大学、卢氏县豫西梅园梅花珍品研发有限公司	李庆卫、秦孝天、刘嫒嫒、顾晓文、秦少华、秦少飞	20231008
96	20231336	豫西舞朱砂	梅	北京林业大学、卢氏县豫西梅园梅花珍品研发有限公司	李庆卫、秦孝天、陈瑞丹、王梓煦、赵彦贝、周丹、秦少华、秦少飞	20231008
97	20231326	豫西杏垂	梅	北京林业大学、卢氏县豫西梅园梅花珍品研发有限公司	李庆卫、秦孝天、顾晓文、刘嫒嫒、秦少华、秦少飞	20231008
98	20231342	豫西艳朱砂	梅	北京林业大学、卢氏县豫西梅园梅花珍品研发有限公司	李庆卫、秦孝天、王秀军、李子航、秦少华、秦少飞	20231008
99	20231325	豫西早红	梅	北京林业大学、卢氏县豫西梅园梅花珍品研发有限公司	李庆卫、秦孝天、王秀军、李子航、秦少华、秦少飞	20231008

（续）

序号	申请号	品种名称	属（种）	申请人	培育人	申请日
100	20231341	豫西皱朱砂	梅	北京林业大学，卢氏县豫西梅园梅花珍品研发有限公司	李庆卫，秦孝天，李子航，秦少华，秦少飞	20231008
101	20231339	豫西朱砂	梅	北京林业大学，卢氏县豫西梅园梅花珍品研发有限公司	李庆卫，秦孝天，王秀军，陈端丹，李子航，王梓煦，秦少飞	20231008
102	20231374	豫西醉香	梅	北京林业大学，卢氏县豫西梅园梅花珍品研发有限公司	李庆卫，王秀军，李子航，秦少华，秦少飞	20231014
103	20231324	洽章紫红重翠	梅	北京林业大学，卢氏县豫西梅园梅花珍品研发有限公司	陈端丹，秦孝天，李庆卫，秦少华，秦少飞	20231008
104	20231359	京丰2号	杨属	威县林木良种繁育基地，温县林业科学研究所	张平冬，李赟，康向阳，李金忠，杜康，吴创业	20231012
105	20231360	京丰3号	杨属	威县林木良种繁育基地，温县林业科学研究所	张平冬，李赟，康向阳，李金忠，杜康，吴创业	20231012
106	20230426	大漠织光	菊属	北京刘文超夏菊科技研究所	田海宇	20230518
107	20221437	北平之恋	蔷薇属	北京纳波湾园艺有限公司	王波	20221031
108	20221556	彬琦	蔷薇属	北京纳波湾园艺有限公司	王波，付鑫淼，王文雅，祁阁洲	20221113
109	20221555	花漾纳波	蔷薇属	北京纳波湾园艺有限公司	付鑫淼	20221113
110	20221583	江上莲	蔷薇属	北京纳波湾园艺有限公司	王付兴，张满，段红娇，祁阁洲，李香	20221121
111	20221623	路遥飞跃	蔷薇属	北京纳波湾园艺有限公司	姚飞，祁阁洲，王文雅	20221126
112	20221626	魅力纳波	蔷薇属	北京纳波湾园艺有限公司	王波	20221127
113	20221625	鸣鸣	蔷薇属	北京纳波湾园艺有限公司	王波，付鑫淼，王付兴，祁阁洲	20221127
114	20221761	宛红	蔷薇属	北京纳波湾园艺有限公司	王波，付鑫淼	20221212
115	20221678	秀美英淑	蔷薇属	北京纳波湾园艺有限公司	王波，付鑫淼，段红娇，祁阁洲	20221129
116	20221641	呦呦	蔷薇属	北京纳波湾园艺有限公司	王波，付鑫淼，王付兴，祁阁洲	20221127
117	20230103	秋韵	胡枝子属	北京农学院	杨晓红	20230210
118	20231423	宜飒	花椒属	北京农学院	郑健，张睿鹏，张炎，梁逗逗，徐申健，李杨	20231021
119	20231456	宜橙	花椒属	北京农学院，北京市十三陵林场管理处	郑健，张睿鹏，胡东阳，张咏，王傲雪，赵冬雪	20231025
120	20231455	宜实	花椒属	北京农学院，山东省林草种质资源中心（山东省药乡林场）	张炎，鲁仪增，郑健，张睿鹏，徐申健，梁逗逗	20231025
121	20230024	秀林擎天	栾树属	北京市花木有限公司	张建章，陈菊，王强，杨庆春，侯冬，刘扬，王胜朝	20230111
122	20230538	承麻1号	枣属	北京市农林科学院	潘青华，张玉平，武刚，路东晔	20230602
123	20230551	金冠1号	侧柏属	北京市农林科学院	刘国彬，廖婷，曹均，郭丽琴，王烨，李娜	20230604
124	20230548	金冠2号	侧柏属	北京市农林科学院	刘国彬，廖婷，郭丽琴，王烨，曹均，李娜	20230604

（续）

序号	申请号	品种名称	属（种）	申请人	培育人	申请日
125	20230049	京桧4号	圆柏属	北京市农林科学院	刘国彬、廖婷、郭丽琴、王烨、曹均	20230116
126	20230054	京桧6号	圆柏属	北京市农林科学院	刘国彬、曹均、张玉平、廖婷、郭丽琴、王烨	20230118
127	20230370	京桧7号	圆柏属	北京市农林科学院	刘国彬、郭丽琴、王烨、廖婷、时朝、曹均、李娜	20230511
128	20230252	京红3号	核桃属	北京市农林科学院	齐建勋、张赟齐、陈永浩、李娟、郝艳宾	20230410
129	20230536	京玉1号	枣属	北京市农林科学院	潘青华、张玉平、武娟、路东晔	20230602
130	20230550	京玉5号	枣属	北京市农林科学院	潘青华、张玉平、武娟、路东晔	20230605
131	20231463	京月冰芯	蔷薇属	北京市农林科学院	金万梅、王华、李茂福、孙佩、张宏、赵明明	20231026
132	20231464	京月丑奴	蔷薇属	北京市农林科学院	金万梅、王华、李茂福、孙佩	20231026
133	20231498	京月红藤1号	蔷薇属	北京市农林科学院	金万梅、王华、李茂福、孙佩	20231031
134	20231635	京月绸云	蔷薇属	北京市农林科学院	王华、金万梅、李茂福、孙佩、康岩慧	20231106
135	20231497	京月紫芯	蔷薇属	北京市农林科学院	王华、金万梅、李茂福、孙佩、康岩慧	20231031
136	20231519	秋香	杏	北京市农林科学院	孙浩元、杨丽、张俊环、姜凤超、张美玲、王玉柱、于文剑	20231101
137	20230290	蔚蓝之星	刺柏属	北京市农林科学院	刘国彬、时朝、廖婷、郭丽琴、王烨	20230421
138	20230472	翠宝	松属	北京市西山试验林场管理处、北京市园林绿化科学研究院	杨宝祥、宁秋玲、李田、王颖、邵占海、孟晓倩、郭丹丹、许丽、宁少华、王平玺、陈涛、姚飞、李娜、冯天爽、唐兴雨	20230525
139	20230473	翠芒	松属	北京市西山试验林场管理处、北京市园林绿化科学研究院	杨宝祥、李箐、陈涛、宁秋林、王颖、孟晓倩、郭丹丹、许丽、宁少华、王平玺、李娜、姚飞、冯天爽、索颖	20230525
140	20230449	翠塔	松属	北京市西山试验林场管理处、北京市园林绿化科学研究院	李箐、杨宝祥、李田、陈涛、冯天爽、王颖、孟晓倩、许丽、陈涛、宁少华、李娜、王平玺、姚飞、邵占海、李香、索颖、邵	20230523
141	20230474	翠舞	松属	北京市西山试验林场管理处、北京市园林绿化科学研究院	李箐、杨宝祥、王颖、陈涛、孟晓倩、郭丹丹、许丽、宁少华、王平玺、姚飞、邵占海、赵羽、冯天爽	20230525
142	20230478	翠鬃	松属	北京市西山试验林场管理处、北京市园林绿化科学研究院	陈涛、冯天爽、王颖、白正甲、邵占海、孟晓倩、郭丹丹、许丽、宁少华、王平玺、李箐、杨宝祥、李田、宁秋林、张文莱	20230525
143	20230766	大紫蝶	鸢尾属	北京市植物园管理处	宋华、朱莹、刘恒星、王东军、李凯	20230630
144	20230689	粉蝶翩翩	鸢尾属	北京市植物园管理处	朱莹、邓莲、皮晓飞、刘恒星、安晖	20230625
145	20230684	红装	鸢尾属	北京市植物园管理处	朱莹、宋华、刘恒星、李凯、皮晓飞	20230625
146	20230900	辉煌	石斛属	北京市植物园管理处	王苗苗、汤久杨、张毓、陈啧然、于天成	20230719

（续）

序号	申请号	品种名称	属（种）	申请人	培育人	申请日
147	20230681	娇容晚	鸢尾属	北京市植物园管理处	朱莹、魏钰、宋华、刘恒星、闫帅	20230625
148	20230690	金帝	鸢尾属	北京市植物园管理处	朱莹、宋华、邓莲、刘恒星、张蕾	20230625
149	20230827	劳瑞	蔷薇属	北京市植物园管理处	邓莲、魏钰、李凯、西景蕾、成雅京	20230706
150	20230901	怦然心动	石斛属	北京市植物园管理处	汤久杨、王苗苗、陈喞然、张毓、于天成、刘佳	20230719
151	20230688	胜雪	鸢尾属	北京市植物园管理处	朱莹、王雪芹、宋华、刘恒星、王白冰	20230625
152	20230680	淑女装	鸢尾属	北京市植物园管理处	朱莹、宋华、贺然、张琮琦、全晗	20230625
153	20230682	素装	鸢尾属	北京市植物园管理处	朱莹、刘恒星、宋华、李菁博、王白冰	20230625
154	20230683	雅装	鸢尾属	北京市植物园管理处	朱莹、宋华、邓莲、刘恒星、张蕾	20230625
155	20230687	月光	鸢尾属	北京市植物园管理处	朱莹、宋华、李凯、刘恒星、王东军	20230625
156	20230685	紫蝶来识	鸢尾属	北京市植物园管理处	朱莹、魏钰、宋华、皮晓飞、闫帅	20230625
157	20230679	紫蝶姗姗	鸢尾属	北京市植物园管理处	朱莹、贺然、宋华、张琮琦、全晗	20230625
158	20231716	国门一号	蔷薇属	北京首都机场物业管理有限公司、北京林业大学	刘海龙、姚笛、张磊、赵梓宇、王婷、于超	20231116
159	20221596	锦绣北平	蔷薇属	北京益丰农业科学研究院有限责任公司、北京纳波湾园艺有限公司	王波、王付兴、张满、王文雅、祁阁洲	20221122
160	20221471	柔情似水	蔷薇属	北京益丰农业科学研究院有限责任公司、北京纳波湾园艺有限公司	王波、王付兴、祁阁洲、段红娇、宁少华	20221101
161	20221496	首善之恋	蔷薇属	北京益丰农业科学研究院有限责任公司、北京纳波湾园艺有限公司	王波、王付兴、祁阁洲、段红娇	20221103
162	20221642	雨后彩虹	蔷薇属	北京益丰农业科学研究院有限责任公司、北京纳波湾园艺有限公司	王文雅、姚飞、祁阁洲、宁少华	20221128
163	20231018	京欧10号	李属	北京中医药大学	李卫东、李宗朔	20230812
164	20230985	京欧7号	李属	北京中医药大学	李卫东、李宗朔	20230804
165	20230986	京欧8号	李属	北京中医药大学	李卫东、李宗朔	20230804
166	20230987	京欧9号	李属	北京中医药大学	李卫东、李宗朔	20230804
167	20230994	凌霜1号	连翘属	北京中医药大学	李卫东、李宗朔	20230808
168	20231198	宇欧1号	李属	北京中医药大学	李卫东、李宗朔	20230908
169	20230903	万家红	石榴属	宾川金丰汇农业开发有限公司	闫虎、闫飞龙、李培芳	20230719
170	20230904	万紫千红	石榴属	宾川金丰汇农业开发有限公司	闫虎、闫飞龙、李培芳	20230719
171	20230902	醉美人	石榴属	宾川金丰汇农业开发有限公司	闫虎、闫飞龙、李培芳	20230719
172	20230481	波泰克斯001（BotEx001）	醉鱼草属	波塔尼科 艾克斯皮仁斯 B.V.(Botanic Experience B.V.)	约翰内斯·阿德里亚努斯·玛丽亚·库特（Johannes Adrianus Maria Koot）	20230526

（续）

序号	申请号	品种名称	属（种）	申请人	培育人	申请日
173	20230482	波泰克斯002（BotEx002）	醉鱼草属	波塔尼科 艾克斯皮仁斯 B.V.（Botanic Experience B.V.）	约翰内斯·阿德里亚努斯·库特（Johannes Adrianus Maria Koot）	20230526
174	20230483	波泰克斯003（BotEx003）	醉鱼草属	波塔尼科 艾克斯皮仁斯 B.V.（Botanic Experience B.V.）	约翰内斯·阿德里亚努斯·库特（Johannes Adrianus Maria Koot）	20230526
175	20230484	波泰克斯004（BotEx004）	醉鱼草属	波塔尼科 艾克斯皮仁斯 B.V.（Botanic Experience B.V.）	约翰内斯·阿德里亚努斯·库特（Johannes Adrianus Maria Koot）	20230526
176	20230485	波泰克斯005（BotEx005）	醉鱼草属	波塔尼科 艾克斯皮仁斯 B.V.（Botanic Experience B.V.）	约翰内斯·阿德里亚努斯·库特（Johannes Adrianus Maria Koot）	20230526
177	20230486	波泰克斯006（BotEx006）	醉鱼草属	波塔尼科 艾克斯皮仁斯 B.V.（Botanic Experience B.V.）	约翰内斯·阿德里亚努斯·库特（Johannes Adrianus Maria Koot）	20230526
178	20231636	懂憬	绣球属	蔡仕珍、成都鲁鲁花园农业有限责任公司	蔡仕珍、姜贝贝、叶充、刘光立	20231106
179	20231435	昌韵	苹果属	昌邑市海棠苗木专业合作社	王立辉、李建生、姚兴海、朱升祥、齐伟靖、温飞燕、郭姜、徐媛媛、卢杰书、林志强、魏晓敏	20231024
180	20231434	巧玉	苹果属	昌邑市海棠苗木专业合作社	齐伟靖、姚兴海、朱升祥、张伟、孙继友、陈艳红、张兴涛、李进、付玉靖、王立辉、刘	20231024
181	20231433	淑妃	苹果属	昌邑市海棠苗木专业合作社	朱升祥、张倩、齐伟靖、陈丽锋、柳胜男、冯宝春、邱燕、苏啄梅、张子文、王立辉	20231024
182	20231473	红环	蔷薇属	常熟菁农园艺有限公司	程馨	20231027
183	20231410	菁01	蔷薇属	常熟菁农园艺有限公司	程馨	20231019
184	20231415	菁02	蔷薇属	常熟菁农园艺有限公司	程馨	20231019
185	20231474	莲灯	蔷薇属	常熟菁农园艺有限公司	程馨	20231027
186	20231472	柠吉祥	蔷薇属	常熟菁农园艺有限公司	程馨	20231027
187	20230910	碧玉彩虹	椒属	常州市林业工作站武进分站、武进区湟里宇宁萌槭树园	何慧君、袁丹、沈寿大、潘林、童培熙	20230721
188	20230944	丹秀	椒属	常州市林业工作站武进分站、武进区湟里宇宁萌槭树园	何慧君、袁丹、沈寿大、潘林、童培熙	20230728
189	20230549	晋陵	蔷薇属	常州市园艺发展服务中心	陈向前、商阳、姜马兰、商阳	20230605
190	20221511	女神之子	蔷薇属	常州市园艺发展服务中心	李卉、商阳、陈向前、韩禧	20221107
191	20231609	毗陵绯色	蔷薇属	常州市园艺发展服务中心	商阳、陈向前、李卉、韩禧	20231103
192	20221510	小狮子头	蔷薇属	常州市园艺发展服务中心	李卉、商阳、姜马兰、陈向前	20221107
193	20230088	橙美	石斛属	陈慧玲、湖北宗坤石斛科技开发有限公司	陈慧玲、彭婵、刘宗坤、张新叶、李振芳、刘炼、马林江、黄国伟	20230207

（续）

序号	申请号	品种名称	属（种）	申请人	培育人	申请日
194	20230919	秦桂2号	桂柳属	陈兰军、张守忠、陈朝辉	陈兰军	20230724
195	20231214	撑天1号	紫薇属	成都百变园艺有限公司	李志梁、冯爱平、李海泉	20230915
196	20230989	撑天2号	紫薇属	成都百变园艺有限公司	李志梁、冯爱平、李海泉	20230807
197	20231262	夏日公主	越橘属	成都森茂现代农业有限公司、大连森茂现代农业有限公司、青岛普世蓝现代农业有限公司	王贺新、刘国玲、罗森筍、徐国辉	20230926
198	20231166	胭脂蜀	报春花属	成都市花木技术服务中心、四川农业大学	张彤、贾茵、伍先成、叶玲、罗增春、潘远智、李西、张潇、邓童	20230905
199	20231276	逸甜	越橘属	成都逸田生态农业科技有限公司、大连大学	杨富云、徐国辉、王贺新、娄鑫、温立杜、赵倩、崔青青	20230926
200	20230576	宇璐	沙棘属	承德宇航人高山植物应用技术有限责任公司	刘春海、张龙、岳丽华、宋彦伟、焦艳、潘亚菲、池树学、崔海睿、闫力勤、刘金祥、潘景玉、岳五峰、史伟伟、戴楠、岳志娟、张丽峰、韩艳杰、时馨雨、陈盈鑫、马兴国	20230609
201	20230463	豆蔻	紫藤属	程红梅	程红梅、郑永梅	20230524
202	20230279	粉钻	紫藤属	程红梅	程红梅	20230417
203	20230286	蓝雾	紫藤属	程红梅	程红梅	20230419
204	20230278	如画	紫藤属	程红梅	程红梅、周标峰	20230417
205	20230276	王妃	紫藤属	程红梅	程红梅	20230417
206	20230277	香妃	紫藤属	程红梅	程红梅	20230417
207	20230285	星辰	紫藤属	程红梅	程红梅	20230419
208	20230941	星河	紫藤属	程红梅	程红梅	20230727
209	20230781	星空	紫藤属	程红梅	程红梅	20230630
210	20230462	星澜	紫藤属	程红梅	程红梅	20230524
211	20230778	星云	紫藤属	程红梅	程媛	20230630
212	20230461	雪浪	紫藤属	程红梅、郑永梅	程红梅、郑永梅、王雷宏	20230524
213	20221766	林枣7号	南酸枣	崇义县绿地种苗场	林朝楷、廖信远、黄文辉、陈后荣、王金秀	20221213
214	20221745	林枣8号	南酸枣	崇义县绿地种苗场	林朝楷、郭勇君、袁本飞、黄文辉、陈后荣、廖信远、王金秀	20221210
215	20230009	西海岸	越橘属	大连大学、大连森茂现代农业有限公司	徐国辉、王贺新、刘国玲、赵丽娜、雷蕾	20230102
216	20230010	新星一号	越橘属	大连大学、大连森茂现代农业有限公司	王贺新、徐国辉、刘国玲、赵丽娜、雷蕾	20230102

（续）

序号	申请号	品种名称	属（种）	申请人	培育人	申请日
217	20231285	蓝滋味	越橘属	大连大学，大连森茂现代农业有限公司，大连普世蓝农业科技有限公司	娄鑫、史晟静、徐国辉、王贺新、温立柱、刘桂婷、卢雅妮、崔青青、赵倩、刘国玲、王丽	20230926
218	20231312	连大初芯	越橘属	大连大学，大连森茂现代农业有限公司，大连普世蓝农业科技有限公司	徐国辉、温立柱、赵倩、崔青青、刘国玲、徐银双、罗霖锜、刘桂婷、王贺新、王丽	20230928
219	20231256	如玉	越橘属	大连大学，大连森茂现代农业有限公司，大连普世蓝农业科技有限公司	徐国辉、王贺新、温立柱、史晟静、张润梅、梁正兰、刘国玲、赵丽娜	20230926
220	20231315	蓝咖啡	越橘属	大连大学，大连森茂现代农业有限公司，青岛普世蓝现代农业有限公司	徐国辉、孙佳艺、王贺新、刘国玲、赵丽娜、熊黛海	20230928
221	20231248	连大之美	越橘属	大连大学，大连森茂现代农业有限公司，青岛普世蓝现代农业有限公司	徐国辉、刘桂婷、王贺新、温立柱、崔青青、付豪、邓艳琼、刘国玲、赵倩	20230926
222	20230008	晨夏	越橘属	大连普世蓝现代农业科技有限公司，大连森茂现代农业有限公司，大连大学	刘国玲、徐国辉、王贺新、崔青青、赵倩	20230102
223	20231300	火烈鸟	越橘属	大连普世蓝农业科技有限公司，大连森茂现代农业有限公司，大连大学	王贺新、徐国辉、刘国玲、赵丽娜、温立柱	20230927
224	20231250	罗绮	越橘属	大连森茂现代农业有限公司，大连普世蓝农业科技有限公司，大连大学	王贺新、付豪、罗霖锜、赵丽娜、娄鑫、刘国玲、徐国辉	20230926
225	20231253	潜水艇	越橘属	大连森茂现代农业有限公司，大连普世蓝农业科技有限公司，大连大学	王贺新、徐国辉、赵丽娜、娄鑫、刘国玲、温立柱、崔青青	20230926
226	20231257	天王	越橘属	大连普世蓝农业科技有限公司，大连森茂现代农业有限公司，大连大学	王贺新、徐国辉、刘国玲、温立柱、赵倩	20230926
227	20230005	樱雪	越橘属	大连普世蓝农业科技有限公司	王贺新、徐银双、刘国玲、赵丽娜	20230102
228	20231270	雪山飞狐	越橘属	大连森茂现代农业有限公司，大连大学	王贺新、徐国辉、刘国玲、赵丽娜	20230926
229	20230006	莱卡尔	越橘属	大连森茂现代农业有限公司，大连大学	王贺新、赵丽娜、徐国辉、娄鑫、刘国玲	20230102
230	20231313	超越	越橘属	大连森茂现代农业有限公司，大连大学，大连普世蓝农业科技有限公司	徐国辉、邓艳琼、王贺新、徐银双、刘国玲、温立柱、罗霖锜	20230928
231	20231282	黑球球	越橘属	大连森茂现代农业有限公司，大连大学，大连普世蓝农业科技有限公司	赵倩、孙佳艺、王一舒、王贺新、徐国辉、温立柱	20230926
232	20231292	蓝灯	越橘属	大连大学，大连森茂现代农业有限公司，大连普世蓝农业科技有限公司	姜长辉、刘国玲、王贺新、徐国辉、徐银双、赵丽娜	20230926
233	20230007	飞雪	越橘属	大连普世蓝农业科技有限公司	王贺新、刘国玲、徐银双、赵丽娜、徐国辉	20230102

（续）

序号	申请号	品种名称	属（种）	申请人	培育人	申请日
234	20231272	怡美	越橘属	大连森茂现代农业有限公司，大连普世蓝农业科技有限公司，大连大学	刘国玲、徐国辉、王贺新、赵丽娜、崔青青	20230926
235	20231265	心弓力	越橘属	大连森茂现代农业有限公司，大连普世蓝农业科技有限公司，青岛普世蓝现代农业有限公司	王贺新、刘国玲、赵丽娜、徐国辉、王一舒	20230926
236	20231266	雄莓	越橘属	大连森茂现代农业有限公司，大连普世蓝农业科技有限公司，青岛普世蓝现代农业有限公司	王贺新、赵丽娜、刘国玲、王一舒	20230926
237	20231291	巨无霸	越橘属	大连森茂现代农业有限公司，青岛普世蓝现代农业有限公司	王贺新、刘国玲、赵丽娜	20230926
238	20231252	蜜桃仙子	越橘属	青岛普世蓝现代农业有限公司，大连普世蓝现代农业科技有限公司	王贺新、刘国玲、罗霖锜、徐国辉、赵丽娜、雷蕾	20230926
239	20231465	科切0183 (KORcut0183)	蔷薇属	德国科德斯月季育种公司（Kordes' Söhne Rosenschulen GmbH & Co KG）	德国奥文塞斯-斯帕瑞肖普市	20231026
240	20231795	科切0209 (KORcut0209)	蔷薇属	德国科德斯月季育种公司（Kordes' Söhne Rosenschulen GmbH & Co KG）	威廉-亚历山大·科德斯 (Wilhelm-Alexander Kordes)	20231201
241	20230446	科切0232 (KORcut0232)	蔷薇属	德国科德斯月季育种公司（Kordes' Söhne Rosenschulen GmbH & Co KG）	威廉-亚历山大·科德斯 (Wilhelm-Alexander Kordes)	20230522
242	20231466	科切0234 (KORcut0234)	蔷薇属	德国科德斯月季育种公司（Kordes' Söhne Rosenschulen GmbH & Co KG）	威廉-亚历山大·科德斯 (Wilhelm-Alexander Kordes)	20231026
243	20230445	科切0256 (KORcut0256)	蔷薇属	德国科德斯月季育种公司（Kordes' Söhne Rosenschulen GmbH & Co KG）	威廉-亚历山大·科德斯 (Wilhelm-Alexander Kordes)	20230522
244	20230447	科切0280 (KORcut0280)	蔷薇属	德国科德斯月季育种公司（Kordes' Söhne Rosenschulen GmbH & Co KG）	威廉-亚历山大·科德斯 (Wilhelm-Alexander Kordes)	20230522
245	20231726	科切0336 (KORcut0336)	蔷薇属	德国科德斯月季育种公司（Kordes' Söhne Rosenschulen GmbH & Co KG）	威廉-亚历山大·科德斯 (Wilhelm-Alexander Kordes)	20231118

（续）

序号	申请号	品种名称	属（种）	申请人	培育人	申请日
246	20231727	科切 0351（KORcut0351）	蔷薇属	德国科德斯月季育种公司（W. Kordes'Söhne Rosenschulen GmbH & Co KG）	威廉 - 亚历山大·科德斯（Wilhelm-Alexander Kordes）	20231118
247	20230503	科切 0389（KORcut0389）	蔷薇属	德国科德斯月季育种公司（W. Kordes'Söhne Rosenschulen GmbH & Co KG）	威廉 - 亚历山大·科德斯（Wilhelm-Alexander Kordes）	20230530
248	20230504	科切 0406（KORcut0406）	蔷薇属	德国科德斯月季育种公司（W. Kordes'Söhne Rosenschulen GmbH & Co KG）	威廉 - 亚历山大·科德斯（Wilhelm-Alexander Kordes）	20230530
249	20230513	科切 0414（KORcut0414）	蔷薇属	德国科德斯月季育种公司（W. Kordes'Söhne Rosenschulen GmbH & Co KG）	威廉 - 亚历山大·科德斯（Wilhelm-Alexander Kordes）	20230530
250	20230505	科切 0419（KORcut0419）	蔷薇属	德国科德斯月季育种公司（W. Kordes'Söhne Rosenschulen GmbH & Co KG）	威廉 - 亚历山大·科德斯（Wilhelm-Alexander Kordes）	20230530
251	20230877	科切 0480（KORcut0480）	蔷薇属	德国科德斯月季育种公司（W. Kordes'Söhne Rosenschulen GmbH & Co KG）	威廉 - 亚历山大·科德斯（Wilhelm-Alexander Kordes）	20230716
252	20230878	科切 0481（KORcut0481）	蔷薇属	德国科德斯月季育种公司（W. Kordes'Söhne Rosenschulen GmbH & Co KG）	威廉 - 亚历山大·科德斯（Wilhelm-Alexander Kordes）	20230716
253	20230879	科切 0497（KORcut0497）	蔷薇属	德国科德斯月季育种公司（W. Kordes'Söhne Rosenschulen GmbH & Co KG）	威廉 - 亚历山大·科德斯（Wilhelm-Alexander Kordes）	20230716
254	20230880	科切 0499（KORcut0499）	蔷薇属	德国科德斯月季育种公司（W. Kordes'Söhne Rosenschulen GmbH & Co KG）	威廉 - 亚历山大·科德斯（Wilhelm-Alexander Kordes）	20230716
255	20231772	科切 0520（KORcut520）	蔷薇属	德国科德斯月季育种公司（W. Kordes'Söhne Rosenschulen GmbH & Co KG）	威廉 - 亚历山大·科德斯（Wilhelm-Alexander Kordes）	20231128
256	20231773	科切 0524（KORcut0524）	蔷薇属	德国科德斯月季育种公司（W. Kordes'Söhne Rosenschulen GmbH & Co KG）	威廉 - 亚历山大·科德斯（Wilhelm-Alexander Kordes）	20231128

（续）

序号	申请号	品种名称	属（种）	申请人	培育人	申请日
257	20230898	科切0530（KORcut0530）	蔷薇属	德国科德斯'Söhne Rosenschulen GmbH & Co KG）	威廉-亚历山大·科德斯（Wilhelm-Alexander Kordes）	20230718
258	20231774	科切0540（KORcut0540）	蔷薇属	德国科德斯月季育种公司（W. Kordes' Söhne Rosenschulen GmbH & Co KG）	威廉-亚历山大·科德斯（Wilhelm-Alexander Kordes）	20231128
259	20230899	科切0700（KORcut0700）	蔷薇属	德国科德斯月季育种公司（W. Kordes' Söhne Rosenschulen GmbH & Co KG）	威廉-亚历山大·科德斯（Wilhelm-Alexander Kordes）	20230718
260	20231136	坦09176（TAN09176）	蔷薇属	德国坦涛月季育种公司（Rosen Tantau KG, Germany）	克里斯汀安·埃维尔斯（Christian Evers）	20230901
261	20231137	坦12189（TAN12189）	蔷薇属	德国坦涛月季育种公司（Rosen Tantau KG, Germany）	克里斯汀安·埃维尔斯（Christian Evers）	20230902
262	20230227	坦14188（TAN14188）	蔷薇属	德国坦涛月季育种公司（Rosen Tantau KG, Germany）	克里斯汀安·埃维尔斯（Christian Evers）	20230401
263	20221390	坦14240（TAN14240）	蔷薇属	德国坦涛月季育种公司（Rosen Tantau KG, Germany）	克里斯汀安·埃维尔斯（Christian Evers）	20221011
264	20231138	坦14287（TAN14287）	蔷薇属	德国坦涛月季育种公司（Rosen Tantau KG, Germany）	克里斯汀安·埃维尔斯（Christian Evers）	20230902
265	20231139	坦15130EDV（TAN15130EDV）	蔷薇属	德国坦涛月季育种公司（Rosen Tantau KG, Germany）	克里斯汀安·埃维尔斯（Christian Evers）	20230902
266	20231140	坦16045（TAN16045）	蔷薇属	德国坦涛月季育种公司（Rosen Tantau KG, Germany）	克里斯汀安·埃维尔斯（Christian Evers）	20230902
267	20230228	坦16050（TAN16050）	蔷薇属	德国坦涛月季育种公司（Rosen Tantau KG, Germany）	克里斯汀安·埃维尔斯（Christian Evers）	20230401
268	20221382	坦17079（TAN17079）	蔷薇属	德国坦涛月季育种公司（Rosen Tantau KG, Germany）	克里斯汀安·埃维尔斯（Christian Evers）	20221009
269	20230229	坦17097（TAN17097）	蔷薇属	德国坦涛月季育种公司（Rosen Tantau KG, Germany）	克里斯汀安·埃维尔斯（Christian Evers）	20230401
270	20221381	坦17191（TAN17191）	蔷薇属	德国坦涛月季育种公司（Rosen Tantau KG, Germany）	克里斯汀安·埃维尔斯（Christian Evers）	20221009
271	20231141	坦17424（TAN17424）	蔷薇属	德国坦涛月季育种公司（Rosen Tantau KG, Germany）	克里斯汀安·埃维尔斯（Christian Evers）	20230902

（续）

序号	申请号	品种名称	属（种）	申请人	培育人	申请日
272	20231142	坦17942（TAN17942）	蔷薇属	德国坦涛月季育种公司（Rosen Tantau KG, Germany）	克里斯汀安·埃维尔斯（Christian Evers）	20230902
273	20231143	坦18123（TAN18123）	蔷薇属	德国坦涛月季育种公司（Rosen Tantau KG, Germany）	克里斯汀安·埃维尔斯（Christian Evers）	20230902
274	20230960	德常青1号	卫矛属	德州市城市园林规划设计研究院、李铁	赵涛、栗秀芬、李铁	20230801
275	20230042	瑞克恩0084A（RUICN0084A）	蔷薇属	迪瑞特知识产权公司（De Ruiter Intellectual Property B.V.）	汉克·德·格罗特（H. C. A. de Groot）	20230112
276	20230044	瑞克拉0127C（RUICL0127C）	蔷薇属	迪瑞特知识产权公司（De Ruiter Intellectual Property B.V.）	汉克·德·格罗特（H. C. A. de Groot）	20230112
277	20230045	瑞克斯2026A（RUICS2026A）	蔷薇属	迪瑞特知识产权公司（De Ruiter Intellectual Property B.V.）	汉克·德·格罗特（H. C. A. de Groot）	20230112
278	20230265	瑞克优2033A（RUICQ2033A）	蔷薇属	迪瑞特知识产权公司（De Ruiter Intellectual Property B.V.）	汉克·德·格罗特（H. C. A. de Groot）	20230412
279	20230043	瑞普克0133B（RUIPQ0133B）	蔷薇属	迪瑞特知识产权公司（De Ruiter Intellectual Property B.V.）	汉克·德·格罗特（H. C. A. de Groot）	20230112
280	20231438	瑞克然0019A（RUICR0019A）	蔷薇属	迪瑞特知识产权公司（De Ruiter Intellectual Property B.V.）	汉克·德·格罗特（H. C. A. de Groot）	20231025
281	20230041	瑞克然1615A（RUICR1615A）	蔷薇属	迪瑞特知识产权公司（De Ruiter Intellectual Property B.V.）	汉克·德·格罗特（H. C. A. de Groot）	20230112
282	20231120	斑澜1号	白蜡树属	东北林业大学	曾凡锁、詹亚光、辛颖、何利明、齐凤慧、王鹏飞、田广宇、闫嘉麟、姜静、孙思宇	20230830
283	20230916	贝斯1号	桦木属	东北林业大学	李慧玉、姜静、刘桂丰、郑志民、于笪、刘畅、哈斯	20230724
284	20230861	贝斯2号	桦木属	东北林业大学	李慧玉、刘桂丰、姜静、刘畅、于笪、郑志民、哈斯	20230713
285	20231118	苍翠1号	白蜡树属	东北林业大学	曾凡锁、詹亚光、何利明、辛颖、张桂芹、陈显锋、李国强、张永明、曹羊、姜文硕	20230830
286	20231101	苍革1号	白蜡树属	东北林业大学	詹亚光	20230829
287	20231099	苍革2号	白蜡树属	东北林业大学	詹亚光	20230829
288	20221586	初见	鸢尾属	东北林业大学	王玲、刘会君、张妍岩、蒋磊、付海静、刘桂伶、范丽娟、李会平、石广振、杨娟	20221121
289	20221581	纯心	鸢尾属	东北林业大学	王玲、刘桂伶、尹灵新、张妍岩、李会平、石广振、杨娟、王磊	20221118

（续）

序号	申请号	品种名称	属（种）	申请人	培育人	申请日
290	20221595	靛蓝佳期	鸢尾属	东北林业大学	范丽娟、刘伟、尹灵新、吴丽辉、王玲、刘桂伶、弓悦、牛钊倩	20221122
291	20221600	东林疏影	鸢尾属	东北林业大学	王玲、王磊、李玉平、张绪鹏、孙炜伦、刘桂伶、范丽娟	20221122
292	20221588	东林早夏	鸢尾属	东北林业大学	王玲、史恭发、李玉平、张绪鹏、李耀文、王好、刘桂伶、范丽娟	20221121
293	20231122	东水 M8	白蜡树属	东北林业大学	詹亚光、曾凡锁、何利明、张桂芹、陈亚锋、李国强、张永明、曹宇、李镐然	20230830
294	20231098	革光 1 号	白蜡树属	东北林业大学	詹亚光	20230829
295	20231119	光辉 1 号	白蜡树属	东北林业大学	辛颖、詹亚光、曾凡锁、何利明、郑磊、贾欣萤、王希刚、卢晓、陈名	20230830
296	20230492	光影 1 号	杨属	东北林业大学	陈肃、王鑫宇、周妍、何蕊含、曲冠证、孟南、路美琪	20230527
297	20231135	箭眉 1 号	白蜡树属	东北林业大学	詹亚光、曾凡锁、何利明、齐凤慧、刘建飞、李传宵、李博通、王巧欣、付可琢、卢盛典	20230901
298	20231176	箭眉 2 号	白蜡树属	东北林业大学	何利明、詹亚光、曾凡锁、韩玲、曹宇、彭广州、季启天、宋飞、王晨宇	20230905
299	20230455	骄阳 1 号	杨属	东北林业大学	梁新宇、陈肃、王鑫宇、马晓雨、周妍、何蕊含、路美琪、曲冠证、李开隆	20230523
300	20230479	骄阳 2 号	杨属	东北林业大学	郭相娟、黄海雷、王鑫宇、曲冠证、何蕊含、周妍、董泽阳、孟南	20230525
301	20230491	骄阳 3 号	杨属	东北林业大学	陈肃、何蕊含、王鑫宇、陈安琪、周妍、路美琪、李泽林、刘袁甫	20230527
302	20221604	鸟巢	鸢尾属	东北林业大学	王玲、刘桂伶、杨宇佳、武雷、蒋磊、徐诺、刘会君、赵蕊阳	20221123
303	20221605	奇幻紫	鸢尾属	东北林业大学	范丽娟、牛钊倩、刘伟、吴丽辉、武雷、刘桂伶、弓悦、王玲	20221123
304	20231121	青浅	白蜡树属	东北林业大学	曾凡锁、詹亚光、何利明、齐凤慧、辛颖、伏梦、杨帅、王鹏飞、梁荣甫	20230830
305	20230867	弯月	桦木属	东北林业大学	李慧玉、姜静、刘桂丰、哈斯、干萃、郑志民、刘畅	20230713
306	20230490	银河 1 号	杨属	东北林业大学	陈肃、周妍、王鑫宇、陈安琪、何蕊含、路美琪、李泽林、刘袁甫	20230527
307	20231117	羽丰 1 号	白蜡树属	东北林业大学	曾凡锁、詹亚光、何利明、辛颖、齐凤慧、陈晓慧、高尚珠、张瑞佳、王鹏飞、林美含	20230830
308	20231100	中革 1 号	白蜡树属	东北林业大学	詹亚光	20230829

（续）

序号	申请号	品种名称	属（种）	申请人	培育人	申请日
309	20230765	紫霞3号	桦木属	东北林业大学	刘桂丰、姜静、李慧玉、李晶楠、刘畅、郑志民、哈斯、于筌	20230630
310	20230764	紫霞4号	桦木属	东北林业大学	姜静、刘桂丰、李慧玉、郑志民、哈斯、刘畅、于筌	20230630
311	20230767	紫霞5号	桦木属	东北林业大学	刘桂丰、姜静、李慧玉、民、于筌、段少卿、哈斯、刘畅、郑志民	20230630
312	20230192	冰粉蝶	蔷薇属	东北农业大学	杨涛、车代弟、张金柱、萍、王云云、王思涵、董婕、高鹏、张五华、樊金	20230327
313	20230166	冰粉佳人	蔷薇属	东北农业大学	车代弟、张金柱、张兴、婕、王思涵、范英东、杨涛、张晓莹、樊金萍、董	20230322
314	20230203	冰粉娇	蔷薇属	东北农业大学	车代弟、杨涛、刘志洋、张金柱、熊燕、李文生、樊金萍、张五华、高鹏	20230328
315	20230204	冰粉锦	蔷薇属	东北农业大学	车代弟、张兴、王秀娟、李彩华、刘志洋、杨涛、张金柱、董婕、彭奎莉	20230328
316	20230194	冰粉夏	蔷薇属	东北农业大学	车代弟、张晓莹、李文生、熊燕、陈雪、张金柱、黄晓玲、寇志玲	20230327
317	20230201	冰红妍	蔷薇属	东北农业大学	张金柱、杨涛、熊燕、李彩华、王秀娟、车代弟、董婕、樊金萍、彭奎莉	20230328
318	20230295	莞尔一笑	卡特兰属	东莞市农业科学研究中心	郑芝波、刘远星、莫坚强、陈淑慧、郑伟才、李昀哲、王鸿昌、陈照东、罗敏	20230425
319	20230248	波波莉娜（Purpurina）	蔷薇属	多盟集团公司（Dümmen Group B.V.）	菲利普·威斯（Philippe Veys）	20230407
320	20230634	多盟诺丹（Doronotdam）	蔷薇属	多盟集团公司（Dümmen Group B.V.）	法比安·塔珀（Fabian Topper）	20230621
321	20230247	维多利亚热情（VictorianRed）	蔷薇属	多盟集团公司（Dümmen Group B.V.）	西尔万·卡穆斯塔（Silvan Kamstra）	20230407
322	20231698	多彩多派（Docalaldopibl）	舞春花属	多盟集团公司（Dümmen Group B.V.）	阿尔扬·库特（Arjan Koot）	20231116
323	20231700	多彩蔻丹（Docalalkodare24）	舞春花属	多盟集团公司（Dümmen Group B.V.）	阿尔扬·库特（Arjan Koot）	20231116
324	20231728	多彩恬绸（Docaltitoros23）	舞春花属	多盟集团公司（Dümmen Group B.V.）	阿尔扬·库特（Arjan Koot）	20231120
325	20231814	多塔霞珀（DODAHSUBEPUBI）	大丽花属	多盟集团公司（Dümmen Group B.V.）	拉米·穆萨（Rami Mousa）	20231204
326	20231815	多塔旭瑞（DODAHSUBEREBIC）	大丽花属	多盟集团公司（Dümmen Group B.V.）	拉米·穆萨（Rami Mousa）	20231204
327	20231813	多葡透白（DODAHYPTOBR）	大丽花属	多盟集团公司（Dümmen Group B.V.）	拉米·穆萨（Rami Mousa）	20231204

（续）

序号	申请号	品种名称	属（种）	申请人	培育人	申请日
328	20230979	玫法布乐（Meiffable）	蔷薇属	法国玫兰国际有限公司（MEILLAND INTERNATIONAL S.A）	阿兰·安东尼·玫兰（Alain Antoine Meilland）	20230804
329	20231517	玫卡昆淡（MEIKAQUINZ）	蔷薇属	法国玫兰国际有限公司（MEILLAND INTERNATIONAL S.A）	阿兰·安东尼·玫兰（Alain Antoine Meilland）	20231101
330	20230982	玫凯特斯（Meicatess）	蔷薇属	法国玫兰国际有限公司（MEILLAND INTERNATIONAL S.A）	阿兰·安东尼·玫兰（Alain Antoine Meilland）	20230804
331	20230983	玫纳苏（Meinassou）	蔷薇属	法国玫兰国际有限公司（MEILLAND INTERNATIONAL S.A）	阿兰·安东尼·玫兰（Alain Antoine Meilland）	20230804
332	20231070	玫特拉利（MEITRALIGH）	蔷薇属	法国玫兰国际有限公司（MEILLAND INTERNATIONAL S.A）	阿兰·安东尼·玫兰（Alain Antoine Meilland）	20230822
333	20231071	玫瓦纳（MEIVANAE）	蔷薇属	法国玫兰国际有限公司（MEILLAND INTERNATIONAL S.A）	阿兰·安东尼·玫兰（Alain Antoine Meilland）	20230822
334	20230074	玫雅米妮（Meizasmyne）	蔷薇属	法国玫兰国际有限公司（MEILLAND INTERNATIONAL S.A）	阿兰·安东尼·玫兰（Alain Antoine Meilland）	20230203
335	20230984	玫兹莱娜（Meizilena）	蔷薇属	法国玫兰国际有限公司（MEILLAND INTERNATIONAL S.A）	阿兰·安东尼·玫兰（Alain Antoine Meilland）	20230804
336	20230073	玫佐罗（Meizhoro）	蔷薇属	法国玫兰国际有限公司（MEILLAND INTERNATIONAL S.A）	阿兰·安东尼·玫兰（Alain Antoine Meilland）	20230203
337	20231417	玫布里蒂（MEIBRITTY）	蔷薇属	法国玫兰国际有限公司（MEILLAND INTERNATIONAL S.A）	阿兰·安东尼·玫兰（Alain Antoine Meilland）	20231019
338	20230056	玫洛迈（Meilowmye）	蔷薇属	法国玫兰国际有限公司（MEILLAND INTERNATIONAL S.A）	阿兰·安东尼·玫兰（Alain Antoine Meilland）	20230129
339	20230099	戴尔弗洛格瑞（DELFLOGREY）	蔷薇属	法国乔治·戴尔巴德月季有限公司（Société Nouvelle Pépinières & Roseraies Georges DELBARD）	阿诺德·戴尔巴德（Arnaud Delbard）	20230209
340	20230102	戴尔姆特珀普（DELMUTPOMP）	蔷薇属	法国乔治·戴尔巴德月季有限公司（Société Nouvelle Pépinières & Roseraies Georges DELBARD）	阿诺德·戴尔巴德（Arnaud Delbard）	20230209
341	20230101	戴尔斯木洛斯（DELSIMROS）	蔷薇属	法国乔治·戴尔巴德月季有限公司（Société Nouvelle Pépinières & Roseraies Georges DELBARD）	阿诺德·戴尔巴德（Arnaud Delbard）	20230209
342	20230100	戴尔克洛斯（DELCHOUROS）	蔷薇属	法国乔治·戴尔巴德月季有限公司（Société Nouvelle Pépinières & Roseraies Georges DELBARD）	阿诺德·戴尔巴德（Arnaud Delbard）	20230209

（续）

序号	申请号	品种名称	属（种）	申请人	培育人	申请日
343	20230460	法雅红	李属	法雅生态环境集团有限公司	沈红玲、李玉英、袁鸿、喻峰、白天、翁杏子	20230524
344	20231081	锦鸿荆	紫荆属	范军科	范程豪、范军科	20230825
345	20230794	锦京荆	紫荆属	范军科	范程豪、范军科	20230701
346	20231294	锦科荆	紫荆属	范军科	范程豪、范军科	20230926
347	20231295	锦美荆	紫荆属	范军科	范程豪、范军科	20230926
348	20230801	锦艳荆	紫荆属	范军科	范程豪、范军科	20230701
349	20231086	锦煌荆	紫荆属	范军科	范程豪、范军科	20230825
350	20230612	锦香槐	刺槐属	范军科	范程豪、范军科	20230616
351	20230128	彩云追月	刺槐属	费县国有大青山林场	张元帅	20230223
352	20231471	橙甜早	山楂属	费县国有大青山林场、山东省林草种质资源中心	解孝满、邵明扬、董元夫、张元帅、姚宗奇、张宝贞、赵永军、吴丹、陆路、王磊	20231027
353	20221602	蒙丰	栗属	费县果茶服务中心、费县章枢院果树种植专业合作社	赵晓伟、刘伟、马文江、裴广营、刘广元、徐兴文、李欣、任志堂、李朝阳	20221123
354	20221618	蒙盛	栗属	费县果茶服务中心、费县章枢院果树种植专业合作社	刘伟、赵晓伟、马文江、裴广营、刘广元、徐兴文、李欣、任志堂、李朝阳	20221125
355	20221603	蒙秀	栗属	费县章枢院果树种植专业合作社	任志堂、丰丕建、马文江、刘广元、徐兴文、李欣、赵晓伟、刘伟、李朝阳	20221123
356	20221628	玉增金冠	石榴属	冯玉增	冯晓静、冯玉增、师媛媛、李政力、杨全营、柴蕾、邓旭先、王永波、王军、茉艳平、王坤宇	20221127
357	20221673	玉增王冠	石榴属	冯晓静、冯玉增	冯晓静、冯玉增、邓旭先、王冰洁、郭丽娟、高小峰、黄飏、师媛媛、许莉莉、李建锋、刘振华、马伟、田玉广	20221129
358	20231130	灿阳	李属	福建丹樱生态农业发展有限公司	林玮捷、魏一琳、王珉、胡坚平、王荣光、林荣光	20230831
359	20231127	灿云	李属	福建丹樱生态农业发展有限公司	王珉、林玮捷、王琳、胡坚平、林荣光、阙平	20230831
360	20231162	春颜	李属	福建丹樱生态农业发展有限公司	王珉、王琳、阙平、魏一、林荣光、王星格	20230904
361	20231132	丹樱春语	李属	福建丹樱生态农业发展有限公司	王珉、王琳、魏一、阙平、胡坚平、林荣光	20230831
362	20231131	丹樱粉颜	李属	福建丹樱生态农业发展有限公司	王珉、林荣光、阙平、王琳、魏一、胡坚平	20230831
363	20231129	冬荣	李属	福建丹樱生态农业发展有限公司	魏一、王珉、王琳、林荣光、胡坚平	20230831
364	20231134	绯颜	李属	福建丹樱生态农业发展有限公司	林荣光、王珉、王琳、胡坚平、阙平、魏一	20230831
365	20231156	凤车樱	李属	福建丹樱生态农业发展有限公司	王珉、王琳、魏一、林荣光、阙平	20230904
366	20231172	禾雪	李属	福建丹樱生态农业发展有限公司	阙平、王琳、林荣光、胡坚平、魏一、王珉	20230905
367	20231133	禾雨	李属	福建丹樱生态农业发展有限公司	王琳、魏一、林荣光、阙平、王星格、王珉	20230831

（续）

序号	申请号	品种名称	属（种）	申请人	培育人	申请日
368	20231159	嘉月	李属	福建丹樱生态农业发展有限公司	胡坚平、林荣光、王珉、魏一、王珉	20230904
369	20231128	沐春	李属	福建丹樱生态农业发展有限公司	王星榕、魏一、林荣光、胡坚平、王珉	20230831
370	20231165	巧倩	李属	福建丹樱生态农业发展有限公司	王珉、王琳、林荣光、魏一、阙平、胡坚平	20230904
371	20231164	清和	李属	福建丹樱生态农业发展有限公司	王珉、林荣光、胡坚平、阙平、王琳	20230904
372	20231161	清绚	李属	福建丹樱生态农业发展有限公司	王琳、王珉、林荣光、魏一、阙平	20230904
373	20231147	亭曈	李属	福建丹樱生态农业发展有限公司	王珉、阙平、胡坚平、林荣光、魏一、林玮捷	20230904
374	20231158	莠莹	李属	福建丹樱生态农业发展有限公司	王珉、王琳、林荣光、阙平、胡坚平、魏一	20230904
375	20231163	绎心	李属	福建丹樱生态农业发展有限公司	林荣光、王琳、王珉、阙平、胡坚平、阙平	20230904
376	20231154	睿娓初颜	李属	福建丹樱生态农业发展有限公司	魏一、王琳、林荣光、阙平、林玮捷、王珉	20230904
377	20231155	睿娓丰樱	李属	福建丹樱生态农业发展有限公司	王琳、林荣光、魏一、胡坚平、王珉	20230904
378	20231157	睿娓华妃	李属	福建丹樱生态农业发展有限公司	林荣光、王琳、魏一、林玮捷、阙平、胡坚平	20230904
379	20221576	福草 6 号	狼尾草属	福建农林大学	林占熺、林冬梅、林辉、罗琳	20221116
380	20230926	绿洲 1 号	芦竹属	福建农林大学	林占熺、林冬梅、林辉、罗琳	20230725
381	20230925	绿洲 3 号	芦竹属	福建农林大学	林占熺、林冬梅、林辉、罗琳	20230725
382	20231184	玲珑珍栀	栀子属	福建江夏园林工程有限公司	邹双全、黄剑峰、陈清海、汪国斌	20230906
383	20231028	红薪翡翠	樟属	福建农林大学、泉州市明道农林开发有限公司	邹双全、苏宝川、彭金彬、高进兴、邹小兴、陈金章、张晓华、林鹏美、林明水	20230815
384	20230181	铭山红	杜鹃花属	福建农林大学、寿宁县铭山生态农林博览园有限公司	邹双全、邹小兴、柳应、范希芝	20230323
385	20221575	碧珠	紫金牛属	福建省武平县盛金花场、福建农林大学	张森行、彭东辉、兰思仁、关云霄、罗盛金、刘梓富、王星平、李甜甜	20221117
386	20221573	龙珠	紫金牛属	福建农林大学、福建省武平县盛金花场	彭东辉、陈进煤、王钦、兰思仁、罗盛金、王星平、刘梓富、谢亮秀	20221117
387	20221574	玛瑙红	紫金牛属	福建省武平县盛金花场、福建农林大学	张盛钟、彭东辉、周育真、兰思仁、罗盛金、王星平、刘梓富、徐松	20221117
388	20231548	抱香红	芍药属	甘肃省林业科技推广站	何丽霞、何智宏、李京璱、瞿丹、杨国州	20231103
389	20231586	波痕	芍药属	甘肃省林业科技推广站	张晶晶、金辉亮、瞿丹、何智宏、刘子昕	20231103
390	20231661	彩帛	芍药属	甘肃省林业科技推广站	何智宏、张晶晶、杨国州、李京璱、张延东、瞿丹	20231110
391	20231550	橙恋兰	芍药属	甘肃省林业科技推广站	张延东、郭小梅、雒宏佳、李建强、杨国州、李睿	20231103
392	20231551	淡然	芍药属	甘肃省林业科技推广站	杨国州、张延东、雒宏娟、成琳、李建强、何智宏	20231103
393	20231552	典雅紫	芍药属	甘肃省林业科技推广站	张延东、魏旭升、李建强、徐晶晶、瞿丹、李睿	20231103
394	20231554	粉精灵	芍药属	甘肃省林业科技推广站	刘子昕、周玉燕、赵萍、瞿辉亮、金辉亮、张莉	20231103

（续）

序号	申请号	品种名称	属（种）	申请人	培育人	申请日
395	20231545	泽光跃金	芍药属	甘肃省林业科技推广站	何智宏、赵萍、李京璟、徐晶晶、张晶晶	20231103
396	20231546	光谱	芍药属	甘肃省林业科技推广站	何智宏、杨国州、李睿、张延东、成娟、李建强	20231103
397	20231547	鸿运	芍药属	甘肃省林业科技推广站	王卫成、李睿、张延东、杨国州、何丽霞	20231103
398	20231556	黄河夕照	芍药属	甘肃省林业科技推广站	李京璟、彭丽平、金辉亮、瞿丹、张延东	20231103
399	20231557	火烈鸟	芍药属	甘肃省林业科技推广站	成娟、张延东、何智宏、李京璟、杨国州	20231103
400	20231558	绛皓	芍药属	甘肃省林业科技推广站	金辉亮、杨田腾智、何智宏、张晶晶、张延东、徐晶晶	20231103
401	20231566	娇艳	芍药属	甘肃省林业科技推广站	李建红、王卫成、李睿、李建强、滕保琴	20231103
402	20231567	金柳黄	芍药属	甘肃省林业科技推广站	李京璟、瞿王龙、张晶晶、苏宏斌、何智宏、何智宏	20231103
403	20231560	金英	芍药属	甘肃省林业科技推广站	郭文英、魏旭升、张晶晶、何智宏、李京璟、李睿	20231103
404	20231561	金樽	芍药属	甘肃省林业科技推广站	何丽霞、张延东、徐晶晶、李睿、李京璟	20231103
405	20231562	锦霞流影	芍药属	甘肃省林业科技推广站	成娟、张晶晶、张莉、李京璟、杨国州	20231103
406	20231563	卷缘红	芍药属	甘肃省林业科技推广站	李建强、郭军霞、李雪琳、滕保琴、何智宏、杨国州	20231103
407	20231564	林二乔	芍药属	甘肃省林业科技推广站	辛平、卜金忠、张晶晶、杨国州、何智宏、杨国州、张莉	20231103
408	20231565	凌波异彩	芍药属	甘肃省林业科技推广站	瞿丹、白蕾、何智宏、李京璟、郭军霞、何丽霞	20231103
409	20231573	卵叶红菊	芍药属	甘肃省林业科技推广站	杨国州、王卫成、何丽霞、李睿、张延东、张莉	20231103
410	20231673	罗兰红紫	芍药属	甘肃省林业科技推广站	杨国州、撒静、张静、何智宏、李睿	20231110
411	20231574	墨痕浓染	芍药属	甘肃省林业科技推广站	何丽霞、杨国州、瞿丹、徐晶晶、张延东、李京璟	20231103
412	20231575	墨珊瑚	芍药属	甘肃省林业科技推广站	杨国州、何丽霞、张延东、成娟、何智宏	20231103
413	20231569	睿江吟	芍药属	甘肃省林业科技推广站	张莉、何丽霞、何智宏、金辉亮、张晶晶、瞿丹	20231103
414	20231570	奶油蝶	芍药属	甘肃省林业科技推广站	李京璟、杨育川、徐晶晶、张莉、张延东、卜金忠	20231103
415	20231572	琪花异树	芍药属	甘肃省林业科技推广站	何智宏、王翔、李睿、杨国州、张晶晶、刘子昕	20231103
416	20231571	浅霞轻染	芍药属	甘肃省林业科技推广站	贺立安、李睿、郭小梅、何智宏、杨国州、李京璟	20231103
417	20231568	轻黄粉韵	芍药属	甘肃省林业科技推广站	徐晶晶、李京璟、何智宏、杨国州、何丽霞	20231103
418	20231559	晴光映尚	芍药属	甘肃省林业科技推广站	徐晶晶、瞿丹、徐晶晶、张延东、李睿、李京璟	20231103
419	20231576	琼楼	芍药属	甘肃省林业科技推广站	李睿、成娟、金辉亮、张延东、王丽、张莉	20231103
420	20231577	秋柿飘香	芍药属	甘肃省林业科技推广站	何智宏、高显飞、张延东、李京璟、杨国州、何丽霞	20231103
421	20231578	秋水伊人	芍药属	甘肃省林业科技推广站	李睿、滕保琴、成娟、何丽霞、张延东、张莉	20231103
422	20231579	新橙	芍药属	甘肃省林业科技推广站	张延东、张莉、何丽霞、瞿丹、刘子昕、瞿丹	20231103
423	20231580	杏园溢彩	芍药属	甘肃省林业科技推广站	何丽霞、何智宏、徐晶晶、杨国州、何丽霞、成娟	20231103
424	20231581	旋律	芍药属	甘肃省林业科技推广站	瞿丹、赵生春、何丽霞、金辉亮、瞿丹	20231103
425	20231541	雪域红	芍药属	甘肃省林业科技推广站	滕保琴、李京璟、李雪琳、瞿丹、何智宏、杨国州	20231103
426	20231543	亚欧缘	芍药属	甘肃省林业科技推广站	何丽霞、李京璟、何丽霞、徐晶晶、李睿、张莉	20231103

序号	申请号	品种名称	属（种）	申请人	培育人	申请日
427	20231544	胭脂盘	芍药属	甘肃省林业科技推广站	辛平、滕保琴、瞿王龙、何丽霞、杨国州、成娟	20231103
428	20231540	映日红	芍药属	甘肃省林业科技推广站	沈宝民、成娟、何智宏、徐晶晶、李睿	20231103
429	20231542	油画粉	芍药属	甘肃省林业科技推广站	徐晶晶、顾丽平、彭振东、何智宏、李睿	20231103
430	20231538	绉罗裙	芍药属	甘肃省林业科技推广站	张延东、李睿、杨国州、郭小梅、何丽霞	20231103
431	20231537	紫板光	芍药属	甘肃省林业科技推广站	李京璪、潘鑫、何智宏、李京璪、瞿丹	20231103
432	20231539	紫瑞琼姿	芍药属	甘肃省林业科技推广站	瞿丹、何智宏、苏宏斌、何丽霞、张延东	20231103
433	20231582	紫石砚	芍药属	甘肃省林业科技推广站	李睿、张莉、成娟、李京璪、何智宏	20231103
434	20231583	紫水晶	芍药属	甘肃省林业科技推广站	何丽霞、张延东、李京璪、徐晶晶、成娟	20231103
435	20231584	桃绫	芍药属	甘肃省林业科技推广站	苏宏斌、王丽、何丽霞、李建强、杨国州	20231103
436	20231585	雪山日出	芍药属	甘肃省林业科技推广站	何丽霞、杨国州、何智宏、张莉、李京璪	20231103
437	20231587	雪天红	芍药属	甘肃省林业科技推广站	杨国州、张兴莹、金辉亮、李京璪、徐晶晶	20231103
438	20231660	倚天红	芍药属	甘肃省林业科技推广站	何丽霞、何智宏、张延东、瞿丹	20231110
439	20231549	彩蝶飞舞	芍药属	甘肃省林业科技推广站	李睿、李建强、张莉、何丽霞	20231103
440	20231555	粉涂墨晕	芍药属	甘肃省林业科技推广站	杨国州、金辉亮、马春鲤、瞿丹、张莉	20231103
441	20231553	飞燕	芍药属	甘肃省林业科技推广站	李建红、杨雅琪、马春鲤、成娟、李建强	20231103
442	20230367	金如玉	叶子花属	赣州市蔬菜花卉研究所	郭崇炎、罗素梅、刘小平、范方喜、刘淑媛	20230511
443	20230368	虔紫	叶子花属	赣州市蔬菜花卉研究所	罗素梅、郭崇炎、刘小平、周勇辉、陈远华	20230511
444	20230839	红袖添香	山茶属	高州市品然人家农业发展有限公司、光明食品集团云南石斛生物科技开发有限公司	刘信凯、钟乃盛、叶蒿君、黄万坚、高继银、蒋祖文	20230707
445	20231467	九斛堂1号	石斛属	肇庆市棕桐谷花园有限公司	王玉龙、彭贵湖、张善宝、周连安	20231027
446	20231714	GZ1号	越橘属	光筑（云南）农业有限公司	伍大利、韩启灿、李海蛟、王艳丽	20231116
447	20231715	GZ2号	越橘属	光筑（云南）农业有限公司	伍大利、韩启灿、李海蛟、王艳丽	20231116
448	20231792	蓝光3号	越橘属	光筑（云南）农业有限公司	伍大利、韩启灿、李海蛟、王艳丽	20231201
449	20231789	蓝光4号	越橘属	光筑（云南）农业有限公司	伍大利、韩启灿、李海蛟、王艳丽	20231201
450	20230084	环艺茶1号	山茶属	广东省农业科学院环境园艺研究所	孙映波、于波、刘小飞、黄丽丽、杨钰钗、李宝华、朱根发、赵超艺、徐晔春	20230206
451	20230057	环艺茶2号	山茶属	广东省农业科学院环境园艺研究所	孙映波、于波、刘小飞、黄丽丽、杨钰钗、李宝华、朱根发、赵超艺、徐晔春	20230201
452	20230058	环艺茶3号	山茶属	广东省农业科学院环境园艺研究所	于波、孙映波、刘小飞、黄丽丽、杨钰钗、李宝华、朱根发、赵超艺、徐晔春	20230201
453	20230085	环艺茶4号	山茶属	广东省农业科学院环境园艺研究所	于波、孙映波、刘小飞、黄丽丽、杨钰钗、李宝华、朱根发、赵超艺、徐晔春	20230206

（续）

序号	申请号	品种名称	属（种）	申请人	培育人	申请日
454	20230059	环艺茶5号	山茶属	广东省农业科学院环境园艺研究所	于波、孙映波、刘小飞、黄丽丽、杨钰钗、李宝华、朱根发、赵韶艺、徐晔春	20230201
455	20230060	环艺茶6号	山茶属	广东省农业科学院环境园艺研究所	刘小飞、孙映波、于波、黄丽丽、杨钰钗、李宝华、朱根发、赵韶艺、徐晔春	20230201
456	20230061	环艺茶7号	山茶属	广东省农业科学院环境园艺研究所	刘小飞、孙映波、于波、黄丽丽、杨钰钗、李宝华、朱根发、赵韶艺、徐晔春	20230201
457	20230062	环艺茶8号	山茶属	广东省农业科学院环境园艺研究所	刘小飞、孙映波、于波、黄丽丽、杨钰钗、李宝华、朱根发、赵韶艺、徐晔春	20230201
458	20230063	摇曳多姿	山茶属	广东省农业科学院环境园艺研究所	孙映波、黄政、袁霖、刘小飞、陈健勇、黄丽丽、杨钰钗、朱根发、徐晔春	20230201
459	20230083	圆桌骑士	山茶属	广东省农业科学院环境园艺研究所	孙映波、黄政、袁霖、刘小飞、陈健勇、黄丽丽、杨钰钗、朱根发、徐晔春	20230206
460	20230841	银心核	白鹤芋属	广东省农业科学院环境园艺研究所、华南农业大学、佛山市三水阳特园艺有限公司	刘小飞、廖飞雄、詹启成	20230708
461	20230435	桂龙11号	鳄梨	广西南亚热带农业科学研究所	汤秀华、陈海生、王文林、环秀菊、郑树芳、许鹏、覃振师、潘贞珍、贺鹏、潘浩男、陈茜	20230520
462	20230471	桂龙12号	鳄梨	广西南亚热带农业科学研究所	汤秀华、王文林、覃振师、郑树芳、环秀菊、何铣扬、黄锡云、贺鹏、潘贞珍、杨小州	20230524
463	20230437	桂龙2号	鳄梨	广西南亚热带农业科学研究所	汤秀华、韦媛荣、王文林、覃德锦、郑树芳、陈海生、谭贞珍、潘贞珍、黄庆道、莫庆师	20230520
464	20230387	桂龙3号	鳄梨	广西南亚热带农业科学研究所	汤秀华、王文林、郑树芳、韦哲君、谭德锦、许鹏、覃振师、何铣扬、潘贞珍、莫海云、韦媛荣	20230511
465	20230442	桂龙4号	鳄梨	广西南亚热带农业科学研究所	王文林、郑树芳、汤秀华、韦哲君、谭秋锦、潘贞珍、黄锡云、贺鹏、张涛、钟剑章、杨小州	20230522
466	20230431	桂龙6号	鳄梨	广西南亚热带农业科学研究所	谭秋锦、郑树芳、汤秀华、杨小州、王文林、许鹏、环秀菊、莫庆衡、周春衡、谭德锦、钟剑章	20230519
467	20230454	桂龙7号	鳄梨	广西南亚热带农业科学研究所	郑树芳、环秀菊、汤秀华、陈海生、韦哲君、何铣扬、王文林、许鹏、潘浩男、张涛、周春衡	20230523
468	20230443	桂龙8号	鳄梨	广西南亚热带农业科学研究所	汤秀华、张涛、杨小州、王文林、陈海生、潘浩男、韦振师、许鹏、莫海云、周春衡、韦媛荣	20230522
469	20230436	桂研4号	鳄梨	广西南亚热带农业科学研究所	许鹏、谭秋锦、汤秀华、王文林、郑树芳、陈海生、韦媛荣、环秀菊、张涛、赵大宣、韦哲君、陈茜	20230520

（续）

序号	申请号	品种名称	属（种）	申请人	培育人	申请日
470	20230438	桂研8号	鳄梨	广西南亚热带农业科学研究所	王文林、汤秀华、谭秋锦、何铳扬、郑树芳、贺鹏、韦媛荣、宋海云、覃振师、黄锡云、许鹏、赵大宣	20230521
471	20230552	火焰	澳洲坚果	广西南亚热带农业科学研究所	郑树芳、杨小州、环秀菊、韦哲君、谭秋锦、潘贞珍、黄锡云、王文林、覃振师、汤秀华、潘浩男、何铳扬、莫庆道、许鹏、周春衡、张涛、贺鹏、陈茜	20230605
472	20230692	龙边1号	澳洲坚果	广西南亚热带农业科学研究所	环秀菊、谭秋锦、韦哲君、潘贞珍、黄锡云、杨小州、王文林、郑树芳、汤秀华、何铳扬、莫庆道、许鹏、张涛、贺鹏、陈茜、周春衡、钟剑章	20230626
473	20230693	龙边2号	澳洲坚果	广西南亚热带农业科学研究所	许鹏、环秀菊、韦哲君、潘贞珍、杨小州、黄锡云、王文林、汤秀华、何铳扬、莫庆道、宋海云、张涛、贺鹏、陈茜、潘浩男、周春衡	20230626
474	20231019	龙边3号	澳洲坚果	广西南亚热带农业科学研究所	杨小州、环秀菊、韦哲君、谭秋锦、潘贞珍、黄锡云、王文林、覃振师、郑树芳、汤秀华、许鹏、何铳扬、张涛、贺鹏、周春衡、宋海云、莫庆道	20230812
475	20230567	绿水	澳洲坚果	广西南亚热带农业科学研究所	韦媛荣、谭秋锦、潘贞珍、黄锡云、王文林、覃振师、宋海云、郑树芳、汤秀华、何铳扬、杨小州、周春衡、潘浩男、许鹏、张涛、贺鹏、莫庆道、陈茜	20230607
476	20231000	南都	澳洲坚果	广西南亚热带农业科学研究所	韦哲君、王文林、覃振师、谭秋锦、潘贞珍、黄锡云、郑树芳、环秀菊、汤秀华、潘浩男、陈茜、周春衡、莫庆道、许鹏、宋海云、钟剑章、张涛、贺鹏	20230809
477	20230444	秋红	鳄梨	广西南亚热带农业科学研究所	陈海生、王文林、汤秀华、黄锡云、谭秋锦、潘浩男、贺鹏、韦媛荣、莫庆道、周春衡、钟剑章	20230522
478	20230560	山青	澳洲坚果	广西南亚热带农业科学研究所	潘贞珍、王文林、韦哲君、黄锡云、汤秀华、潘浩男、杨小州、韦媛荣、覃振师、郑树芳、周春衡、钟剑、何铳扬、贺鹏、许鹏、张涛、宋海云、莫庆道	20230606

（续）

序号	申请号	品种名称	属（种）	申请人	培育人	申请日
479	20231001	壮圆1号	澳洲坚果	广西南亚热带农业科学研究所	王文林、何铣扬、谭秋锦、韦媛荣、潘贞珍、覃振师、黄锡云、郑树芳、环秀菊、汤秀华、周春衡、杨小州、莫庆道、潘浩男、米海云、钟剑章、张涛、贺鹏	20230809
480	20230570	壮圆2号	澳洲坚果	广西南亚热带农业科学研究所	谭秋锦、潘贞珍、韦媛荣、环秀菊、杨小州、黄锡云、韦哲君、王文林、汤秀华、潘浩男、张涛、许鹏、郑树芳、何铣扬、陈茜、贺鹏、莫庆道、米海云、周春衡	20230607
481	20230434	秋月	鳄梨	广西南亚热带农业科学研究所	韦哲君、汤秀华、何铣扬、谭秋锦	20230520
482	20231108	官粉	紫薇属	广西壮族自治区林业科学研究院	秦波、黄欣、蒋日红、黄耀明、唐黎明	20230829
483	20231124	黑珍珠	紫薇属	广西壮族自治区林业科学研究院	秦波、黄欣、孙开道、黄耀明、唐黎明、蒋日红	20230831
484	20231106	极光	紫薇属	广西壮族自治区林业科学研究院	黄欣、秦波、唐黎明、韦颖文、黄红宝、梁圣华、蒋日红、李健玲、和秋兰、崔芸瑜	20230829
485	20231125	酒红	紫薇属	广西壮族自治区林业科学研究院	秦波、黄欣、黄耀明、孙开道、唐黎明、蒋日红	20230831
486	20230055	玉粉蝶	紫薇属	广西壮族自治区林业科学研究院	黄欣、秦波、孙开道、唐黎明、杨开太、黄红宝	20230120
487	20230092	舞裙	紫薇属	广西壮族自治区林业科学研究院、广西壮族自治区南宁树木园	黄欣、余柱光、张振林、孙开道、蒋日红、韦金梅、闻玉昌、梁小春	20230208
488	20230346	缤纷	报春苣苔属	广西壮族自治区农业科学院	闫海霞、陶大燕、朱情、关世凯、周锦业	20230506
489	20230489	冰河世纪	秋海棠属	广西壮族自治区农业科学院	周锦业、关世凯、朱情	20230526
490	20230337	春之宝石	报春苣苔属	广西壮族自治区农业科学院	闫海霞、朱情、陶大燕、周锦业	20230506
491	20230347	飞舞	报春苣苔属	广西壮族自治区农业科学院	闫海霞、关世凯、陶大燕、周锦业、朱情	20230506
492	20230568	浣溪沙	兜兰属	广西壮族自治区农业科学院	李秀玲、范继征、闫海霞、邓杰玲、黄昌艳、崔学强	20230607
493	20230348	娇羞	报春苣苔属	广西壮族自治区农业科学院	闫海霞、关世凯、周锦业、陶大燕	20230506
494	20230338	蓝光	报春苣苔属	广西壮族自治区农业科学院	闫海霞、陶大燕、周锦业、朱情	20230506
495	20230428	喷泉	报春苣苔属	广西壮族自治区农业科学院	关世凯、闫海霞、周锦业、朱情、刘芸	20230518
496	20230343	千丝万缕	报春苣苔属	广西壮族自治区农业科学院	闫海霞、陶大燕、周锦业、关世凯	20230506
497	20230495	秋去冬来	报春苣苔属	广西壮族自治区农业科学院	关世凯、朱情、周锦业、陶大燕	20230528
498	20230427	水晶簇	报春苣苔属	广西壮族自治区农业科学院	关世凯、闫海霞、朱情、刘芸、陶大燕	20230518
499	20230589	水龙吟	兜兰属	广西壮族自治区农业科学院	李秀玲、范继征、何荆洲、曾艳华、王丰顺、卜朝阳、闫海霞	20230612
500	20230429	亭亭玉立	报春苣苔属	广西壮族自治区农业科学院	关世凯、闫海霞、朱情、陶大燕、周锦业、刘芸	20230519

（续）

序号	申请号	品种名称	属（种）	申请人	培育人	申请日
501	20230476	夏日	报春苣苔属	广西壮族自治区农业科学院	闫海霞、周锦业、陶大燕、宋倩、关世凯	20230525
502	20230090	香妃10号	紫薇属	广西壮族自治区农业科学院	李春牛、卜朝阳、黄展文、卢家仕	20230207
503	20230091	香妃11号	紫薇属	广西壮族自治区农业科学院	李春牛、卜朝阳、李先民、卢家仕	20230207
504	20230089	香妃9号	紫薇属	广西壮族自治区农业科学院	李春牛、卜朝阳、李先民、黄展文、卢家仕	20230207
505	20230339	小蛮腰	报春苣苔属	广西壮族自治区农业科学院	闫海霞、周锦业、陶大燕、宋倩、关世凯	20230506
506	20230488	烟锁紫楼	秋海棠属	广西壮族自治区农业科学院	周锦业、陶大燕、关世凯、闫海霞	20230526
507	20230340	窈窕淑女	报春苣苔属	广西壮族自治区农业科学院	闫海霞、陶大燕、周锦业、宋倩	20230506
508	20230342	盈盈之舞	报春苣苔属	广西壮族自治区农业科学院	闫海霞、陶大燕、周锦业、宋倩	20230506
509	20230566	邕城春云	秋海棠属	广西壮族自治区农业科学院	周锦业、宋倩、闫海霞、陶大燕、关世凯	20230607
510	20230564	邕城凝霜	秋海棠属	广西壮族自治区农业科学院	周锦业、关世凯、宋倩、闫海霞、陶大燕	20230607
511	20230562	邕城烟云	秋海棠属	广西壮族自治区农业科学院	周锦业、陶大燕、关世凯、宋倩、闫海霞	20230607
512	20230344	圆满	报春苣苔属	广西壮族自治区农业科学院	闫海霞、周锦业、陶大燕、关世凯	20230506
513	20230475	紫蝶	报春苣苔属	广西壮族自治区农业科学院	闫海霞、陶大燕、周锦业、宋倩、关世凯	20230525
514	20230409	紫灵	报春苣苔属	广西壮族自治区农业科学院	关世凯、闫海霞、宋倩、刘芸、陶大燕	20230517
515	20230352	紫美人	报春苣苔属	广西壮族自治区农业科学院	闫海霞、陶大燕、宋倩	20230508
516	20230345	紫嫣红颜	报春苣苔属	广西壮族自治区农业科学院	闫海霞、陶大燕、宋倩、周锦业	20230506
517	20230477	淡妆美人	报春苣苔属	广西壮族自治区农业科学院	闫海霞、关世凯、周锦业、陶大燕	20230525
518	20230494	花仙	报春苣苔属	广西壮族自治区农业科学院	闫海霞、陶大燕、宋倩、关世凯、周锦业	20230528
519	20230430	蕾丝公主	报春苣苔属	广西壮族自治区农业科学院	关世凯、闫海霞、刘芸、宋倩、陶大燕	20230519
520	20230341	希望	报春苣苔属	广西壮族自治区农业科学院	闫海霞、陶大燕、周锦业、宋倩	20230506
521	20230565	邕城晨曦	秋海棠属	广西壮族自治区农业科学院、广西朴原农业科技有限公司	周锦业、闫海霞、陶大燕、关世凯、李凯、雷雨阳	20230607
522	20230563	邕城极光	秋海棠属	广西壮族自治区农业科学院、广西朴原农业科技有限公司	周锦业、宋倩、闫海霞、关世凯、李凯	20230607
523	20230628	紫镜	报春苣苔属	广西壮族自治区农业科学院、广西朴原农业科技有限公司	雷雨阳、关世凯、闫海霞、李凯、周锦业、万正林、陶大燕、宋倩	20230620
524	20230625	紫霞仙子	报春苣苔属	广西壮族自治区农业科学院、广西朴原农业科技有限公司	关世凯、雷雨阳、闫海霞、李凯、周锦业、万正林、宋倩、陶大燕	20230620
525	20230594	蝶恋花	兜兰属	广西壮族自治区农业科学院花卉研究所	李秀玲、范继征、曾艳华、卜朝阳、何荆洲、王丰顺、邓杰玲	20230613
526	20230294	精灵	秋海棠属	广西壮族自治区中国科学院广西植物研究所、桂林理工大学	唐文秀、黄扬、隗红燕	20230425

（续）

序号	申请号	品种名称	属（种）	申请人	培育人	申请日
527	20231633	华锐	苏铁属	广州华苑园林股份有限公司	罗伟聪、董运常、高欢欢、江良为、刘贵才、冷丹妮、谢洒洒、周喜、蒋静怡	20231106
528	20231632	华泽	苏铁属	广州华苑园林股份有限公司	高欢欢、罗伟聪、董运常、卢月桂、谢洒洒、江良为、班鑫、刘国强、蒋静怡	20231106
529	20231628	华甄	苏铁属	广州华苑园林股份有限公司	谢洒洒、董运常、罗伟聪、刘国强、吴道辉、江良为、高欢欢	20231106
530	20231631	墨翠	苏铁属	广州华苑园林股份有限公司	董运常、刘贵才、罗伟聪、吴道辉、江良为、谢洒洒、班鑫	20231106
531	20231634	翼钧	苏铁属	广州华苑园林股份有限公司	刘贵才、罗伟聪、周喜、高欢欢、谢洒洒、江良为、冷丹妮	20231106
532	20230980	万人迷	李属	广州天适集团有限公司、广州旺地园林工程有限公司、韶关市旺地种植花种植有限公司	胡晓敏、叶小玲、杨梓滨、朱军、高珊、邱晓平	20230803
533	20230971	露华浓	李属	广州天适集团有限公司、广州旺地园林工程有限公司、英德市旺地樱花种植有限公司	胡晓敏、叶小玲、高珊、朱军、杨梓滨	20230803
534	20230976	晚晴	李属	广州天适集团有限公司、韶关市旺地樱花种植有限公司、英德市旺地樱花种植有限公司	朱军、叶小玲、高珊、胡晓敏、杨梓滨、熊婷婷	20230803
535	20230974	水月	李属	广州旺地园林工程有限公司、英德市旺地樱花种植有限公司、广州天适集团有限公司	叶小玲、胡晓敏、杨梓滨、熊育明、高珊	20230803
536	20230973	镜花	李属	广州旺地园林工程有限公司、英德市旺地樱花种植有限公司、广州天适集团有限公司	朱军、熊育明、杨梓滨、高珊、叶小玲、胡晓敏	20230803
537	20230981	可卿	李属	广州旺地园林工程有限公司、韶关市旺地樱花种植有限公司、英德市旺地樱花种植有限公司	叶小玲、高珊、胡晓敏、朱军、杨梓滨、熊海坚	20230803
538	20230168	翡素	兰属	贵州淼源元程农业发展有限公司、贵州中医药大学、贵州省林业科学研究院	曾亚军、侯娜、王悦云、陈胜群、李黎明、饶爱、吴东波	20230322
539	20230169	黔明素心	兰属	贵州淼源元程农业发展有限公司、贵州中医药大学、贵州省林业科学研究院	曾亚军、侯娜、陈胜群、饶爱、王悦云、李黎明	20230322

（续）

序号	申请号	品种名称	属（种）	申请人	培育人	申请日
540	20230487	黔紫衣	核桃属	贵州省核桃研究所，盘州市西冲福坤种植有限责任公司，盘州市林业科技推广站	侯娜、梁美、陈胜群、封怀礼、耿阳阳、曾亚军、王纪辉、刘彦坤、沈莲文、赵瑜、杨小红	20230526
541	20230167	洪晨1号	山茶属	贵州省林业科学研究院，平塘县国有花坡林场	徐嘉娟、姚渊、王港、朱亚艳、魏莹莹、曾钦、滕、许杰	20230322
542	20230927	青斛2号	石斛属	贵州省亚热带作物研究所	周玉飞、罗晓青、刘剑东、王晓敏	20230725
543	20230158	银朱	蔷薇属	贵州省植物园	吴洪娥、侯秋梅、金晶、吴楠、杨明、周艳、张佳佳、童万鹏、朱立	20230321
544	20221760	高原彩鑫	兰属	贵州省植物园，贵州生源兰花贸易有限公司	任启飞、刘国运、周庆、袁茂琴、欧明烛、陈云飞、马菁华、刘芳、胡毅	20221212
545	20221757	吉祥三星	兰属	贵州省植物园，贵州生源兰花贸易有限公司	任启飞、刘国运、周庆、邓兵、胡毅、陈云飞、马菁华、欧明烛、刘芳	20221212
546	20221758	黔之映月	兰属	贵州省植物园，贵州生源兰花贸易有限公司	任启飞、刘国运、周庆、邓兵、陈云飞、马菁华、胡毅	20221212
547	20221759	乌蒙翠冠	兰属	贵州省植物园，贵州生源兰花贸易有限公司	周庆、刘国运、任启飞、胡毅、马菁华、邓兵、欧明烛	20221212
548	20221756	银白素	兰属	贵州省植物园，贵州生源兰花贸易有限公司	刘国运、周庆、任启飞、刘芳、邓兵、胡毅、袁茂琴、欧明烛	20221212
549	20230992	夕霞印月	兰属	贵州中医药大学，贵州泰源元程农业发展有限公司，贵州省林业科学研究院	王悦云、侯娜、曾亚军、文斐、陈胜群、吴东波、饶爱、李黎明	20230807
550	20230244	花脸	秋海棠属	桂林理工大学，广西壮族自治区中国科学院广西植物研究所	黄扬、邓涛、杨璇	20230406
551	20221587	万宝红1号	桑属	哈尔滨市农业科学院	李娜、王莉莉、张凤生、薛丹丹、周玉兰、朱宝疆、刘志洋、薛萌、赵娜、王华、刘雨娜	20221121
552	20221599	朱钰1号	桑属	哈尔滨市农业科学院	李娜、王莉莉、霍俊伟、门万杰、周玉兰、王华、陈、田甜、金荣荣、陈长海、刘恩宏、王彦文	20221122
553	20231827	翠氢103	芦竹属	海南禾鼎科技有限公司	夏爽、钟如帆、肖磊、李成标、李姝	20231206
554	20231855	翠氢104	芦竹属	海南禾鼎科技有限公司	钟如帆、夏爽、李淼标、肖磊、李俊	20231211
555	20231826	翠氢105	芦竹属	海南禾鼎科技有限公司	尹金、钟如帆、肖磊、申鹏、李俊	20231206
556	20231825	翠氢106	芦竹属	海南禾鼎科技有限公司	史杰玮、肖磊、钟如帆、杨爱民、李姝	20231206
557	20230022	海岛莺略	叶子花属	海南省农业科学院热带园艺研究所	杨珺、符瑞侃	20230109
558	20230023	雷公马	叶子花属	海南省农业科学院热带园艺研究所	符瑞侃、杨珺、梁定民、全彬、翁春雨、张永豪	20230109
559	20230939	万博新水蜜	石斛属	海南万博兰生物科技有限公司	李杰、宁洪	20230726

（续）

序号	申请号	品种名称	属（种）	申请人	培育人	申请日
560	20221714	雪斑红	叶子花属	海南自贸区君早园林有限公司	潘雄、石桂兰、潘孝添	20221202
561	20230948	粉蝶	杜鹃花属	海盐森植生物科技有限公司、浙江大学	章成君、夏宜平、周泓、俞国平、文育明、吕芷玥、任梦杰、赵文亮	20230731
562	20230949	绿韵	杜鹃花属	海盐森植生物科技有限公司、浙江大学	章成君、夏宜平、俞国平、文育明、吕芷玥、马振兴、周泓、赵文亮	20230731
563	20230532	海天春色	蔷薇属	邯郸市七彩园林绿化工程有限公司	王丽婷、张丽华	20230602
564	20230854	七彩赤坭	蔷薇属	邯郸市七彩园林绿化工程有限公司	王建明、史丽婷	20230712
565	20230853	七彩春岸	蔷薇属	邯郸市七彩园林绿化工程有限公司	王建明、史丽婷	20230712
566	20230287	七彩春晖	蔷薇属	邯郸市七彩园林绿化工程有限公司	王建明、史丽婷	20230421
567	20230955	七彩粉星	蔷薇属	邯郸市七彩园林绿化工程有限公司	王建明、史丽婷	20230801
568	20230954	七彩红星	蔷薇属	邯郸市七彩园林绿化工程有限公司	王建明、史丽婷	20230801
569	20230288	七彩千唤	蔷薇属	邯郸市七彩园林绿化工程有限公司	王建明、史丽婷	20230421
570	20230289	七彩绒球	蔷薇属	邯郸市七彩园林绿化工程有限公司	王建明、史丽婷	20230421
571	20230534	七彩云霞	蔷薇属	邯郸市七彩园林绿化工程有限公司	王建明、史丽婷	20230602
572	20230533	云上仙子	蔷薇属	邯郸市七彩园林绿化工程有限公司	王建明、史丽婷	20230602
573	20230450	新月小福星	蔷薇属	韩倩	韩倩	20230523
574	20230452	新月幸运星	蔷薇属	韩倩	韩倩	20230523
575	20230451	新月中国星	蔷薇属	韩倩	韩倩	20230523
576	20230422	金晖	兰属	杭州市农业科学研究院	赵福康、傅巧娟、李春楠、张晓莹、钱丽华	20230517
577	20230423	金漾	兰属	杭州市农业科学研究院	张晓莹、李春楠、赵福康、傅巧娟、沈国正	20230517
578	20231452	露华浓	绣球属	杭州市园林绿化股份有限公司	魏建芬、邱帅、朱淑霞、田伟莉、王栗、余磊、彭悠悠、楼啸林	20231025
579	20231445	菁琼	绣球属	杭州市园林绿化股份有限公司	高凯、张俊林、邱帅、朱淑霞、吴光洪、田伟莉、余毅敏、魏建芬	20231025
580	20221461	拂晓	绣球属	杭州市园林绿化股份有限公司、上海辰山植物园	张俊林、高凯、周之静、邱帅、吴光洪、孙丽娜、魏建芬	20221101
581	20231440	洛羽	绣球属	江苏省农业科学院、上海辰山植物园	邱帅、邓衍明、高凯、陈双双、齐香玉、秦俊、杨君、周之静	20231025
582	20221456	玉娉婷	绣球属	江苏省农业科学院、上海辰山植物园	邱帅、魏建芬、邓衍明、高凯、冯景、齐香玉、胡永红	20221101
583	20221455	醉胭脂	绣球属	杭州市园林绿化股份有限公司、上海辰山植物园、江苏省农业科学院	高凯、秦俊、魏建芬、邱帅、邓衍明、陈双双、陈慧杰	20221101

（续）

序号	申请号	品种名称	属（种）	申请人	培育人	申请日
584	20231022	点绛唇	杜鹃花属	杭州市园林绿化股份有限公司、浙江大学	魏建芬、余磊、杨浩、陈徐平、王霁、夏宜平、周泓、吴光洪	20230814
585	20221529	夏禾之夕	鸢尾属	杭州市园林绿化股份有限公司、浙江大学	彭悠悠、沈柏春、陈徐平、夏宜平、任飞、魏建芬、吴光洪	20221109
586	20221527	夏日晨曦	鸢尾属	杭州市园林绿化股份有限公司、浙江大学	高凯、樊靖、彭志声、邱帅、李丹青、魏建芬、吴光洪	20221109
587	20221526	夏日琉璃	鸢尾属	杭州市园林绿化股份有限公司、浙江大学	吴光洪、杨浩、彭悠悠、夏宜平、孙丽娜、张楠、田伟莉	20221109
588	20221525	夏日雪蝶	鸢尾属	杭州市园林绿化股份有限公司、浙江大学	魏建芬、张楠、邱帅、李丹青、楼啸林、吴光洪、朱淑霞	20221109
589	20221528	夏之薄暮	鸢尾属	杭州市园林绿化股份有限公司、浙江大学	张俊林、王霁、彭悠悠、夏宜平、陈浩、邱帅、高凯	20221109
590	20231023	胭脂曼	杜鹃花属	杭州市园林绿化股份有限公司、浙江大学	邱帅、孙丽娜、张丽娜、高凯、彭悠悠、夏宜平、周泓	20230814
591	20221531	夏之圆舞	鸢尾属	杭州市园林绿化股份有限公司、浙江理工大学	邱帅、田伟莉、余磊、江晓钰、李丹青、卢山	20221109
592	20221524	夏之梵绘	鸢尾属	杭州市园林绿化股份有限公司、浙江理工大学	孙丽娜、陈宇、朱淑霞、李丹青、沈柏春、卢山、吴光洪	20221109
593	20231447	鸣鹤	绣球属	杭州市园林绿化股份有限公司、江理工大学	邱帅、彭悠悠、高凯、孙丽娜、啸林、沈柏春、高博、魏建芬、楼	20231025
594	20221451	晴空	绣球属	杭州市园林绿化股份有限公司、江理工大学	高凯、卢山、邱帅、吴光洪、莉、周之瑶、朱淑霞、田伟	20231025
595	20231442	香菱	绣球属	杭州市园林绿化股份有限公司、江理工大学	邱帅、孙丽娜、魏建芬、李东泽、高凯、沈柏春、陈浩、高博、田伟	20231025
596	20221458	夜愿	绣球属	杭州市园林绿化股份有限公司、江理工大学	彭悠悠、田伟莉、魏建芬、陈宇、高凯、孙丽娜、楼	20221101
597	20221457	玉沙	绣球属	杭州市园林绿化股份有限公司、江理工大学	魏建芬、卢山、吴光洪、任梓铭、高凯、邱帅、卢山	20221101
598	20221459	白月光	绣球属	杭州市园林绿化股份有限公司、江理工大学	孙丽娜、张楠、卢山、崔祺、杨浩、彭悠悠、田伟莉	20221101
599	20231444	花想容	绣球属	杭州市园林绿化股份有限公司、江理工大学、江苏省农业科学院	彭悠悠、高凯、冯景、邓衍明、崔祺、李东泽、彭志声、孙丽娜	20231025
600	20221462	蓝染	绣球属	杭州市园林绿化股份有限公司、江省林业科学研究院	邱帅、邱帅、楼啸林、樊靖、李婷婷、冯景、吴光洪、朱淑霞、彭悠悠、吴	20221101

（续）

序号	申请号	品种名称	属（种）	申请人	培育人	申请日
601	20221464	流金岁月	绣球属	杭州市园林绿化股份有限公司、浙江省林业科学研究院	邱帅、李婷婷、吴光洪、朱淑霞、余毅敏、孙丽娜、田伟莉	20221101
602	20231441	月移花影	绣球属	杭州市园林绿化股份有限公司、浙江省林业科学研究院	邱帅、张楠、李婷婷、高凯、楼啸林、吴光洪、彭悠悠、陈浩	20231025
603	20231453	红颜	绣球属	杭州市园林绿化股份有限公司、浙江省林业科学研究院、江苏省农业科学院	孙丽娜、李婷婷、樊静、邱帅、高凯、吴光洪、沈柏春、邓衍明、陈双双	20231025
604	20221738	紫芒星	枫香属	杭州沃尔德园植科技开发有限公司	沈伟东、胡绍庆、陈傲霜、郭佳、陈倩倩、陈雪、顾乐欢	20221209
605	20221698	扭扭糖	枫香属	杭州沃尔德园植科技开发有限公司	沈伟东、胡绍庆、陈傲霜、郭佳、楼吉丽、来磊、俞海峰	20221201
606	20221736	七剑	枫香属	杭州沃尔德园植科技开发有限公司	沈伟东、胡绍庆、陈傲霜、郭佳、李文超、金乾锋	20221209
607	20221735	守望者	枫香属	杭州沃尔德园植科技开发有限公司	沈伟东、胡绍庆、陈傲霜、郭佳、裘慧娜、茅春城、孙海锋	20221209
608	20230991	朝兮	杜鹃花属	杭州职业技术学院	龚仲幸、卓晶晶、郑慧俊、邹春晶	20230807
609	20230990	恋夏	杜鹃花属	杭州职业技术学院	龚仲幸、郑慧俊、卓晶晶、邹春晶	20230807
610	20230988	烟嶙	杜鹃花属	杭州职业技术学院	龚仲幸、郑慧俊、邹春晶、卓晶晶	20230807
611	20221750	藤花房	蔷薇属	杭州植物园	朱剑俊、李少清、黄大鹏、朱虹、王俊、罗骏潇	20221212
612	20221396	航竹1号	芦竹属	航天神舟生物科技集团有限公司	李鑫杰、鹿金颖、陈瑜、李华盛、曹茜、颜春凤、赵瑾、张秀兰、王思涵	20221012
613	20230017	春舞	苹果属	合肥植物园	程红梅、周祜昆、王德顺、张端、周莉、钱法永	20230104
614	20231017	木州茜红（kishuakane）	柿	和歌山县政府（Wakayama Prefecure）	野中亚优美（Nonaka Ayumi）、古田贵裕（Furuta Takahiro）、熊本昌平（Kumamoto Shohei）、小松英雄（Komatsu Hideo）	20230811
615	20230218	燕凤	栗属	河北科技师范学院	王凤春、刘静、王东升、王旋、郭春磊、曹飞、张京政、齐永顺、王同坤、黄瑞敏、路艺、于立洋、张海娥	20230330
616	20230215	燕佳	栗属	河北科技师范学院	王旋、路艺、张海娥、张京政、刘静、曹飞、郭春磊、王东升、齐永顺、王同坤、王旋、黄瑞敏、于立洋	20230330
617	20230217	燕康	栗属	河北科技师范学院	黄瑞敏、王旋、张海娥、刘静、王东升、郭春磊、曹飞、张京政、齐永顺、王同坤、于立洋、路艺、王同坤	20230330
618	20230216	燕宁	栗属	河北科技师范学院	张海娥、刘静、王萌、王旋、王东升、齐永顺、张京政、曹飞、郭春磊、王同坤、齐永顺、路艺、黄瑞敏、于立洋	20230330

（续）

序号	申请号	品种名称	属（种）	申请人	培育人	申请日
619	20230219	燕青	栗属	河北科技师范学院	于立洋、王萌、黄瑞敏、张海娥、王东升、路艺、刘静、王旋、郭春磊、曹飞、张京政、齐永顺、王同坤	20230330
620	20230220	燕蕾	栗属	河北科技师范学院	刘静、路艺、黄瑞敏、王旋、王东升、郭春磊、曹飞、张京政、齐永顺、于立洋、王萌	20230330
621	20230221	燕云	栗属	河北科技师范学院	王东升、张海娥、王旋、曹飞、郭春磊、张京政、黄瑞敏、于立洋、路艺、刘静、王同坤、王萌	20230330
622	20231478	金玉	石斛属	河北农业大学	牛善策、段善德、陈段芬、郝丽红、向地英、苏雪	20231027
623	20231168	魁岸	卫矛属	河北农业大学	黄印冉、李平、李泳璋、代嵩华、樊彦聪、陈丽英	20230905
624	20231476	紫色	石斛属	河北农业大学	牛善策、段善德、陈段芬、郝丽红、向地英	20231027
625	20231454	小精灵	石斛属	河北农业大学	牛善策、段善德、陈段芬、向地英、郝丽红、刘洋	20231025
626	20231475	银缕	石斛属	河北农业大学	牛善策、段善德、陈段芬、郝丽红、向地英、刘洋、赵艺宁	20231027
627	20231477	鹰嘴	石斛属	河北农业大学	牛善策、段善德、陈段芬、向地英、郝丽红、李星儒	20231027
628	20230606	闽蜜	桃花	河北省林业和草原科学研究院	闫淑芳、冯树香、刘易超	20230616
629	20231169	红袖	卫矛属	河北省林业和草原科学研究院	闫淑芳、冯树香、刘易超	20230905
630	20230678	虹霓	桃花	河北省林业和草原科学研究院	闫淑芳、冯树香、刘易超	20230625
631	20231171	茏郁	卫矛属	河北省林业和草原科学研究院	闫淑芳、刘易超、冯树香	20230905
632	20231170	云卷云舒	卫矛属	河北省林业和草原科学研究院	闫淑芳、刘易超、冯树香	20230905
633	20230686	灼粉	桃花	河北省林业和草原科学研究院	闫淑芳、刘易超、冯树香	20230625
634	20230065	滨红	白蜡树属	河北省农林科学院滨海农业研究所	郭艳超、丁丁、郑丽箔	20230202
635	20221616	斑斓	连翘属	河北省农林科学院经济作物研究所	刘灵娣、田伟、刘铭、姜涛、贾东升、杨卫肖、温春秀	20221125
636	20221620	火焰	连翘属	河北省农林科学院经济作物研究所	刘灵娣、田伟、刘铭、姜涛、贾东升、温春秀、齐琳琳	20221125
637	20221615	金蕊	连翘属	河北省农林科学院经济作物研究所	刘灵娣、田伟、刘铭、温春秀、姜涛、贾东升、王玉洁	20221125
638	20221614	金苑	连翘属	河北省农林科学院经济作物研究所	刘灵娣、温春秀、刘铭、田伟、姜涛、贾东升、杨东升、齐琳琳	20221125
639	20221617	翘玉	连翘属	河北省农林科学院经济作物研究所	刘灵娣、田伟、刘铭、姜涛、贾东升、杨卫肖、王玉洁	20221125
640	20221619	皱翘	连翘属	河北省农林科学院经济作物研究所	刘灵娣、田伟、刘铭、姜涛、贾东升、温春秀、杨卫肖	20221125
641	20231409	华冠1号	文冠果	河北雄安艾冠密码科技有限公司	王蕾、赵祥树	20231019
642	20231439	华冠2号	文冠果	河北雄安艾冠密码科技有限公司	王蕾、赵祥树	20231025
643	20231457	华冠3号	文冠果	河北雄安艾冠密码科技有限公司	王蕾、赵祥树	20231025
644	20231612	金红1号	文冠果	河北雄安艾冠密码科技有限公司	王蕾、赵祥树	20231103
645	20231500	金玉满堂	文冠果	河北雄安艾冠密码科技有限公司	王蕾、赵祥树	20231031

（续）

序号	申请号	品种名称	属（种）	申请人	培育人	申请日
646	20230226	红颜	胡枝子属	河北燕青农业科技有限公司	杨彦青、杨镜萍、周晓慧	20230331
647	20230362	开元红韵	木瓜属	河北宇红苗木种植有限公司	杨世理、闫淑敏、史宝胜、刘香芬	20230509
648	20230361	普天红影	木瓜属	河北宇红苗木种植有限公司	杨世理、刘香芬、黄志欣、杨恩普	20230509
649	20230363	普天红5号	木瓜属	河北宇红苗木种植有限公司	杨世理、庞玉荣、田冰洁、杨恩普	20230509
650	20230620	橙红玉金黄	木瓜属	河东区金盛海棠种植专业合作社	刘宗钊、陈为兰、李萍、徐兴东、杨晓林	20230619
651	20230621	红利萍	木瓜属	河东区金盛海棠种植专业合作社	王军、王志伟、陈述、邹吉祥、郑文婷、王相波	20230619
652	20230623	红颜	木瓜属	河东区金盛海棠种植专业合作社	郑文婷、杨晓林、徐兴东、李萍、王志伟、陈为兰	20230619
653	20230619	锦绣多彩	木瓜属	河东区金盛海棠种植专业合作社	杨晓林、李萍、郑文婷、邹吉祥、徐兴东	20230709
654	20230842	问花红	木瓜属	河东区金盛海棠种植专业合作社	邹吉祥、郑林、王相波、郑文婷、薄丽萍	20230619
655	20230616	红褝衣	木瓜属	河东区金盛海棠种植专业合作社	徐兴东、杨晓林、李萍、陈为兰、刘宗钊	20230706
656	20230838	红千鸟	木瓜属	河东区金盛海棠种植专业合作社	陈述、王相波、董明、华贝贝、邹吉祥、李萍	20230619
657	20230622	恋之蝶	木瓜属	河东区金盛海棠种植专业合作社	陈为兰、李萍、徐兴东、杨晓林、郑文婷、邹吉祥	20230619
658	20230617	墨红	木瓜属	河东区金盛海棠种植专业合作社	李萍、杨晓林、邹吉祥、陈为兰、刘宗钊	20230619
659	20230618	祝丘红	木瓜属	河东区金盛海棠种植专业合作社	张元华、陈为兰、王相波、杨晓林、徐兴东、刘宗钊	20230619
660	20231748	王东1号	石榴属	河南七叶树生态发展有限公司	王东	20231123
661	20230514	鹤皇	素馨属	河南省鹤城迎春花研究有限公司	张志华、赵丽妍、王志立、王金梅、贺春玲、吴冬、史先元、宋利伟、王清江、张子西、王玉华	20230531
662	20230093	二乔	蜡梅	河南省林业科学研究院	沈植国、孙亚鹏、丁鑫、王志刚、王安亭、程建明、沈希辉	20230208
663	20230180	绿美人	蜡梅	河南省林业科学研究院	沈植国、丁鑫、王志刚、汤正辉、姜涵、程建明、王振刚、栗子亮	20230323
664	20230179	雪白天使	蜡梅	河南省林业科学研究院	沈植国、卫发兴、孙萌、程建明、田丽、姜涵、沈希辉、栗子亮	20230323
665	20230114	紫心红丝	蜡梅	河南省林业科学研究院	沈植国、丁鑫、王志刚、程建明、王安亭、沈希辉	20230215
666	20230118	金素娇红	蜡梅	河南省林业科学研究院	沈植国、丁鑫、孙萌、王志刚、王安亭、汤正辉、罗胜	20230216
667	20230424	中金1号	忍冬属	河南省林业科学研究院、封丘县鑫丰农业种植专业合作社	沈植国、王广军、朱长春	20230517
668	20230425	中金2号	忍冬属	河南省林业科学研究院、封丘县鑫丰农业种植专业合作社	沈植国、王广军、丁鑫、郑海霞、高杰、王峰、魏丽、杨占一、朱长春、郭峰、程建明、沈希辉、吕胜利、王童童、徐娜、沈	20230517

（续）

序号	申请号	品种名称	属（种）	申请人	培育人	申请日
669	20230318	豫皂4号	皂荚属	河南省林业科学研究院、河南科技大学、嵩县饭坡镇鑫汇富民种植专业合作社	杨伟敏、刘艳萍、赵晓斌、侯小改、范定臣、王若鹏、张超建、李鉴华、陈博、何喜坡、王柯可	20230504
670	20230319	豫皂5号	皂荚属	河南省林业科学研究院、河南科技大学、嵩县饭坡镇鑫汇富民种植专业合作社	何山林、杨伟敏、祝亚军、侯小改、路玉平、曾辉、郭建允、谢卫桃、刘佳佳、赵晓斌	20230504
671	20230317	豫皂6号	皂荚属	河南省林业科学研究院、嵩县饭坡镇鑫汇富民种植专业合作社、河南科技大学	刘艳萍、范定臣、何山林、侯典云、曾辉、何喜坡、罗翠、王柯可、黄丽、谢卫桃	20230504
672	20230316	豫皂7号	皂荚属	河南省林业科学研究院、嵩县饭坡镇鑫汇富民种植专业合作社、河南科技大学	赵晓斌、祝亚军、刘艳萍、侯典云、黄丽、赵英普、纪思羽、罗翠、张超建、郭建允、何山林	20230504
673	20230188	葵香	蜡梅	鄢陵县睿祺花木种植园	沈植国、王新来、丁鑫、程秀玲、郑美兰、王安亭、王乐、程建明、沈希辉	20230326
674	20230136	紫胭	蜡梅	鄢陵县王乐苗圃场	沈植国、王乐、王长明、程建明、王志刚、武方方、沈希辉	20230301
675	20230411	希菲尔（HIFIR）	绣球属	荷兰HI育种公司（HI Breeding B.V.）	R. R. 范迪克（Roy Robin van Dijk）	20230516
676	20230412	希眸（HIMOU）	绣球属	荷兰HI育种公司（HI Breeding B.V.）	R. R. 范迪克（Roy Robin van Dijk）	20230516
677	20230413	希瑞福（HIRIV）	绣球属	荷兰HI育种公司（HI Breeding B.V.）	R. R. 范迪克（Roy Robin van Dijk）	20230516
678	20230410	希荪（HISUN）	绣球属	荷兰HI育种公司（HI Breeding B.V.）	R. R. 范迪克（Roy Robin van Dijk）	20230516
679	20230407	希图尔（HITOR）	绣球属	荷兰HI育种公司（HI Breeding B.V.）	R. R. 范迪克（Roy Robin van Dijk）	20230516
680	20230408	希伊思（HIICE）	绣球属	荷兰HI育种公司（HI Breeding B.V.）	R. R. 范迪克（Roy Robin van Dijk）	20230516
681	20230078	多达哈皮（Dodahyppi）	大丽花属	荷兰多盟集团公司（Dummen Group B.V.）	A. v. 哈斯特（Ans van Haaster）	20230205
682	20230080	多达莱威尔（Dodarevere）	大丽花属	荷兰多盟集团公司（Dummen Group B.V.）	F. 林森（Freek Linssen）	20230205
683	20230081	多达莱威仪（Dodareveyl）	大丽花属	荷兰多盟集团公司（Dummen Group B.V.）	F. 林森（Freek Linssen）	20230205
684	20230079	多达西普洛斯威（Dodahyproswi）	大丽花属	荷兰多盟集团公司（Dummen Group B.V.）	A. v. 哈斯特（Ans van Haaster）	20230205
685	20231123	斯帕宝宝（Spabobo）	白鹤芋属	荷兰露比露丝园艺公司（Nubilus B.V.）	T. J. H. 胡哥坎普（Timothy Johan Herman Hoogkamp）	20230830
686	20231182	爱普开020016（IPK020016）	蔷薇属	荷兰英特普兰特月季育种公司（Interplant Roses B.V.）	范·多伊萨姆（ir. A.J.H. van Doesum）	20230905

（续）

序号	申请号	品种名称	属（种）	申请人	培育人	申请日
687	20231190	爱普开 061316（IPK061316）	蔷薇属	荷兰英特普兰特月季育种公司（Interplant Roses B.V.）	范·多伊萨姆（ir. A.J.H. van Doesum）	20230906
688	20231365	爱普开 132917（IPK132917）	蔷薇属	荷兰英特普兰特月季育种公司（Interplant Roses B.V.）	范·多伊萨姆（ir. A.J.H. van Doesum）	20231014
689	20231357	爱普开 143318（IPK143318）	蔷薇属	荷兰英特普兰特月季育种公司（Interplant Roses B.V.）	范·多伊萨姆（ir. A.J.H. van Doesum）	20231011
690	20231358	爱普开 160917（IPK160917）	蔷薇属	荷兰英特普兰特月季育种公司（Interplant Roses B.V.）	范·多伊萨姆（ir. A.J.H. van Doesum）	20231011
691	20231191	爱普开 270518（IPK270518）	蔷薇属	荷兰英特普兰特月季育种公司（Interplant Roses B.V.）	范·多伊萨姆（ir. A.J.H. van Doesum）	20230906
692	20231366	爱普开 283120（IPK283120）	蔷薇属	荷兰英特普兰特月季育种公司（Interplant Roses B.V.）	范·多伊萨姆（ir. A.J.H. van Doesum）	20231014
693	20231367	爱普开 361317（IPK361317）	蔷薇属	荷兰英特普兰特月季育种公司（Interplant Roses B.V.）	范·多伊萨姆（ir. A.J.H. van Doesum）	20231014
694	20231368	爱普开 397120（IPK397120）	蔷薇属	荷兰英特普兰特月季育种公司（Interplant Roses B.V.）	范·多伊萨姆（ir. A.J.H. van Doesum）	20231014
695	20231369	爱普开 584519（IPK584519）	蔷薇属	荷兰英特普兰特月季育种公司（Interplant Roses B.V.）	荷兰乌特勒支市（Utrecht, The Netherlands）	20231014
696	20221344	爱普开 594416（IPK594416）	蔷薇属	荷兰英特普兰特月季育种公司（Interplant Roses B.V.）	范·多伊萨姆（ir. A.J.H. van Doesum）	20220928
697	20231370	爱普开 611616（IPK611616）	蔷薇属	荷兰英特普兰特月季育种公司（Interplant Roses B.V.）	范·多伊萨姆（ir. A.J.H. van Doesum）	20231014
698	20231335	爱普特 002719（IPT002719）	蔷薇属	荷兰英特普兰特月季育种公司（Interplant Roses B.V.）	范·多伊萨姆（ir. A.J.H. van Doesum）	20231008
699	20221343	爱普特 012815（IPT012815）	蔷薇属	荷兰英特普兰特月季育种公司（Interplant Roses B.V.）	范·多伊萨姆（ir. A.J.H. van Doesum）	20220928
700	20231375	爱普特 023915（IPT023915）	蔷薇属	荷兰英特普兰特月季育种公司（Interplant Roses B.V.）	范·多伊萨姆（ir. A.J.H. van Doesum）	20231014
701	20231376	爱普特 028917（IPT028917）	蔷薇属	荷兰英特普兰特月季育种公司（Interplant Roses B.V.）	范·多伊萨姆（ir. A.J.H. van Doesum）	20231014
702	20231192	爱普特 104916（IPT104916）	蔷薇属	荷兰英特普兰特月季育种公司（Interplant Roses B.V.）	范·多伊萨姆（ir. A.J.H. van Doesum）	20230906
703	20221742	爱普特 109015（IPT109015）	蔷薇属	荷兰英特普兰特月季育种公司（Interplant Roses B.V.）	范·多伊萨姆（ir. A.J.H. van Doesum）	20221209

（续）

序号	申请号	品种名称	属（种）	申请人	培育人	申请日
704	20221342	爱普特110918（IPT110918）	蔷薇属	荷兰英特普兰特月季育种公司（Interplant Roses B.V.）	范·多伊萨姆（ir. A.J.H. van Doesum）	20220928
705	20221339	爱普特124615（IPT124615）	蔷薇属	荷兰英特普兰特月季育种公司（Interplant Roses B.V.）	范·多伊萨姆（ir. A.J.H. van Doesum）	20220928
706	20231323	爱普特138019（IPT138019）	蔷薇属	荷兰英特普兰特月季育种公司（Interplant Roses B.V.）	范·多伊萨姆（ir. A.J.H. van Doesum）	20231008
707	20231377	爱普特153319（IPT153319）	蔷薇属	荷兰英特普兰特月季育种公司（Interplant Roses B.V.）	范·多伊萨姆（ir. A.J.H. van Doesum）	20231014
708	20231195	爱普特159315（IPT159315）	蔷薇属	荷兰英特普兰特月季育种公司（Interplant Roses B.V.）	范·多伊萨姆（ir. A.J.H. van Doesum）	20230907
709	20231202	爱普特190717（IPT190717）	蔷薇属	荷兰英特普兰特月季育种公司（Interplant Roses B.V.）	范·多伊萨姆（ir. A.J.H. van Doesum）	20230910
710	20221744	爱普特192617（IPT192617）	蔷薇属	荷兰英特普兰特月季育种公司（Interplant Roses B.V.）	范·多伊萨姆（ir. A.J.H. van Doesum）	20221210
711	20221340	爱普特200215（IPT200215）	蔷薇属	荷兰英特普兰特月季育种公司（Interplant Roses B.V.）	范·多伊萨姆（ir. A.J.H. van Doesum）	20220928
712	20221341	爱普特207617（IPT207617）	蔷薇属	荷兰英特普兰特月季育种公司（Interplant Roses B.V.）	范·多伊萨姆（ir. A.J.H. van Doesum）	20220928
713	20221743	爱普特213117（IPT213117）	蔷薇属	荷兰英特普兰特月季育种公司（Interplant Roses B.V.）	范·多伊萨姆（ir. A.J.H. van Doesum）	20221209
714	20231196	爱普特227717（IPT227717）	蔷薇属	荷兰英特普兰特月季育种公司（Interplant Roses B.V.）	范·多伊萨姆（ir. A.J.H. van Doesum）	20230907
715	20221356	爱普特244214（IPT244214）	蔷薇属	荷兰英特普兰特月季育种公司（Interplant Roses B.V.）	范·多伊萨姆（ir. A.J.H. van Doesum）	20221008
716	20231328	爱普特249019（IPT249019）	蔷薇属	荷兰英特普兰特月季育种公司（Interplant Roses B.V.）	范·多伊萨姆（ir. A.J.H. van Doesum）	20231008
717	20221357	爱普特255917（IPT255917）	蔷薇属	荷兰英特普兰特月季育种公司（Interplant Roses B.V.）	范·多伊萨姆（ir. A.J.H. van Doesum）	20221008
718	20231203	爱普特275714（IPT275714）	蔷薇属	荷兰英特普兰特月季育种公司（Interplant Roses B.V.）	范·多伊萨姆（ir. A.J.H. van Doesum）	20230910
719	20231197	爱普特310417（IPT310417）	蔷薇属	荷兰英特普兰特月季育种公司（Interplant Roses B.V.）	范·多伊萨姆（ir. A.J.H. van Doesum）	20230907
720	20231145	英特欣洛萨（Interisinrosa）	蔷薇属	荷兰英特普兰特月季育种公司（Interplant Roses B.V.）	范·多伊萨姆（ir. A.J.H. van Doesum）	20230903

序号	申请号	品种名称	属（种）	申请人	培育人	申请日
721	20231363	百园墨秀	芍药属	菏泽百花牡丹有限公司	孙文海、郝青、潘善友、孙帅	20231012
722	20231362	大鹏展翅	芍药属	菏泽百花牡丹有限公司	孙文海、潘善友、孙帅、郝青	20231012
723	20231364	白月光	芍药属	菏泽百花牡丹有限公司	孙文海、郝青、孙帅	20231012
724	20230087	峰然10K	忍冬属	黑龙江峰然生物科技有限公司，黑龙江省科学院自然与生态研究所	魏殿文、张静、李金浩、王锋、车汶峻、李娜、程欣欣、徐淑鹏、肖明	20230206
725	20230048	峰然6P	忍冬属	黑龙江峰然生物科技有限公司，黑龙江省科学院自然与生态研究所	魏殿文、周琳、李俭、杨巍、谭卓然、魏丹、张静、李慧刚、肖明、车汶峻、曹玉玲、徐淑鹏	20230115
726	20230011	水滴	越橘属	黑龙江省科学院自然与生态研究所	魏殿文、周琳、王福德、李为海、田福和、孙丰、孙波、赵莉薇、黄宏、石德山	20230103
727	20230001	雪玉	越橘属	黑龙江省科学院自然与生态研究所	魏殿文、石德山、王俊芳、林超、田福和、孙波、周琳、孙大昭、孙丰、路彩云	20221229
728	20230965	嫦娥	木犀属	湖北科技学院	王振啟、邹晶晶、王宗莉、陈洪国、曾祥玲、杨洁、蔡璇	20230803
729	20230230	翠绿102	芦竹属	湖北天爱生态科技有限公司	何庆梦、刘福鹏、任豪蒙、钟如帆	20230402
730	20230448	康仁森1号	五加属	湖北育绿农业发展有限公司	卢利勇、周重建	20230523
731	20230569	红玉三星	兰属	湖南省园艺研究所，湖南省融锦农林科技发展有限公司	周宇霞、张力、陈力、黄国林、符红艳、肖晓玲、唐桂梅、刘源清	20230607
732	20230571	燕尾	兰属	湖南省园艺研究所，湖南省融锦农林科技发展有限公司	符红艳、黄国林、陈力、李卫东、周宇霞、刘洋、杨吉龙、王宗莉、彭颖姝	20230607
733	20231654	花如雪	李属	湖南省植物园	柏文富、马涛、禹霖、李铖、李建锋、吴思政	20231109
734	20230836	琉璃	报春苣苔属	华南农业大学	余义勋、余文迪、刘娟旭、姜贵芸、黄嘉军、廖素婵	20230706
735	20230835	仙女棒	报春苣苔属	华南农业大学	余义勋、余文迪、刘娟旭、姜贵芸、黄嘉军、刘洋	20230706
736	20230837	香吻	报春苣苔属	华南农业大学	刘娟旭、余义勋、余文迪、姜贵芸、黄嘉军、邓惠敏	20230706
737	20230840	银簪	白鹤芋属	华南农业大学，广东省农业科学院环境园艺研究所	廖飞雄、刘小飞	20230708
738	20221412	羊城仙粉	杜鹃花属	华南农业大学，六安市郁花园园艺有限公司	郁书君、方秀、陈晓福	20221025
739	20221675	999华岗01	冬青属	华润三九医药股份有限公司	黄煜权、马庆、曾烨、张洪胜、黄锦鹏、谢文波、叶姿、韩正洲、刘晖晖、何贝贝、唐伟文、苏志能	20221129
740	20221676	999华岗02	冬青属	华润三九医药股份有限公司	马庆、黄煜权、黄锦鹏、曾烨、张洪胜、谢文波、叶姿、韩正洲、刘晖晖、何贝贝、唐伟文、苏志能	20221129

（续）

序号	申请号	品种名称	属（种）	申请人	培育人	申请日
741	20231040	999华三01	吴茱萸属	华润三九医药股份有限公司	曾烨、何贝贝、马庆、谢文波、黄煜权、黄锦鹏、刘晖晖、韩正洲、苏志能、张洪胜	20230817
742	20221677	999华针02	花椒属	华润三九医药股份有限公司	张洪胜、马庆、叶姿、曾烨、黄锦鹏、刘晖晖、韩正洲、唐伟文、苏志能、何贝贝、黄煜权、闵远洋	20221129
743	20231788	999华针03	花椒属	华润三九医药股份有限公司	张洪胜、黄锦鹏、叶姿、马庆、谢文波、黄煜权、何贝贝、刘晖晖、韩正洲、刘斌、陈欣	20231130
744	20230397	华农优站1号	蔷薇属	华中农业大学	宁国贵、何燕红、王文恩、包满珠	20230515
745	20231206	乐之章	石竹属	华中农业大学	傅小鹏、王泽浩、包满珠、刘维超、柳建宜、林胜男、张晓妮、王启剑	20230912
746	20231061	琉璃珠	蔷薇属	华中农业大学	傅小鹏、赵嘉星、关会林、杨绍宗	20230821
747	20231102	迷人眼	蔷薇属	华中农业大学	傅小鹏、赵嘉星、关会林、杨绍宗	20230829
748	20230611	拇指姑娘	蔷薇属	华中农业大学	傅小鹏、黄冰瑶、吴全淑、李桂淇	20230616
749	20221638	破晓	蔷薇属	华中农业大学	傅小鹏、吴全淑、潘辉、杨绍宗、黄秋月、包满珠	20221127
750	20230636	糖果屋	蔷薇属	华中农业大学	傅小鹏、关会林、赵嘉星、杨绍宗	20230621
751	20230261	天妃	山茶属	怀化市林业科学研究所	王耀辉、杨凇、李葵、罗梅、钟伶俐、李珂	20230411
752	20230264	中坡1号	山茶属	怀化市林业科学研究所	李耀辉、杨凇、王鑫、李珂、李江、罗梅、钟伶俐	20230412
753	20230441	粉妆	山茶属	怀化市林业科学研究所、湖南省植物园	唐娟、袁春、张凌宏、向红艳、周芳、陆彦羽、舒鸿飞、杨勇、李芳	20230522
754	20230439	红莺	山茶属	怀化市林业科学研究所、湖南省植物园	余海平、欧阳胜利、唐忠、王晓玲、蒋利媛、袁春、黄新兵、彭招兰、甘青、龚伟、胡如芳、吴雪松、罗忠生、高建国	20230522
755	20230930	青缘	含笑属	吉安市林业科学研究所	黄逢龙、甘青、杨志茵、郭逸榴、刘钊、张艳萍、张源原、贺琪	20230725
756	20230929	常瑞	含笑属	吉安市林业科学研究所	黄逢龙、甘青、周日巍、周琴、贺珑、周序、黄玫、周小卿、雷海年、吴茂隆、曾红高、魏永、邵峰春、言	20230725
757	20221695	吉露	杏	吉林省农业科学院	张艳波、赵晨辉、陈蕾、王雪松、崔龙、邵静、张鹏、侯佳贤、李增明、张冰冰、李锋	20221201
758	20221383	华冠	栾树属	济宁市林业保护和发展服务中心、山东省林业保护和发展服务中心、滕州市林业事业中心	刘宏、徐昌建、张树军、杨成利、刘新、宋尚文、耿强、殷秋燕、庄娣、李景涛、窦霄、张建国、刘川	20221010

（续）

序号	申请号	品种名称	属（种）	申请人	培育人	申请日
759	20221466	华光	栾树属	济宁市林业保护和发展服务中心、山东省林业保护和发展服务中心、滕州市林业事业中心	张建国、窦霄、张树军、刘刚、耿强、杨成利、徐昌建、刘新、王福民、李景涛、刘宏、曾武军、刘川	20221101
760	20221440	华美	栾树属	济宁市林业保护和发展服务中心、山东省林业保护和发展服务中心、滕州市林业事业中心	耿强、徐昌建、杨成利、张树军、刘宏、曾武军、刘川、窦霄、张建国、刘刚、刘新、王福民、李景涛、刘川	20221031
761	20221465	华强	栾树属	济宁市林业保护和发展服务中心、山东省林业保护和发展服务中心、滕州市林业事业中心	杨成利、李景涛、刘刚、刘宏、窦霄、张树军、荣尚文、王福民、曾武军、徐昌建、刘新、张建国、刘川	20221101
762	20230157	鸣人	落羽杉属	嘉善县笠歌生态科技有限公司	姚瑞盈、芮利刚、陆梦霞、周建荣、王萱、李萍、王紫中、方腾	20230321
763	20230773	新美1号	银尾草属	嘉峪关市合润种苗有限公司	沈飞	20230630
764	20231096	新珊瑚太阳花	马齿苋属	嘉峪关市合润种苗有限公司	沈飞	20230828
765	20230185	赤释方	方竹属	贾呈鑫卓、龙元丽、孙茂盛	贾呈鑫卓、龙元丽、王娟、黄启贵	20230325
766	20230156	五邑紫	叶子花属	江门市东湖公园管理所	苏达明、唐文超、刘小冰、李金明、李丹婷、张飞炎	20230320
767	20230330	飞翔	兰属	江苏里下河地区农业科学研究所	马辉、孙叶、刘红、魏晓羽	20230505
768	20230329	黑龙	兰属	江苏里下河地区农业科学研究所	孙叶、马辉、刘红、魏晓羽	20230505
769	20230328	红瑞	兰属	江苏里下河地区农业科学研究所	孙叶、马辉、刘红、魏晓羽	20230505
770	20230327	金如	兰属	江苏里下河地区农业科学研究所	孙叶、马辉、刘红、魏晓羽	20230505
771	20230325	天贺美	兰属	江苏里下河地区农业科学研究所	刘红、孙叶、马辉、魏晓羽	20230505
772	20230326	新宇	兰属	江苏里下河地区农业科学研究所	魏晓羽、孙叶、马辉、刘红	20230505
773	20230324	扬蕊蝶	兰属	江苏里下河地区农业科学研究所	孙叶、马辉、刘红、魏晓羽	20230505
774	20221613	金隐	山茱萸属	江苏农林职业技术学院	周余华、莫家兴、周子杰、陈瑞旭、毛霞	20221125
775	20230825	金羽	栾树属	江苏农林职业技术学院	王红梅、莫家兴、史云光	20230704
776	20231692	墨染	绣球属	江苏农林职业技术学院	刘玉华、郑香客、陈佳佳、莫家兴、孙亚亚、钱枫、周余华	20231115
777	20230935	农林秋晖	木犀属	江苏农林职业技术学院、南京林业大学	陈贡伟、刘国华、王良桂、杨秀莲、岳远征、施婷婷	20230726
778	20230937	农林华彩	木犀属	江苏农林职业技术学院、南京林业大学	刘国华、陈贡伟、王良桂、杨秀莲、岳远征	20230726
779	20231493	橙柔照水	银缕梅属	江苏省林业科学研究院	唐凌凌、教忠意、高云鹏、陈健	20231031
780	20221506	鸿运	柳属	江苏省林业科学研究院	周洁、仇兆林	20221104

（续）

序号	申请号	品种名称	属（种）	申请人	培育人	申请日
781	20231462	金斑1号	银缕梅属	江苏省林业科学研究院	唐凌凌、教忠意、严瑞昌、高云鹏、杨勇、杨建军、李姗	20231026
782	20231173	金丝龙柳1号	柳属	江苏省林业科学研究院	张珏、王保松、周洁	20230905
783	20231174	金丝龙柳2号	柳属	江苏省林业科学研究院	周洁、李茹、张珏、施士争	20230905
784	20231175	金丝龙柳3号	柳属	江苏省林业科学研究院	周洁、张珏、高云鹏	20230905
785	20230292	苏椰1号	榆属	江苏省林业科学研究院	吕运舟、董筱昀、蒋泽平、黄利斌	20230424
786	20230293	苏椰3号	榆属	江苏省林业科学研究院	吕运舟、孙海楠、董筱昀、蒋泽平、杨勇	20230424
787	20230205	苏柳缤纷	柳属	江苏省林业科学研究院	黄瑞芳、王保松、王伟伟、王帅	20230329
788	20230207	苏柳彩虹	柳属	江苏省林业科学研究院	王保松、何旭东、郑纪伟	20230329
789	20230199	苏柳绯红	柳属	江苏省林业科学研究院	王伟伟、王保松、隋德宗、邹景文	20230328
790	20230200	苏柳火焰	柳属	江苏省林业科学研究院	王伟伟、王保松、隋德宗、邹景文	20230328
791	20230206	苏柳梦幻	柳属	江苏省林业科学研究院	王保松、何旭东、郑纪伟、王伟伟、王帅	20230329
792	20230198	苏柳晚霞	柳属	江苏省林业科学研究院	黄瑞芳、王保松、王伟伟、王帅	20230328
793	20231746	晚红	银缕梅属	江苏省林业科学研究院	高云鹏、唐凌凌、教忠意、杨勇、李茹、陈浩	20231123
794	20231522	小米卷	银缕梅属	江苏省林业科学研究院	唐凌凌、教忠意、高云鹏、严瑞昌、陈浩、杨建军、仇兆林、陈健	20231102
795	20230792	碧蕾	越橘属	江苏省林业科学研究院	张敏、周鹏、黄婧	20230630
796	20230789	常驻	越橘属	江苏省林业科学研究院	周鹏、张敏、李飞、黄伟平	20230630
797	20230791	芳维	越橘属	江苏省林业科学研究院	张敏、王雪峰、周鹏、黄婧、李飞	20230630
798	20230793	龟甲南迪	越橘属	江苏省林业科学研究院	周鹏、张敏、李飞、黄伟平	20230630
799	20230790	早春绿华	越橘属	江苏省林业科学研究院	张敏、王雪峰、周鹏、黄婧、李飞	20230630
800	20230788	丹芯碧玉	越橘属	江苏省林业科学研究院、南京仟墨科技农业有限公司	张敏、周鹏、黄婧、邵丽丽、左小燕、李飞	20230630
801	20230787	新橙	越橘属	江苏省林业科学研究院、南京仟墨科技农业有限公司	周鹏、张敏、邵丽丽、黄婧、李飞、左小燕	20230630
802	20221687	苏榉缤纷	榉属	江苏省林业科学研究院、江苏朗森林业科技有限公司	窦全琴、王成、王伟伟、姜开朋	20221130
803	20221685	苏榉彩霞	榉属	江苏省林业科学研究院、江苏朗森林业科技有限公司	王伟伟、王成、隋德宗、窦全琴	20221130
804	20221686	苏榉簰火	榉属	江苏省林业科学研究院、江苏朗森林业科技有限公司	窦全琴、王成、王伟伟、姜开朋	20221130
805	20221684	苏榉金秋	榉属	江苏省林业科学研究院、江苏朗森林业科技有限公司	窦全琴、王成、姜开朋、郑纪伟	20221130

序号	申请号	品种名称	属（种）	申请人	培育人	申请日
806	20221689	苏榉晚霞	榉属	江苏省林业科学研究院、江苏朗森林业科技有限公司	窦全琴、王成、隋德宗、郑纪伟	20221130
807	20221688	苏榉霞光	榉属	江苏省林业科学研究院、江苏朗森林业科技有限公司	郑纪伟、王成、姜开朋、窦全琴	20221130
808	20231400	白小白	杜鹃花属	江苏省农业科学院	郭臻昊、孙晓波、刘晓青、邓衍明、周惠民、苏家乐、齐香玉、冯景、陈慧杰	20231018
809	20231403	蝶中蝶3	杜鹃花属	江苏省农业科学院	刘晓青、邓衍明、李畅、周惠民、郭臻昊、苏家乐、孙晓波、冯景、齐香玉、陈双双	20231018
810	20231739	枫云	槭属	江苏省农业科学院	马秋月、李倩中、杜一鸣、李淑顺、崔凯凯、朱璐、颜坤元、黎瑞、王玉	20231124
811	20231398	花满地	杜鹃花属	江苏省农业科学院	苏家乐、李畅、刘晓青、邓衍明、周惠民、郭臻昊、孙晓波、陈双双、齐香玉、冯景	20231018
812	20231404	花满天	杜鹃花属	江苏省农业科学院	邓衍明、刘晓青、李畅、周惠民、郭臻昊、孙晓波、冯景、齐香玉、陈双双、苏家乐	20231018
813	20231749	金宝	槭属	江苏省农业科学院	马秋月、李倩中、颜坤元、李淑顺、朱璐、杜一鸣、黎瑞、王玉	20231123
814	20231399	落烟	杜鹃花属	江苏省农业科学院	刘晓青、李畅、邓衍明、周惠民、郭臻昊、孙晓波、陈双双、陈慧杰、冯景	20231018
815	20231766	宁绣芳菲	绣球属	江苏省农业科学院	冯景、邓衍明、陈双双、陈慧杰、齐香玉、李畅、周惠民、刘晓青、郭臻昊、金玉妍	20231128
816	20231765	宁绣仙娥	绣球属	江苏省农业科学院	邓衍明、冯景、齐香玉、陈慧杰、刘晓青、李畅、周惠民、陈双双、郭臻昊、金玉妍	20231128
817	20231767	宁绣雪姿	绣球属	江苏省农业科学院	冯景、邓衍明、陈慧杰、齐香玉、周惠民、郭臻昊、李畅、刘晓青、陈双双、苗艳华	20231128
818	20231402	俏花旦	杜鹃花属	江苏省农业科学院	李畅、邓衍明、刘晓青、周惠民、苏家乐、孙晓波、郭臻昊、齐香玉、陈双双、陈慧杰	20231018
819	20231405	香腮雪	杜鹃花属	江苏省农业科学院	周惠民、刘晓青、李畅、邓衍明、苏家乐、郭臻昊、陈慧杰、陈双双、齐香玉	20231018
820	20231729	钟点	桃花	江苏省农业科学院	许建兰、马瑞娟、俞明亮、张妤艳、郭磊、郭绍雷、张春华、沈志海	20231120
821	20231743	钟美	桃花	江苏省农业科学院	马瑞娟、俞明亮、许建兰、宋志峰、孙朦、何鑫	20231121
822	20231730	钟异	桃花	江苏省农业科学院	张妤艳、马瑞娟、俞明亮、沈志军、蔡志翔、许建兰、严娟、张圆圆、丁辉	20231120

（续）

序号	申请号	品种名称	属（种）	申请人	培育人	申请日
823	20231401	紫运来	杜鹃花属	江苏省农业科学院	邓衍明、刘晓青、李畅、周惠民、苏家乐、孙晓波、郭臻昊、冯景、陈双双、齐香玉	20231018
824	20221460	紫霞仙子	绣球属	江苏省农业科学院、杭州市园林绿化股份有限公司、上海辰山植物园	邓衍明、吴光洪、高凯、邱帅、魏建芬、秦俊、胡永红	20221101
825	20231450	热情少女	绣球属	江苏省农业科学院、杭州市园林绿化股份有限公司、上海辰山植物园	邓衍明、冯景、高凯、邱帅、陈双双、陈馨杰、秦俊、张荛权	20231025
826	20231316	品红运	木槿属	江苏省农业科学院宿迁农科所	蔡卫佳、罗桂杰、刘威、王昊、刘旭	20230928
827	20231353	宝蓝	越橘属	江苏省中国科学院植物研究所	姜燕琴、杨奕如、田亮亮、刘京琴、曾其龙	20231011
828	20230871	彩舞	橄榄属	江苏省中国科学院植物研究所	刘科伟、沈中刚、顾永华、杨虹、全大治、高福洪	20230714
829	20230500	刺金	冬青属	江苏省中国科学院植物研究所	陈红、周婷、王传永、张凡、蔡小龙、周艳威	20230528
830	20231356	脆珠	越橘属	江苏省中国科学院植物研究所	曾其龙、姜燕琴、田亮亮、韦继光、刘梦溪	20231011
831	20230950	黛蓝	越橘属	江苏省中国科学院植物研究所	韦继光、於虹、曾其龙、姜燕琴、蒋佳峰、刘梦溪、田亮亮	20230731
832	20231783	红尘画卷	鸢尾属	江苏省中国科学院植物研究所	王银杰、张永侠、原海燕、刘清泉	20231129
833	20231793	绛紫舞娥	鸢尾属	江苏省中国科学院植物研究所	张永侠、原海燕、王银杰、张婷、刘清泉	20231201
834	20230497	卷箔	冬青属	江苏省中国科学院植物研究所	陈红、周婷、周艳威、陆小清、李云龙	20230528
835	20231414	蓝宝石	越橘属	江苏省中国科学院植物研究所	姜燕琴、韦继光、曾其龙、刘京琴、蒋佳峰	20231019
836	20231413	蓝精灵	越橘属	江苏省中国科学院植物研究所	韦继光、曾其龙、姜燕琴、杨奕如、葛春峰	20231019
837	20230499	莉人	冬青属	江苏省中国科学院植物研究所	陈红、周婷、蔡小龙、李云龙、田亮亮	20230528
838	20231784	流金岁月	鸢尾属	江苏省中国科学院植物研究所	刘清泉、张永侠、张婷、陆小清、李乃伟	20231130
839	20230498	青芜	冬青属	江苏省中国科学院植物研究所	陈红、周婷、李云龙、李乃伟、王传永、张凡	20230528
840	20231649	苏槿1号	木槿属	江苏省中国科学院植物研究所	於朝广、殷云龙、王芝权、王紫阳、芦治国、逯岩、徐建华	20231109
841	20231641	苏槿2号	木槿属	江苏省中国科学院植物研究所	於朝广、殷云龙、王芝权、王紫阳、芦治国、逯岩、徐建华	20231107
842	20230892	天合	橄榄属	江苏省中国科学院植物研究所	刘科伟、顾永华、沈中刚、杨虹、李冬玲、全大治	20230718
843	20231351	玉珠	越橘属	江苏省中国科学院植物研究所	田亮亮、姜燕琴、刘梦溪、韦继光、蒋佳峰	20231011
844	20231354	云蓝	越橘属	江苏省中国科学院植物研究所	韦继光、刘梦溪、刘京琴、蒋佳峰	20231011
845	20231786	紫彩	鸢尾属	江苏省中国科学院植物研究所	原海燕、张永侠、王银杰、张婷、刘清泉	20231130
846	20230496	紫麟	冬青属	江苏省中国科学院植物研究所	陈红、周婷、种昕冉、蔡小龙、李云龙	20230528
847	20230933	苏阜1号	悬钩子属	江苏省中国科学院植物研究所、南京林业大学	黄正金、吴文龙、张春红、杨海燕、闾连飞、李维林	20230725

（续）

序号	申请号	品种名称	属（种）	申请人	培育人	申请日
848	20230934	苏早2号	悬钩子属	江苏省中国科学院植物研究所，南京林业大学	吴文龙、黄正金、张春红、闾连飞、李维林	20230725
849	20230870	天酬锦	槭属	江西省中国科学院植物研究所，武进区湟里宇宁萌槭树园，常州市武进区湟里镇人民政府	刘科伟、沈寿大、毛程亮	20230714
850	20231033	同心竹	刚竹属	江西农业大学，江西富明农业科技开发有限公司	张文根、于芬、国春策、杨光耀、祝年龙、胡思思、孔令辉、丁雪菲、李雪梅	20230816
851	20231304	春红垂樱	李属	江西三农花木集团有限公司	潘小兵、肖斌、吴莉、刘志鹏、贾会东	20230927
852	20230577	匡庐青	木通属	江西省、中国科学院庐山植物园	黄宏文、邹帅宇、高浦新	20230608
853	20231021	林科杏彩	木犀属	江西省林业科学院	杜强、陶秀花、刘倩、姬红利、杨春霞、符潮、林洪、桂丽静、丁伟、周光、高兑文、谷振军	20230814
854	20230530	微秀	山矾属	江西省林业科学院	杜强、杨春霞、刘倩、符潮、丁伟、谷振军、周光、邓绍磊	20230601
855	20230713	半江红	苹果属	金陵科技学院，南京林业大学	范俊俊、宁坤、张往祥、陈永霞	20230628
856	20230885	粉陵	安息香属	金陵科技学院，南京林业大学	童丽丽、许晓岗、徐梦婓、田露、程瑶、戴韦、郑浩志	20230717
857	20230759	红鹃	苹果属	金陵科技学院，南京林业大学	宁坤、范俊俊、杨晓倩、张往祥	20230628
858	20230389	埔金	女贞属	金埔园林股份有限公司	刘雁丽、汤阳泽、王宜松、庄凯、李辰轩、胡昕、张志南、许甜梦、张海英、李静、袁常洪、胡静	20230512
859	20231024	雪之豹	叶子花属	景世君	景世君	20230814
860	20230768	满山香172	牛至属	酒泉市金秋园艺种苗有限责任公司	于永武	20230630
861	20230770	黄金1号	薯属	酒泉市金秋园艺种苗有限责任公司，北京林大生态环境工程有限公司	于永武、杨明琪、赵伟	20230630
862	20230771	金秋红羽3号	狼尾草属	酒泉市金秋园艺种苗有限责任公司，北京林大生态环境工程有限公司	于永武、赵伟、杨明琪	20230630
863	20230674	紫娜07	鼠尾草属	酒泉市金秋园艺种苗有限责任公司，北京林大生态环境工程有限公司	于永武、杨明琪、赵伟、胡家项、郭来	20230625
864	20230013	白露	羽扇豆属	酒泉市蓝翔园艺种苗有限责任公司	陈凤翔、郭海辉	20230103
865	20220703	宝丽	菊属	酒泉市蓝翔园艺种苗有限责任公司	陈凤翔、毛德新、于永川	20220629
866	20230143	彩虹	马齿苋属	酒泉市蓝翔园艺种苗有限责任公司	陈凤翔、郭海辉、张玲玲	20230315
867	20230133	彩虹2号	马齿苋属	酒泉市蓝翔园艺种苗有限责任公司	张玲玲、郭海辉、罗海斌	20230227
868	20230134	彩虹3号	马齿苋属	酒泉市蓝翔园艺种苗有限责任公司	陈凤翔、王槐霞、毛新德	20230227
869	20230145	彩虹4号	马齿苋属	酒泉市蓝翔园艺种苗有限责任公司	陈凤翔、毛德新、裴秀婷	20230316
870	20230146	彩虹5号	马齿苋属	酒泉市蓝翔园艺种苗有限责任公司	陈凤翔、裴秀婷、王槐霞	20230316

（续）

序号	申请号	品种名称	属（种）	申请人	培育人	申请日
871	20221258	凤选 2 号	凤仙花属	酒泉市蓝翔园艺种苗有限责任公司	陈凤翔、宋军阳、范慧珍	20220913
872	20221175	黑美人	石竹花属	酒泉市蓝翔园艺种苗有限责任公司	陈凤翔、宋军阳、范慧珍	20220902
873	20221643	黄冠丽	大丽花属	酒泉市蓝翔园艺种苗有限责任公司	陈凤翔、郭海辉	20221128
874	20221067	魔毯	石竹花属	酒泉市蓝翔园艺种苗有限责任公司	陈凤翔、宋军阳、范慧珍	20220820
875	20221177	鱼籽	薯属	酒泉市蓝翔园艺种苗有限责任公司	陈凤翔、张文辉、张玲玲	20220902
876	20220765	祖玛	石竹花属	酒泉市蓝翔园艺种苗有限责任公司	陈凤翔、宋军阳、范慧珍	20220705
877	20230035	莒峰	松属	莒南县大有花卉果蔬家庭农场	赵立乾、王文玉、徐田兰、赵川洁、范凤娟、陈广森、卢为涛、陈为涛、徐艳田、范凤涛、郑振烜、韩成年	20230112
878	20230351	金彩	锦带花属	句容市高骊山花木有限公司	钱之华、蒋小庚、钱阳升、张明、许芬芬、顾晓峰、陈云龙、王晓峰	20230508
879	20230082	许榴 1 号	石榴属	开封市农林科学研究院	李战鸿、孙珍珠、曹琴、卞书迅、戴妙飞、高萌萌	20230205
880	20231045	粉彩塔	绣球属	昆明南国山花园艺科技有限责任公司	杨玉勇	20230820
881	20231057	红彩塔	绣球属	昆明南国山花园艺科技有限责任公司	杨玉勇	20230821
882	20231044	巨塔	绣球属	昆明南国山花园艺科技有限责任公司	杨玉勇	20230820
883	20231043	青塔	绣球属	昆明南国山花园艺科技有限责任公司	杨玉勇	20230820
884	20231042	圆彩塔	绣球属	昆明南国山花园艺科技有限责任公司	杨玉勇	20230820
885	20231226	繁星	绣球属	昆明杨月季园艺有限责任公司	杨玉勇、王超、吴艳迪、牛芸	20230922
886	20231224	粉黛	绣球属	昆明杨月季园艺有限责任公司	杨玉勇、王超、牛芸、吴艳迪	20230922
887	20230547	蝴蝶谷	绣球属	昆明杨月季园艺有限责任公司	杨玉勇、杨曾华	20230604
888	20231223	锦绣	绣球属	昆明杨月季园艺有限责任公司	杨玉勇、杨振翼、杨曾华	20230922
889	20231227	美玉	绣球属	昆明杨月季园艺有限责任公司	杨玉勇、王超、牛芸、吴艳迪	20230922
890	20231225	羽翼	绣球属	昆明杨月季园艺有限责任公司	杨玉勇、杨曾华、杨振翼	20230922
891	20221153	独秀 1 号	卫矛属	廊坊嘉沐园林科技有限公司	张军、闫淑芳、冯淑香、高悦鹏、刘易超、代嵩华、陈丽英、樊彦聪	20220827
892	20221154	独秀 2 号	卫矛属	廊坊嘉沐园林科技有限公司	闫淑芳、高悦鹏、刘易超、陈丽英、代嵩华、冯树香、张军、樊彦聪	20220827
893	20221264	独秀 3 号	卫矛属	廊坊嘉沐园林科技有限公司	张军、闫淑芳、高悦鹏、杨敏生、代嵩华、陈丽英、樊彦聪	20220914
894	20221265	独秀 4 号	卫矛属	廊坊嘉沐园林科技有限公司	闫淑芳、高悦鹏、张军、杨敏生、陈丽英、樊彦聪、代嵩华	20220914
895	20230262	雪韵	卫矛属	廊坊嘉沐园林科技有限公司	杨宝祥、李菁、姚飞、冯天爽、宁秋玲、李田、高悦鹏	20230411

（续）

序号	申请号	品种名称	属（种）	申请人	培育人	申请日
896	20230266	曲韵	卫矛属	廊坊嘉沐园林科技有限公司	李箐、杨宝祥、姚飞、冯天爽、李田、宁秋玲、高悦鹏、部占海	20230415
897	20230999	步步高升	芍药属	李洪勇	李洪勇、潘善友、刘天裕、袁勇、孙振亚、邓卫国、赵忠磊	20230808
898	20230998	粉蓝双娇	芍药属	李洪勇	李洪勇、刘天裕、潘善友、袁勇、孙振亚、邓卫国、赵忠磊	20230808
899	20230298	天光	枣属	李秀营	李秀营、于巧玉、张永超	20230426
900	20231309	锦簇	菊属	丽水市农林科学研究院	华金渭、尹设飞、张春松、李湘萍、赖丽芳	20230928
901	20231306	卧霞	菊属	丽水市农林科学研究院	华金渭、尹设飞、潘燕清、陈志航、王银燕、杨先裕	20230928
902	20230349	流翠	菊属	丽水市农林科学研究院、遂昌县农作物技术推广中心	华金渭、尹设飞、吴剑锋、王银燕、陈军华	20230508
903	20230350	紫魅	菊属	丽水市农林科学研究院、遂昌县农作物技术推广中心	华金渭、尹设飞、王杰、尹仁福、陈超	20230508
904	20231750	辽蓝504	越橘属	辽宁省果树科学研究所	刘成、刘有春、高艳敏、魏鑫、王升、杨玉春、张航、高树清、孙斌、王宏光、王嘉莳、徐艺格、林佳莳	20231123
905	20221429	辽蓝519	越橘属	辽宁省果树科学研究所	袁兴福、魏鑫、张航、王兴东、刘成、王宏光、杨玉春、高树清、李嘉莳、徐艺格、刘有春	20221028
906	20221519	辽蓝503	越橘属	辽宁省果树科学研究所、辽宁省农业科学院	魏永祥、杨艳敏、孙斌、王升、王兴东、杨玉春、蒋明三、孙鹏程、高树清、刘成、刘有春	20221108
907	20230123	辽宝焰	核桃属	辽宁省经济林研究所	刘枫、赵宝军、贺有超、宫永红	20230217
908	20230018	软丰香	猕猴桃属	辽宁省经济林研究所、宽甸龙成软枣研究所	孙阳、王成	20230104
909	20231717	芭比女郎	蔷薇属	辽宁省经济作物研究所	韩丹丹、马策、阮芳、李振涛、李成俊、赵小慧	20231117
910	20231723	风车	蔷薇属	辽宁省经济作物研究所	李振涛、李成俊、韩丹丹、阮芳、马策	20231117
911	20230077	华彩	蔷薇属	辽宁省经济作物研究所	阮芳、马策、韩丹丹、赵小慧、李成俊、闫烨	20230204
912	20231720	列装	蔷薇属	辽宁省经济作物研究所	赵小慧、韩丹丹、马策、阮芳、李振涛	20231117
913	20230071	梦幻少女	蔷薇属	辽宁省经济作物研究所	赵小慧、马策、韩丹丹、李振涛、李成俊	20230203
914	20230069	浅音	蔷薇属	辽宁省经济作物研究所	马策、赵小慧、阮芳、李成俊、李晓丽、韩丹丹、闫烨	20230203
915	20230076	甜梦	蔷薇属	辽宁省经济作物研究所	李振涛、阮芳、马策、赵小慧、韩丹丹	20230204
916	20231718	威斯特	蔷薇属	辽宁省经济作物研究所	马策、阮芳、李振涛、李成俊、赵小慧	20231117
917	20230070	兮月	蔷薇属	辽宁省经济作物研究所	韩丹丹、李振涛、李成俊、赵小慧、阮芳、马策、徐宁	20230203

（续）

序号	申请号	品种名称	属（种）	申请人	培育人	申请日
918	20231722	心望	蔷薇属	辽宁省经济作物研究所	李成俊、赵小慧、韩丹丹、闫烨、李振涛、阮芳	20231117
919	20230075	炫彩	蔷薇属	辽宁省经济作物研究所	李成俊、赵小慧、李振涛、韩丹丹、阮芳、马丹	20230204
920	20231719	樱之舞	蔷薇属	辽宁省经济作物研究所	阮芳、李振涛、李成俊、赵小慧、韩丹丹、马丹	20231117
921	20231622	辽青5号	杨属	辽宁省杨树研究所	刘巍、蔺胜军、彭胜胜、尹杰、杨志岩、张妍、冯连荣、赵鑫闻、纪纯阳	20231106
922	20231460	辽雄1号	杨属	辽宁省杨树研究所	尹杰、彭胜胜、蔺胜军、刘巍、杨志岩、冯连荣、赵鑫闻、张妍、林晓峰	20231026
923	20231186	玲珑锦	木瓜属	临沂大学、临沂市沂州海棠花卉研究所有限公司、临沂市河东区林业发展中心	周金川、胡顺龙、李成奎、孙秀慧、张海娟、陈之群、王惠双、管学迎	20230906
924	20231188	玫瑰女神	木瓜属	临沂大学、临沂市沂州海棠花卉研究所有限公司、临沂市园林环卫保障服务中心	张海娟、陈之群、管其德、管学迎、周金川	20230906
925	20231189	十二重	木瓜属	临沂市河东区林业发展中心、临沂市园林环卫保障服务中心、临沂大学	胡顺龙、李成奎、刘洋、杨静、徐一飞、管其德、王忠霞、周金川	20230906
926	20231187	小仙女	木瓜属	临沂市园林环卫保障服务中心、临沂市沂州海棠花卉研究所有限公司、临沂大学	李成奎、杜辉、李路文、左德欣、丁明辉、管其德、李鹏程、周金川	20230906
927	20231185	状元红	木瓜属	临沂市园林环卫保障服务中心、临沂市沂州海棠花卉研究所有限公司、临沂大学	孙秀慧、王彩玲、孙睿君、徐一飞、李路文、张德安、管其德、周金川	20230906
928	20221428	昌云	枣属	刘加云、郭祁、贾继安	刘加云、郭祁、贾继安、闫兆、闫哲、孙赫、魏士省、朱伟、刘	20221027
929	20231278	明蓝	越橘属	六盘水师范学院、大连大学、北京林业大学	韩世明、熊荣川、徐国辉、王贺新、张凌云、曹一博、楚立威、温立柱、赵青、崔青、熊薏海、邓艳琼、和加卫	20230926
930	20231280	川蓝	越橘属	六盘水师范学院、大连大学、云南省农业科学院高山经济植物研究所	熊荣川、徐国辉、韩世明、王贺新、杨正松、杨燕林、和建平、苏泽春、余莹、和加卫、卢雅妮、盖荣丽、熊薏海、邓艳琼、王朝文、王月霞	20230926
931	20231279	水蓝	越橘属	六盘水师范学院、大连大学、云南省农业科学院高山经济植物研究所	韩世明、徐国辉、熊薏海、王子洋、郭淼、和加卫、熊荣川、杨洪涛、和志娇、杨相德、杨雅涵、刘桂婷、王贺新、吴志斌、木永青、王月霞	20230926
932	20230369	翠玉	石斛属	龙陵县石斛研究所、云南省林业和草原科学院、云南相德紫康石斛开发有限公司	周莹、蒋宏、李能波、周彬、李丽梅、华梅、廖勤昌、陈东平、杨相德、沈定才、孔继君、赵雅婷	20230511

（续）

序号	申请号	品种名称	属（种）	申请人	培育人	申请日
933	20231695	紫精灵	石斛属	龙岩市农业科学研究所	周美玲、张志勇、郑新妹、张川、赖丽婷	20231116
934	20230186	春秋竹	方竹属	龙元丽、贾呈鑫卓、孙茂盛	龙元丽、贾呈鑫卓、王娟、徐高峰、王逸之、黄启贵、陈群仁	20230325
935	20231536	航天01	芦竹属	芦竹种业（湛江）有限公司	张翼、周丽烨、万涣、吴峰、赵惠恩	20231102
936	20231412	罗彩52号	木犀属	罗方亮、江西省林业科学院	张继红、陶秀花、李升星、郑育桃、李田、赵攀、盛陈、马莉燕	20231019
937	20231411	罗彩85号	木犀属	罗方亮、江西省林业科学院	郑育桃、李升星、陶秀花、张继红、李田、马莉燕、盛陈、赵攀、李欣	20231019
938	20231209	白云映日	芍药属	洛阳市农林科学院	姚俊巧、王若晗、丁建兰、张焕玲、马卓华、马会萍、魏春梅	20230913
939	20231207	丹心芳花	芍药属	洛阳市农林科学院	王若晗、姚俊巧、丁建兰、张焕玲、马卓华、马会萍、魏春梅	20230913
940	20231212	粉妍	芍药属	洛阳市农林科学院	姚俊巧、王若晗、丁建兰、张焕玲、马卓华、马会萍、魏春梅	20230914
941	20231208	粉玉阁	芍药属	洛阳市农林科学院	王若晗、姚俊巧、丁建兰、张焕玲、马卓华、马会萍、魏春梅	20230913
942	20231011	洛仁1号	杏	洛阳市农林科学院	梁臣、王治军、畅凌冰、秦明、李泰山、魏素玲、马晓洁、倪锋轩、刘中现、彭正锋、韦宇新、尹华、李晓艳、胡晓亮、周青利	20230811
943	20231662	金藏	芍药属	马占龙	马占龙	20231110
944	20221423	布鲁奥（BLUEORANGE）	越橘属	美国BB知识产权储备有限公司（BB IP Repository LLC.）	E. J. 威乐（Edmund J. Wheeler）、M. P. 巴纳多斯（Maria Pilar Banados）	20221026
945	20221422	布鲁布（BLUEBLUE）	越橘属	美国BB知识产权储备有限公司（BB IP Repository LLC.）	E. J. 威乐（Edmund J. Wheeler）、M. P. 巴纳多斯（Maria Pilar Banados）	20221026
946	20230907	保大德拉普（Baldadenapr）	大丽花属	美国保尔园艺公司（Ball Horticultural Company）	J. 吉赛尔斯（Jeroen Gitzels）、J. 克拉伯格（Jolanda Krassenburg）	20230720
947	20230912	保大德拉舞（Baldadenlav）	大丽花属	美国保尔园艺公司（Ball Horticultural Company）	J. 吉赛尔斯（Jeroen Gitzels）	20230721
948	20230908	保大马思丽（Baldamaxliv）	大丽花属	美国保尔园艺公司（Ball Horticultural Company）	V. 塔奎特（Valentin Taquet）、J. 吉赛尔斯（Jeroen Gitzels）	20230720
949	20230909	保大特启木（Baldateqim）	大丽花属	美国保尔园艺公司（Ball Horticultural Company）	H. H. 凯普曼（Hans Henrik Kampmann）、J. 吉赛尔斯（Jeroen Gitzels）	20230720
950	20230390	保卡尔漪（Balcarcinn）	矾根属	美国保尔园艺公司（Ball Horticultural Company）	C. 季伟特（Christa Kievit）、K. 巴切科（Karl Batschke）	20230514

（续）

序号	申请号	品种名称	属（种）	申请人	培育人	申请日
951	20230493	卡勃艮第 (CarnivalBurgundyBlast)	矾根属	美国保尔园艺公司 (Ball Horticultural Company)	C. 季伟特 (Christa Kievit)、K. 巴切科 (Karl Batschke)	20230527
952	20230395	秀保帕宝 (Heubopapl)	矾根属	美国保尔园艺公司 (Ball Horticultural Company)	C. 季伟特 (Christa Kievit)、K. 巴切科 (Karl Batschke)	20230514
953	20221389	贝马妃六 (Bailmacsix)	绣球属	美国贝利苗圃公司 (Bailey Nursery, Inc., USA)	M. A. 迪尔 (Michael A. Dirr)	20221011
954	20221391	富思 11164 (FC11164)	越橘属	美国秋溪农场苗圃有限公司 (Fall Creek Farm and Nursery, Inc., USA)	P. S. 鲍切斯 (Peter Stefan Boches)、A. 瓦格纳 (Adam Wagner)	20221011
955	20230719	富思 13113 (FC13113)	越橘属	美国秋溪农场苗圃有限公司 (Fall Creek Farm and Nursery, Inc., USA)	D. M. 布拉泽通 (David M. Brazelton)、P. S. 布切斯 (Peter Stefan Boches)	20230628
956	20230721	富思慕 14057 (FCM14057)	越橘属	美国秋溪农场苗圃有限公司 (Fall Creek Farm and Nursery, Inc., USA)	P. S. 布切斯 (Peter Stefan Boches)、A. A. 波姆多 (Antonio Alamo Bermudo)	20230628
957	20221392	富思慕 17132 (FCM17132)	越橘属	美国秋溪农场苗圃有限公司 (Fall Creek Farm and Nursery, Inc., USA)	H. P. R. 阿门塔 (Hilda Patricia Rodriguez Armenta)、P. S. 布切斯 (Peter Stefan Boches)	20221011
958	20230588	吉星	草地早熟禾	蒙草生态环境（集团）股份有限公司	贾振宇、王召明、张跃华、张雅荣、刘长涛、刘亚玲、于立霞	20230609
959	20230595	蒙草沙生 1 号	黄耆属	蒙草生态环境（集团）股份有限公司	王召明、王建平、高俊刚、刘英俊、刘亚玲、张跃华、程雨、贾振宇	20230614
960	20230122	白露俏	枣属	孟祥元、王继贵	刘浩升、孟祥元、王继贵、于荣艳、张建勇、刘玉洋、焦彦强	20230217
961	20230962	胖玉环	连翘属	孟昭伟、张双军	孟昭伟、高秀云、董帅伟、彭炜、巩国洋、张双军	20230802
962	20230961	玉玲珑	连翘属	孟昭伟、张双军	孟昭伟、高秀云、董帅伟、彭炜、巩国洋、张双军、陈博	20230802
963	20230675	红晕	蔷薇属	绵竹银谷园林有限公司	何红梅	20230625
964	20230189	金贵 1	红豆杉属	明溪红豆杉产业研究所	余明、赖建明、刘淼勋、余能健	20230327
965	20231213	春桂	山矾属	南昌市美竹林业有限公司、涂美霞	涂美霞	20230915
966	20230889	南林赤抗 1 号	松属	南京林业大学	叶建仁、朱丽华、吴小芹、林司曦	20230717
967	20230888	南林马抗 1 号	松属	南京林业大学	叶建仁、朱丽华、陈友华、吴小芹、陈凤毛	20230717
968	20231790	南青 1 号	青钱柳属	南京林业大学	方升佐、尚旭岚、浓香香、杨万霞、孙操稳、张雷	20231201
969	20231791	南青 3 号	青钱柳属	南京林业大学	尚旭岚、浓香香、方升佐、杨万霞、孙操稳、张雷	20231201

（续）

序号	申请号	品种名称	属（种）	申请人	培育人	申请日
970	20230943	南林缤纷	木犀属	江苏农林职业技术学院，南京林业大学	杨秀莲、王良桂、岳远征、施婷婷、陈贡伟、刘国华	20230728
971	20230938	南林芳华	木犀属	江苏农林职业技术学院，南京林业大学	王良桂、杨秀莲、岳远征、施婷婷、陈贡伟、刘国华	20230726
972	20230942	南林炫彩	木犀属	江苏农林职业技术学院，南京林业大学	杨秀莲、郑栋、王良桂、岳远征、陈贡伟、刘国华	20230728
973	20230936	南林如意	木犀属	江苏农林职业技术学院，南京林业大学	岳远征、王良桂、杨秀莲、施婷婷、陈贡伟、刘国华	20230726
974	20230883	橙舞	安息香属	金陵科技学院，南京林业大学	许晓岗、童丽丽、徐梦寒、程瑶、戴韦、郑浩志	20230717
975	20230886	曈曈	安息香属	金陵科技学院，南京林业大学	许晓岗、童丽丽、徐梦寒、程瑶、戴韦、郑浩志	20230717
976	20230884	风铃	安息香属	金陵科技学院，南京林业大学	许晓岗、童丽丽、戴韦、程瑶、徐梦寒、郑浩志	20230717
977	20230914	巨咧	秤锤树属	金陵科技学院，南京林业大学	巨云为、许晓岗、童丽丽、徐梦寒、田露、程瑶、戴韦、郑浩志	20230724
978	20230887	霞绯	安息香属	金陵科技学院，南京林业大学	许晓岗、童丽丽、程瑶、徐梦寒、郑浩志	20230717
979	20230882	绣帏	安息香属	金陵科技学院，南京林业大学	许晓岗、童丽丽、田露、程瑶、徐梦寒、郑浩志	20230717
980	20230913	紫承	安息香属	金陵科技学院，南京林业大学	许晓岗、童丽丽、田露、程瑶、徐梦寒、郑浩志	20230723
981	20230734	紫红楼阁	苹果属	金陵科技学院，南京林业大学	张往祥、范俊俊、陈玺珏、宁坤	20230628
982	20230726	兰亭	苹果属	金陵科技学院，南京林业大学	张往祥、范俊俊、宁坤、陈永霞	20230628
983	20230720	胭脂云	苹果属	金陵科技学院，南京林业大学，扬州小苹果果园艺有限公司	张往祥、宁坤、范俊俊、陈永霞	20230628
984	20230698	黄金玉	刚竹属	南京林业大学，扬州大禹园林景观有限公司，扬州大禹风景竹园	林树燕、丁雨龙、禹在定、姚文静	20230627
985	20230627	绿丝早	刚竹属	南京林业大学，扬州大禹园林景观有限公司，扬州大禹风景竹园	林树燕、丁雨龙、禹在定、李龙	20230620
986	20230629	黄金早	刚竹属	南京林业大学，扬州大禹园林景观有限公司，扬州大禹风景竹园	林树燕、丁雨龙、禹在定、黄菲艺	20230620
987	20230709	白莲	苹果属	南京林业大学，扬州小苹果果园艺有限公司	张往祥、陈永霞、王梦竹、马敬泽	20230628
988	20230716	婵娟	苹果属	南京林业大学，扬州小苹果果园艺有限公司	张往祥、曾杰、陈永霞、彭冶	20230628
989	20230757	朝花夕拾	苹果属	南京林业大学，扬州小苹果果园艺有限公司	张往祥、周若苗、彭冶、陈永霞	20230628

（续）

序号	申请号	品种名称	属（种）	申请人	培育人	申请日
990	20230743	晨晖	苹果属	南京林业大学、扬州小苹果园艺有限公司	张往祥、李慧敏、彭冶、陈永霞	20230628
991	20230561	调色板	苹果属	南京林业大学、扬州小苹果园艺有限公司	张远兰、孙甜甜、张往祥、衣春仕、曹福亮	20230606
992	20230555	翡翠	苹果属	南京林业大学、扬州小苹果园艺有限公司	张往祥、范月嵊、曹福亮	20230605
993	20230718	高原之恋	苹果属	南京林业大学、扬州小苹果园艺有限公司	张往祥、马敬泽、陈永霞、彭冶	20230628
994	20230574	红灯笼	苹果属	南京林业大学、扬州小苹果园艺有限公司	衣春仕、曾杰、张往祥、张远兰、曹福亮	20230607
995	20230762	红骏	苹果属	南京林业大学、扬州小苹果园艺有限公司	陈永霞、张往祥、孙甜甜、曾杰	20230628
996	20230558	金港湾	苹果属	南京林业大学、扬州小苹果园艺有限公司	陈永霞、张往祥、张之晨、曹福亮	20230605
997	20230804	蓝馨	苹果属	南京林业大学、扬州小苹果园艺有限公司	彭冶、杨晓倩、张往祥、沈义婷	20230702
998	20230553	梅花鹿	苹果属	南京林业大学、扬州小苹果园艺有限公司	张往祥、彭冶、范月嵊、曹福亮	20230605
999	20230557	秋韵	苹果属	南京林业大学、扬州小苹果园艺有限公司	陈永霞、张往祥、彭冶、曹福亮	20230605
1000	20230711	天女散花	苹果属	南京林业大学、扬州小苹果园艺有限公司	张往祥、沈义婷、彭冶、陈永霞	20230628
1001	20230714	江上江月	苹果属	南京林业大学、扬州小苹果园艺有限公司	张往祥、熊青青、彭冶、陈永霞	20230628
1002	20230722	小村之恋	苹果属	南京林业大学、扬州小苹果园艺有限公司	彭冶、王梦竹、张往祥、李慧敏	20230628
1003	20230728	一襄烟雨	苹果属	南京林业大学、扬州小苹果园艺有限公司	张往祥、熊青青、彭冶、陈永霞	20230628
1004	20230729	卓玛	苹果属	南京林业大学、扬州小苹果园艺有限公司	张往祥、孙甜甜、熊青青、彭冶	20230628
1005	20230737	紫莲	苹果属	南京林业大学、扬州小苹果园艺有限公司	张往祥、陈永霞、范月嵊、彭冶	20230628
1006	20230756	紫薇星	苹果属	南京林业大学、扬州小苹果园艺有限公司	张往祥、范月嵊、周若苗、彭冶	20230628

（续）

序号	申请号	品种名称	属（种）	申请人	培育人	申请日
1007	20230735	紫鹊	苹果属	南京林业大学、余柠末	张往祥、余柠末、陈永霞、彭冶	20230628
1008	20230738	紫亭	苹果属	南京林业大学、余柠末	张往祥、余柠末、曾杰、陈永霞	20230628
1009	20230231	秦青伯安	木槿属	南宁青秀山风景名胜旅游开发有限责任公司	雷丽群、高筱钰	20230403
1010	20230222	秦青晨妆	木槿属	南宁青秀山风景名胜旅游开发有限公司	雷丽群、高筱钰	20230330
1011	20230235	秦青骄阳	木槿属	南宁青秀山风景名胜旅游开发有限责任公司	雷丽群、高筱钰	20230403
1012	20230236	秦青韶华	木槿属	南宁青秀山风景名胜旅游开发有限责任公司	雷丽群、高筱钰	20230403
1013	20231426	传奇	蔷薇属	南阳月季基地、北京市园林绿化科学研究院	赵磊、冯慧、赵世伟、赵国有、孙聚有、许春峰、吴丰朝、孙伟	20231023
1014	20231429	红日升	蔷薇属	南阳月季基地、北京市园林绿化科学研究院	赵国有、赵磊、冯慧、赵世伟、李文奇、王怀青、邢远基、景更印	20231023
1015	20231428	神话	蔷薇属	南阳月季基地、北京市园林绿化科学研究院	赵国有、赵世伟、冯慧、李文奇、王怀青、邢远基、景更印	20231023
1016	20231430	似水流年	蔷薇属	南阳月季基地、北京市园林绿化科学研究院	赵磊、冯慧、赵世伟、赵国有、孙聚有、许春峰、吴丰朝、孙伟	20231023
1017	20231427	万疆	蔷薇属	南阳月季基地、北京市园林绿化科学研究院	赵磊、冯慧、赵世伟、赵国有、孙聚有、许春峰、吴丰朝、孙伟	20231023
1018	20231425	希望之城	蔷薇属	南阳月季基地、北京市园林绿化科学研究院	赵国有、赵世伟、冯慧、李文奇、王怀青、邢远基、景更印	20231023
1019	20230020	蒙钦1号	桑属	内蒙古利盛生态科技有限公司、蒙树生态建设集团有限公司	王娟、铁英、刘慧、郜海欧、李瑞静	20230108
1020	20221803	抚芳	扰属	内蒙古利盛生态科技有限公司、蒙树生态建设集团有限公司	铁英、刘慧、王娟、郜海欧	20221226
1021	20221799	尼尔波利1（NIRPOLY1）	蔷薇属	尼尔普国际有限公司（NIRP INTERNATIONAL SA）	亚历山德罗·吉奥恩（Alessandro Ghione）	20221222
1022	20221755	尼尔派瓦（NIRPEVA）	蔷薇属	尼尔普国际有限公司（NIRP INTERNATIONAL SA）	亚历山德罗·吉奥恩（Alessandro Ghione）	20221212
1023	20221800	尼尔匹萨妃（NIRPISAPHY）	蔷薇属	尼尔普国际有限公司（NIRP INTERNATIONAL SA）	亚历山德罗·吉奥恩（Alessandro Ghione）	20221222
1024	20221801	尼尔坡心（NIRPOCEAN）	蔷薇属	尼尔普国际有限公司（NIRP INTERNATIONAL SA）	亚历山德罗·吉奥恩（Alessandro Ghione）	20221223

（续）

序号	申请号	品种名称	属（种）	申请人	培育人	申请日
1025	20221312	尼尔珀珀格（NIRPERG）	蔷薇属	尼尔普国际有限公司（NIRP INTERNATIONAL SA）	亚历山德罗·吉奥恩（Alessandro Ghione）	20220925
1026	20221754	尼尔普德利凯（NIRPDELICATE）	蔷薇属	尼尔普国际有限公司（NIRP INTERNATIONAL SA）	亚历山德罗·吉奥恩（Alessandro Ghione）	20221212
1027	20221796	尼尔普好匹木（NIRPHOPIMUT）	蔷薇属	尼尔普国际有限公司（NIRP INTERNATIONAL SA）	亚历山德罗·吉奥恩（Alessandro Ghione）	20221222
1028	20221753	尼尔普加德（NIRPGARD）	蔷薇属	尼尔普国际有限公司（NIRP INTERNATIONAL SA）	亚历山德罗·吉奥恩（Alessandro Ghione）	20221212
1029	20221762	尼尔普卡拉美（NIRPCARAMEL）	蔷薇属	尼尔普国际有限公司（NIRP INTERNATIONAL SA）	亚历山德罗·吉奥恩（Alessandro Ghione）	20221212
1030	20221307	尼尔普康妮（NIRPCANY）	蔷薇属	尼尔普国际有限公司（NIRP INTERNATIONAL SA）	亚历山德罗·吉奥恩（Alessandro Ghione）	20220923
1031	20221752	尼尔普齐嫩斯（NIRPCHINENSIS）	蔷薇属	尼尔普国际有限公司（NIRP INTERNATIONAL SA）	亚历山德罗·吉奥恩（Alessandro Ghione）	20221212
1032	20230016	尼尔普韦德（NIRPWEDER）	蔷薇属	尼尔普国际有限公司（NIRP INTERNATIONAL SA）	亚历山德罗·吉奥恩（Alessandro Ghione）	20230104
1033	20221798	尼尔普维哥（NIRPWHYGOO）	蔷薇属	尼尔普国际有限公司（NIRP INTERNATIONAL SA）	亚历山德罗·吉奥恩（Alessandro Ghione）	20221222
1034	20230003	四明黛春	椒属	宁波城市职业技术学院	祝志勇、叶国庆、刘新晶、黄增芳、余敏芬	20221230
1035	20230004	四明偷朵	椒属	宁波城市职业技术学院	林立、祝志勇、叶国庆、黄增芳、余敏芬、刘新晶	20221230
1036	20231378	四明晶新	椒属	宁波城市职业技术学院、宁海县力洋镇野村苗木专业合作社	刘新晶、祝志勇、叶国庆、夏乐家、任杰、严春风	20231016
1037	20231386	四明董	椒属	宁波城市职业技术学院、宁海县力洋镇野村苗木专业合作社	王晖、刘新晶、叶国庆、祝志勇、林立、严春风	20231017
1038	20231387	四明玫锦	椒属	宁波城市职业技术学院、宁海县力洋镇野村苗木专业合作社	祝志勇、王晖、刘新晶、叶国庆、林立、严春风	20231017
1039	20230864	穗子火艳	山茶属	金华市莫闲园艺工程有限公司	倪穗、李霓、游鸣飞、刘国豪、吴双、陈家佩、周杨、浦甲	20230713
1040	20230865	穗子娇颜	山茶属	宁波大学、金华市莫闲园艺工程有限公司	倪穗、李霓、游鸣飞、周杨浦甲、吴双、陈家佩、刘国豪	20230713
1041	20230863	穗子玲珑	山茶属	宁波大学、金华市莫闲园艺工程有限公司	倪穗、李霓、游鸣飞、吴双、刘国豪、陈家佩、周杨浦甲	20230713
1042	20230866	穗子霓裳	山茶属	宁波大学、金华市莫闲园艺工程有限公司	倪穗、李霓、游鸣飞、陈家佩、刘国豪、吴双、周杨浦甲	20230713

序号	申请号	品种名称	属（种）	申请人	培育人	申请日
1043	20230862	穗子香玉	山茶属	宁波大学、金华市莫闲园艺工程有限公司	倪穗、李寇、游鸣飞、陈家佩、刘国豪、吴双、周杨浦甲	20230713
1044	20221733	阿焦	铁线莲属	宁波二淘铁线莲农业有限公司	孙同冰、陆云峰、王豪、严春风、王建军、沈波、沙存龙	20221209
1045	20221765	粉妆	铁线莲属	宁波二淘铁线莲农业有限公司	孙同冰、王豪、陆云峰、王建军、严春风、沈波、王程安、沙存龙、樊树富、张波	20221213
1046	20221751	海棠汐	铁线莲属	宁波二淘铁线莲农业有限公司	孙同冰、陆云峰、王豪、沈波、王建军、吴降星、严春风、沙存龙	20221212
1047	20231520	暁珀	铁线莲属	宁波二淘铁线莲农业有限公司、宁波市农业技术推广总站	陆云峰、孙同冰、王豪、吴降星、胡林华、沈波、王程安	20231101
1048	20231595	道诔	铁线莲属	宁波二淘铁线莲农业有限公司、宁波市农业技术推广总站	王豪、孙同冰、陆云峰、严春风、沈波、王建军、存龙、黄增芳、吴忠恕、严亚芳	20231103
1049	20231179	宁酸 1 号	枣属	宁夏宁苗生态建设集团股份有限公司	智红宁、虎占龙、杨鸣朝	20230905
1050	20230251	宁杞菜 10 号	枸杞属	宁夏农林科学院枸杞科学研究所	段淋渊、张波、曹有龙、何昕孺、黄婷、周旋、秦垦、焦恩宁	20230410
1051	20230111	宁杞菜 5 号	枸杞属	宁夏农林科学院枸杞科学研究所	段淋渊、张波、戴国礼、黄婷、周旋、何军、张方圆	20230215
1052	20230112	宁杞菜 6 号	枸杞属	宁夏农林科学院枸杞科学研究所	张波、段淋渊、戴国礼、秦垦、黄婷、王亚军、杨晓靖	20230215
1053	20230117	宁杞菜 7 号	枸杞属	宁夏农林科学院枸杞科学研究所	秦垦、段淋渊、张波、何昕孺、黄婷、焦恩宁、张曦燕	20230216
1054	20230113	宁杞菜 8 号	枸杞属	宁夏农林科学院枸杞科学研究所	段淋渊、张波、戴国礼、黄婷、周旋、安魏、何昕孺、巫鹏举	20230215
1055	20230119	宁杞菜 9 号	枸杞属	宁夏农林科学院枸杞科学研究所	段淋渊、张波、戴国礼、黄婷、梁晓健、秦垦、何昕孺、张瑞	20230216
1056	20230928	宁芦 2 号	芦竹属	宁夏农林科学院农业生物技术研究中心	甘晓燕、杨建国、陈漠超、郭生虎、石磊、刘璇、田莉	20230725
1057	20230108	磐湖椎	椎树属	磐安县林业技术推广站、浙江省林业科学研究院	陈红星、李海波、陈友吾、叶碧欢、王盼、徐晓峰、钟子龙、张永昌、宋其岩、马昔巨	20230214
1058	20230109	磐巨椎	椎树属	磐安县林业技术推广站、浙江省林业科学研究院	陈红星、李海波、王盼、叶碧欢、陈友吾、徐晓峰、钟子龙、陈华、马昔巨	20230214
1059	20230110	黄里丁椎	椎树属	磐安县林业技术推广站、浙江省林业科学研究院、磐安县农家香椎专业合作社	陈红星、李海波、宋其岩、陈友吾、叶碧欢、王盼、俞叶飞、包金亮、陈慧斌、傅志华	20230214

（续）

序号	申请号	品种名称	属（种）	申请人	培育人	申请日
1060	20230098	磐尖榧	榧树属	磐安县林业技术推广站、浙江省林业科学研究院、磐安县农家香榧专业合作社	陈红星、李海波、叶碧欢、宋其岩、陈友吾、王盼、徐晓锋、张永昌、傅志华	20230209
1061	20230121	磐妙榧	榧树属	磐安县林业技术推广站、浙江省林业科学研究院、磐安县农家香榧专业合作社	陈红星、李海波、宋其岩、王盼、叶碧欢、陈友吾、俞叶飞、陈华贵、傅志华	20230217
1062	20230107	山环丁榧	榧树属	磐安县林业技术推广站、浙江省林业科学研究院、磐安县农家香榧专业合作社	陈红星、李海波、叶碧欢、陈友吾、宋其岩、王盼、俞叶飞、张龙满、包金亮、傅志华	20230214
1063	20231648	浦江粉拖荷	芍药属	彭州市天彭牡丹保育发展中心、四川农业大学	雷应雪、刘光立、蔡仕珍、李上官、岳彭奇、杨礼通、赵婷婷、刘浩、张雨	20231109
1064	20231647	九峰晴雪	芍药属	彭州市天彭牡丹保育发展中心、四川农业大学	雷应雪、刘光立、蔡仕珍、李上官、岳彭奇、杨礼通、赵婷婷、刘浩、张雨	20231109
1065	20230763	白色之吻	石斛属	迁西县百佳芓农业科技有限公司	孙玉新、刘亿	20230628
1066	20230846	彩凤	石斛属	迁西县百佳芓农业科技有限公司	孙玉新	20230711
1067	20230875	纯情	石斛属	迁西县百佳芓农业科技有限公司	孙玉新	20230715
1068	20230895	粉红城堡	石斛属	迁西县百佳芓农业科技有限公司	刘金凤	20230718
1069	20230876	贵夫人	石斛属	迁西县百佳芓农业科技有限公司	孙玉新	20230715
1070	20230874	黄金麦浪	石斛属	迁西县百佳芓农业科技有限公司	孙玉新、刘亿	20230715
1071	20230845	仙蒂	石斛属	迁西县百佳芓农业科技有限公司	孙玉新	20230711
1072	20230850	幸运女孩	石斛属	迁西县百佳芓农业科技有限公司	孙玉新、刘亿	20230712
1073	20230847	阳光	石斛属	迁西县百佳芓农业科技有限公司	孙玉新	20230711
1074	20230761	珍爱	石斛属	迁西县百佳芓农业科技有限公司	孙玉新、刘亿	20230628
1075	20231055	青衣罗伊	芍药属	青岛农业大学	郝青、舒庆艳	20230821
1076	20231267	序章	越橘属	青岛普世蓝现代农业有限公司、大连大学、大连森茂现代农业有限公司	刘国玲、王一舒、王贺新、徐国辉、赵丽娜、罗霖锜	20230926
1077	20231311	蝶香	越橘属	青岛普世蓝现代农业有限公司、大连森茂现代农业有限公司、大连普世蓝农业科技有限公司	王贺新、罗霖锜、刘国玲、徐国辉	20230928
1078	20230419	大棠金丰	苹果属	青岛市农业科学研究院	孙吉禄、张蕊芬、马荣群、葛红娟、沙广利、黄嘤	20230517
1079	20230391	大棠芝福	苹果属	青岛市农业科学研究院	孙吉禄、张蕊芬、葛红娟、沙广利、马荣群、黄嘤	20230514
1080	20230392	大棠芝美	苹果属	青岛市农业科学研究院	张蕊芬、孙吉禄、马荣群、葛红娟、沙广利、黄嘤	20230514

(续)

序号	申请号	品种名称	属（种）	申请人	培育人	申请日
1081	20231062	华砧 11 号	李属	青岛市农业科学研究院	姜林、张蕊芬、张翠玲、王正欣、刘方新、于福顺、尹涛	20230822
1082	20231073	华砧 13 号	李属	青岛市农业科学研究院	姜林、张蕊芬、张翠玲、王正欣、刘方新、于福顺、尹涛	20230822
1083	20231059	华砧 15 号	李属	青岛市农业科学研究院	姜林、张蕊芬、张翠玲、刘之洲、刘方新、于福顺、尹涛	20230821
1084	20231060	华砧 17 号	李属	青岛市农业科学研究院	姜林、张蕊芬、张翠玲、刘之洲、王正欣、于福顺、尹涛	20230821
1085	20231063	华砧 19 号	李属	青岛市农业科学研究院	姜林、张蕊芬、张翠玲、刘之洲、王正欣、于福顺、尹涛	20230822
1086	20231089	华砧 1 号	李属	青岛市农业科学研究院	姜林、张蕊芬、张翠玲、刘之洲、王正欣、于福顺、尹涛	20230826
1087	20231064	华砧 21 号	李属	青岛市农业科学研究院	姜林、张蕊芬、张翠玲、刘之洲、王正欣、于福顺、尹涛	20230822
1088	20230946	华砧 3 号	李属	青岛市农业科学研究院	姜林、张蕊芬、张翠玲、刘之洲、刘方新、于福顺、尹涛	20230731
1089	20231082	华砧 5 号	李属	青岛市农业科学研究院	姜林、张蕊芬、张翠玲、王正欣、刘之洲、于福顺、尹涛	20230825
1090	20231074	华砧 7 号	李属	青岛市农业科学研究院	姜林、张蕊芬、张翠玲、刘之洲、王正欣、于福顺、尹涛	20230822
1091	20231072	华砧 9 号	李属	青岛市农业科学研究院	姜林、张蕊芬、张翠玲、刘之洲、刘方新、于福顺、尹涛	20230822
1092	20230393	玉堡	苹果属	青岛市农业科学研究院	张蕊芬、孙吉禄、葛红娟、沙广利、黄粤	20230514
1093	20230501	知冬	苹果属	青岛市农业科学研究院	葛红娟、马荣群、孙吉禄、黄粤、张蕊芬、王正欣、宋永骏、纪高尚、孙海红、石焱璟	20230529
1094	20231160	紫妍 TP60	苹果属	青岛市农业科学研究院	马荣群、葛红娟、宋正旭、张蕊芬、孙吉禄、任心刚、黄粤、沙广利、孙红涛	20230904
1095	20230417	琴岛晨曦	李属	青岛樱花谷科技生态园有限公司	王松、田松、王子玉、龚莉茜、袁嘉祥、薛乐	20230517
1096	20230414	琴岛颂飞歌	李属	青岛樱花谷科技生态园有限公司	王子玉、王松、田松、龚莉茜、薛乐、滕慧颖	20230517
1097	20230420	琴岛颂昕涛	李属	青岛樱花谷科技生态园有限公司	王贵学、李嘉学、袁嘉祥、王子玉	20230517
1098	20230421	琴岛颂望月	李属	青岛樱花谷科技生态园有限公司	王松、王子玉、臧新运	20230517
1099	20230416	琴岛颂扬帆	李属	青岛樱花谷科技生态园有限公司	王松、滕慧颖、王子玉、薛乐、沈明	20230517

（续）

序号	申请号	品种名称	属（种）	申请人	培育人	申请日
1100	20230396	信诺漈樱	李属	青岛樱花谷科技生态园有限公司	臧新运、查益初、秦光霞、梁文玉、王松、侯鲁文、王子玉	20230515
1101	20230418	信诺玉妙	李属	青岛樱花谷科技生态园有限公司	王松、梁文玉、李景刚、沈明、薛乐、王子玉、侯鲁文	20230517
1102	20230432	紫霞仙子	李属	青岛樱花谷科技生态园有限公司	王松、秦光霞、王子玉	20230519
1103	20230388	信诺祥云	李属	青岛樱花谷科技生态园有限公司，臧新运、秦光霞	王松、臧新运、秦光霞、王子玉、查益初、梁文玉、李景刚	20230512
1104	20221632	簇锦	素馨属	青州市花卉产业发展服务中心、山东省林业科学研究院	陈佰新、王湘功、张戈、陈敬业、徐兵、王媛媛、姜楠南	20221127
1105	20221639	悟春	素馨属	青州市鞮红花卉职业培训学校有限公司、山东省林业科学研究院	董明、姜楠南、高永刚、王波、陈智通、李丽、梁静、陈佰新	20221127
1106	20221640	裕源	素馨属	青州市鞮红花卉职业培训学校有限公司、山东省林业科学研究院	陈佰新、王波、冀道奎、宿静、赵群、张谦、孙音	20221127
1107	20221435	禾都	越橘属	日照禾沃农业开发有限公司	李春雷、李亚东	20221029
1108	20221434	禾瑞卡	越橘属	日照禾沃农业开发有限公司	李春雷、李亚东	20221029
1109	20221431	禾沃4号	越橘属	日照禾沃农业开发有限公司	李春雷、李亚东	20221029
1110	20221432	禾沃5号	越橘属	日照禾沃农业开发有限公司	李春雷、李亚东	20221029
1111	20221436	禾沃6号	越橘属	日照禾沃农业开发有限公司	李春雷、李亚东	20221029
1112	20221433	禾韵卡	越橘属	日照禾沃农业开发有限公司	李春雷、李亚东	20221029
1113	20221790	红丝带	栎属	日照金枫园林科技有限公司、山东省林业科学研究院	马丙尧、王洪永、杨秀苹、王伟、陈俊强、王振猛、高嘉、庞薇、王清华、李永涛、王世才、吴杰	20221221
1114	20221789	火焰	栎属	日照金枫园林科技有限公司、山东省林业科学研究院	陈俊强、马丙尧、王洪永、周祥云、王霞、王振猛、高嘉、许萍、李宜明、赵秀娟、庞薇、王世才、吴杰	20221221
1115	20221795	金色满园	栎属	日照金枫园林科技有限公司、山东省林业科学研究院	王洪永、马丙尧、周祥云、高伟、王世芬、高嘉、王霞、李宜明、杜振宇、庞薇、王振猛、王清华、王世才、吴杰	20221222
1116	20221791	秋日盛典	栎属	日照金枫园林科技有限公司、山东省林业科学研究院	马丙尧、王洪永、陈俊强、王伟、周祥云、王霞、高嘉、王振猛、朱文成、庞薇、李永涛、王世才、张新慧、吴杰	20221221
1117	20221793	爱之翼	栎属	日照绿川种业有限公司、山东省林业科学研究院	马丙尧、王洪永、陈睿、陈俊强、王伟、王霞、高嘉、王振猛、杜振宇、庞薇、赵秀娟、李宜明、王世才、吴杰	20221222

（续）

序号	申请号	品种名称	属（种）	申请人	培育人	申请日
1118	20221792	秋之舞	栎属	日照绿川种业有限公司、山东省林业科学研究院	王洪永、马丙尧、陈小红、陈俊强、赵秀娟、王霞、王振宇、杜振科、高嘉、许泽、庞薇、王世才、王世科、吴杰	20221221
1119	20221794	洒金	栎属	日照绿川种业有限公司、山东省林业科学研究院	王振猛、王洪永、马丙尧、陈睿、王霞、陈小红、杜振宇、高伟、高嘉、朱文成、张新懋、王世才、王世科、吴杰	20221222
1120	20231670	安林1号	松属	乳山市国有垛山林场、山东省林业科学研究院、祁树安	祁树安、宋国新、祁萌芸、王开芳、潘小利、臧真荣、王小芳、张靖川	20231110
1121	20231669	安林2号	松属	乳山市国有垛山林场、山东省林业科学研究院、祁树安	祁树安、宋国新、祁萌芸、王开芳、潘小利、张靖川、刘翠兰、任飞、王小芳	20231110
1122	20231672	盛林1号	松属	乳山市国有垛山林场、山东省林业科学研究院、祁树安	祁树安、张靖川、王开芳、宋国新、刘翠兰、杨蕾、任飞、兰春浩	20231110
1123	20231038	凌蒙	榕属	三明市农业科学研究院	周建金、郭位贤、颜沛沛、叶炜	20230817
1124	20231036	榕香1号	榕属	三明市农业科学研究院	周建金、郭位贤、颜沛沛、叶炜、江金兰	20230817
1125	20231049	榕香3号	榕属	三明市农业科学研究院	罗晓锋、周建金、郭位贤、颜沛沛、王培育、江金兰、叶炜	20230821
1126	20231050	榕香4号	榕属	三明市农业科学研究院	罗晓锋、周建金、叶炜、江金兰、颜沛沛	20230821
1127	20231302	榕椰香1号	榕属	三明市农业科学研究院	罗晓锋、周建金、郭位贤、颜沛沛	20230927
1128	20231303	榕椰香2号	榕属	三明市农业科学研究院	罗晓锋、周建金、颜沛沛、郭位贤	20230927
1129	20231725	花花公主	叶子花属	厦门市日红园艺有限公司	王和法、王锦池	20231117
1130	20231318	红贵妃	叶子花属	厦门千日红园艺有限公司、厦门万银环境科技有限公司	王和法、詹福麟、王锦池	20231007
1131	20231319	香美人	叶子花属	厦门千日红园艺有限公司、厦门万银环境科技有限公司	王和法、詹福麟、王锦池	20231007
1132	20231327	银城小紫	叶子花属	厦门千日红园艺有限公司、厦门万银环境科技有限公司	王锦池、詹福麟、王和法	20231008
1133	20231623	飞美红樱	李属	厦门市园林植物园	陈润泉、卢丽俐、蔡长福、吕燕玲、丁友芳、王金英	20231106
1134	20231627	粉黛樱	李属	厦门市园林植物园	蔡邦平、陈润泉、丁友芳、卢丽俐、蔡长福、王金英	20231106
1135	20231630	九纹粉樱	李属	厦门市园林植物园	丁印龙、蔡邦平、陈润泉、吕燕玲、卢丽俐、王金英	20231106
1136	20231629	鹭岛红樱	李属	厦门市园林植物园	丁友芳、陈润泉、王金英、蔡邦平、蔡长福、吕燕玲、卢丽俐	20231106

（续）

序号	申请号	品种名称	属（种）	申请人	培育人	申请日
1137	20231626	鹭岛映霞	李属	厦门市园林植物园	蔡长福、蔡邦平、丁印龙、丁友芳、吕燕玲、彭春华、陈润泉	20231106
1138	20231625	醉春风	李属	厦门市园林植物园	卢丽利、蔡邦平、陈润泉、丁印龙、蔡长福、吕燕玲	20231106
1139	20231083	鲁曦1号	枣属	山东超级枣农业技术推广有限责任公司，山东省果树研究所	王中堂、何瑞、姜岩凯、张国红	20230825
1140	20231424	济丰1号	构属	山东丰庸生态农业科技有限公司	何文兴、王文波、蔡依超、宁尚军、晏言顺	20231021
1141	20230254	鲁芋16号	向日葵属	山东菊芋农业科技有限公司	左兆河、左金朋、翟淑然、田宝兰	20230411
1142	20230263	鲁芋17号	向日葵属	山东菊芋农业科技有限公司	左兆河、左金朋、翟淑然	20230412
1143	20230256	鲁芋18号	向日葵属	山东菊芋农业科技有限公司	左兆河、左金朋、翟淑然	20230411
1144	20230255	鲁芋19号	向日葵属	山东菊芋农业科技有限公司	左兆河、翟淑然	20230411
1145	20230259	鲁芋20号	向日葵属	山东菊芋农业科技有限公司	左兆河、左金鹏、翟淑然	20230411
1146	20230257	鲁芋21号	向日葵属	山东菊芋农业科技有限公司	左兆河、左金鹏、翟淑然	20230411
1147	20230510	黄冠2号	文冠果	山东林昱宏文冠果股份有限公司，山东省林草种质资源中心	王磊、陆路、王震、张鑫洋、赵永军、解孝满、吴丹、葛磊、路卫霞、霍玉雪	20230530
1148	20230512	黄冠4号	文冠果	山东林昱宏文冠果股份有限公司，山东省林草种质资源中心	王震、陆路、赵永军、解孝满、吴丹、王磊、庄振杰、葛磊、路卫霞、胡颖慧	20230530
1149	20231005	椒颂	文冠果	山东林昱宏文冠果股份有限公司，山东省林草种质资源中心	仝伯强、吴丹、王磊、赵永军、王震、张鑫洋、陆路、解孝满、路卫霞	20230809
1150	20230507	清秀	文冠果	山东林昱宏文冠果股份有限公司，山东省林草种质资源中心	张鑫洋、解孝满、吴丹、赵永军、王震、王磊、葛磊、庄振杰、李滋、陆路、路卫霞	20230530
1151	20231002	赭珠	文冠果	山东林昱宏文冠果股份有限公司，山东省林草种质资源中心	王磊、陆路、赵永军、解孝满、仝伯强、吴丹、王磊、张鑫洋、解孝满、路卫霞	20230809
1152	20231235	朗霞	蔷薇属	山东农业大学	开帅、邢树堂、于云艳、杨晨曦、徐轶群	20230924
1153	20230378	岱安	苹果属	山东农业大学	毛云飞、于文章、崔雪丽、左利光、胡艳丽、沈向	20230511
1154	20230385	岱呈	苹果属	山东农业大学	胡艳丽、王荣、孙凡雅、张鲜鲜、毛云飞、沈向	20230511
1155	20230384	岱凤	苹果属	山东农业大学	沈向、魏绍冲、王文莉、王楠、毛志泉、毛云飞	20230511
1156	20230358	岱国	苹果属	山东农业大学	沈向、赵静、王增辉、王海燕、毛云飞	20230508
1157	20230386	岱龙	苹果属	山东农业大学	沈向、尹伊君、陈晓流、胡艳丽、陈学森、毛云飞	20230511
1158	20230381	岱梦	苹果属	山东农业大学	毛云飞、宿夏菲、杨路、范义昌、柴姗姗、沈向	20230511
1159	20230383	岱民	苹果属	山东农业大学	毛云飞、张曼曼、赵晓红、秦鑫、刘杨博、沈向	20230511
1160	20230379	岱秦	苹果属	山东农业大学	沈向、王越、吕艳辉、相立、王寻、毛云飞	20230511
1161	20230380	岱祥	苹果属	山东农业大学	胡艳丽、孙宪芝、王增辉、赵静、毛云飞、沈向	20230511
1162	20230382	岱圆	苹果属	山东农业大学	毛云飞、王安然、孙楠、关洛非、沈向	20230511

（续）

序号	申请号	品种名称	属（种）	申请人	培育人	申请日
1163	20230353	岱砧1号	苹果属	山东农业大学	沈向、陈学森、毛志泉、孙明岳、范延良、毛云飞	20230508
1164	20230333	岱砧2号	苹果属	山东农业大学	毛云飞、毛志泉、陈学森、尹承苗、孙楠、沈向	20230506
1165	20231238	豆蔻之舞	蔷薇属	山东农业大学	邢树堂、于云艳、吴岐奎、徐宗大、张亚丽、朱子琪	20230924
1166	20230336	堆雪	苹果属	山东农业大学	王安然、隋梦怡、张雅雯、曹兆慧、毛云飞、沈向	20230506
1167	20231237	粉蝶翩翩	蔷薇属	山东农业大学	吴岐奎、张亚丽、于云艳、开帅、邢树堂、朱子琪	20230924
1168	20231230	粉酒杯	蔷薇属	山东农业大学	于云艳、邢树堂、吴岐奎、王小彬	20230924
1169	20231231	红酒杯	蔷薇属	山东农业大学	于云艳、徐宗大、朱子琪、陈思羽	20230924
1170	20231240	花映蝶影	蔷薇属	山东农业大学	于云艳、开帅、邢树堂、王小彬	20230924
1171	20230360	皇家雨丝	苹果属	山东农业大学	张灿洪、赵静、王荣、毛云飞、胡艳丽、沈向	20230509
1172	20231241	玲珑玉蝶	蔷薇属	山东农业大学	于云艳、王小彬、张亚丽、智伟霞	20230924
1173	20231372	鲁药春晓	芍药属	山东农业大学	徐宗大、赵明远、韩旭、于云艳、开帅、梁嘉煜	20231014
1174	20231373	鲁药鹤立	芍药属	山东农业大学	徐宗大、赵明远、于云艳、韩旭、吴岐奎、梁嘉煜	20231014
1175	20230357	擎天	李属	山东农业大学	沈向、张灿洪、吕宏、陈学森、毛志泉、毛云飞	20230508
1176	20230364	文道	胡颓子属	山东农业大学	沈向、毛云飞、刘杨博、左利光、孙楠	20230511
1177	20230365	文德	胡颓子属	山东农业大学	沈向、毛云飞、杨晨、崔雪丽、王海燕	20230511
1178	20230366	文章	胡颓子属	山东农业大学	沈向、毛云飞、李伟凡、秦鑫、王海燕	20230511
1179	20231232	小酒杯	蔷薇属	山东农业大学	于云艳、徐宗大、开帅、邢树堂、智伟霞	20230924
1180	20231236	胭脂	蔷薇属	山东农业大学	吴岐奎、张亚丽、于云艳、开帅、娄圣涵、王琰	20230924
1181	20231183	英姿	椴树属	山东农业大学	吴其超、柴煜明、宁乐元、张悦、臧德奎、王树梅	20230906
1182	20230354	盈放	苹果属	山东农业大学	毛云飞、王海燕、沈静文、汤洎、陈冰媛、沈向	20230508
1183	20230355	盈澜	苹果属	山东农业大学	张曼曼、宿夏菲、王捷、王海燕、毛云飞、沈向	20230508
1184	20230356	盈缕	苹果属	山东农业大学	毛云飞、王海燕、张恒志、马学芹、赵明杰、沈向	20230508
1185	20230359	盈香	苹果属	山东农业大学	王海燕、杨晨、李伟凡、王美慧、毛云飞、沈向	20230509
1186	20230334	盈星	苹果属	山东农业大学	宿夏菲、张曼曼、尚笔超、黄焯艺、毛云飞、沈向	20230506
1187	20230335	拥红	苹果属	山东农业大学	杨露、于云艳、秦鑫、张雅雯、隋梦怡、毛云飞、沈向	20230506
1188	20231242	玉洁冰清	蔷薇属	山东农业大学	于云艳、朱子琪、吴岐奎、邢树堂、智伟霞	20230924
1189	20231233	紫酒杯	蔷薇属	山东农业大学	于云艳、开帅、张亚丽、吴岐奎、李晓彤	20230924
1190	20231199	紫玲珑	椴树属	山东农业大学	吴其超、马燕、刘一鸣、宁乐元、柴煜明、臧德奎、蔚书涵	20230908
1191	20231234	紫绒	蔷薇属	山东农业大学	开帅、于云艳、吴岐奎、徐宗大、张亚丽、李文倩、贾一凡	20230924

（续）

序号	申请号	品种名称	属（种）	申请人	培育人	申请日
1192	20231181	紫霞	椴树属	山东农业大学	吴其超、马燕、刘一鸣、王树梅、臧德奎	20230905
1193	20231193	紫霄	椴树属	山东农业大学	吴其超、马燕、张悦、宁乐元、李玲、王明婕、臧德奎	20230907
1194	20231239	紫羞荷	蔷薇属	山东农业大学	邢树堂、于云艳、亓帅、张亚丽、王小彬	20230924
1195	20230376	岱红	杏	山东省果树研究所	王宏伟、冉昆、李怀水、崔海金	20230511
1196	20230405	岱金	杏	山东省果树研究所	董肖昌、王少敏、焦慧君、冉昆、董冉、李怀水、崔海金	20230516
1197	20230377	岱银	杏	山东省果树研究所	董冉、王少敏、魏树伟、付瑶、崔广华、李怀水	20230511
1198	20221711	金冬1号	枣属	山东省果树研究所	王中堂、张琼、唐海霞、裴广营、李勇、李肋	20221202
1199	20221712	金冬2号	枣属	山东省果树研究所	张琼、唐海霞、王中堂、裴广营、朱力争、王守乐	20221202
1200	20221713	金冬3号	杏	山东省果树研究所	唐海霞、张琼、裴广营、刘化朝、王守乐、王中堂	20221202
1201	20230375	鲁杏3号	杏	山东省果树研究所	冉昆、王少敏、蒋恩顺、魏树伟、王宏伟、李怀水	20230511
1202	20230374	鲁杏4号	杏	山东省果树研究所	魏树伟、王少敏、董肖昌、冉昆、崔海金、王宏伟	20230511
1203	20230373	鲁杏5号	杏	山东省果树研究所	焦慧君、王少敏、王宏伟、董冉、魏树伟、冉昆	20230511
1204	20230372	鲁杏6号	杏	山东省果树研究所	王少敏、张勇、董冉、牛庆霖、魏树伟、崔海金	20230511
1205	20221710	金冬4号	枣属	山东省果树研究所	王中堂、唐海霞、万雪龙、张琼、王守乐、李肋	20221202
1206	20221536	蒙冠	栗属	山东省果树研究所、费县掌栌果树种植专业合作社、费县掌栌果茶服务中心	田寿乐、沈广宁、孙晓莉、王金平、任志堂、李朝阳	20221109
1207	20221537	蒙硕	栗属	山东省果树研究所、费县掌栌果树种植专业合作社、费县掌栌果茶服务中心	孙晓莉、王金平、任志堂、沈广宁、田寿乐、刘伟	20221109
1208	20221535	蒙早	栗属	山东省果树研究所、费县掌栌果树种植专业合作社、费县掌栌果茶服务中心	沈广宁、田寿乐、孙晓莉、王金平、任志堂、赵晓伟	20221109
1209	20221570	鲁栗5号	栗属	山东省果树研究所、泰安市林业保护发展中心	王金平、孙晓莉、沈广宁、孟海凤、田寿乐	20221116
1210	20230135	岱粉1号	石榴属	山东省果树研究所、淄博河东生态农业专业合作社、淄博市农业科学研究院	杨雪梅、尹燕雷、冯立娟、张锦超、杨平、唐海霞、王增辉、安萌萌、王菲	20230301
1211	20231421	福椿1号	香椿属	山东省林草种质资源中心	王磊、陆路、赵永军、吴丹、解孝满、仝伯强	20231020
1212	20231422	福椿2号	香椿属	山东省林草种质资源中心	陆路、赵永军、吴丹、王磊、解孝满、仝伯强	20231020

（续）

序号	申请号	品种名称	属（种）	申请人	培育人	申请日
1213	20231201	王满楼	椴树属	山东省林草种质资源中心	刘丹、徐婷、井琪、郭海丽、徐琰	20230909
1214	20231470	大拐早	山楂属	山东省林草种质资源中心、费县国有大青山林场	赵永军、吴丹、陆路、王磊、邵明扬、董元夫、张元帅、姚宗奇、张宝贞	20231027
1215	20231469	小甜早	山楂属	山东省林草种质资源中心、费县国有大青山林场	吴丹、陆路、王磊、赵永军、邵明扬、董元夫、张元帅、姚宗奇、张宝贞	20231027
1216	20231003	禅意	文冠果	山东省林草种质资源中心、昱宏文冠果股份有限公司	陆路、解孝满、全伯强、王磊、吴丹、王震、张鑫洋、赵永军、路卫霞	20230809
1217	20230508	昌锦	文冠果	山东省林草种质资源中心、昱宏文冠果股份有限公司	陆路、吴丹、解孝满、王磊、张鑫洋、赵永军、王宁、岑国秀、胡颖慧、路卫霞	20230530
1218	20231004	常如意	文冠果	山东省林草种质资源中心、昱宏文冠果股份有限公司	解孝满、王震、吴丹、王磊、全伯强、赵永军、陆路、张鑫洋、路卫霞	20230809
1219	20230509	黄冠1号	文冠果	山东省林草种质资源中心、昱宏文冠果股份有限公司	吴丹、赵永军、陆路、王震、张鑫洋、赵勇、王磊、路卫霞、岑国秀、胡颖慧	20230530
1220	20230511	黄冠3号	文冠果	山东省林草种质资源中心、昱宏文冠果股份有限公司	赵永军、王震、解孝满、吴丹、王宁、张鑫洋、路卫霞、冯福山、岑国秀、王磊	20230530
1221	20230997	鲁冠9号	文冠果	山东省林草种质资源中心、昱宏文冠果股份有限公司	赵永军、吴丹、陆路、解孝满、王磊、王震、张鑫洋、全伯强、路卫霞	20230808
1222	20230506	长冠	文冠果	山东省林草种质资源中心、昱宏文冠果股份有限公司	解孝满、霍玉雪、赵永军、王震、吴丹、赵勇、张鑫洋、陆路、王磊、路卫霞、冯福山	20230530
1223	20221514	碧簪	槭属	山东省林业科学研究院	王因花、吴德军、孔雨光、任飞、仲伟国、张子通、燕丽萍	20221108
1224	20221522	垂绣	槭属	山东省林业科学研究院	吴德军、燕丽萍、王爱、任飞、王因花、邹美丽、高铖钺、张子通	20221108
1225	20230817	岱柳1号	柳属	山东省林业科学研究院	秦光华、于振旭、高明宇、臧真荣、张林	20230703
1226	20230818	岱柳2号	柳属	山东省林业科学研究院	秦光华、于振旭、高明宇、臧真荣、张林	20230703
1227	20230824	海右1号	柳属	山东省林业科学研究院	秦光华、于振旭、高明宇、臧真荣、张林	20230704
1228	20230816	海右2号	柳属	山东省林业科学研究院	于振旭、秦光华、高明宇、臧真荣、张林	20230703
1229	20230819	海右3号	柳属	山东省林业科学研究院	于振旭、秦光华、高明宇、臧真荣、张林	20230703
1230	20221513	红玉臂	槭属	山东省林业科学研究院	吴德军、燕丽萍、王因花、梁燕、孔雨光、梁静、仲伟国、任飞、王毅、王娥、朱文成、张子通	20221108
1231	20230593	华丰1号	杨属	山东省林业科学研究院	李善文、李双云、仲伟国、韩友吉、董玉峰、陈新书、周淑平、乔艳辉、王相娥、翟春龙、李宗泰、庄若楠、高嘉、朱文成、陈迪	20230612

（续）

序号	申请号	品种名称	属（种）	申请人	培育人	申请日
1232	20230590	华雄1号	杨属	山东省林业科学研究院	李善文、董玉峰、姚俊修、吴宗泰、李宗泰、庄若楠、任飞、吴全字、朱瑞强、仲伟国、乔艳辉、张晓艳	20230612
1233	20230591	华雄2号	杨属	山东省林业科学研究院	李善文、董玉峰、陈新书、周淑华、任飞、吴全字、李双云、韩友吉、谢孔安、乔艳辉、姚俊修、翟春龙	20230612
1234	20230592	华雄3号	杨属	山东省林业科学研究院	李善文、韩友吉、乔艳辉、李庆华、李丽、姚晓艳、仲伟国、张晓艳、陈迪、翟春龙、董玉峰、李双云、张传余、毛秀红、马丙尧	20230612
1235	20221483	绿宝	槭属	山东省林业科学研究院	燕丽萍、吴德军、王因花、梁燕、丽、高铖铖、张子通、仲伟国、任飞、李	20221103
1236	20221476	琪玉	桑属	山东省林业科学研究院	李正鹏、贾明、舒秀阁、梁静、赵登超、彭勇、王小芳、孙蕾、马安宝、李延菊、姚若艳、盛晓芸	20221102
1237	20231671	青林1号	松属	山东省林业科学研究院	王开芳、刘翠兰、孙太元、毕凤英、王小芳、祁树安、李艳华、孙东兴、孙倩、王淑惠	20231110
1238	20221509	轻曳碧晓	槭属	山东省林业科学研究院	王因花、燕丽萍、吴德军、伏洪英、孔雨光、任飞、梁静、王毅、王美蓉、张子通	20221107
1239	20231668	润林1号	松属	山东省林业科学研究院	吴德军、孙太元、李保进、孙倩、任飞、孙传涛、李艳华、孙东兴、王开芳、王开芳	20231110
1240	20231664	盛林3号	松属	山东省林业科学研究院	刘翠兰、李保进、陈丽英、王淑惠、孙倩、孙太元、杨震、张声凯、孙东兴、王开芳	20231110
1241	20230015	昌琪	槭属	山东省林业科学研究院、昌邑海棠苗木专业合作社、昌邑市林业发展中心	胡丁猛、许景伟、朱升祥、王立辉、陈俊强、庄若楠、董伟刚、张林	20230104
1242	20221802	皓玉	苹果属	山东省林业科学研究院、昌邑海棠苗木专业合作社、昌邑市林业发展中心	胡丁猛、王立辉、陈俊强、庄若楠、许景伟、董光勇	20221223
1243	20230014	紫嫣	紫荆属	山东省林业科学研究院、昌邑海棠苗木专业合作社、昌邑市林业发展中心	董伟刚、胡丁猛、程鸿雁、许景伟、朱升祥、王立辉、董光勇	20230104
1244	20221634	鸿运	素馨属	山东省林业科学研究院、青州市红花卉职业培训学校有限公司	姜楠南、陈恒新、董明、高永刚、唐贵敏、黄聪聪	20221127
1245	20221637	鲲黄	素馨属	山东省林业科学研究院、青州市红花卉职业培训学校有限公司	姜楠南、陈恒新、董明、高永刚、赵秀娟、李逸凡	20221127

（续）

序号	申请号	品种名称	属（种）	申请人	培育人	申请日
1246	20231663	盛林2号	松属	山东省林业科学研究院、乳山市国有昆嵛山林场	王开芳、刘翠兰、张靖川、臧真荣、宋国新、祁树安、吴德军、毕凤英、李艳华、孙东兴	20231110
1247	20221481	红宝	栎属	山东省林业科学院	燕丽洋、梁燕、王因花、吴德军、李丽、高钺钺、仲伟国、张子通	20221102
1248	20221709	金光	山茱萸属	山东万路达毛林文化产业发展有限公司、山东万路达园林科技有限公司、安阳市园林绿化研究所	张帆、颜鲁、崔东军、张焰、薛景、张庆通、郭文霞、王芳、刘洋、李晓峰、马健	20221202
1249	20231006	贵妃壹号	文冠果	山东沃奇农业开发有限公司、赤峰市林业科学研究所	乌志颜、李守科、张丽、赵祥树、陈仁鹏、韩立华、罗雅琴、丁楠、路洪贵、白瑞亮	20230810
1250	20230239	鲁芋10号	向日葵属	山东益得来生物科技有限公司	左兆河、张金朋、田宝兰	20230404
1251	20230258	鲁芋11号	向日葵属	山东益得来生物科技有限公司	左兆河、张金朋、田宝兰	20230411
1252	20230260	鲁芋12号	向日葵属	山东益得来生物科技有限公司	左兆河、张金朋、田宝兰	20230411
1253	20230238	鲁芋13号	向日葵属	山东益得来生物科技有限公司	左兆河、张金朋、田宝兰	20230404
1254	20230237	鲁芋14号	向日葵属	山东益得来生物科技有限公司	左兆河、张金朋、田宝兰	20230404
1255	20230253	鲁芋15号	向日葵属	山东益得来生物科技有限公司	左兆河、张金朋、田宝兰	20230411
1256	20230193	莓姬1165424001（MG1165424001）	越橘属	山蓝高美私人有限公司（Mountain Blue High Chill Pty Ltd.）	雷德利·贝尔（Ridley Bell）、乔尔·德维森（Joel Deveson）	20230327
1257	20230312	晋椒2号	花椒属	山西省林业和草原科学研究院、芮城县义平花椒专业合作社	张彩红、杨延青、相义平、顾思思、赵彦云、肖国辉、安荣	20230428
1258	20231406	虹彩耀眼	萱草属	陕西虹之彩花园艺集团有限公司	陈凯、王云山、原雅玲、王飞龙、朱远祥、杨鹏、张阳阳	20231018
1259	20231385	七秦圣火	萱草属	陕西虹之彩花园艺集团有限公司	陈凯、王云山、原雅玲、王飞龙、田俊儒	20231016
1260	20231277	伟蓝	越橘属	陕西理工大学、大连大学、吉林大学	秦公伟、徐国辉、王贸新、盖荣丽、边少敏、刘桂婷、熊熏海、卢雅妮、史晟静、孙佳艺	20230926
1261	20231384	虹彩紫晶	萱草属	陕西千彩园园林景观工程有限公司	李文艳、王博、王云山、原雅玲、王飞龙、张可跃	20231016
1262	20231431	秦红一号	萱草属	陕西秦草自然生态科技有限公司	张帆、原雅玲、张建军、李乐、余庭庭、南文广	20231023
1263	20231432	秦酒红曜	萱草属	陕西秦草自然生态科技有限公司	原雅玲、张帆、朱双、余庭庭、李乐、李婷、南文广	20231023
1264	20231458	秦紫香糖	萱草属	陕西秦草自然生态科技有限公司	范君业、原雅玲、张帆、李乐、刘茂林、李乐、余庭庭、李婷、南文广	20231025
1265	20230772	水中蝶舞	木兰属	陕西省西安植物园（陕西省植物研究所）	闫会玲、王亚玲、李仁娜、叶卫、樊璐、丁芳兵、冯胜利、令狐昱尉、冯瑞生、谢斌	20230630
1266	20230891	小王子	忍冬属	陕西省西安植物园（陕西省植物研究所）	刘安成、刘国宇、王宏、李艳、王庆、赵雪艳、毕毅	20230717

209

（续）

序号	申请号	品种名称	属（种）	申请人	培育人	申请日
1267	20230890	秀娟	忍冬属	陕西省西安植物园（陕西省植物研究所）	刘安成、赵雪艳、王庆、李艳、刘国宇、毕毅、王芝	20230717
1268	20231624	秦德 3 号	猕猴桃属	陕西省藤秦农业科技有限公司	陈德让、郭晓成、刘锋	20231106
1269	20230859	辰山绯燕	鼠尾草属	上海辰山植物园	黄艳波、孟昱、史宝胜、陈晓亚、杨蕾	20230713
1270	20230834	辰山绯燕	芍药属	上海辰山植物园	胡永红、于水燕、张颖、李子健、朱洁薇	20230706
1271	20230832	辰山红	芍药属	上海辰山植物园	胡永红、于水燕、张颖、李子健、朱雨萱	20230706
1272	20230831	豆蔻江南	芍药属	上海辰山植物园	胡永红、于水燕、张颖、刘绍、李子健、朱洁薇	20230706
1273	20230833	粉黛辰山	芍药属	上海辰山植物园	胡永红、于水燕、张颖、刘绍、李子健、王隆基	20230706
1274	20230047	红爪	报春苣苔属	上海辰山植物园	叶康、王琦、胡永红、秦俊、黄卫昌、李莉、严旭	20230113
1275	20230046	蓝颜	报春苣苔属	上海辰山植物园	叶康、王琦、胡永红、秦俊、黄卫昌、李莉、严旭	20230113
1276	20230829	墨江南	芍药属	上海辰山植物园	胡永红、于水燕、张颖、刘绍、李子健	20230706
1277	20230858	启航	鼠尾草属	上海辰山植物园	黄艳波、胡永红、邵文、王琦、王正伟	20230713
1278	20230097	申辰飞鹤	木兰属	上海辰山植物园	叶康、秦俊、胡永红、虞莉霞、邢强	20230209
1279	20230096	申辰红霞	木兰属	上海辰山植物园	叶康、秦俊、胡永红、邢强、王红兵、虞莉霞	20230209
1280	20230860	雪花	鼠尾草属	上海辰山植物园	胡永红、黄艳波、王琦、周翔宇	20230713
1281	20230828	胭脂江南	芍药属	上海辰山植物园	胡永红、于水燕、张颖、李子健、谭希睿	20230706
1282	20230830	烟雨江南	芍药属	上海辰山植物园	胡永红、于水燕、张颖、刘绍、李子健、蔡文璐	20230706
1283	20230855	星紫	鼠尾草属	上海辰山植物园	黄艳波、胡永红、屠莉、张无权、黄姝博	20230713
1284	20230857	黄色波浪	鼠尾草属	上海辰山植物园	黄艳波、杨蕾、陈晓亚、胡永红、许晶晶	20230713
1285	20231449	春华红韵	绣球属	上海辰山植物园、杭州市园林绿化股份有限公司、江苏省农业科学院	秦俊、高凯、邱帅、叶康、陈慧杰、邓衍明、张无权	20231025
1286	20231443	雪绒花	绣球属	上海辰山植物园、杭州市园林绿化股份有限公司、江苏省农业科学院	秦俊、邱帅、杨君、高凯、张无权、邓衍明、叶康、冯景	20231025
1287	20231446	俏皮少女	绣球属	上海交通大学、杭州市园林绿化股份有限公司、上海辰山植物园	刘群录、高凯、邱帅、秦俊、朱淑霞、魏建芬、吴光洪	20231025
1288	20230233	沉红馨	山茶属	上海上园苗木有限公司	沈琳、薛贤惠、喻航、许能春	20230403
1289	20230232	大红馨	山茶属	上海上园苗木有限公司	沈琳、薛贤惠、胡伟、喻航	20230403
1290	20230234	亚红馨	山茶属	上海上园苗木有限公司	沈琳、费斌溢、张斌、喻航	20230403
1291	20230769	水晶 08	羽扇豆属	上海先盛达园艺科技有限公司	于浩哲	20230630
1292	20230605	上植锦红	杜鹃花属	上海辰山植物园	夏溪、张春英、龚睿、苏鸣、张杰	20230615
1293	20230602	上植锦玫	杜鹃花属	上海辰山植物园	龚睿、张春英、夏溪、严巍、苏鸣	20230615
1294	20230604	上植锦青	杜鹃花属	上海辰山植物园	张春英、严巍、龚睿、夏溪、张杰、苏鸣	20230615

（续）

序号	申请号	品种名称	属（种）	申请人	培育人	申请日
1295	20230601	上植锦彤	杜鹃花属	上海植物园	夏溪、张春英、严巍、龚睿、张杰、苏鸣	20230615
1296	20230603	上植锦悦	杜鹃花属	上海植物园	张春英、张杰、严巍、夏溪、龚睿、苏鸣	20230615
1297	20230970	鸿雁	李属	韶关市旺地樱花种植有限公司、广州德市旺地樱花种植有限公司、英天适集团有限公司	叶小玲、胡晓敏、高珊、朱军、杨梓渌、熊育明	20230803
1298	20230125	荷颜	蝴蝶兰属	深圳市兰科植物保护研究中心	王玉、王美娜、陈建兵、张灏、段晓娟、温艺明、饶文辉、唐凤霞	20230221
1299	20221763	元馥	蝴蝶兰属	深圳市兰科植物保护研究中心	王美娜、李健、王玉、陈建兵、张灏、段晓娟、孔德敏、饶文辉、唐凤霞	20221212
1300	20221679	云山吉6号	越橘属	深圳市蓝美莓农业科技有限公司	王泽增、张金	20221130
1301	20230202	盛京红	蔷薇属	沈阳风景园林科技股份有限公司	赵宇明、杨立新、朱国金、李焕	20230328
1302	20231621	皇冠	悬钩子属	沈阳农业大学	刘镇东、苏芳莉、孙靖棋、邓金玲、李凯、李淑梅、代汉萍	20231105
1303	20221622	蓝博1	越橘属	沈阳农业大学	李斌、周倩、田金龙、刘汉萍、邓金玲	20221126
1304	20231679	沈衣月光	悬钩子属	沈阳农业大学	邓金玲、代汉萍、刘镇东、苏芳莉、孙靖棋、李淑梅	20231113
1305	20221809	黔贵仁	核桃属	水城县凉都萌盛苗圃场、贵州省核桃研究所、六盘水市林业局	侯娜、张志祥、陈胜群、卢贵虎、曾亚军、卢中科、沈连文、赵输、耿阳阳	20221228
1306	20230196	俄中鲜	沙棘属	水利部沙棘开发管理中心（水利部水土保持植物开发管理中心）	胡建忠、闫晓玲、温秀凤、张东为、单金友、王东健、赵越	20230328
1307	20230195	蒙中红	沙棘属	水利部沙棘开发管理中心（水利部水土保持植物开发管理中心）	胡建忠、闫晓玲、温秀凤、张东为、单金友、王东健、赵越	20230328
1308	20230197	蒙中黄	沙棘属	水利部沙棘开发管理中心（水利部水土保持植物开发管理中心）	胡建忠、温秀凤、闫晓玲、单金友、张东为、王东健、赵越	20230328
1309	20230214	蒙中雄	沙棘属	水利部沙棘开发管理中心（水利部水土保持植物开发管理中心）	胡建忠、温秀凤、闫晓玲、单金友、张东为、王东健、赵越	20230330
1310	20231007	玲珑玉	绣球属	四川繁植嘉园艺有限公司	胡松、李林芷	20230810
1311	20231031	烟黛琉璃	绣球属	四川繁植嘉园艺有限公司	胡松、李林芷	20230816
1312	20231008	玉笼纱	绣球属	四川繁植嘉园艺有限公司	胡松、李林芷	20230810
1313	20221731	蓝角柱	蓝雪花属	四川农业大学	高素洋、杨丽娟、李佳妮、雷霆、杨皓	20221208
1314	20221561	蜀森16号	木通属	四川农业大学、雅安八月瓜生物科技有限公司、崇州八月瓜生物科技有限公司	罗培高、杨皓、关晰、张永乐、陈琛、钟胜福、阳淑、陈巍、谢正伟	20221115

（续）

序号	申请号	品种名称	属（种）	申请人	培育人	申请日
1315	20221788	瑞雪	报春花属	四川农业大学、成都市花木技术服务中心	贾茵、张彤、潘远智、姜贝贝、何强、周素清、汪莹、刘庆林、黄靖琪、李意峰、尹显财	20221220
1316	20221562	蜀森17号	木通属	四川农业大学、崇州八月瓜生物科技有限公司、四川八月瓜生物科技有限公司	罗培高、陈琛、陈胜鹏、阳淑、钟胜福、杨皓、谢正伟、关睢	20221115
1317	20221560	蜀森15号	木通属	四川农业大学、四川八月瓜生物科技有限公司、雅安市八月瓜生物科技有限公司	罗培高、阳淑、谢正伟、陈琛、钟胜福、杨皓、陈巍、关睢	20221115
1318	20221563	蜀森18号	木通属	四川农业大学、四川八月瓜生物科技有限公司、雅安市八月瓜生物科技有限公司	罗培高、谢正伟、谢阳、关睢、钟胜福、杨皓、阳淑、陈琛、陈巍	20221115
1319	20231416	蜀桤20号	桤木属	四川省林业科学研究院	王泽亮、陈炙、黄振、郭洪英、李佳蔓、肖兴翠、杨勇智	20231019
1320	20231152	荷花仙子	蜡梅	四川省农业科学院园艺研究所	袁蒲英、宋兴荣	20230904
1321	20231150	红唇	蜡梅	四川省农业科学院园艺研究所	宋兴荣、袁蒲英	20230904
1322	20231151	金艳	蜡梅	四川省农业科学院园艺研究所	宋兴荣、袁蒲英	20230904
1323	20231153	飞蝶	蜡梅	四川省农业科学院园艺研究所	宋兴荣、袁蒲英	20230904
1324	20231148	飞舞	蜡梅	四川省农业科学院园艺研究所、成都幸福花香园艺有限公司	宋兴荣、袁蒲英、何相达	20230904
1325	20231149	黄金	蜡梅	四川省农业科学院园艺研究所、成都幸福花香园艺有限公司	袁蒲英、宋兴荣、何相达	20230904
1326	20230868	玉兔	兰属	四川省农业特色植物研究院	韩菊兰、白为、许震震、孙婷、秦廷豪、尚迪、杨马进	20230714
1327	20230869	粉红佳人	兰属	四川省农业特色植物研究院、西昌富华生态农业科技有限公司	许震震、白为、杨马进、黄廷贵、韩菊兰、张军、刘王珊	20230714
1328	20221612	蜀椒5号	花椒属	四川省植物工程研究院、汉源县农业农村局	龚霞、王海峰、曾攀、胡文、温锭、王雪强、陈政、李佩洪、张艳、尹敏、何飞、肖思思、陈蓉	20221124
1329	20221468	豆蔻年华	蔷薇属	苏州华创欣欣美生物种业科技有限公司	续文华、田静、周叶、汪成忠	20221101
1330	20221467	惊梦	蔷薇属	苏州华创欣欣美生物种业科技有限公司	田静、续文华、周叶、李庆锋、张秉森	20221101
1331	20221470	蝴蝶佳人	蔷薇属	苏州华创欣欣美生物种业科技有限公司	于明华、谢亮亮、田静、周叶、续文华	20221101
1332	20221469	水袖翩然	蔷薇属	苏州华创欣欣美生物种业科技有限公司	于明华、谢亮亮、田静、周叶、续文华	20221101
1333	20221472	亭林印象	蔷薇属	苏州华创欣欣美生物种业科技有限公司	孙飞、黄心怡、续文华、田静、周叶	20221102
1334	20221768	天狼TLR10060	蔷薇属	苏州市华冠园创园艺科技有限公司	姜正之、杨绍宗、武佳佳、金赟	20221217
1335	20221767	天狼TLR10061	蔷薇属	苏州市华冠园创园艺科技有限公司	姜正之、杨绍宗、李玲、屈佳翼	20221217

（续）

序号	申请号	品种名称	属（种）	申请人	培育人	申请日
1336	20221784	天狼 TLR10062	蔷薇属	苏州市华冠园创园艺科技有限公司	姜正之、杨绍宗、金贇、李玲	20221217
1337	20221739	天狼 TLR10065	蔷薇属	苏州市华冠园创园艺科技有限公司	姜正之、杨绍宗、武佳佳、金贇	20221209
1338	20221769	天狼 TLR10066	蔷薇属	苏州市华冠园创园艺科技有限公司	姜正之、杨绍宗、武佳佳、金贇	20221217
1339	20221770	天狼 TLR10067	蔷薇属	苏州市华冠园创园艺科技有限公司	姜正之、杨绍宗、李玲、屈佳翼	20221217
1340	20221734	天狼 TLR10068	蔷薇属	苏州市华冠园创园艺科技有限公司	姜正之、杨绍宗、金贇、李玲	20221209
1341	20221737	天狼 TLR10069	蔷薇属	苏州市华冠园创园艺科技有限公司	姜正之、杨绍宗、李玲、屈佳翼	20221209
1342	20221771	天狼 TLR10071	蔷薇属	苏州市华冠园创园艺科技有限公司	姜正之、杨绍宗、武佳佳、金贇	20221217
1343	20221772	天狼 TLR10072	蔷薇属	苏州市华冠园创园艺科技有限公司	姜正之、杨绍宗、武佳佳、金贇	20221217
1344	20221773	天狼 TLR10073	蔷薇属	苏州市华冠园创园艺科技有限公司	姜正之、杨绍宗、武佳佳、金贇	20221217
1345	20221774	天狼 TLR10074	蔷薇属	苏州市华冠园创园艺科技有限公司	姜正之、杨绍宗、金贇、李玲	20221217
1346	20221785	天狼 TLR10075	蔷薇属	苏州市华冠园创园艺科技有限公司	姜正之、杨绍宗、李玲、屈佳翼	20221217
1347	20221775	天狼 TLR10076	蔷薇属	苏州市华冠园创园艺科技有限公司	姜正之、杨绍宗、武佳佳、屈佳翼	20221217
1348	20221777	天狼 TLR10077	蔷薇属	苏州市华冠园创园艺科技有限公司	姜正之、杨绍宗、武佳佳、金贇	20221217
1349	20221776	天狼 TLR10078	蔷薇属	苏州市华冠园创园艺科技有限公司	姜正之、杨绍宗、武佳佳、金贇	20221217
1350	20221778	天狼 TLR10079	蔷薇属	苏州市华冠园创园艺科技有限公司	姜正之、杨绍宗、李玲、屈佳翼	20221217
1351	20221779	天狼 TLR10080	蔷薇属	苏州市华冠园创园艺科技有限公司	姜正之、杨绍宗、金贇、李玲	20221217
1352	20221780	天狼 TLR10081	蔷薇属	苏州市华冠园创园艺科技有限公司	姜正之、杨绍宗、李玲、屈佳翼	20221217
1353	20221781	天狼 TLR10082	蔷薇属	苏州市华冠园创园艺科技有限公司	姜正之、杨绍宗、武佳佳、屈佳翼	20221217
1354	20221783	天狼 TLR10083	蔷薇属	苏州市华冠园创园艺科技有限公司	姜正之、杨绍宗、武佳佳、金贇	20221217
1355	20221782	天狼 TLR10084	蔷薇属	苏州市华冠园创园艺科技有限公司	姜正之、杨绍宗、武佳佳、金贇	20221217
1356	20230554	金福	黄杨属	苏州市绿和苗木专业合作社	陈建芳、钱红艳、柳建国、顾理流、丁小晏、徐瑾、陶新雅	20230605
1357	20221680	福缘烟霞	紫薇属	苏州市园艺站、江苏省中国科学院植物研究所	于明华、王鹏、李亚、王淑安、杨如同	20221130
1358	20231194	台樱一号	李属	台州市农业科学研究院	洪莉、董军、陈令会、蒋林钫	20230907
1359	20230433	恩恩 12026（NN12026）	悬钩子属	太平洋浆果有限责任公司（Pacific Berries LLC）	约瑟夫·斯蒂芬斯（Joseph Stephens）	20230519
1360	20230940	岳红	枣属	泰安市泰山林业科学研究院	赵进红、罗磊、罗勇、周光锋、张倩、张辉、李忠	20230726
1361	20230856	岳甜	枣属	泰安市泰山林业科学研究院	赵进红、赵勇、罗磊、周光锋、张辉、李忠	20230713
1362	20230872	岱霞	黄栌属	泰安新苗商园林有限公司、天津市滨海新区农业农村发展服务中心	张国新、杨成利、谭新燕、李宪忠、崔荣军、巩常林、田秀明、王超	20230714
1363	20221697	津冬 2 号	枣属	天津市农业科学院	高扬、程耀民、廖方舟、刘洪荃、王正东、陈万春、邹毅、荣延军	20221201

（续）

序号	申请号	品种名称	属（种）	申请人	培育人	申请日
1364	20230881	天明1号	决明属	天士力医药集团股份有限公司，天津天士力现代中药资源有限公司，陕西天士力植物药业有限责任公司	梁崇颉、张学敏、徐波、何秋铃、赵宏光、许宏亮	20230717
1365	20231009	锦瑟年华	蔷薇属	通海锦海农业科技发展有限公司，玉溪市农业科学院	董春富、张军云、钱遵姚、杨光昭、王文智、张建康、张钟、胡颖、胡丽苓、马明德	20230810
1366	20230993	锦绣年华	蔷薇属	通海锦海农业科技发展有限公司，玉溪市农业科学院	董春富、张军云、钱遵姚、杨光昭、王文智、张建康、张钟、胡颖、胡丽苓、丁丽存、瞿观	20230808
1367	20231010	蓝优	越橘属	通化禾韵现代农业股份有限公司	段秀岩、时东方、隋明义、孙海悦、谭志强、陈丽、徐燕春、陈亮、郎庆君、赵芝伟、王素刚、王洪宾、孙增武、张景奎、朱崇坤、王明龙、王海、岳光伍、徐嘉远、段信程	20230810
1368	20230843	蓝玉	越橘属	通化禾韵现代农业股份有限公司	段秀岩、时东方、隋明义、孙海悦、谭志强、陈丽、徐燕春、陈亮、郎庆君、赵芝伟、王素刚、王洪宾、孙增武、张景奎、朱崇坤、王明龙、王海、岳光伍、徐嘉远、段信程	20230710
1369	20230673	蒙砧1号	苹果属	通辽市林业和草原科学研究所	王宝侠、焦亚光、韩永增、宁夏、包木林、伊凯	20230625
1370	20230161	可卿	杜鹃花属	王玲、卢晓辉、赵泽澜	王玲、卢晓辉、赵泽澜	20230321
1371	20230162	晴雯	杜鹃花属	王玲、卢晓辉、赵泽澜	王玲、卢晓辉、赵泽澜	20230321
1372	20230155	维乐然001（VLR001）	蔷薇属	维恩兰研究与创新中心（Vineland Research and Innovation Centre），加拿大苗圃景观协会（Canadian Nursery Landscape Association）	鲁门·科涅夫（Rumen Conev）、帕明德吉特·桑德胡（Parminderjit Sandhu）	20230320
1373	20230599	新苏1号	落羽杉属	吴江市苗圃集团有限公司，苏州神元生物科技股份有限公司	滕士元、史骥清、何云芳、李娟、于明华、赵锋、钱斌彬	20230615
1374	20230600	新苏2号	落羽杉属	吴江市苗圃集团有限公司，苏州神元生物科技股份有限公司	滕士元、史骥清、何云芳、李娟、赵锋、朱萌	20230615
1375	20230164	斑斓102	芦竹属	武汉兰多生物科技有限公司	刘福鹏、何庆梦、席奔、韩晓红、李泊玉、任蒙蒙	20230322
1376	20231779	斑斓103	芦竹属	武汉兰多生物科技有限公司	何庆梦、席奔、刘福鹏、李永博、喻伟龙	20231129
1377	20231085	翠绿105	芦竹属	武汉兰多生物科技有限公司	何庆梦、席奔、刘福鹏、李永博、赵爱宣	20230825
1378	20230184	翠氢101	芦竹属	武汉兰多生物科技有限公司	席奔、万炜、尹金、张力梦、夏爽、孙亮	20230324
1379	20230502	翠氢102	芦竹属	武汉兰多生物科技有限公司	刘福鹏、何庆梦、席永博、韩晓红、张方静、王兆强、赵爱宣	20230529
1380	20230851	绿煤107	芦竹属	武汉兰多生物科技有限公司	夏爽、何庆梦、刘福鹏、席奔、李永博、喻伟龙	20230712

（续）

序号	申请号	品种名称	属（种）	申请人	培育人	申请日
1381	20231084	绿煤108	芦竹属	武汉兰多生物科技有限公司	刘福鹏、何庆梦、席奔、李永博、赵爱宣、喻伟龙	20230825
1382	20231780	绿煤109	芦竹属	武汉兰多生物科技有限公司	赵爱宣、喻伟龙、何庆梦、刘福鹏、席奔、张鸿	20231129
1383	20221606	赤柠	紫金牛属	武平县富贵籽花卉专业合作社、福建农林大学	关云霄、康阳、刘钰颖、彭东辉、赵凯、刘梓富、王星孚	20221123
1384	20221577	珠塔	紫金牛属	武平县富贵籽花卉专业合作社、福建农林大学	兰思仁、彭东辉、赵凯、王星孚、刘梓富、谢亮秀、童妍	20221117
1385	20221574	霞珠	紫金牛属	武平县富贵籽花卉专业合作社、福建农林大学	周育真、石晓玲、胡美娟、彭东辉、兰思仁、兰思仁、王星孚、刘梓富	20221117
1386	20231204	丰园红光	杏	西安丰园果业科技有限公司	杜燕群、李迁恩、杜锡莹、李飞婷	20230911
1387	20231371	秦红	萱草属	西安虹越花卉有限公司	陈凯、王云山、原雅玲、张可跃、王博、宋远涛	20231014
1388	20230314	花漾	绣球属	西安市农业技术推广中心	张文波、侯倩茹、苏晨、王亚静、党菲菲、李楠昕、田野、高天弼、严英、张选厚	20230504
1389	20230315	绿野仙踪	绣球属	西安市农业技术推广中心	苏晨、王亚静、王天舒、侯倩茹、刘涛、张文波、张莹、张选厚	20230504
1390	20230406	满庭芳华	绣球属	西安市农业技术推广中心	苏晨、李楠昕、侯倩茹、刘涛、王天舒、高文波、张文波、张选厚	20230516
1391	20230398	秦麓春色	绣球属	西安市农业技术推广中心	王亚静、侯倩茹、苏晨、张文波、杨美悦、田野、冯益群、杨源、张选厚	20230515
1392	20230399	夏之舞	绣球属	西安市农业技术推广中心	张文波、苏晨、侯倩茹、王天舒、张莹、王炳琳、张选厚	20230515
1393	20221463	百变女神	绣球属	西安市农业技术推广中心、杭州市园林绿化股份有限公司	张文波、魏建义、王亚静、吴光洪、邱炳、高凯、魏坤芬、苏晨	20221101
1394	20231448	云想衣	绣球属	西安市农业技术推广中心、杭州市园林绿化股份有限公司、上海辰山植物园	张文波、邱帅、苏晨、高凯、秦俊、杨浩、沈柏春、吴光洪、王棠	20231025
1395	20230296	欧仟0012（EURZ0012）	大戟木属	先正达参股有限公司（Syngenta Participations AG）	S.凯木斯特拉（Silvan Kamstra）	20230425
1396	20231468	克布兹0039（CBRZ0039）	舞春花属	先正达农作物保护股份公司（Syngenta Crop Protection AG）	迪克·范·克莱因威（Dick van Kleinwee）	20231027
1397	20230086	孝核3号	核桃属	孝义市碧山核桃科技有限公司	王贵、武静、贺奇、张彩红、张倩倩、王斌、张明明、王云华	20230206
1398	20230515	新瑞	李属	新疆林科院经济林研究所	韩宏伟、毛金梅、李勇、刘凤兰、王琴、张明明、拉木、王建友、阿依米热、毛	20230531

（续）

序号	申请号	品种名称	属（种）	申请人	培育人	申请日
1399	20231221	赛蜜酥2号	枣属	新疆农业科学院园艺作物研究所	郝庆、杨磊、靳娟、樊丁字、李丽莉、沈兵琪、吴永财	20230921
1400	20231069	新核园丰	核桃属	新疆农业科学院园艺作物研究所	马凯、韩立群、赵钰、赵国庆、买买提艾力·达吾提	20230822
1401	20231222	新灰3号	枣属	新疆农业科学院园艺作物研究所、新疆巴音郭楞蒙古自治州林果技术研究推广中心	郝庆、王雨、杨磊、李占林、靳娟、王秀梅、樊丁字、侯丽丽、李丽莉、吴琼琼、沈兵琪、杨小平、斯琴、江振斌	20230921
1402	20230021	天铎	苹果属	新疆瑞昕生态园林技术有限公司	曾柏元、王勇、公勤、薛世平、葛廷进、员芳、李博、源、姜咏雪、余文伍、李文静、李瑞端、王铁良、张平、李国林、谢艺璇	20230109
1403	20231220	坤太2号	花椒属	宣威市太坤调味品厂	黄大坤、陆城、陈兴片、何明铵、黄建、符泉	20230919
1404	20230302	嫣粉春月	桃花	鄢陵县东华种植农民专业合作社	岳长平、史喜兵、焦雪辉、晋志慧、岳国民、牛水波	20230427
1405	20230307	嫣粉精灵	桃花	鄢陵县东华种植农民专业合作社	岳长平、朱更瑞、史新征、袁新军、郑付军、李登奎、岳顺明、周志勇、耿付德	20230428
1406	20230303	嫣粉玉柱	桃花	鄢陵县东华种植农民专业合作社	岳长平、牛水波、雷保仁、段雷、焦雪辉、岳顺明	20230427
1407	20230310	嫣粉云雀	桃花	鄢陵县东华种植农民专业合作社	岳长平、王力荣、雷保仁、王春玲、史喜兵、岳鹏博、周志勇、邵清良	20230428
1408	20230304	嫣红曼舞	桃花	鄢陵县东华种植农民专业合作社	岳长平、候德安、焦雪辉、苏爱平、史喜兵、乔雨轩、岳顺明、汪世忠、候玉锋	20230427
1409	20230306	嫣菊绯月	桃花	鄢陵县东华种植农民专业合作社	岳长平、岳鹏博、焦雪辉、史喜兵、赵秋菊、袁东华	20230427
1410	20230301	嫣菊皓月	桃花	鄢陵县东华种植农民专业合作社	岳长平、王春玲、史喜兵、晋志慧、焦雪辉、赵秋菊、岳顺明	20230427
1411	20230311	嫣美丹玉	桃花	鄢陵县东华种植农民专业合作社	岳长平、王小娟、袁东华、史喜兵、岳国民、岳顺明、焦雪辉	20230428
1412	20230309	嫣微丹霞	桃花	鄢陵县东华种植农民专业合作社	岳长平、史喜兵、焦雪辉、岳国民、岳鹏博	20230428
1413	20230313	嫣微粉俏	桃花	鄢陵县东华种植农民专业合作社	岳长平、史喜兵、焦雪辉、岳鹏博、岳顺明	20230504
1414	20230305	嫣碧粉黛	桃花	鄢陵县东华种植农民专业合作社、郑州市农林科学研究所	岳长平、周小娟、王世尧、史喜兵、焦雪辉、乔雨轩、崔贵峰、申潇潇、宁书强、李向阳	20230427
1415	20230308	嫣粉婉儿	桃花	鄢陵县东华种植农民专业合作社、郑州市农林科学研究所	岳长平、刘杰、孙毅宁、史喜兵、焦雪辉、申潇潇、李娜、李高、赵海红、乔雨轩	20230428
1416	20230725	扬辉凝露	芍药属	扬州大学	汤庾涵、陶俊、赵大球、孟家松	20230628
1417	20230745	扬娇黛樱	芍药属	扬州大学	赵大球、陶俊、孟家松、汤庾涵	20230628
1418	20230208	扬娇绯色	芍药属	扬州大学	汤庾涵、孟家松、赵大球、陶俊	20230329

（续）

序号	申请号	品种名称	属（种）	申请人	培育人	申请日
1419	20230742	扬娇粉黛	芍药属	扬州大学	孟家松、陶俊、赵大球	20230628
1420	20230750	扬娇粉魁	芍药属	扬州大学	赵大球、陶俊、汤寅涵、孟家松	20230628
1421	20230821	扬娇粉玉	芍药属	扬州大学	陶俊、赵大球、孙静、汤寅涵	20230703
1422	20230691	扬娇凤露	芍药属	扬州大学	赵大球、汤寅涵、孟家松	20230626
1423	20230705	扬娇莲红	芍药属	扬州大学	孙静、赵大球、汤寅涵、陶俊	20230628
1424	20230754	扬娇桃颜	芍药属	扬州大学	陶俊、赵大球、汤寅涵、孟家松	20230628
1425	20230635	扬娇雪染	芍药属	扬州大学	陶俊、赵大球、汤寅涵、孟家松	20230621
1426	20230723	扬娇朋月	芍药属	扬州大学	陶俊、赵大球、汤寅涵、孙静	20230628
1427	20230694	扬娇玉荷	芍药属	扬州大学	赵大球、陶俊、汤寅涵	20230626
1428	20230241	扬娇朱颜	芍药属	扬州大学	孟家松、赵大球、汤寅涵	20230405
1429	20230740	扬娇紫凤	芍药属	扬州大学	陶俊、赵大球、汤寅涵	20230628
1430	20230631	扬娇紫菱	芍药属	扬州大学	孟家松、汤寅涵、陶俊、赵大球	20230621
1431	20230695	扬珑妃韵	芍药属	扬州大学	赵大球、陶俊、汤寅涵	20230626
1432	20230148	扬珑粉黛	芍药属	扬州大学	陶俊、栾丽婷、赵大球	20230316
1433	20230717	扬珑粉樱	芍药属	扬州大学	陶俊、赵大球、汤寅涵、孟家松	20230628
1434	20230151	扬珑含胭	芍药属	扬州大学	赵大球、汤寅涵、孟家松、陶俊	20230316
1435	20230630	扬珑红星	芍药属	扬州大学	陶俊、赵大球、汤寅涵、孟家松	20230621
1436	20230708	扬珑锦荷	芍药属	扬州大学	陶俊、赵大球、汤寅涵、孟家松	20230628
1437	20230702	扬珑槿樱	芍药属	扬州大学	陶俊、赵大球、孟家松、汤寅涵	20230628
1438	20230758	扬珑凌阳	芍药属	扬州大学	孟家松、汤寅涵、陶俊、赵大球	20230628
1439	20230753	扬珑凌紫	芍药属	扬州大学	汤寅涵、陶俊、赵大球、孟家松	20230628
1440	20230149	扬珑曼珠	芍药属	扬州大学	孟家松、李苗、汤寅涵、陶俊	20230316
1441	20230699	扬珑沐桃	芍药属	扬州大学	陶俊、赵大球、汤寅涵	20230628
1442	20230710	扬珑凝芳	芍药属	扬州大学	赵大球、王颖、陶俊、汤寅涵	20230628
1443	20230739	扬珑藕荷	芍药属	扬州大学	陶俊、赵大球、孟家松、汤寅涵	20230628
1444	20230700	扬珑若棠	芍药属	扬州大学	汤寅涵、陶俊、赵大球	20230628
1445	20230746	扬珑桃盈	芍药属	扬州大学	陶俊、孙静、汤寅涵、孟家松	20230628
1446	20230696	扬珑桃韵	芍药属	扬州大学	孟家松、陶俊、赵大球、汤寅涵	20230626
1447	20230707	扬珑晚紫	芍药属	扬州大学	赵大球、陶俊、孟家松	20230628
1448	20230712	扬珑霞光	芍药属	扬州大学	赵大球、陶俊、汤寅涵、孟家松	20230628
1449	20230747	扬珑纤月	芍药属	扬州大学	赵大球、陶俊、汤寅涵、孟家松	20230628
1450	20230727	扬珑胭桃	芍药属	扬州大学	汤寅涵、陶俊、赵大球、孟家松	20230628

（续）

序号	申请号	品种名称	属（种）	申请人	培育人	申请日
1451	20230741	扬珑胭霞	芍药属	扬州大学	陶俊、赵大球、孟家松、汤寓涵	20230628
1452	20230212	扬珑胭涌	芍药属	扬州大学	赵大球、孟家松、孙静、陶俊	20230329
1453	20230706	扬旭粉荷	芍药属	扬州大学	赵大球、陶俊、汤寓涵、孟家松	20230628
1454	20230724	扬旭檀霞	芍药属	扬州大学	赵大球、陶俊、汤寓涵、孟家松	20230628
1455	20230211	扬妍春辉	芍药属	扬州大学	孟家松、赵大球、孙静、陶俊	20230329
1456	20230701	扬妍淡绯	芍药属	扬州大学	孟家松、汤寓涵、陶俊、赵大球	20230628
1457	20230210	扬妍淡柃	芍药属	扬州大学	陶俊、生智鹏、汤寓涵、赵大球	20230329
1458	20230703	扬妍皎玉	芍药属	扬州大学	汤寓涵、孟家松、陶俊、赵大球	20230628
1459	20230823	扬妍皎月	芍药属	扬州大学	孟家松、汤寓涵、陶俊、赵大球	20230703
1460	20230796	扬妍槿桃	芍药属	扬州大学	赵大球、陶俊、孟家松、汤寓涵	20230701
1461	20230822	扬妍槿韵	芍药属	扬州大学	汤寓涵、孟家松、陶俊、赵大球	20230703
1462	20230144	扬妍墨妆	芍药属	扬州大学	孙静、陶俊、赵大球、孟家松	20230316
1463	20230748	扬妍苏梅	芍药属	扬州大学	汤寓涵、鲍宏苗、陶俊、赵大球	20230628
1464	20230749	扬妍桃粉	芍药属	扬州大学	陶俊、赵大球、汤寓涵、孟家松	20230628
1465	20230704	扬妍桃夭	芍药属	扬州大学	孙静、黄蕾、赵大球、陶俊	20230628
1466	20230632	扬妍酡颜	芍药属	扬州大学	陶俊、赵大球、汤寓涵、孙静	20230621
1467	20230209	扬妍纤韵	芍药属	扬州大学	汤寓涵、陶俊、赵大球、孟家松	20230329
1468	20230242	扬妍旭升	芍药属	扬州大学	陶俊、潘昊磊、孟家松、赵大球	20230405
1469	20230752	扬妍瑶清	芍药属	扬州大学	陶俊、赵大球、汤寓涵、孟家松	20230628
1470	20230676	扬妍樱雪	芍药属	扬州大学	汤寓涵、孟家松、陶俊、赵大球	20230625
1471	20230152	扬妍玉露	芍药属	扬州大学	汤寓涵、赵大球、孟家松、陶俊	20230316
1472	20230213	扬妍争艳	芍药属	扬州大学	陶俊、赵大球、孟家松、汤寓涵	20230330
1473	20230751	扬妍灼华	芍药属	扬州大学	赵大球、陶俊、孟家松、汤寓涵	20230628
1474	20230147	扬妍粢墨	芍药属	扬州大学	赵大球、陶俊、汤寓涵、孟家松	20230316
1475	20230150	杨珑漪秋	芍药属	扬州大学	陶俊、祖梦婷、孟家松、赵大球	20230316
1476	20230697	翡翠金丝	刚竹属	扬州大禹园林景观有限公司、扬州大禹风景竹园、南京林业大学	禹在定、禹迎春、赵胜杰、林树燕、丁雨龙、赵玲、李鑫	20230627
1477	20230626	玉丝	刚竹属	扬州大禹园林景观有限公司、扬州大禹风景竹园、南京林业大学	禹在定、禹迎春、林树燕、丁雨龙	20230620
1478	20230715	粉红年代	苹果属	扬州小苹果园艺有限公司、金陵科技学院、南京林业大学	张往祥、范俊俊、宁坤、陈永霞、范月嵘	20230628

（续）

序号	申请号	品种名称	属（种）	申请人	培育人	申请日
1479	20230760	红太阳	苹果属	扬州小苹果园艺有限公司、南京林业大学	张住祥、陈永霞、孙甜甜、彭治	20230628
1480	20230559	金色彩虹	苹果属	扬州小苹果园艺有限公司、南京林业大学	张住祥、孙甜甜、陈永霞、曾福亮	20230605
1481	20230556	金玉满堂	苹果属	扬州小苹果园艺有限公司、南京林业大学	张住祥、张之晨、陈永霞、曾福亮	20230605
1482	20230755	星星索	苹果属	扬州小苹果园艺有限公司、南京林业大学	张住祥、陈玺珏、陈永霞、彭治	20230628
1483	20230573	秋云	苹果属	扬州雅典娜园艺科技开发有限公司	伴辉、于兵、王昌明、丁俊、吴杰、朱秋明、伴敏	20230607
1484	20230572	十月光辉	苹果属	扬州雅典娜园艺科技开发有限公司	伴辉、王昌明、于兵、吴杰、王磊、刘军、徐玥	20230607
1485	20231652	滇林醉绯	含笑属	杨力颖、司马永康、杨慰农	杨力颖、司马永康、范林元、杨守菊、杨金玲、何彦礼、冉又子、杨慰农	20231109
1486	20231651	滇林醉鸿	含笑属	杨力颖、司马永康、杨慰农	杨力颖、司马永康、范林元、杨守菊、杨金玲、何彦礼、冉又子、杨慰农	20231109
1487	20230250	白雪公主	胡枝子属	杨德萍	杨德萍、杨彦青、史宝胜、周晓慧	20230410
1488	20230545	缤纷彩云	蔷薇属	宜良多彩盆栽有限公司	胡明飞、卢燕、刘天平	20230603
1489	20230826	果汁美人	蔷薇属	宜良多彩盆栽有限公司	胡明飞、卢燕、刘天平	20230705
1490	20230873	琥珀	蔷薇属	宜良多彩盆栽有限公司	刘天平、胡明飞、卢燕	20230715
1491	20230543	花间公主	蔷薇属	宜良多彩盆栽有限公司	胡明飞、卢燕、刘天平	20230602
1492	20230332	年轮	蔷薇属	宜良多彩盆栽有限公司	胡明飞、卢燕、刘天平	20230506
1493	20230546	月瑶	蔷薇属	宜良多彩盆栽有限公司	胡明飞、卢燕、刘天平	20230603
1494	20230331	醉红妆	蔷薇属	宜良多彩盆栽有限公司	胡明飞、卢燕、刘天平	20230506
1495	20231030	曼1901（Man1901whi）	绣球属	意大利曼苏英诺有限公司（MANSUINO S.R.L.）	A.曼苏英诺（Andrea Mansuino）	20230815
1496	20230978	晴柔	李属	英德市旺地樱花种植有限公司、广州天适集团有限公司、广州旺地园林工程有限公司	胡晓敏、叶小玲、朱军、高珊、杨梓滨、熊育明	20230803
1497	20230963	豆蔻	李属	英德市旺地园林工程有限公司、韶关市旺地樱花种植有限公司	朱军、叶小玲、熊育明、胡晓敏、高珊、杨梓滨	20230802
1498	20230977	凝脂	李属	英德市旺地樱花种植有限公司、广州旺地园林工程有限公司	朱军、胡晓敏、熊育明、叶小玲、杨梓滨、高珊	20230803

（续）

序号	申请号	品种名称	属（种）	申请人	培育人	申请日
1499	20230066	奥斯尔妮（AUSERNIE）	蔷薇属	英国大卫奥斯汀月季公司（David Austin Roses Limited)	大卫·奥斯汀（David J.C. Austin）	20230203
1500	20231437	奥斯克普17117（AUSCP17117)	蔷薇属	英国大卫奥斯汀月季公司（David Austin Roses Limited)	大卫·奥斯汀（David J.C. Austin）	20231024
1501	20231436	奥斯克普17431（AUSCP17431)	蔷薇属	英国大卫奥斯汀月季公司（David Austin Roses Limited)	大卫·奥斯汀（David J.C. Austin）	20231024
1502	20230067	奥斯麦哲斯蒂（AUSMAJESTY)	蔷薇属	英国大卫奥斯汀月季公司（David Austin Roses Limited)	大卫·奥斯汀（David J.C. Austin）	20230203
1503	20230068	奥斯佩里多（AUSPERIDOT)	蔷薇属	英国大卫奥斯汀月季公司（David Austin Roses Limited)	大卫·奥斯汀（David J.C. Austin）	20230203
1504	20231297	永玫1号	蔷薇属	永登县玫瑰研究所	凌建祥、邓育慧、甘瑞、梁铭	20230926
1505	20230187	金披扬	杨属	虞城县农业科学研究所，河南中兴苗木股份有限公司	王爱科、程相军、张利臣、陈金焕、张洪霞、周扬扬、王睿丽、王辉	20230325
1506	20230802	菲弘扬	杨属	虞城县农业科学研究所，河南中兴苗木股份有限公司，山东省蚕业研究所	王爱科、程相军、张利臣、张洪霞、陈金焕、周扬扬、王睿丽、王辉、符真珠	20230701
1507	20230291	杏色果汁	蔷薇属	玉溪迪瑞特花卉有限公司	杜秀娟	20230424
1508	20230947	霓虹闪烁	蔷薇属	玉溪市农业科学院，通海锦海农业科技发展有限公司	张军云、王文智、董春富、杨光绍、钱遵姚、张钟、张建康、杨世先、蔡述江、胡选江、张翠萍、胡颖	20230731
1509	20230969	薰妃	蔷薇属	玉溪市农业科学院，通海锦海农业科技发展有限公司	王文智、张军云、董春富、杨光绍、钱遵姚、张钟、张建康、胡选江、蔡述江、杨世先、张翠萍、胡颖	20230802
1510	20230964	犹矜	蔷薇属	玉溪市农业科学院，通海锦海农业科技发展有限公司	王文智、张军云、董春富、钱遵姚、杨光绍、张钟、张建康、杨世先、胡选江、蔡述江、张翠萍、胡颖	20230802
1511	20230646	海风1110（HF1110）	铁筷子属	约瑟夫·海伊格（Josef Heuger)	约瑟夫·海伊格（Josef Heuger）	20230622
1512	20230647	海风1112（HF1112）	铁筷子属	约瑟夫·海伊格（Josef Heuger)	约瑟夫·海伊格（Josef Heuger）	20230622
1513	20230641	海风1114（HF1114）	铁筷子属	约瑟夫·海伊格（Josef Heuger)	约瑟夫·海伊格（Josef Heuger）	20230621
1514	20230645	海风1116（HF1116）	铁筷子属	约瑟夫·海伊格（Josef Heuger)	约瑟夫·海伊格（Josef Heuger）	20230622
1515	20230648	海风1118（HF1118）	铁筷子属	约瑟夫·海伊格（Josef Heuger)	约瑟夫·海伊格（Josef Heuger）	20230622
1516	20230733	和乐1010（HL1010）	铁筷子属	约瑟夫·海伊格（Josef Heuger)	约瑟夫·海伊格（Josef Heuger）	20230628
1517	20230654	和乐1012（HL1012）	铁筷子属	约瑟夫·海伊格（Josef Heuger)	约瑟夫·海伊格（Josef Heuger）	20230622
1518	20230642	和乐1014（HL1014）	铁筷子属	约瑟夫·海伊格（Josef Heuger)	约瑟夫·海伊格（Josef Heuger）	20230622
1519	20230731	和乐1016（HL1016）	铁筷子属	约瑟夫·海伊格（Josef Heuger)	约瑟夫·海伊格（Josef Heuger）	20230628

（续）

序号	申请号	品种名称	属（种）	申请人	培育人	申请日
1520	20230644	和乐 1018（HL1018）	铁筷子属	约瑟夫·海伊格（Josef Heuger）	约瑟夫·海伊格（Josef Heuger）	20230622
1521	20230650	和乐 1020（HL1020）	铁筷子属	约瑟夫·海伊格（Josef Heuger）	约瑟夫·海伊格（Josef Heuger）	20230622
1522	20230643	和乐 1022（HL1022）	铁筷子属	约瑟夫·海伊格（Josef Heuger）	约瑟夫·海伊格（Josef Heuger）	20230622
1523	20230649	和乐 1024（HL1024）	铁筷子属	约瑟夫·海伊格（Josef Heuger）	约瑟夫·海伊格（Josef Heuger）	20230622
1524	20230653	和乐 1026（HL1026）	铁筷子属	约瑟夫·海伊格（Josef Heuger）	约瑟夫·海伊格（Josef Heuger）	20230622
1525	20230638	和乐 1028（HL1028）	铁筷子属	约瑟夫·海伊格（Josef Heuger）	约瑟夫·海伊格（Josef Heuger）	20230621
1526	20230652	和乐 1030（HL1030）	铁筷子属	约瑟夫·海伊格（Josef Heuger）	约瑟夫·海伊格（Josef Heuger）	20230622
1527	20230730	和乐 1034（HL1034）	铁筷子属	约瑟夫·海伊格（Josef Heuger）	约瑟夫·海伊格（Josef Heuger）	20230628
1528	20230672	和乐 1036（HL1036）	铁筷子属	约瑟夫·海伊格（Josef Heuger）	约瑟夫·海伊格（Josef Heuger）	20230623
1529	20230656	和乐 1038（HL1038）	铁筷子属	约瑟夫·海伊格（Josef Heuger）	约瑟夫·海伊格（Josef Heuger）	20230622
1530	20230736	和乐 1040（HL1040）	铁筷子属	约瑟夫·海伊格（Josef Heuger）	约瑟夫·海伊格（Josef Heuger）	20230628
1531	20230732	和乐 1042（HL1042）	铁筷子属	约瑟夫·海伊格（Josef Heuger）	约瑟夫·海伊格（Josef Heuger）	20230628
1532	20230639	和乐 1044（HL1044）	铁筷子属	约瑟夫·海伊格（Josef Heuger）	约瑟夫·海伊格（Josef Heuger）	20230621
1533	20230655	和乐 1046（HL1046）	铁筷子属	约瑟夫·海伊格（Josef Heuger）	约瑟夫·海伊格（Josef Heuger）	20230622
1534	20230651	河流日 320（HLR320）	铁筷子属	约瑟夫·海伊格（Josef Heuger）	约瑟夫·海伊格（Josef Heuger）	20230622
1535	20230637	红男 1610（HON1610）	铁筷子属	约瑟夫·海伊格（Josef Heuger）	约瑟夫·海伊格（Josef Heuger）	20230621
1536	20230633	红男 1612（HON1612）	铁筷子属	约瑟夫·海伊格（Josef Heuger）	约瑟夫·海伊格（Josef Heuger）	20230621
1537	20230665	花冠 1410（HG1410）	铁筷子属	约瑟夫·海伊格（Josef Heuger）	约瑟夫·海伊格（Josef Heuger）	20230622
1538	20230666	花冠 1412（HG1412）	铁筷子属	约瑟夫·海伊格（Josef Heuger）	约瑟夫·海伊格（Josef Heuger）	20230622
1539	20230667	花冠 1414（HG1414）	铁筷子属	约瑟夫·海伊格（Josef Heuger）	约瑟夫·海伊格（Josef Heuger）	20230623
1540	20230668	花冠 1416（HG1416）	铁筷子属	约瑟夫·海伊格（Josef Heuger）	约瑟夫·海伊格（Josef Heuger）	20230623
1541	20230670	花冠 1418（HG1418）	铁筷子属	约瑟夫·海伊格（Josef Heuger）	约瑟夫·海伊格（Josef Heuger）	20230623
1542	20230671	花冠 1420（HG1420）	铁筷子属	约瑟夫·海伊格（Josef Heuger）	约瑟夫·海伊格（Josef Heuger）	20230623
1543	20230640	花冠 1426（HG1426）	铁筷子属	约瑟夫·海伊格（Josef Heuger）	约瑟夫·海伊格（Josef Heuger）	20230621
1544	20230669	花冠 1428（HG1428）	铁筷子属	约瑟夫·海伊格（Josef Heuger）	约瑟夫·海伊格（Josef Heuger）	20230623
1545	20230657	华美 1210（HM1210）	铁筷子属	约瑟夫·海伊格（Josef Heuger）	约瑟夫·海伊格（Josef Heuger）	20230622
1546	20230658	华美 1212（HM1212）	铁筷子属	约瑟夫·海伊格（Josef Heuger）	约瑟夫·海伊格（Josef Heuger）	20230622
1547	20230662	华美 1214（HM1214）	铁筷子属	约瑟夫·海伊格（Josef Heuger）	约瑟夫·海伊格（Josef Heuger）	20230622
1548	20230660	华美 1216（HM1216）	铁筷子属	约瑟夫·海伊格（Josef Heuger）	约瑟夫·海伊格（Josef Heuger）	20230622
1549	20230664	华美 1218（HM1218）	铁筷子属	约瑟夫·海伊格（Josef Heuger）	约瑟夫·海伊格（Josef Heuger）	20230622
1550	20230659	华美 1220（HM1220）	铁筷子属	约瑟夫·海伊格（Josef Heuger）	约瑟夫·海伊格（Josef Heuger）	20230622
1551	20230663	华美 1222（HM1222）	铁筷子属	约瑟夫·海伊格（Josef Heuger）	约瑟夫·海伊格（Josef Heuger）	20230622

（续）

序号	申请号	品种名称	属（种）	申请人	培育人	申请日
1552	20230661	华美1224（HM1224）	铁筷子属	约瑟夫·海伊格（Josef Heuger）	约瑟夫·海伊格（Josef Heuger）	20230622
1553	20230453	神话1914（SH1914）	虎耳草属	约瑟夫·海伊格（Josef Heuger）	约瑟夫·海伊格（Josef Heuger）	20230523
1554	20230524	神话1915（SH1915）	虎耳草属	约瑟夫·海伊格（Josef Heuger）	约瑟夫·海伊格（Josef Heuger）	20230531
1555	20230527	神话1925（SH1925）	虎耳草属	约瑟夫·海伊格（Josef Heuger）	约瑟夫·海伊格（Josef Heuger）	20230531
1556	20230522	神话1929（SH1929）	虎耳草属	约瑟夫·海伊格（Josef Heuger）	约瑟夫·海伊格（Josef Heuger）	20230531
1557	20230529	神话1930（SH1930）	虎耳草属	约瑟夫·海伊格（Josef Heuger）	约瑟夫·海伊格（Josef Heuger）	20230531
1558	20230523	神话1934（SH1934）	虎耳草属	约瑟夫·海伊格（Josef Heuger）	约瑟夫·海伊格（Josef Heuger）	20230531
1559	20230521	神话1936（SH1936）	虎耳草属	约瑟夫·海伊格（Josef Heuger）	约瑟夫·海伊格（Josef Heuger）	20230531
1560	20230525	神话1938（SH1938）	虎耳草属	约瑟夫·海伊格（Josef Heuger）	约瑟夫·海伊格（Josef Heuger）	20230531
1561	20230528	神话1939（SH1939）	虎耳草属	约瑟夫·海伊格（Josef Heuger）	约瑟夫·海伊格（Josef Heuger）	20230531
1562	20230526	神话1941（SH1941）	虎耳草属	约瑟夫·海伊格（Josef Heuger）	约瑟夫·海伊格（Josef Heuger）	20230531
1563	20231355	格桑玫1号	蔷薇属	云南格桑花卉有限责任公司	熊灿坤、周利君、李江荣、王兴龙、黄润环、杨玉勇	20231011
1564	20231352	格桑玫2号	蔷薇属	云南格桑花卉有限责任公司	熊灿坤、黄润环、李江荣、王兴龙、周利君、杨玉勇	20231011
1565	20231742	金格桑	山楂属	云南格桑花卉有限责任公司	熊灿坤、王兴龙、李江荣、杨玉勇、熊劲	20231125
1566	20231658	踏春风	杜鹃花属	云南吉成园林科技股份有限公司、云南省农业科学院花卉研究所	李伟、张露、宋杰、陈伟、李世峰、段仕学、王继华、柴永飞	20231110
1567	20231656	迎春风	杜鹃花属	云南吉成园林科技股份有限公司、云南省农业科学院花卉研究所	李伟、宋杰、陈伟、李世峰、王继华、段仕学、解玮佳、彭绿春	20231110
1568	20231516	白羊座	蔷薇属	云南锦科花卉工程研究中心有限公司	何琼、田连通、曹荣根、王江兵、黄岚、刘鹏志	20231101
1569	20231594	北极星	蔷薇属	云南锦科花卉工程研究中心有限公司	王江兵、曹荣根、何琼、黄岚、刘鹏志	20231103
1570	20231486	苍山雪	蔷薇属	云南锦科花卉工程研究中心有限公司	曹荣根、田连通、何琼、王江兵、黄岚	20231030
1571	20231592	嫦娥	蔷薇属	云南锦科花卉工程研究中心有限公司	何琼、曹荣根、田连通、王江兵、黄岚、刘鹏志	20231103
1572	20231613	辰月夕	蔷薇属	云南锦科花卉工程研究中心有限公司	何琼、田连通、曹荣根、王江兵、黄岚、刘鹏志	20231104
1573	20230806	璀璨	蔷薇属	云南锦科花卉工程研究中心有限公司	何琼、田连通、曹荣根、王江兵、黄岚、刘鹏志	20230703
1574	20231617	错爱	蔷薇属	云南锦科花卉工程研究中心有限公司	王江兵、田连通、何琼、曹荣根、黄岚	20231104
1575	20231681	粉色恋曲	蔷薇属	云南锦科花卉工程研究中心有限公司	王江兵、田连通、何琼、曹荣根、黄岚	20231114
1576	20231504	荷露	蔷薇属	云南锦科花卉工程研究中心有限公司	何琼、田连通、曹荣根、王江兵、黄岚、刘鹏志	20231031
1577	20230456	华裳	蔷薇属	云南锦科花卉工程研究中心有限公司	何琼、曹荣根、田连通、王江兵、黄岚、刘鹏志	20230524
1578	20231683	画屏	蔷薇属	云南锦科花卉工程研究中心有限公司	王江兵、田连通、曹荣根、何琼、黄岚	20231114
1579	20231616	幻境	蔷薇属	云南锦科花卉工程研究中心有限公司	田连通、何琼、曹荣根、王江兵、黄岚	20231104
1580	20221746	黄金宝贝	蔷薇属	云南锦科花卉工程研究中心有限公司	田连通、何琼、曹荣根、王江斌、黄岚	20221212
1581	20231491	佳琪	蔷薇属	云南锦科花卉工程研究中心有限公司	何琼、田连通、曹荣根、王江兵、黄岚	20231030

（续）

序号	申请号	品种名称	属（种）	申请人	培育人	申请日
1582	20230809	佳苑	蔷薇属	云南锦科花卉工程研究中心有限公司	黄岚、田连通、何琼、曹荣根、王江兵、刘鹏志	20230703
1583	20221492	金艳宝贝	蔷薇属	云南锦科花卉工程研究中心有限公司	何琼、田连通、曹荣根、王江斌、黄岚	20221103
1584	20230465	惊艳	蔷薇属	云南锦科花卉工程研究中心有限公司	田连通、何琼、曹荣根、王江兵、黄楠	20230524
1585	20231591	九尾狐	蔷薇属	云南锦科花卉工程研究中心有限公司	曹荣根、田连通、何琼、黄岚、刘鹏志	20231103
1586	20230808	君归	蔷薇属	云南锦科花卉工程研究中心有限公司	田连通、何琼、曹荣根、王江兵、刘鹏志	20230703
1587	20231496	柯然	蔷薇属	云南锦科花卉工程研究中心有限公司	黄岚、田连通、曹荣根、王江兵	20231031
1588	20221730	流丹	蔷薇属	云南锦科花卉工程研究中心有限公司	曹荣根、田连通、何琼、王江斌、黄岚、刘鹏志	20221207
1589	20231487	墨汐	蔷薇属	云南锦科花卉工程研究中心有限公司	王江兵、田连通、何琼、曹荣根、黄岚	20231030
1590	20231684	念奴娇	蔷薇属	云南锦科花卉工程研究中心有限公司	黄岚、田连通、何琼、曹荣根、王江兵、刘鹏志	20231114
1591	20221491	暖心宝贝	蔷薇属	云南锦科花卉工程研究中心有限公司	王江斌、田连通、何琼、曹荣根、黄岚	20221103
1592	20231494	飘雪	蔷薇属	云南锦科花卉工程研究中心有限公司	曹荣根、田连通、何琼、王江兵、黄岚	20231031
1593	20221747	虔诚宝贝	蔷薇属	云南锦科花卉工程研究中心有限公司	何琼、田连通、曹荣根、王江斌、黄岚	20221212
1594	20230469	青呈	蔷薇属	云南锦科花卉工程研究中心有限公司	田连通、曹荣根、何琼、王江兵、黄岚	20230524
1595	20231488	青莲月	蔷薇属	云南锦科花卉工程研究中心有限公司	何琼、田连通、曹荣根、王江兵、黄岚	20231030
1596	20231615	珊瑚海	蔷薇属	云南锦科花卉工程研究中心有限公司	何琼、田连通、曹荣根、王江兵、黄岚、刘鹏志	20231104
1597	20230470	姝丽	蔷薇属	云南锦科花卉工程研究中心有限公司	曹荣根、田连通、何琼、王江兵、黄岚、刘鹏志	20230524
1598	20231680	思琪公主	蔷薇属	云南锦科花卉工程研究中心有限公司	黄岚、田连通、何琼、曹荣根、王江兵、刘鹏志	20231114
1599	20231685	天水碧	蔷薇属	云南锦科花卉工程研究中心有限公司	曹荣根、田连通、何琼、王江兵、黄岚	20231114
1600	20231489	酡颜	蔷薇属	云南锦科花卉工程研究中心有限公司	何琼、田连通、曹荣根、黄岚、王江兵	20231030
1601	20231614	午后风铃	蔷薇属	云南锦科花卉工程研究中心有限公司	王江兵、田连通、何琼、曹荣根、黄岚、刘鹏志	20231104
1602	20230464	夏日	蔷薇属	云南锦科花卉工程研究中心有限公司	黄楠、田连通、曹荣根、王江兵	20230524
1603	20230457	仙鹤	蔷薇属	云南锦科花卉工程研究中心有限公司	田连通、曹荣根、何琼、黄岚、刘鹏志	20230524
1604	20230811	欣然	蔷薇属	云南锦科花卉工程研究中心有限公司	黄楠、田连通、曹荣根、王江兵、刘鹏志	20230703
1605	20230812	雪青	蔷薇属	云南锦科花卉工程研究中心有限公司	王江兵、田连通、何琼、曹荣根、黄岚、刘鹏志	20230703
1606	20230810	艳彩	蔷薇属	云南锦科花卉工程研究中心有限公司	曹荣根、田连通、何琼、王江兵、刘鹏志	20230703
1607	20230467	印染	蔷薇属	云南锦科花卉工程研究中心有限公司	何琼、田连通、曹荣根、黄岚、王江兵	20230524
1608	20230458	荧光	蔷薇属	云南锦科花卉工程研究中心有限公司	田连通、何琼、曹荣根、王江兵、黄岚、刘鹏志	20230524
1609	20231495	孑芙	蔷薇属	云南锦科花卉工程研究中心有限公司	王江兵、田连通、曹荣根、何琼、黄岚	20231031
1610	20231593	雨沫	蔷薇属	云南锦科花卉工程研究中心有限公司	何琼、田连通、曹荣根、王江兵、黄岚、刘鹏志	20231103
1611	20231505	云萝	蔷薇属	云南锦科花卉工程研究中心有限公司	曹荣根、田连通、何琼、黄岚、王江兵	20231031
1612	20230805	云影	蔷薇属	云南锦科花卉工程研究中心有限公司	何琼、田连通、曹荣根、黄岚、王江兵	20230703
1613	20231618	仲夏之梦	蔷薇属	云南锦科花卉工程研究中心有限公司	田连通、何琼、曹荣根、王江兵、黄岚、刘鹏志	20231104

（续）

序号	申请号	品种名称	属（种）	申请人	培育人	申请日
1614	20221485	朱砂	蔷薇属	云南锦科花卉工程研究中心有限公司	曹荣根、田连通、王江彬、黄岚	20221103
1615	20221748	妆玉宝贝	蔷薇属	云南锦科花卉工程研究中心有限公司	王江斌、田连通、何琼、曹荣根、黄岚、刘鹏志	20221212
1616	20230807	紫宸	蔷薇属	云南锦科花卉工程研究中心有限公司	王江兵、田连通、何琼、曹荣根、黄岚、刘鹏志	20230703
1617	20231492	紫萱	蔷薇属	云南锦科花卉工程研究中心有限公司	王江兵、田连通、何琼、曹荣根、黄岚、刘鹏志	20231031
1618	20230459	缤纷	蔷薇属	云南锦科花卉工程研究中心有限公司	何琼、田连通、曹荣根、王江兵、黄岚、刘鹏志	20230524
1619	20221749	花样年华	蔷薇属	云南锦科花卉工程研究中心有限公司	何琼、田连通、曹荣根、王江斌、黄岚	20221212
1620	20231490	极光	蔷薇属	云南锦科花卉工程研究中心有限公司	黄岚、田连通、何琼、曹荣根、王江兵	20231030
1621	20231682	佳美娜	蔷薇属	云南锦科花卉工程研究中心有限公司	何琼、田连通、曹荣根、王江兵、黄岚、刘鹏志	20231114
1622	20230468	绛紫	蔷薇属	云南锦科花卉工程研究中心有限公司	王江兵、田连通、何琼、曹荣根、黄岚、刘鹏志	20230524
1623	20231677	椒愁	蔷薇属	云南锦科花卉工程研究中心有限公司	田连通、何琼、曹荣根、王江兵、黄岚、刘鹏志	20231113
1624	20221495	金玉宝贝	蔷薇属	云南锦科花卉工程研究中心有限公司	田连通、何琼、曹荣根、王江斌、黄岚	20221103
1625	20230820	琴音	蔷薇属	云南锦科花卉工程研究中心有限公司	黄岚、田连通、何琼、曹荣根、黄岚、刘鹏志	20230703
1626	20221490	唯美	蔷薇属	云南锦科花卉工程研究中心有限公司	何琼、田连通、曹荣根、王江斌、黄岚	20221103
1627	20231499	颜溪	蔷薇属	云南锦科花卉工程研究中心有限公司	田连通、何琼、曹荣根、王江兵、黄岚、刘鹏志	20231031
1628	20230466	妖艳	蔷薇属	云南锦科花卉工程研究中心有限公司	曹荣根、田连通、何琼、王江兵、黄楠	20230524
1629	20221787	德斛1号	石斛属	云南省德宏热带农业科学研究所	罗凯、李泽生、耿秀英、贺永国、姚志军、姚春	20221220
1630	20230371	紫斛1号	石斛属	云南省林业和草原科学院、龙陵县石斛研究所、云南相紫德康石斛开发有限公司	蒋宏、周莹、杨相德、周彬、廖勤昌、华梅、李能波、李丽梅、沈定才、陈东平、赵雅婷、孔继君	20230511
1631	20231502	半边红	蔷薇属	云南省农业科学院花卉研究所	张颢、王其刚、蹇洪英、陈敏、树发、景维坤、李慧纯、王慧纯	20231031
1632	20230480	蛋挞	蔷薇属	云南省农业科学院花卉研究所	王慧纯、王其刚、蹇洪英、晏婷、李树发、陈敏、景维坤	20230525
1633	20231642	繁星	秋海棠属	云南省农业科学院花卉研究所	杜文文、李想、马璐琳、段青、岚、王祥宁、崔光芬	20231107
1634	20231503	粉萝莉	蔷薇属	云南省农业科学院花卉研究所	晏慧君、王其刚、张颢、邱显钦、李树发、景维坤、王慧纯	20231031
1635	20230608	贵妃醉酒	杜鹃花属	云南省农业科学院花卉研究所	解玮佳、李世峰、彭绿春、蹇洪英、宋杰、李慧敏	20230616
1636	20231020	红日	大丽花属	云南省农业科学院花卉研究所	段青、王其刚、马、岚、杜文、王文、马路宁、马璐琳、李慧敏	20230813
1637	20231610	红三珠	蔷薇属	云南省农业科学院花卉研究所	蹇洪英、王其刚、张颢、张露、晏慧君、景维坤、李树发、杨秀梅	20231103
1638	20230607	洛雁	杜鹃花属	云南省农业科学院花卉研究所	李世峰、解玮佳、宋杰、张露、杨秀梅、李绅崇、李慧敏	20230616

（续）

序号	申请号	品种名称	属（种）	申请人	培育人	申请日
1639	20231611	俏冰山	蔷薇属	云南省农业科学院花卉研究所	王其刚、晏慧君、张颢、陈敏、王慧纯、李树发、霍洪英、邱显钦、景维坤	20231103
1640	20230224	青纱	蔷薇属	云南省农业科学院花卉研究所	邱显钦、王慧纯、景维坤、陈敏、晏慧君、张婷	20230331
1641	20230225	韶华	蔷薇属	云南省农业科学院花卉研究所	邱显钦、陈敏、王其刚、霍洪英、王慧纯	20230331
1642	20230609	熙凤	杜鹃花属	云南省农业科学院花卉研究所	王继华、朱杰、彭绿春、张露、张颢	20230616
1643	20231501	小红冠	蔷薇属	云南省农业科学院花卉研究所	王其刚、邱显钦、晏慧君、霍洪英、景维坤、陈敏、王慧纯、李树发	20231031
1644	20230614	羞花	杜鹃花属	云南省农业科学院花卉研究所	彭绿春、李世峰、解玮佳、朱杰、张露、许凤	20230619
1645	20231688	圆舞曲	秋海棠属	云南省农业科学院花卉研究所	段青、马岚、杜文文、李想、崔光芬、贾文杰、马璐琳	20231114
1646	20230906	月晕	蔷薇属	云南省农业科学院花卉研究所	王慧纯、王其刚、邱显钦、景维坤、陈敏、霍洪英、晏慧君、张婷	20230720
1647	20231037	紫微星	大丽花属	云南省农业科学院花卉研究所	王祥宁、贾文杰、李想、杜文文、马璐琳、段青、杨青	20230817
1648	20230677	闲月	杜鹃花属	云南省农业科学院花卉研究所	解玮佳、彭绿春、李世峰、朱杰、王丽花	20230625
1649	20221633	粉面生春	蔷薇属	云南省农业科学院花卉研究所、昆明爱农农业科技有限公司	田敏、蔡艳飞、施自明、王继华、李慧敏	20221127
1650	20230893	风情	蔷薇属	云南省农业科学院花卉研究所、昆明爱农农业科技有限公司	施自明、赵培飞、蔡艳飞、田敏、杨颖婕	20230718
1651	20230915	金凤玉露	蔷薇属	云南省农业科学院花卉研究所、昆明爱农农业科技有限公司	施自明、王继华、赵培飞、田敏、杨颖婕、蔡艳飞	20230724
1652	20230223	女儿国	蔷薇属	云南省农业科学院花卉研究所、昆明爱农农业科技有限公司	蔡艳飞、施自明、赵培飞、田敏、李慧敏	20230330
1653	20230282	云上赤玉	山茶属	云南省农业科学院花卉研究所、昆明爱农农业科技有限公司	蔡艳飞、王继华、施自明、赵培飞、田敏	20230419
1654	20230240	云上绯云	山茶属	云南省农业科学院花卉研究所、昆明爱农农业科技有限公司	杨颖婕、王继华、蔡艳飞、李树发、赵培飞	20230405
1655	20230284	云上明月	山茶属	云南省农业科学院花卉研究所、昆明爱农农业科技有限公司	蔡艳飞、王继华、施自明、杨颖婕、赵培飞、田敏	20230419
1656	20230283	云上彤霞	山茶属	云南省农业科学院花卉研究所、昆明爱农农业科技有限公司	王继华、蔡艳飞、杨颖婕、田敏、施自明、赵培飞	20230419
1657	20230281	云上星	山茶属	云南省农业科学院花卉研究所、昆明爱农农业科技有限公司	王继华、蔡艳飞、赵培飞、施自明、田敏、杨颖婕	20230419

（续）

序号	申请号	品种名称	属（种）	申请人	培育人	申请日
1658	20230280	云上星光	山茶属	云南省农业科学院花卉研究所，昆明爱农农业科技有限公司	蔡艳飞、王继华、赵培飞、杨颖婕、施自明、田敏	20230418
1659	20230613	沉鱼	杜鹃花属	云南省农业科学院花卉研究所，上海植物园	李绅崇、张春英、严魏、李世峰、绿春	20230619
1660	20231657	恋春风	杜鹃花属	云南省农业科学院花卉研究所，南吉成园林科技股份有限公司	李世峰、宋杰、李伟、张颢、陈伟、李绅崇、赵文植	20231110
1661	20231659	倚春风	杜鹃花属	云南省农业科学院花卉研究所，南吉成园林科技股份有限公司	李世峰、王继华、陈伟、宋杰、张颢、李云伟、张露	20231110
1662	20231655	梦春风	杜鹃花属	云南省农业科学院花卉研究所，南吉成园林科技股份有限公司，南春禾园林科技有限公司	宋杰、彭绿春、陈伟、李绅崇、张露、段仕学、李世峰	20231110
1663	20221666	芳菲	蔷薇属	云南省农业科学院花卉研究所，南集创园艺科技有限公司	蹇洪英、王其刚、张颢、张婷、陈敏、晏慧君、邱显钦、李树发、王慧纯	20221129
1664	20231643	红色多梦	蔷薇属	云南省农业科学院花卉研究所，南集创园艺科技有限公司	晏慧君、王其刚、张颢、邱显钦、景维坤、王慧纯、唐开学	20231108
1665	20231350	香槟	蔷薇属	云南省农业科学院花卉研究所，南集创园艺科技有限公司	蹇洪英、邱显钦、张婷、晏慧君、王慧纯	20231011
1666	20221318	月晕	绣球属	云南省农业科学院花卉研究所，南集创园艺科技有限公司	张婷、陈敏、蹇洪英、李树发、苏畅	20220926
1667	20231388	君之幻	叶子花属	云南为君开园林工程有限公司	钱永康	20231017
1668	20231768	君之妍	叶子花属	云南为君开园林工程有限公司	钱永康	20231128
1669	20230852	红笺情书	蔷薇属	云南云秀花卉有限公司，姚安云秀花卉有限公司，云南省农业科学院花卉研究所	段云晟、王丽花、谢芸、王宏伟、黄四华	20230712
1670	20231346	花漾莲羽	蔷薇属	云南云秀花卉有限公司，云南省农业科学院花卉研究所，姚安云秀花卉有限公司	罗中元、王其刚、段云晟、陈敏、晏慧君、鲁艳芳、王宏伟、许艺瀛、段金辉	20231011
1671	20231345	恋爱奶沫	蔷薇属	云南云秀花卉有限公司，云南省农业科学院花卉研究所，姚安云秀花卉有限公司	段云晟、王其刚、杨海清、晏慧君、岳志强、许艺瀛、段金辉	20231011
1672	20231344	相思红月	蔷薇属	云南云秀花卉有限公司，云南省农业科学院花卉研究所，姚安云秀花卉有限公司	罗中元、段云晟、杨海清、王其刚、谢芸、张启国、许艺瀛、段金辉	20231011
1673	20230911	素怪1号	柽柳属	张守忠、陈兰军	张守忠、陈兰军	20230721

（续）

序号	申请号	品种名称	属（种）	申请人	培育人	申请日
1674	20230105	绿英	红豆杉属	张彦文、胡乃华、李娟	张彦文、胡乃华、李娟	20230213
1675	20230106	雀舌	红豆杉属	张彦文、胡乃华、杨平	张彦文、胡乃华、杨平	20230213
1676	20230104	黑金刚	红豆杉属	张彦文、李晓红、曾庆安	张彦文、李晓红、曾庆安	20230213
1677	20230120	多娇	刺槐属	张元帅、费县国有大青山林场	张元帅	20230216
1678	20230129	空中岜蕾	刺槐属	张元帅、费县国有大青山林场	张元帅	20230224
1679	20221808	超墨	山茶属	漳平市永福迎祥园艺场	陈建川	20221227
1680	20221721	小黄人	山茶属	漳州小盆友农林科技有限公司	张陈环	20221205
1681	20221715	玉盘明珠	山茶属	漳州小盆友农林科技有限公司	张陈环、张寿丰	20221203
1682	20221786	元仕艺	兰属	长汀县元仕花卉专业合作社、福建农林大学	廖炎士、廖荷生、廖荣彬、李明河、高绪勇、赵庄	20221217
1683	20221611	红梦	蔷薇属	赵卫华	赵卫华	20221124
1684	20231205	灿烂辉煌	山茶属	肇庆棕桐谷花园有限公司	刘信凯、周育娟、黎艳玲、叶萌君、周明顺、彭逢惠、钟乃盛	20230911
1685	2023343	古殿	山茶属	肇庆棕桐谷花园有限公司	钟乃盛、黄万坚、叶萌君、黎艳玲、刘信凯、殷广湖、邓小琴	20231009
1686	20230174	春曲	兰属	浙江传化生物技术有限公司	荣松、米晓洁、张明奎、陈尚取、杨开升、褚文伟、叶雄方	20230323
1687	20230172	红粉世家	兰属	浙江传化生物技术有限公司	荣松、陈尚取、米晓洁、张明奎、杨开升、褚文伟、叶雄方	20230323
1688	20230177	华章	兰属	浙江传化生物技术有限公司	荣松、张明奎、陈尚取、米晓洁、杨开升、褚文伟、叶雄方	20230323
1689	20230175	皇后	兰属	浙江传化生物技术有限公司	荣松、陈尚取、张明奎、米晓洁、杨开升、褚文伟、叶雄方	20230323
1690	20230170	金秋	兰属	浙江传化生物技术有限公司	米晓洁、荣松、张明奎、陈尚取、杨开升、褚文伟、叶雄方	20230323
1691	20230171	橘光	兰属	浙江传化生物技术有限公司	米晓洁、荣松、陈尚取、叶雄方、张明奎、杨开升、褚文伟	20230323
1692	20230178	鎏光	兰属	浙江传化生物技术有限公司	荣松、张明奎、陈尚取、米晓洁、杨开升、褚文伟、叶雄方	20230323
1693	20230176	鎏金岁月	兰属	浙江传化生物技术有限公司	荣松、陈尚取、褚文伟、张明奎、米晓洁、杨开升、叶雄方	20230323
1694	20230173	蜜桃	兰属	浙江传化生物技术有限公司	荣松、陈尚取、张明奎、米晓洁、杨开升、褚文伟、叶雄方	20230323

（续）

序号	申请号	品种名称	属（种）	申请人	培育人	申请日
1695	20230931	梦娃	杜鹃花属	浙江大学	周泓、刘冰、夏宜平、王秀云	20230725
1696	20230932	玉蕊	杜鹃花属	浙江大学、海盐森植生物科技有限公司	周泓、刘冰、王秀云、夏宜平、文育明、俞	20230725
1697	20221534	夏日紫霞	鸢尾属	浙江大学、杭州市园林绿化股份有限公司	夏宜平、邱帅、张佳平、许瞳、魏建芬、周泓、章成君、李丹青	20221109
1698	20221532	夏日海浪	鸢尾属	浙江大学、杭州市园林绿化股份有限公司	李丹青、张娇、李康、邱帅、张佳平、魏建芬、孙丽娜、王小斌	20221109
1699	20221530	夏日霓裳	鸢尾属	浙江大学、杭州市园林绿化股份有限公司、浙江理工大学	李丹青、邵灵梅、吴昀、魏建芬、夏宜平、梓铭、邱帅、任	20221109
1700	20221533	夏日羽衣	鸢尾属	浙江大学、杭州市园林绿化股份有限公司、浙江理工大学	夏宜平、王秀云、周泓、李丹青、彭悠悠、丽丽娜、吴昀、孙	20221109
1701	20230953	橙丝带	杜鹃花属	浙江虹安园艺有限公司	林玉、方旭初、孙磊、陈溪、龚仲莘、杜习武	20230801
1702	20230967	粉色摩根	杜鹃花属	浙江虹安园艺有限公司	陈溪、龚仲莘、草晶晶、张鑫、沈欣、许怡婷、杨志	20230803
1703	20230138	海言	杜鹃花属		草晶晶、陈溪、龚仲莘、林玉、张鑫、杜习武、方草尔、江胜德、方草	20230313
1704	20230968	红色摩根	杜鹃花属	浙江虹安园艺有限公司	江胜德、陈溪、杨志、杜习武、曾云浩、杜	20230803
1705	20230956	开呀开1号	栀子属	浙江虹安园艺有限公司	江胜德、陈溪、龚仲莘、林玉、张鑫、杨恰钰	20230801
1706	20230957	开呀开2号	栀子属	浙江虹安园艺有限公司	陈溪、龚仲莘、草晶晶、方草尔、林玉、沈欣	20230801
1707	20230958	开呀开3号	栀子属	浙江虹安园艺有限公司	龚仲莘、杜习武、陈溪、孙磊、杨志、方草尔、怡钰、杨	20230801
1708	20230159	琉奕	杜鹃花属	浙江虹安园艺有限公司	陈溪、草晶晶、林玉、江胜德、陈溪、龚仲莘	20230321
1709	20230966	玫红摩根	杜鹃花属	浙江虹安园艺有限公司	龚仲莘、草晶晶、江胜德、张鑫、许	20230803
1710	20230139	魅姬	杜鹃花属	浙江虹安园艺有限公司	草晶晶、江胜德、陈溪、龚仲莘、林玉、杜习武、方草尔、方旭初、杜	20230313
1711	20230140	浅梦	杜鹃花属	浙江虹安园艺有限公司	草晶晶、林玉、龚仲莘、陈溪、张鑫、江胜德、陈溪、方旭初、江	20230313
1712	20230951	青辰	杜鹃花属	浙江虹安园艺有限公司	草晶晶、江胜德、张鑫、林玉、怡婷、许	20230801
1713	20230959	胭脂玉扣	杜鹃花属	浙江虹安园艺有限公司	杜习武、林玉、张鑫、陈溪、云浩、曾	20230801
1714	20230952	妖姬	杜鹃花属	浙江虹安园艺有限公司	张鑫、杜习武、陈溪、方旭初、云浩	20230801

（续）

序号	申请号	品种名称	属（种）	申请人	培育人	申请日
1715	20230975	云柯	杜鹃花属	浙江虹安园艺有限公司	方卓尔、卓晶晶、张鑫、曾云浩、林玉、江胜德、沈欣	20230803
1716	20230160	云铃	杜鹃花属	浙江虹安园艺有限公司	江胜德、林玉、张鑫、方旭初、方卓尔、卓晶晶、陈溪、龚仲辛	20230321
1717	20230972	粉月舞	杜鹃花属	浙江虹安园艺有限股份有限公司	方旭初、方卓尔、杨志、江胜德、杜习武、卓晶晶、张鑫	20230803
1718	20231228	蓝美11号	越橘属	浙江蓝美技术股份有限公司	杨曙方、王琦、王舟平、杨姣、许钢粱、车佳俐	20230923
1719	20230784	安乔1号	蜡梅	浙江农林大学	赵宏波、肖政、王艺光、董彬、方遒、钟诗蔚、邓金萍	20230630
1720	20230782	安乔2号	蜡梅	浙江农林大学	赵宏波、肖政、王艺光、董彬、方遒、钟诗蔚、邓金萍	20230630
1721	20230780	安乔3号	蜡梅	浙江农林大学	赵宏波、肖政、王艺光、董彬、方遒、钟诗蔚、邓金萍	20230630
1722	20230813	白佳人	梅	浙江农林大学	赵宏波、董彬、王艺光、肖政、方遒、钟诗蔚、邓金萍	20230703
1723	20230799	晨晖朱砂	梅	浙江农林大学	赵宏波、肖政、董彬、王艺光、方遒、钟诗蔚、邓金萍	20230701
1724	20230800	晨霞朱砂	梅	浙江农林大学	赵宏波、董彬、肖政、王艺光、方遒、钟诗蔚、邓金萍	20230701
1725	20230797	春意早宫粉	梅	浙江农林大学	赵宏波、肖政、董彬、王艺光、方遒、钟诗蔚、邓金萍	20230701
1726	20230795	丛中笑宫粉	梅	浙江农林大学	赵宏波、董彬、肖政、王艺光、方遒、钟诗蔚、邓金萍	20230701
1727	20230785	大明堂	蜡梅	浙江农林大学	赵宏波、肖政、王艺光、董彬、方遒、钟诗蔚、邓金萍	20230630
1728	20230394	冬日暖阳	铁线莲属	浙江农林大学	刘志高、邵伟丽、申亚梅、季膝成	20230514
1729	20230402	海霞西来	铁线莲属	浙江农林大学	刘志高、杨晗曦、夯天泽、陈子航	20230515
1730	20230400	湖山春社	铁线莲属	浙江农林大学	刘志高、邵伟丽、申亚梅、季梦成	20230515
1731	20230403	梅林归鹤	铁线莲属	浙江农林大学	刘志高、邵伟丽、申亚梅	20230515
1732	20230779	宁黄素心	蜡梅	浙江农林大学	肖政、赵宏波、王艺光、董彬、方遒、钟诗蔚、邓金萍	20230630
1733	20230783	七乔	蜡梅	浙江农林大学	赵宏波、肖政、王艺光、董彬、方遒、钟诗蔚、邓金萍	20230630
1734	20230786	婉乔	蜡梅	浙江农林大学	赵宏波、肖政、王艺光、董彬、方遒、钟诗蔚、邓金萍	20230630
1735	20230401	玉带晴虹	铁线莲属	浙江农林大学	刘志高、夏国华、季梦成	20230515
1736	20230814	浙衣粉蝶	梅	浙江农林大学	肖政、赵宏波、董彬、王艺光、方遒、钟诗蔚、邓金萍	20230703
1737	20230798	浙衣晚朱砂	梅	浙江农林大学	赵宏波、肖政、董彬、王艺光、方遒、钟诗蔚、邓金萍	20230701
1738	20231126	矩叶青	冬青属	浙江农林大学、江苏省中国科学院植物研研究所	陈红、郑炳松、周婷、袁虎威、种昕冉、周艳威	20230831
1739	20231512	白雪公主	紫薇属	浙江森城种业有限公司	沈劲余、朱王微、钟罕瑃、盛燕琴、石沈豪、刘俊、马宇宁、张珍婷	20231101
1740	20231515	红粉紫芯	紫薇属	浙江森城种业有限公司	沈劲余、刘晓村、李膨利、奉树成、冯晓东、黄葵铁、沈宇杰、朱鑫远、刘蓉	20231101
1741	20231514	夏日紫芯	紫薇属	浙江森城种业有限公司	沈劲余、刘晓村、钟罕瑃、潘小宇、张芳、袁明立、岳慧、王本耀	20231101

（续）

序号	申请号	品种名称	属（种）	申请人	培育人	申请日
1742	20231513	紫夜紫芯	紫薇属	浙江森城种业有限公司	沈劲余、查益初、明凤、张成燕、朱雪娟、高晓龙、王菁蕾、李向茂	20231101
1743	20230271	彩釉	紫薇属	浙江省林业科学研究院	王金凤、陈卓梅	20230417
1744	20231056	赤焰扇羽	桦属	浙江省林业科学研究院	李婷婷、袁位高、邱勇斌、周燕、宣铃娟、吴初平、焦洁洁	20230821
1745	20231379	锦澜	紫薇属	浙江省林业科学研究院	陈卓梅、王金凤、钟高军	20231016
1746	20231349	美人霁	紫薇属	浙江省林业科学研究院	陈卓梅、王金凤	20231011
1747	20230273	美人醉	紫薇属	浙江省林业科学研究院	陈卓梅、王金凤	20230417
1748	20230274	钱潮夏梦	紫薇属	浙江省林业科学研究院	陈卓梅、王新屯、杨华、方立林、吕玉龙	20230417
1749	20230275	钱潮星白	紫薇属	浙江省林业科学研究院	王金凤、陈卓梅	20230417
1750	20231054	雀翎	桦属	浙江省林业科学研究院	李婷婷、袁位高、吴初平、徐加雨、邓伟平、王志高	20230821
1751	20231347	闺红	紫薇属	浙江省林业科学研究院	王金凤、陈卓梅	20231011
1752	20231348	紫悦	紫薇属	浙江省林业科学研究院	王金凤、陈卓梅	20231011
1753	20221806	金珠椬 1 号	椬树属	浙江省农业科学院	沈国新、陈琳、卢红伶、胡文君、求中权、黄河篇、李明乾	20221227
1754	20230440	浙覆洛丝	悬钩子属	浙江省农业科学院	李小白	20230522
1755	20221807	金鹊椬 1 号	椬树属	浙江省农业科学院、浙江佰帆农业开发股份有限公司	陈琳、沈国新、求中权、胡红旗、王少军、胡丞涛、求鹏英、张朗锋	20221227
1756	20221805	黄金椬 1 号	椬树属	浙江省农业科学院、浙江舜禾农业开发有限公司	陈琳、沈国新、求中权、卢红伶、胡文君、蒋陈凯、胡红旗	20221227
1757	20230272	白柴	铁线莲属	浙江省亚热带作物研究所	胡青荻、郑坚、钱仁卷、马晓华、陈义增、张旭乐、林琳、林韧安、陈旭华、宫莉霞	20230417
1758	20230245	月影	铁线莲属	浙江省亚热带作物研究所	胡青荻、郑坚、马晓华、钱仁卷、陈义增、张旭乐、林韧安、陈旭华、敖展雄、宫莉霞、林琳	20230406
1759	20231529	百鸟朝凤	萱草属	浙江省园林植物与花卉研究所	马广莹、左紫薇	20231102
1760	20231603	波浪锦	萱草属	浙江省园林植物与花卉研究所	马广莹、左紫薇	20231103
1761	20231602	丛林鸟	萱草属	浙江省园林植物与花卉研究所	马广莹、左紫薇	20231103
1762	20231601	凤火轮	萱草属	浙江省园林植物与花卉研究所	马广莹、左紫薇	20231103
1763	20231600	鹤发童颜	萱草属	浙江省园林植物与花卉研究所	马广莹、左紫薇	20231103
1764	20231599	红领巾	萱草属	浙江省园林植物与花卉研究所	马广莹、左紫薇	20231103
1765	20231598	后集	萱草属	浙江省园林植物与花卉研究所	马广莹、左紫薇	20231103
1766	20230269	华娇 2002	铁筷子属	浙江省园林植物与花卉研究所	朱开元、史小华、张加强、刘慧春	20230417

（续）

序号	申请号	品种名称	属（种）	申请人	培育人	申请日
1767	20230268	华娇780	铁筷子属	浙江省园林植物与花卉研究所	朱开元、张加强、史小华、刘慧春、余有祥	20230415
1768	20230270	华娇806	铁筷子属	浙江省园林植物与花卉研究所	朱开元、史小华、刘慧春、张加强	20230417
1769	20230267	华魅532	铁筷子属	浙江省园林植物与花卉研究所	朱开元、刘慧春、胡伟、史小华、冯博杰、包春泉、余有祥	20230415
1770	20230182	华雪550	铁筷子属	浙江省园林植物与花卉研究所	史小华、朱开元、张加强、刘慧春、许雯婷、周江华	20230324
1771	20231645	慧瞳	萱草属	浙江省园林植物与花卉研究所	左紫薇、马广莹	20231108
1772	20231608	火烈鸟	萱草属	浙江省园林植物与花卉研究所	马广莹、左紫薇	20231103
1773	20231535	火烧云	萱草属	浙江省园林植物与花卉研究所	左紫薇、马广莹	20231102
1774	20231644	金雪焱	萱草属	浙江省园林植物与花卉研究所	马广莹、左紫薇	20231108
1775	20231590	旌旗	萱草属	浙江省园林植物与花卉研究所	马广莹、左紫薇	20231103
1776	20231606	两岸红	萱草属	浙江省园林植物与花卉研究所	马广莹、左紫薇	20231103
1777	20231596	烈焰红唇	萱草属	浙江省园林植物与花卉研究所	马广莹、左紫薇	20231103
1778	20221690	模式	紫薇属	浙江省园林植物与花卉研究所	马广莹、姚兴达、周琴、詹书侠、周媛、谢卢鹏	20221201
1779	20231588	胖墩墩	萱草属	浙江省园林植物与花卉研究所	马广莹、左紫薇	20231103
1780	20231530	七彩云霞	萱草属	浙江省园林植物与花卉研究所	马广莹、左紫薇	20231102
1781	20231589	千纸鹤	萱草属	浙江省园林植物与花卉研究所	马广莹、左紫薇	20231103
1782	20231597	雀跃	萱草属	浙江省园林植物与花卉研究所	马广莹、左紫薇	20231103
1783	20231531	柔齿鲨	萱草属	浙江省园林植物与花卉研究所	马广莹、左紫薇	20231102
1784	20231533	瑞兰	萱草属	浙江省园林植物与花卉研究所	马广莹、左紫薇	20231102
1785	20231532	水泊男孩	萱草属	浙江省园林植物与花卉研究所	马广莹、左紫薇	20231102
1786	20231646	桃薇	萱草属	浙江省园林植物与花卉研究所	左紫薇、马广莹	20231108
1787	20231607	甜面圈	萱草属	浙江省园林植物与花卉研究所	马广莹、左紫薇	20231103
1788	20231639	小雏鸟	萱草属	浙江省园林植物与花卉研究所	马广莹、左紫薇	20231107
1789	20221694	小胖球	紫薇属	浙江省园林植物与花卉研究所	马广莹、周媛、詹书侠、周琴、姚兴达、谢卢鹏	20221201
1790	20231534	哮天犬	萱草属	浙江省园林植物与花卉研究所	马广莹、左紫薇	20231102
1791	20221691	笑脸	萱草属	浙江省园林植物与花卉研究所	马广莹、谢卢鹏、姚兴达、周琴、詹书侠	20221201
1792	20231523	至尊宝玉	萱草属	浙江省园林植物与花卉研究所	马广莹、左紫薇	20231102
1793	20231678	稚子黄	萱草属	浙江省园林植物与花卉研究所	马广莹、左紫薇	20231113
1794	20231604	紫霞仙子	萱草属	浙江省园林植物与花卉研究所	马广莹、左紫薇	20231103
1795	20221692	紫钻	紫薇属	浙江省园林植物与花卉研究所	马广莹、詹书侠、周琴、周媛、姚兴达、谢卢鹏	20221201

（续）

序号	申请号	品种名称	属（种）	申请人	培育人	申请日
1796	20231771	红纽扣	萱草属	浙江省园林植物与花卉研究所、浙江萧建集团有限公司	马广莹、郭佳	20231128
1797	20231770	混血儿	萱草属	浙江省园林植物与花卉研究所、浙江萧建集团有限公司	马广莹、郭佳	20231128
1798	20231769	云中鹤	萱草属	浙江省园林植物与花卉研究所、浙江萧建集团有限公司	马广莹、郭佳	20231128
1799	20230995	云起1号	杜鹃花属	浙江云起园艺有限公司	姜家宝、俞江燕、彭勇、吴可迪	20230808
1800	20230996	云起2号	杜鹃花属	浙江云起园艺有限公司	姜家宝、俞江燕、彭勇、吴可迪	20230808
1801	20230897	萱丝乐	簕竹属	中国科学院华南植物园	倪春梅、刘蓉	20230718
1802	20230896	萱丝草	簕竹属	中国科学院华南植物园、清远竹博园农业科技有限公司	倪静波、李嘉熙、宁祖林、何春梅	20230718
1803	20230596	白鸾	山茶属	中国科学院昆明植物研究所	沈云光、王仲朗、冯宝钧、王新蕊	20230614
1804	20230776	春色浪漫	山茶属	中国科学院昆明植物研究所	沈云光、王仲朗、王新蕊、冯宝钧	20230630
1805	20230598	飞燕	山茶属	中国科学院昆明植物研究所	沈云光、王仲朗、冯宝钧、王新蕊	20230614
1806	20230597	粉黛	山茶属	中国科学院昆明植物研究所	沈云光、王仲朗、王新蕊、冯宝钧	20230614
1807	20230774	昆园丹霞	山茶属	中国科学院昆明植物研究所	沈云光、王仲朗、王新蕊、冯宝钧	20230630
1808	20221764	繁星	景天属	中国科学院昆明植物研究所	李金、刘维暐、明升平、朱文浩、许琨、高连明	20221213
1809	20221732	若雪	落新妇属	中国科学院沈阳应用生态研究所	叶吉、蔺菲、何海燕、孙海红、栾玉婷	20221209
1810	20231113	碧玉	荚蒾属	中国科学院武汉植物园	吕文君、刘宏涛	20230830
1811	20230415	晨曦	荚蒾属	中国科学院武汉植物园	刘宏涛、吕文君、邢梅、袁玲	20230517
1812	20231112	葱翠	荚蒾属	中国科学院武汉植物园	刘宏涛、吕文君	20230830
1813	20231167	幻彩	荚蒾属	中国科学院武汉植物园	吕文君、刘宏涛	20230905
1814	20231114	玲珑	荚蒾属	中国科学院武汉植物园	刘宏涛、吕文君	20230830
1815	20231693	粉黛	玉叶金花属	中国科学院西双版纳热带植物园	钱丽珠	20231115
1816	20231419	佳人1号	羊蹄甲属	中国科学院西双版纳热带植物园	吴福川、李子馨、李关宏	20231019
1817	20231418	佳人2号	羊蹄甲属	中国科学院西双版纳热带植物园	吴福川、李子馨、李关宏	20231019
1818	20231731	暮山紫	羊蹄甲属	中国科学院西双版纳热带植物园	吴福川、钱丽珠	20231120
1819	20230905	曙红	玉叶金花属	中国科学院西双版纳热带植物园	吴福川、文静、李关宏	20230719
1820	20231724	桃之夭夭	羊蹄甲属	中国科学院西双版纳热带植物园	吴福川、钱丽珠	20231117
1821	20221398	西园2号	羊蹄甲属	中国科学院西双版纳热带植物园	吴福川、李关宏	20221012
1822	20231420	西园佳人	羊蹄甲属	中国科学院西双版纳热带植物园	吴福川、李子馨、李关宏	20231019
1823	20231732	灼灼其华	羊蹄甲属	中国科学院西双版纳热带植物园	吴福川、钱丽珠	20231120

序号	申请号	品种名称	属（种）	申请人	培育人	申请日
1824	20231052	国槭红曼	芍药属	中国科学院植物研究所	舒庆艳、郝青	20230821
1825	20230848	科植10号	忍冬属	中国科学院植物研究所	牛艳婷、唐宇丹、惠学娟、法丹丹、张京、邢全、李锐丽、姚淯、谭坤	20230711
1826	20230849	科植15号	忍冬属	中国科学院植物研究所	李慧、唐宇丹、牛艳婷、惠学娟、法丹丹、张京、邢全、李锐丽、姚淯、谭坤	20230711
1827	20221804	美蓝	丁香属	中国科学院植物研究所	崔洪霞	20221226
1828	20231051	国植红妆	芍药属	中国科学院植物研究所	舒庆艳、李旸、郝青	20230821
1829	20231053	国植玉兔	芍药属	中国科学院植物研究所	舒庆艳、郝青、李旸	20230821
1830	20221568	华楸1号	梓树属	中国林业科学研究院华北林业实验中心、中国林业科学研究院林业研究所、南阳市林业科学研究院	胡瑞阳、孙敬爽、麻文俊、王军辉、翟文继、郑广顺、边星辰、安静、汪小溪、杨桂娟、贾德胜	20221115
1831	20221567	华楸2号	梓树属	中国林业科学研究院华北林业实验中心、中国林业科学研究院林业研究所、南阳市林业科学研究院	孙敬爽、胡瑞阳、麻文俊、王军辉、翟文继、郑广顺、边星辰、安静、汪小溪、杨桂娟、贾德胜	20221115
1832	20230165	黄鹂鸟	石斛属	中国林业科学研究院林业研究所	李振坚、倪建伟、张俊民、邹竣竹、张金玉	20230322
1833	20230183	金娇娃	石斛属	中国林业科学研究院林业研究所	李振坚、刘蕾、张俊民、张金玉、邹竣竹	20230324
1834	20230190	京兴1号	杨属	中国林业科学研究院林业研究所	胡建军、张磊、周星鲁、王丽娟	20230327
1835	20230191	京兴2号	杨属	中国林业科学研究院林业研究所	胡建军、张磊、周星鲁、王丽娟	20230327
1836	20230775	玉翠风杨	杨属	中国林业科学研究院林业研究所	李金花、张绮纹	20230630
1837	20230137	春晓	石斛属	中国林业科学研究院林业研究所、北京市西山试验林场管理处	郑宝强、姚飞、王雁、邵占海、许丽、贾玮	20230302
1838	20230320	点韵	石斛属	中国林业科学研究院林业研究所、北京市西山试验林场管理处	王雁、王平莹、郑宝强、刘文、薛柳、马亚云	20230504
1839	20230154	蝶舞	石斛属	中国林业科学研究院林业研究所、北京市西山试验林场管理处	王雁、王平莹、郑宝强、赵东波、杜小娟、程峥	20230320
1840	20230321	红韵	石斛属	中国林业科学研究院林业研究所、北京市西山试验林场管理处	郑宝强、李香、王雁、赵东波、杜小娟、程峥	20230504
1841	20221579	礼宾特凤	木通属	中国林业科学研究院林业研究所	李斌、邓国福	20221117
1842	20221539	礼宾桂凤	木通属	中国林业科学研究院林业研究所、广西资源县新奇品农牧有限责任公司	李斌、蒋华、肖惠方、李高章	20221109

（续）

序号	申请号	品种名称	属（种）	申请人	培育人	申请日
1843	20221674	礼宾宁凤	木通属	中国林业科学研究院林业研究所、宁波城市职业技术学院、宁波市千禾农业开发有限公司	易官美、李斌、邱迎君、朱晓文	20221129
1844	20221566	华椒3号	梓树属	中国林业科学研究院林业研究所、中国林业科学研究院华北林业实验中心、南阳市林业科学研究院	麻文俊、孙敬爽、王军辉、杨桂娟、翟文继、郑广顺、边星辰、汪小溪、贾德胜	20221115
1845	20221232	火焰杯	蔷薇属	中国农业大学	孙小明、马男、周晓锋、马超、高俊平、张常青	20220910
1846	20230322	锦簇	蔷薇属	中国农业大学	孙小明、张京、马男、高俊平、周晓锋、马超、张常青	20230505
1847	20231200	京首优2号	苜蓿属	中国农业大学	王涛、董江丽、叶沁怡	20230909
1848	20230297	曼丽	蔷薇属	中国农业大学	孙小明、高俊平、张京、周晓锋、马男、张常青、马超	20230426
1849	20221276	艳后	蔷薇属	中国农业大学	孙小明、高俊平、马男、马超、张常青、周晓锋	20220916
1850	20230323	长岛冰茶	蔷薇属	中国农业大学	孙小明、张京、马男、高俊平、马超、张常青、周晓锋	20230505
1851	20230153	紫日辉	蔷薇属	中国农业大学	张成坤、孙小明、高俊平、江云鹤、秦美珠	20230317
1852	20230610	中天3号	苜蓿属	中国农业科学院兰州畜牧与兽药研究所	杨红善、段慧荣、周学辉、王春梅、朱新强、常根柱、路远、张茜、崔光欣	20230616
1853	20221497	粉霞晴雪	蔷薇属	中国农业科学院蔬菜花卉研究所	杨树华、李秋香、葛红、贾瑞冬、赵鑫	20221103
1854	20221517	粉嫣清玫	蔷薇属	中国农业科学院蔬菜花卉研究所	葛红、贾瑞冬、杨树华、李秋香、寇亚平、赵鑫、雒、零、王洪乾	20221108
1855	20221508	甜粉清玫	蔷薇属	中国农业科学院蔬菜花卉研究所	杨树华、贾瑞冬、葛红、李秋香、寇亚平、赵鑫、雒、零、王洪乾	20221105
1856	20221518	红色浪漫	蔷薇属	中国农业科学院蔬菜花卉研究所、兰州新区现代农业发展研究有限公司	葛红、焦堂国、杨树华、李雪萍、贾瑞冬、赵鑫、李秋香、赵映洁	20221108
1857	20221516	玫香醉晚	蔷薇属	中国农业科学院蔬菜花卉研究所、濮阳县荣丰种植农民专业合作社	葛红、杨树华、李洪伟、李秋香、贾瑞冬、赵鑫	20221108
1858	20230094	中碧粉恋春	桃花	中国农业科学院郑州果树研究所	曹珂、王力荣、方伟超、陈昌文、朱更瑞、王新卫、吴金龙	20230208
1859	20231244	中碧重龙柱	桃花	中国农业科学院郑州果树研究所	王玲玲、王新卫、曹珂、朱更瑞、方伟超、陈昌文、李勇、吴金龙	20230925
1860	20230095	中碧红恋春	桃花	中国农业科学院郑州果树研究所	王玲玲、王力荣、方伟超、朱更瑞、曹珂、陈昌文、王新卫、吴金龙、李勇	20230208
1861	20231243	中碧红龙柱	桃花	中国农业科学院郑州果树研究所	王力荣、王玲玲、吴金龙、陈昌文、方伟超、曹珂、朱更瑞、李勇、王新卫	20230925

（续）

序号	申请号	品种名称	属（种）	申请人	培育人	申请日
1862	20231247	中碧巨恋	桃花	中国农业科学院郑州果树研究所	王力荣、朱更瑞、方伟超、曹珂、陈昌文、王新卫、李勇、吴金龙、谢景梅、田鹏	20230925
1863	20231288	中碧恋月	桃花	中国农业科学院郑州果树研究所	吴金龙、王玲玲、方伟超、朱更瑞、陈昌文、曹珂、王新卫、李勇	20230926
1864	20231809	中杏7号	杏	中国农业科学院郑州果树研究所	夏乐晗、陈玉玲、黄振宇、陈龙、陈占营、崔亚娜、刘红君、丰铁土、李峥	20231204
1865	20221797	热科红彩云	石斛属	中国热带农业科学院热带作物品种资源研究所	廖易、陆顺教、黄明忠、张志群、于晓云、尹俊梅	20221222
1866	20231301	热研紫霞	紫薇属	中国热带农业科学院热带作物品种资源研究所	杨光穗、黄素荣、谌振、张东雪、徐世松	20230927
1867	20231307	红霞	蚊母树属	南宁学院	张旻桓、黄雅婷、黄宇、金晓玲、邢文	20230928
1868	20231389	稚艳	蚊母树属	南宁学院	张旻桓、黄凯莉、黄雅婷、邢文、秦莉萍、雷维群	20231017
1869	20230777	探春	合笑属	中南林业科技大学、浙江广厦建设职业技术大学、湖南省园艺研究所	金晓玲、胡莹冰、张冬林、陈燕、李卫东、黄琛斐、刘彩贤、黄国林、张哲	20230630
1870	20231736	宝贝	白鹤芋属	中山缤纷园艺有限公司	李培凤、何建	20231121
1871	20231737	缤纷089	白鹤芋属	中山缤纷园艺有限公司	李培凤、何建	20231121
1872	20231734	优美	白鹤芋属	中山缤纷园艺有限公司	李培凤	20231121
1873	20221494	渝玫1号	蔷薇属	重庆市农业科学院、重庆花悦缘生态农业科技有限公司	陈媛、郭航、伍家林、徐婵、王远会、王之劲、戴修源	20221103
1874	20231459	晶红	蚊母树属	重庆市鑫图园林绿化有限公司	代建	20231025
1875	20231745	紫丹	蚊母树属	重庆市鑫图园林绿化有限公司	代建	20231121
1876	20230029	豆蝶	卫矛属	淄博市川林彩叶卫矛新品种研究所	王猛、程伟、翟慎学、翟乃超	20230112
1877	20230039	粉蝶	卫矛属	淄博市川林彩叶卫矛新品种研究所	程伟、王猛、翟乃超、翟慎学	20230112
1878	20230040	凤蝶	卫矛属	淄博市川林彩叶卫矛新品种研究所	程伟、王锺、翟乃超、翟慎学	20230112
1879	20230033	果蝶	卫矛属	淄博市川林彩叶卫矛新品种研究所	翟乃超、王锺、程伟、翟慎学	20230112
1880	20230031	鹤蝶	卫矛属	淄博市川林彩叶卫矛新品种研究所	王猛、王锺、程伟、翟慎学	20230112
1881	20230025	红袖蝶	卫矛属	淄博市川林彩叶卫矛新品种研究所	翟慎学、程伟、王猛、王锺	20230112
1882	20230037	娇蝶	卫矛属	淄博市川林彩叶卫矛新品种研究所	翟慎学、翟乃超、王锺	20230112
1883	20230027	巨凤蝶	卫矛属	淄博市川林彩叶卫矛新品种研究所	程伟、王锺、翟乃超	20230112
1884	20230026	珑蝶	卫矛属	淄博市川林彩叶卫矛新品种研究所	王猛、王锺、程伟、翟慎学	20230112
1885	20230030	浅蝶	卫矛属	淄博市川林彩叶卫矛新品种研究所	翟慎学、王猛、翟乃超、王锺	20230112
1886	20230034	菁蝶	卫矛属	淄博市川林彩叶卫矛新品种研究所	程伟、王猛、翟乃超、王锺	20230112

（续）

序号	申请号	品种名称	属（种）	申请人	培育人	申请日
1887	20230038	纱蝶	卫矛属	淄博市川林彩叶卫矛新品种研究所	程伟、翟乃超、王锺、王猛、翟慎学	20230112
1888	20230028	纹蝶	卫矛属	淄博市川林彩叶卫矛新品种研究所	翟乃超、王锺、程伟、王猛、翟慎学	20230112
1889	20230032	囍蝶	卫矛属	淄博市川林彩叶卫矛新品种研究所	王锺、程伟、王猛、翟乃超、翟慎学	20230112
1890	20230036	羽蝶	卫矛属	淄博市川林彩叶卫矛新品种研究所	翟乃超、王锺、王猛、程伟、翟慎学	20230112
1891	20230921	贝齿	含笑属	棕榈生态城镇发展股份有限公司、海南大学	武艳芳、王晶、郭光光、徐自恒、王西武、赵珊珊、胡传伟、陈娜娟、梁欣冉	20230724
1892	20230917	春娇	含笑属	棕榈生态城镇发展股份有限公司、海南大学	武艳芳、王晶、王亚玲、胡传伟、赵珊珊、陈娜娟、邓健、徐自恒、郭光光、梁欣冉、杨育旺	20230724
1893	20230615	繁星	含笑属	棕榈生态城镇发展股份有限公司、海南大学	王晶、王亚玲、武艳芳、胡传伟、赵珊珊、郭光光、陈娜娟、邓健、徐自恒、梁欣冉	20230619
1894	20230918	浮翠流丹	木兰属	棕榈生态城镇发展股份有限公司、海南大学	王晶、王亚玲、郭光光、徐自恒、武艳芳、赵阳阳、赵珊珊、陈娜娟、邓健、梁欣冉	20230724
1895	20231012	暮山紫	含笑属	棕榈生态城镇发展股份有限公司、海南大学	王晶、王亚玲、梁欣冉、胡传伟、徐自恒、赵珊珊、陈娜娟、郭光光、邓健、王历凤	20230811
1896	20230924	倾城之恋	木兰属	棕榈生态城镇发展股份有限公司、海南大学	王晶、王亚玲、武艳芳、郭光光、赵珊珊、陈娜娟、邓健、徐自恒、梁欣冉、段亮亮	20230724
1897	20230923	珊瑚海	木兰属	棕榈生态城镇发展股份有限公司、海南大学	王亚玲、王晶、胡传伟、陈娜娟、徐自恒、武艳芳、邓健、梁欣冉、赵珊珊、郭光光、张宝彬	20230724
1898	20230922	思美人	含笑属	棕榈生态城镇发展股份有限公司、海南大学	王晶、王亚玲、徐自恒、胡传伟、赵珊珊、陈娜娟、郭光光、邓健、梁欣冉、鲍崇毅	20230724
1899	20230920	雪球	含笑属	棕榈生态城镇发展股份有限公司、海南大学	王晶、王亚玲、赵珊珊、胡传伟、武艳芳、陈娜娟、郭光光、邓健、徐自恒、梁欣冉、李田军	20230724
1900	20230844	红香籽	花椒属	遵义市农业科学研究院	黎礼谦、罗英舰、郑元利、姚华开、张付豪	20230710
1901	20221418	甜盒1321（TH1321）	越橘属	佐治亚大学研究基金会（University of Georgia Research Foundation, Inc.）	S. 奈史密斯（Scott NeSmith）	20221026
1902	20221419	甜盒1334（TH1334）	越橘属	佐治亚大学研究基金会（University of Georgia Research Foundation, Inc.）	S. 奈史密斯（Scott NeSmith）	20221026
1903	20221414	甜盒1493（TH1493）	越橘属	佐治亚大学研究基金会（University of Georgia Research Foundation, Inc.）	S. 奈史密斯（Scott NeSmith）	20221025
1904	20221413	甜盒1797（TH1797）	越橘属	佐治亚大学研究基金会（University of Georgia Research Foundation, Inc.）	S. 奈史密斯（Scott NeSmith）	20221025
1905	20221421	甜盒1872（TH1872）	越橘属	佐治亚大学研究基金会（University of Georgia Research Foundation, Inc.）	S. 奈史密斯（Scott NeSmith）	20221026
1906	20221420	甜盒1876（TH1876）	越橘属	佐治亚大学研究基金会（University of Georgia Research Foundation, Inc.）	S. 奈史密斯（Scott NeSmith）	20221026

数据来源：国家林业和草原局植物新品种保护办公室。

附表3 2023年林产品地理标志

序号	注册号（公告编号）	地理标志名称	省（自治区、直辖市）	申请单位	公告日期	数据来源
1	55051345	阿拉尔核桃	新疆	第一师阿拉尔市果业行业联合协会	20230806	国家知识产权局商标局
2	55053185	阿拉尔红枣（类别29）	新疆	第一师阿拉尔市果业行业联合协会	20231220	国家知识产权局商标局
3	49268109	阿拉尔红枣（类别31）	新疆	第一师阿拉尔市果业行业联合协会	20231213	国家知识产权局商标局
4	国家知识产权局第546号	常德茶油	湖南	湖南省常德市人民政府	20231007	国家知识产权局
5	46502825	赤壁毛竹	湖北	赤壁市竹业协会	20230527	国家知识产权局商标局
6	46502826	赤壁竹笋	湖北	赤壁市竹业协会	20230506	国家知识产权局商标局
7	63953877	慈利陈皮	湖南	慈利县科学技术信息研究所	20230520	国家知识产权局商标局
8	63940778	慈利厚朴	湖南	慈利县科学技术信息研究所	20230620	国家知识产权局商标局
9	64273582	慈利黄柏	湖南	慈利县科学技术信息研究所	20230127	国家知识产权局商标局
10	64284712	慈利五倍子	湖南	慈利县科学技术信息研究所	20230720	国家知识产权局商标局
11	71592125	定安莲雾	海南	定安县农业科技发展中心	20231127	国家知识产权局商标局
12	59708798	东坝蚕茧	广东	郁南县东坝镇蚕桑生产者协会	20230113	国家知识产权局商标局
13	58970044	东辽柞蚕	吉林	东辽县柞蚕协会	20230413	国家知识产权局商标局
14	70044403	东兴桂	广西	东兴市农业技术推广中心	20231013	国家知识产权局商标局
15	71400850	封开无核柿	广东	封开县水果协会	20231127	国家知识产权局商标局
16	68987282	贡山黑松露	云南	贡山独龙族怒族自治县供销合作联社	20231106	国家知识产权局商标局
17	64748944	桂林罗汉果	广西	桂林市经济作物技术推广站	20230413	国家知识产权局商标局
18	国家知识产权局第535号	合阳远志	陕西	陕西省渭南市合阳县人民政府	20230625	国家知识产权局
19	61812056	华安铁观音	福建	华安县海峡两岸茶业交流协会	20230920	国家知识产权局商标局
20	60244035	怀远石榴酒	安徽	怀远县石榴生物工程研究中心	20230413	国家知识产权局商标局
21	68353709	黄骅苜蓿	河北	黄骅市畜牧养殖协会	20231227	国家知识产权局商标局
22	61850800	惠东仙人茶	广东	惠东县茶业行业协会	20230106	国家知识产权局商标局
23	62887767	稽东香榧	浙江	绍兴市柯桥区香榧产业协会	20230613	国家知识产权局商标局
24	69056738	金堂川皇菊	四川	金堂县中药材种植协会	20230727	国家知识产权局商标局
25	65432313	康禾茶	广东	东源县康禾镇茶叶产业协会	20231106	国家知识产权局商标局
26	66441286	溧水绿茶	江苏	南京市溧水区和凤镇农业服务中心	20231013	国家知识产权局商标局
27	60655971	溧水青梅	江苏	南京市溧水区洪蓝街道农业服务中心	20230527	国家知识产权局商标局
28	58884802	涟水芦笋	江苏	涟水县农副产品营销协会	20230213	国家知识产权局商标局

（续）

序号	注册号（公告编号）	地理标志名称	省（自治区、直辖市）	申请单位	公告日期	数据来源
29	64687097	龙陵石斛	云南	龙陵县石斛协会	20231027	国家知识产权局商标局
30	61286889	隆化山楂	河北	隆化县食品生产行业协会	20230627	国家知识产权局商标局
31	66293014	轮台白杏	新疆	轮台县杏子协会	20231227	国家知识产权局商标局
32	66572732	棉北白竹	广东	汕头市潮阳区棉北街道白竹经济联合社	20230706	国家知识产权局商标局
33	64124039	南川大树茶	重庆	重庆市南川区农业特色产业发展中心	20230627	国家知识产权局商标局
34	66469671	邳州银杏	江苏	邳州市市场监督综合检验检测中心	20230827	国家知识产权局商标局
35	71678231	平江高山茶	湖南	平江县茶叶行业协会	20231120	国家知识产权局商标局
36	64208651	平乐柿饼	广西	平乐县月柿饼协会	20231027	国家知识产权局商标局
37	64550469	平乐柿饼 DRIED PERSIMMON PINGLE	广西	平乐县月柿饼协会	20231106	国家知识产权局商标局
38	58219378	屏南水松	福建	屏南县花卉盆景协会	20230113	国家知识产权局商标局
39	58030818	庆元灰树花	浙江	庆元县食用菌产业中心（庆元县食用菌科研中心）	20230613	国家知识产权局商标局
40	71503590	荣县花茶	四川	荣县种植业服务中心	20231020	国家知识产权局商标局
41	67218541	邵武黄精	福建	邵武市市品牌服务中心	20230906	国家知识产权局商标局
42	国家知识产权局第546号	歙县珠兰花茶	安徽	安徽省黄山市歙县人民政府	20231007	国家知识产权局
43	60882404	石泉蚕丝	陕西	石泉县蚕桑文化研究中心	20230820	国家知识产权局商标局
44	50652182	石柱脆李	重庆	石柱土家族自治县水果协会	20230806	国家知识产权局商标局
45	70540980	唐山板栗	河北	唐山市农业产业化龙头企业协会	20231113	国家知识产权局商标局
46	62921491	天全竹笋	四川	天全县农业农村发展和技术服务中心	20230113	国家知识产权局商标局
47	69087699	屯溪绿茶	安徽	黄山市茶叶行业协会	20231206	国家知识产权局商标局
48	64785377	温宿核桃	新疆	温宿县核桃产业协会	20230620	国家知识产权局商标局
49	65345785	乌什沙棘	新疆	乌什县林业技术推广服务中心	20230813	国家知识产权局商标局
50	66939610	蜈蚣桥蜜李	贵州	修文县洒坪镇农业综合服务中心	20231227	国家知识产权局商标局
51	59747866	五峰银花	湖北	五峰土家族自治县中药材产业协会	20230427	国家知识产权局商标局
52	61680618	武隆老鹰茶	重庆	重庆市武隆区农业技术推广所	20230606	国家知识产权局商标局
53	61279674	武夷山灵芝	福建	武夷山市农业科学研究所	20230506	国家知识产权局商标局
54	63551636	西和半夏	甘肃	西和县半夏（中药材）协会	20230506	国家知识产权局商标局
55	67186690	咸宁桂花	湖北	咸宁市桂花产业协会	20231206	国家知识产权局商标局
56	69523606	湘西茶油	湖南	湘西土家族苗族自治州油茶产业协会	20231113	国家知识产权局商标局
57	65096317	行唐核桃	河北	行唐县农业产业协会	20231020	国家知识产权局商标局
58	60983288	宜昌兴山白茶	湖北	兴山县茶业协会	20230613	国家知识产权局商标局

（续）

序号	注册号（公告编号）	地理标志名称	省（自治区、直辖市）	申请单位	公告日期	数据来源
59	57508495	永安冬笋	福建	永安市农村合作经济组织联合会	20231013	国家知识产权局商标局
60	58402569	永平枇杷	云南	永平县厂街乡杨柳树村绿野枇杷种植协会	20230713	国家知识产权局商标局
61	61900218	元阳云雾茶	云南	元阳县茶叶技术推广站	20230820	国家知识产权局商标局
62	国家知识产权局第539号	柞水（黑）木耳	陕西	陕西省商洛市柞水县人民政府	20230801	国家知识产权局
63	65085402	漳平明笋	福建	漳平市双洋商会	20230720	国家知识产权局商标局
64	66430511	漳平明笋	福建	漳平市双洋商会	20231113	国家知识产权局商标局
65	58345034	漳州三角梅	福建	漳州市三角梅协会	20230513	国家知识产权局商标局
66	58517555	掌平洼杏梅	山东	新泰市掌平洼杏梅协会	20230506	国家知识产权局商标局
67	国家知识产权局第557号	镇坪黄连	陕西	陕西省安康市镇坪县人民政府	20231207	国家知识产权局
68	61888753	忠路贡茶	湖北	利川市忠路贡茶协会	20230413	国家知识产权局商标局
69	国家知识产权局第512号	紫云春茶	贵州	贵州省安顺市紫云苗族布依族自治县人民政府	20230104	国家知识产权局
70	59030875	遵化磨盘柿	河北	遵化市特色产品协会	20230213	国家知识产权局商标局

附表4 2023年主要林业和草原图书

序号	ISBN	书名	责任者	出版者	出版年月
1	9787558734090	云南树木图志	西南林业大学，云南省林业和草原局编著	云南科技出版社	202310
2	9787521920826	2021中国林草生态综合监测评价报告	国家林业和草原局编	中国林业出版社	202301
3	9787521921670	2022中国林业和草原知识产权年度报告	国家林业和草原局科技发展中心，国家林业和草原局知识产权研究中心编	中国林业出版社	202304
4	9787521921601	2022中国森保险发展报告	国家林业和草原局，中国银行保险监督管理委员会编	中国林业出版社	202303
5	9787109312289	Na+，K+稳态平衡与植物耐盐抗旱性研究	王茜等著	中国农业出版社	202310
6	9787511662880	阿拉善盟林业和草原志:2006-2021	阿拉善盟林业和草原局编纂	中国农业科学技术出版社	202307
7	9787030707949	哀牢山-无量山综合科学研究：国家公园建设的理论和实践探索	周杰等编著	科学出版社	202310
8	9787550935488	安阳地区植物资源	王瑞馨，王合现，郭云霞主编	黄河水利出版社	202304
9	9787521920352	澳门植物物候	易绮斐主编	中国林业出版社	202312
10	9787521921465	澳洲坚果原植物鉴别图册	施蕊，杨文杰，白海东主编	中国林业出版社	202303
11	9787030770783	白桦木材形成及分子调控	王超著	科学出版社	202311
12	9787511662651	百山祖国家公园野生兰科植物	寒燕锋，徐必，王军峰主编	中国农业科学技术出版社	202307
13	9787030707789	北方草甸与草甸草原退化治理：理论、技术与模式	唐华俊等著	科学出版社	202311
14	9787521922028	北方旱区典型植被碳利用及其生态水文过程研究	徐丽宏，刘鸿雁，吴波著	中国林业出版社	202305
15	9787109308107	北方林同中药材栽培技术	谷佳林，周志杰，魏丹主编	中国农业出版社	202310
16	9787521919660	北方树木	林素文编著	中国林业出版社	202308
17	9787570625871	北极植物资源与生态环境	姚铁锋，李金锋，杨建著	湖北科学技术出版社	202306
18	9787521923407	北京常见草地植物识别手册	刘进祖等编著	中国林业出版社	202309
19	9787521923384	北京常见湿地植物识别手册	张一鸣等编著	中国林业出版社	202309
20	9787521922189	北京常用园林植物应用指引手册：乔木篇	吴忆明主编	中国林业出版社	202306
21	9787521923070	北京经济林树种水分利用特征及灌溉策略	李少宁主编	中国林业出版社	202308
22	9787572513138	北京九龙山野生动物图谱	张永安等主编	河南科学技术出版社	202311
23	9787521923551	北京林木释放生有机物组成与动态特征	李少宁等主编	中国林业出版社	202309
24	9787030750464	北京林业昆虫图谱．Ⅲ，双翅目	虞国跃，王合著	科学出版社	202303
25	9787109310285	北京松山国家级自然保护区菌类图谱	盖立新，田恒玖，范雅翅主编	中国农业出版社	202309

（续）

序号	ISBN	书名	责任者	出版者	出版年月
26	9787521922554	病虫测报学	马占鸿，高灵旺，秦誉嘉主编	中国林业出版社	202312
27	9787109310919	草地贪夜蛾的研究	吴孔明等编著	中国农业出版社	202310
28	9787523601105	草地退化与生态系统管理研究	李春鸣编著	中国科学技术出版社	202304
29	9787521921588	草坪病理学	姚拓，尹淑霞主编	中国林业出版社	202303
30	9787109307001	草业良种良法配套手册：2021	农业农村部畜牧兽医局，全国畜牧总站编	中国农业出版社	202305
31	9787507766486	草原生态文明建设蓝皮书.2012-2022	九三学社中央委员会编著	学苑出版社	202306
32	9787520827461	草原生态系统退化、修复及改良研究	杨巍等著	中国商业出版社	202311
33	9787559130082	朝阳市林业可持续发展理论与实践研究	张文臣，李树民，郑路著	辽宁科学技术出版社	202305
34	9787550457126	赤壁市黄盖湖湿地生物多样性科考报告	江雄波，钟昌龙主编	西南财经大学出版社	202303
35	9787307237032	川藏南线动植物与生态环境图集	刘虹，刘娇，杨楠主编	武汉大学出版社	202310
36	9787308233620	慈溪草本植物图鉴	徐绍清主编	浙江大学出版社	202301
37	9787301339114	从宝藏之地到国家公园：三江源"大猫谷"生态旅游特许经营试点社区影响研究	刘馨浓著	北京大学出版社	202305
38	9787521921816	当代世界林业（下）：专题篇	陈绍志等著	中国林业出版社	202306
39	9787563085194	低效林改造退化林修复技术手册	袁成志等编	河南大学出版社	202311
40	9787559125996	东北地区人侵与归化植物图志	张淑梅，曲波主编	辽宁科学技术出版社	202303
41	9787030741455	东北地区湿地生态系统服务价值及可持续发展	苏芳莉等著	科学出版社	202306
42	9787521922332	东北虎豹国家公园	东北虎豹国家公园管理局编	中国林业出版社	202305
43	9787030738509	东南亚植物地理	任明迅等编著	科学出版社	202309
44	9787569331424	多山城市遗存山体植物多样性城市化响应	包玉，王志泰著	西安交通大学出版社	202306
45	9787511154972	额尔古纳国家湿地公园生物多样性调查报告	黄学文，特喜铁主编	中国环境出版集团	202305
46	9787521920888	伏牛山国家级自然保护区（黑烟镇段）植物图志	河南伏牛山国家级自然保护区黑烟镇管理局编	中国林业出版社	202309
47	9787211091102	福建省集体林权制度改革的响应与评价研究	林琴琴著	福建人民出版社	202307
48	9787030764867	改善民生的中国植物科学	中国植物学会组编	科学出版社	202309
49	9787522618784	高寒草甸生态系统对模拟氮沉降响应研究	詹伟等著	中国水利水电出版社	202310
50	9787030765055	高级果树生理学	陈清西等主编	科学出版社	202311
51	9787521921885	功能导向型刺槐林分密度控制图编制与应用	毕华兴等著	中国林业出版社	202309
52	9787521919455	古树导论	方炎明，王文和主编	中国林业出版社	202310
53	9787521921892	古树历史文化	李青松，付军主编	中国林业出版社	202310
54	9787521922684	古树名木保护与管理	廖正平编著	中国林业出版社	202307
55	9787521921397	古树养护与复壮	丛日晨，张克中主编	中国林业出版社	202310

（续）

序号	ISBN	书名	责任者	出版者	出版年月
56	9787308245135	观赏槭树品种图谱：II	林乐静，祝志勇著	浙江大学出版社	202312
57	9787030764744	观赏植物遗传育种学	陈发棣，蒋甲福主编	科学出版社	202310
58	9787535980366	广东红树林有害生物识别与防治图鉴	徐金柱等主编	广东科技出版社	202309
59	9787535980502	广东省昆虫名录	李志强主编	广东科技出版社	202311
60	9787521921762	广东省全面推行林长制典型案例汇编：2022	广东省全面推行林长制工作领导小组办公室，广东省林业局林长制研究中心，广东省林业科学研究院编	中国林业出版社	202303
61	9787521920604	广东云勇国家森林公园植物图鉴	苏木荣等主编	中国林业出版社	202309
62	9787040599190	广州海珠国家湿地公园植被志	周婷主编	高等教育出版社	202304
63	9787521923049	贵州麻阳河国家级自然保护区森林生态产品绿色核算	吴安康等著	中国林业出版社	202310
64	9787553211350	贵州特色乡土树种育苗技术	韦小丽，范云波主编	贵州科技出版社	202304
65	9787569107494	贵州竹子刺吸类昆虫生态图鉴	陈祥盛，杨琳著	贵州大学出版社	202301
66	9787030754424	辊压压缩与木材渗透性	孙耀星，齐华春著	科学出版社	202306
67	9787519781927	国家公园法律制度研究	王文革主编	法律出版社	202309
68	9787030766526	国家公园与自然保护地研究	唐小平等著	科学出版社	202310
69	9787521923179	国家林草科普基地建设：2023	《国家林草科普基地建设2023》编委会编	中国林业出版社	202308
70	9787566064241	国家森林公园旅游效率：测度、演化及机理	朱磊著	合肥工业大学出版社	202312
71	9787570625895	国家重点保护野生植物	金效华主编	湖北科学技术出版社	202306
72	9787521921564	国家重点保护野生植物识别手册	李敏，罗毅波著	中国林业出版社	202312
73	9787521923308	国有林场GEF项目中国实践系列丛书	国家林业和草原局国有林场和种苗管理司组织编写	中国林业出版社	202311
74	9787521924145	海岸防护林生态系统固碳效应及其管理	叶功富等著	中国林业出版社	202312
75	9787109311343	海南岛禾本科植物资源种子图鉴	张瑜等编著	中国农业出版社	202311
76	9787521921496	海南岛湿地景观遥感动态监测与评估研究	雷金睿等著	中国林业出版社	202304
77	9787572511837	海南尖峰岭两栖爬行动物图鉴	王同亮，汪继超主编	河南科学技术出版社	202309
78	9787521921335	杭州外来树种的引种与评估	俞仲辂等主编	中国林业出版社	202302
79	9787572709470	禾草植物生物学	周永红，杨瑞武主编	四川科学技术出版社	202305
80	9787121446634	河北木兰围场昆虫	任国栋等主编	电子工业出版社	202306
81	9787121455759	河北塞罕坝昆虫	任国栋，国志锋主编	电子工业出版社	202306
82	9787030758545	河北省外来入侵植物及其防控	张风娟，陈智勇主编	科学出版社	202306
83	9787521920796	河北太行山森林生态站野外长期观测数据集	曹建生等著	中国林业出版社	202304
84	9787550935501	河南飞播造林四十年	周三强，霍宝民主编	黄河水利出版社	202304

序号	ISBN	书名	责任者	出版者	出版年月
85	9787521922530	黑龙江国有林区现代林业产业生态系统构建研究	张琦著	中国林业出版社	202307
86	9787521922196	黑龙江嫩江源森林生态站野外长期观测和研究	王立中等著	中国林业出版社	202307
87	9787568609623	红松营养生长与生殖生长转换中植物激素动态研究	史绍林、夏祥友著	黑龙江大学出版社	202307
88	9787565156151	洪泽湖湿地保护进展：江苏泗洪洪泽湖湿地国家级自然保护区综合考察报告（2022）	王国祥等主编	南京师范大学出版社	202308
89	9787511150752	呼伦贝尔草原植物群落特征及其退化演替过程	朱媛君、杨晓晖著	中国环境出版集团	202301
90	9787570622689	湖北省鸟类图志：上卷	朱兆泉、郑联合、赵冬冬主编	湖北科学技术出版社	202309
91	9787570622931	湖北省鸟类图志：下卷	朱兆泉、郑联合、赵冬冬主编	湖北科学技术出版社	202306
92	9787313286284	湖北省外来入侵植物图鉴	刘虹、马金双主编	上海交通大学出版社	202309
93	9787521921663	华北常见野鸟图鉴	崔多英、李言阔、张超主编	中国林业出版社	202303
94	9787572511356	华东维管植物模式标本汇编：1701-2020	刘军、李攀、赵云鹏编	河南科学技术出版社	202304
95	9787535979339	华南地区主要色叶树种图鉴	舒夏竺、李镇魁、邓仿东主编	广东科技出版社	202303
96	9787122424471	华南区引鸟植物与生态景观构建	林石狮、朱济姝、罗连主编	化学工业出版社	202301
97	9787521922707	槐种质资源描述规范和数据标准	宗亦臣、郑勇奇、郭文英主编	中国林业出版社	202309
98	9787030742629	荒漠草原生态化学计量学研究	刘秉儒、杨阳著	科学出版社	202303
99	9787521923056	荒漠化防治看中国	卢琦、崔佳鹏主编	中国林业出版社	202308
100	9787030763143	荒漠绿洲过渡区防护体系防风阻沙效益研究	汪季、解云虎、陈士超主编	科学出版社	202309
101	9787568092173	黄河流域草地生态系统服务功能研究	杨洁著	华中科技大学出版社	202304
102	9787030752833	黄河三角洲高等植物野外识别彩色图谱	孙景宽、赵丽萍主编	科学出版社	202303
103	9787502980979	黄土丘陵区生物结皮盖度影响坡面产流产沙的动力机制	杨凯著	气象出版社	202311
104	9787030751270	机载激光雷达森林资源调查与监测	李春干、李振、代华兵著	科学出版社	202306
105	9787518990979	鸡公山常见植物资源及其识别研究	王雪芹著	科学技术文献出版社	202303
106	9787521850826	基于公共意愿的国家公园公益化运营研究	孙琨著	经济科学出版社	202311
107	9787521921953	基于混合效应模型的森林生长模拟方法研究	李春明著	中国林业出版社	202305
108	9787521922974	基于激光点云的林分航空蓄积模型的研究和建立	国家林业和草原局草原调查规划院编	中国林业出版社	202307
109	9787566140593	基于坐标变换的植物精细重建	陆玲、王志畅、王蕾等著	哈尔滨工程大学出版社	202307
110	9787566139825	激光加工木材传热传质及多场耦合研究	刘清伟、刘天祥著	哈尔滨工程大学出版社	202306
111	9787040603422	激光雷达森林生态应用：英文	郭庆华、苏艳军、胡天宇著	高等教育出版社	202305
112	9787521921540	激光雷达森林资源调查监测应用研究	杜志、陈振雄、刘紫薇主编	中国林业出版社	202303
113	9787030760937	极端干旱区多年生荒漠植物微生物生态学	曾凡江、张志浩、薛杰著	科学出版社	202308
114	9787504487950	集体林产权安全性研究	黄培锋著	中国广播影视出版社	202301

（续）

序号	ISBN	书名	责任者	出版者	出版年月
115	9787561591802	集体林地承包权研究	程明著	厦门大学出版社	202312
116	9787521921823	江西植物图志：第二卷	刘仁林著	中国林业出版社	202308
117	9787030769596	降水量变化及氮添加下荒漠草原碳源汇特征研究	黄菊莹等著	科学出版社	202311
118	9787511663245	金沙江干热河谷退化土壤改良及其生态效应	唐国勇、李晴婉、冯德枫著	中国农业科学技术出版社	202307
119	9787504468439	景观生态学学科路线图	中国科学技术协会主编	中国科学技术出版社	202308
120	9787568041089	景观植物实用图鉴：第1辑，一年生草花	薛聪贤编著	华中科技大学出版社	202303
121	9787568041096	景观植物实用图鉴：第2辑，宿根草花	薛聪贤编著	华中科技大学出版社	202303
122	9787568041102	景观植物实用图鉴：第3辑，球根花卉·多肉植物	薛聪贤编著	华中科技大学出版社	202304
123	9787568041119	景观植物实用图鉴：第4辑，观叶植物	薛聪贤编著	华中科技大学出版社	202304
124	9787568041126	景观植物实用图鉴：第5辑，观叶植物	薛聪贤编著	华中科技大学出版社	202305
125	9787568041133	景观植物实用图鉴：第6辑，蔓性植物·椰子类·水生植物	薛聪贤编著	华中科技大学出版社	202306
126	9787568041140	景观植物实用图鉴：第7辑，木本花卉	薛聪贤编著	华中科技大学出版社	202306
127	9787568041157	景观植物实用图鉴：第8辑，木本花卉	薛聪贤编著	华中科技大学出版社	202306
128	9787568041164	景观植物实用图鉴：第9辑，观赏树木	薛聪贤编著	华中科技大学出版社	202307
129	9787568041171	景观植物实用图鉴：第10辑，观赏树木	薛聪贤编著	华中科技大学出版社	202308
130	9787030734358	历史时期中国沙漠地区环境演变与人地关系研究	张晓虹等著	科学出版社	202305
131	9787576509892	立体绿化技术标准	上海市绿化管理指导站、上海市城市规划设计研究院主编	同济大学出版社	202312
132	9787521924657	梁希文集：套装	中国林学会组织编写	中国林业出版社	202312
133	9787559130624	辽宁省松材线虫病疫情防控指南	辽宁省林业有害生物防治检疫站、辽宁省危险性林业有害生物防控重点实验室、东北林草危险性有害生物防控国家林业和草原局重点实验室编著	辽宁科学技术出版社	202306
134	9787559128652	辽西地区林业可持续发展理论研究	张文臣主编	辽宁科学技术出版社	202303
135	9787559133014	辽西与辽北地区维管植物多样性编目	叶吉、王绪高主编	辽宁科学技术出版社	202310
136	9787521849127	林产品市场营销	蒋沁燕主编	经济科学出版社	202308
137	9787521847987	林产品物流管理	王永富、李亚鸾主编	经济科学出版社	202308
138	9787564391812	林地产权对农户参与石漠化林业治理行为的影响研究	庞娟著	西南交通大学出版社	202303
139	9787550936782	林志山植物资源调查	田丽、王景顺、张树林主编	黄河水利出版社	202306
140	9787030741127	林木生物质材料基础	母军主编	科学出版社	202305
141	9787521923087	林业草原行政处罚研究	张崇波、冯初升著	中国林业出版社	202309
142	9787521925074	林业工作站管理理论与实践	云天昊主编	中国林业出版社	202312

（续）

序号	ISBN	书名	责任者	出版者	出版年月
143	9787521919882	林业经济学	贾卫国，郑宇主编	中国林业出版社	202306
144	9787517713371	林业可持续生计：毕节经验与启示	中国发展研究基金会著	中国发展出版社	202302
145	9787521921847	林业生态工程学：南方本	王兑军，李艳梅主编	中国林业出版社	202306
146	9787559130945	林业生态建设与病虫害防治	邹琳，隋晓斐，黄先宁著	辽宁科学技术出版社	202307
147	9787555898663	林业树木栽培与养护技术研究	朱强著	吉林科学技术出版社	202305
148	9787521922295	林业统计学	刘俊昌，胡明形主编	中国林业出版社	202308
149	9787521921748	林业有害生物监测预报：2022	国家林业和草原局生物灾害防控中心编著	中国林业出版社	202304
150	9787040577181	林业政策与法规	张力，贺建伟主编	高等教育出版社	202305
151	9787539677835	林长治林：理论编	张超主编	安徽文艺出版社	202307
152	9787539677842	林长治林：制度编	安徽省林业局，安徽省林长制办公室编	安徽文艺出版社	202307
153	9787535978455	岭南古树名木	李小川等主编	广东科技出版社	202304
154	9787572512575	六盘山国家级自然保护区地衣图鉴	牛永玲编著	河南科学技术出版社	202310
155	9787555568158	隆德县高等植物种资源调查与研究	古永胡，杜工作主编	阳光出版社	202306
156	9787030751430	罗霄山脉维管植物多样性编目	王蕾等主编	科学出版社	202303
157	9787521921724	绿水青山就是金山银山理念的生动实践：生态综合补偿试点典型案例汇编	童彦舜主编	中国林业出版社	202305
158	9787521921519	麦地卡湿地国家级自然保护区	普布顿珠，旦增主编	中国林业出版社	202303
159	9787302624066	毛竹细菌多样性理论与实践	袁宗胜，刘芳著	清华大学出版社	202306
160	9787521920802	毛竹形态变异研究	张文根等著	中国林业出版社	202301
161	9787502980870	模拟增温对五台山亚高山草甸群落结构和碳循环的影响	张建华著	气象出版社	202310
162	9787122426024	木材表面功能化处理关键技术	战剑锋，邵森治，傅敏编著	化学工业出版社	202305
163	9787030758095	木材仿生学	陈志俊编著	科学出版社	202307
164	9787030588135	木材复合材料力学行为机理研究	王巍著	科学出版社	202303
165	9787030745613	木材干燥学	王喜明，伊松林主编	科学出版社	202311
166	9787030764898	木材科学前沿	李坚主编	科学出版社	202311
167	9787521920451	木材生产技术与森林环境保护	赵康主编	中国林业出版社	202306
168	9787030741684	木质材料的核磁共振弛豫行为	张明辉，刘文静著	科学出版社	202306
169	9787521923131	目标树经营理论与实践	徐自管，郭诗宇，汪洋著	中国林业出版社	202308
170	9787109315488	南方集体林区公益林政策对农户收入的影响及配套机制优化研究	徐畅，程宝栋著	中国农业出版社	202311
171	9787521922417	南京市主要林业有害生物图鉴	孙立峰，奚月明，刘贺佳主编	中国林业出版社	202306
172	9787511664259	内蒙古西辽河平原苏打盐碱化耕地改良技术研究与应用	胡文明，郭富强主编	中国农业科学技术出版社	202312

（续）

序号	ISBN	书名	责任者	出版者	出版年月
173	9787030736819	嫩江流域湿地生态水文过程与调控	章光新等著	科学出版社	202310
174	9787030760203	嫩江流域下游湿地系统网络分析及脆弱性研究	刘静玲等著	科学出版社	202307
175	9787030756541	宁夏草地	郭思加等编	科学出版社	202308
176	9787030756558	宁夏草地植物图鉴	李小伟、谢应忠、马红彬主编	科学出版社	202306
177	9787552268141	宁夏引种果果腺肋花楸研究与实践	惠学东、李英武主编	阳光出版社	202305
178	9787030765918	农牧交错区草地退化时空格局与驱动因素	鲍雅静、李政海、姜勇等著	科学出版社	202311
179	9787509690642	农田防护林防护效应遥感监测与评价	邓荣鑫著	经济管理出版社	202306
180	9787030765413	欧亚温带草原东缘生态样带研究	侯向阳主编	科学出版社	202311
181	9787030740366	刨花板施胶系统的数学建模及稳定性分析	丁宇婷著	科学出版社	202301
182	9787311064990	鄱阳湖湿地生态系统监测指标与技术	于秀波、纪伟涛著	兰州大学出版社	202303
183	9787511064990	祁连山南麓高寒草甸植被－气候与生产力研究	李英年等主编	知识产权出版社	202309
184	9787576102413	秦汉时期林业文化探源	罗启龙著	燕山大学出版社	202304
185	9787030763471	秦皇岛昆虫生态图鉴	高宏颖等编著	科学出版社	202310
186		青海高原高寒草地生态环境治理修复关键技术	王佟等著	科学出版社	202309
187	9787511155153	青海祁连山水林田湖草重大工程组织实施和绩效评价研究	青海省生态环境监测中心、生态环境部环境规划院著	中国环境出版集团	202305
188	9787122423405	全氟有机化合物对陆生植物的生物毒性及其互作机制	曲宝成、赵洪霞编著	化学工业出版社	202301
189	9787030715630	全球视角下的中国自然资源区划	刘晓煌等著	科学出版社	202307
190	9787040603767	热带林木遗传育种学实验指导	陈金辉主编	高等教育出版社	202312
191	9787568606561	人工阔叶红松林土壤微生物群落结构及多样性解析	张萌萌著	黑龙江大学出版社	202301
192	9787521923780	人类世的森林业可持续发展	杨成生、刘发民、杜培东编著	中国林业出版社	202309
193	9787030756794	人造板及其制品甲醛释放量检测技术体系	周玉成等著	科学出版社	202308
194	9787521922103	仁化城南森林公园植物	王发国、朱国兴、吕植著	中国林业出版社	202310
195	9787301339572	如何确定保护区是否有效	王昊、张迪、吕植著	北京大学出版社	202305
196	9787522719498	三江源国家公园人地共生协调机制研究	胡西武著	中国社会科学出版社	202303
197	9787225064062	三江源退化高寒湿地近自然恢复及生态能力提升	赵之重等著	青海人民出版社	202303
198	9787521921939	三维导电木材	王丽、张晓涛著	中国林业出版社	202304
199	9787569056617	三种植被类型土壤土壤优先流研究：以永定河平原南部为例	李明峰著	四川大学出版社	202305
200	9787109306578	森林调落物土壤生态功能：以橡胶林为例	薛欣欣、魏云霞著	中国农业出版社	202305
201	9787568093972	森林资源调查监测关键技术及应用	李杰辉编著	华中科技大学出版社	202306
202	9787521922141	森林康养植物	吴恒等编著	中国林业出版社	202306
203	9787521921793	山东千年古银杏	魏红军主编	中国林业出版社	202305

（续）

序号	ISBN	书名	责任者	出版者	出版年月
204	9787521922264	山西历山国家级自然保护区高等植物图鉴	徐茂宏主编	中国林业出版社	202306
205	9787030741868	社区森林恢复方法与模式	姜春前等著	科学出版社	202303
206	9787576508369	生态公益林养护标准	上海市林业总站主编	同济大学出版社	202305
207	9787109305168	生态林业建设与农业废弃物利用	谢学军，张亚雷，王书可著	中国农业出版社	202303
208	9787550459359	生态移民实践经验与理论解析：基于长江上游天然林资源保护工程主要实施区的调研	廖海亚著	西南财经大学出版社	202309
209	9787550935747	生物多样性与环境生态	顾宏怡，宋丽平，张启新主编	黄河水利出版社	202305
210	9787030754868	湿地生态系统健康评估、模拟与保障	杨薇等著	科学出版社	202309
211	9787040596144	湿地生态学	姜明等编著	高等教育出版社	202307
212	9787502495510	湿地温室气体的生物汇：甲烷氧化菌与碳汇	刘菊梅，夏红霞，司万童著	冶金工业出版社	202307
213	9787576607871	湿地应用型植物概述	任全进等著	东南大学出版社	202306
214	9787564577254	湿地植物重金属吸收及耐性机理研究	杨俊兴著	郑州大学出版社	202311
215	9787548470793	石漠化治理生态产品流通模式与价值提升技术研究	李亮著	哈尔滨出版社	202302
216	9787030741875	实木层状压缩技术研究	黄荣凤著	科学出版社	202307
217	9787030742551	实用生物统计学	顾志峰等著	科学出版社	202306
218	9787521923100	世界纳米纤维素发展态势分析报告	尚玮姣，王忠明等著	中国林业出版社	202308
219	9787030768070	饰面人造板 VVOC 释放	沈隽，王伟东著	科学出版社	202311
220	9787521921267	树木年轮微损测定	卢军著	中国林业出版社	202308
221	9787548755890	数字林草建设	董雅雯，丁山主编	中南大学出版社	202311
222	9787030741882	水曲柳组织培养技术	杨玲，沈海龙著	科学出版社	202306
223	9787521923148	思茅松遗传改良	李江等著	中国林业出版社	202309
224	9787572256882	四川常见野生花卉植物识别手册	朱丹，熊勤犁，张轶佳主编	浙江教育出版社	202304
225	9787569064582	四川高寒湿地遥感监测方法与应用研究	王海军主编	四川大学出版社	202311
226	9787567427976	四川四姑娘山国家级自然保护区特色高原植物图谱	李中林，秦卫华，杨晗编著	东北林业大学出版社	202303
227	9787112286621	苏州园林史	苏州园林设计院股份有限公司著	中国建筑工业出版社	202308
228	9787502980054	太行山区植被时空变化格局研究	梁红柱等著	气象出版社	202307
229	9787523602331	碳汇与碳市场导论	张守攻主编	中国科学技术出版社	202305
230	9787574214248	天津湿地生物多样性	莫训强等主编	天津科学技术出版社	202308
231	9787520826990	天然草地合理利用途径与灾害防治	杨巍等著	中国商业出版社	202310
232	9787030757753	天然草原生产力调控机制与途径研究	侯向阳主编	科学出版社	202309
233	9787030757753	天然草原生产力调控机制与途径研究	侯向阳主编	科学出版社	202309
234	9787030738844	天然林资源保护工程一期固碳量评价	代力民等著	科学出版社	202305

(续)

序号	ISBN	书名	责任者	出版者	出版年月
235	9787311064716	图说甘肃省国家重点保护植物：2021版	潘建斌，杜维波，冯虎元主编	兰州大学出版社	202304
236	9787550935396	土壤动物群落对不同管理方式农林复合生态系统响应研究	周利军，张淑花著	黄河水利出版社	202303
237	9787112291519	外国园林史纲要	汪菊渊著	中国建筑工业出版社	202310
238	9787562556381	万州区主要林业有害生物防治手册	曹剑，黄志伟主编	中国地质大学出版社	202309
239	9787109313040	微生物与植物来源的天然产物活性研究	李平著	中国农业出版社	202311
240	9787567428928	文冠果栽培实用技术	张东旭著	东北林业大学出版社	202306
241	9787030639295	乌蒙山国家级自然保护区综合科学考察研究	王娟等著	科学出版社	202311
242	9787122426895	无醛纤维板制造关键技术	姬晓迪，郭明辉，杜文鑫著	化学工业出版社	202305
243	9787109311688	五台山亚高山草甸土壤微生物对草地退化的响应机制	罗正明著	中国农业出版社	202310
244	9787309167320	武乡古树名木	武乡县林业局编	复旦大学出版社	202312
245	9787511156723	武夷山森林动态监测样地植物图说	丁晖，方炎明等主编	中国环境出版集团	202311
246	9787521912104	西北干旱荒漠区煤灰基地沙尘防控	赵廷宁等著	中国林业出版社	202302
247	9787109308633	西北绿洲地区生态系统服务的空间动态与权衡分析	李志慧，邓祥征著	中国农业出版社	202307
248	9787030752413	西藏藓类植物研究	寇瑾著	科学出版社	202308
249	9787567431102	现代林业理论与管理	李晓艳，赵欣宇，严玲玲主编	东北林业大学出版社	202304
250	9787522716442	乡村森林公园感知偏好调查与优化策略	刘伟平著	中国社会科学出版社	202304
251	9787308231145	香榧林地土壤质量特征与果实品质评价	刘海英，傅伟军，蒋仲龙主编	浙江大学出版社	202303
252	9787521921281	新疆博乐垦乐草原有毒有害植物图鉴	管廷贤，刘兴义，张云玲主编	中国林业出版社	202304
253	9787502979881	新疆特色林果低温冻害监测预警指标研究	吉春容等编著	气象出版社	202308
254	9787511663160	新疆托尔峰国家级自然保护区野生药用植物图谱	郝海婷，席琳乔主编	中国农业科学技术出版社	202306
255	9787030764058	雄安新区湿地修复建设和生态功能提升技术	龚家国等著	科学出版社	202310
256	9787030757265	芽胞杆菌·第五卷，芽胞杆菌基因组学	刘波等著	科学出版社	202309
257	9787511658845	雅鲁藏布江中部流域常见沙生植物图鉴	宋国英主编	中国农业科学技术出版社	202301
258	9787030745002	亚热带森林木质残体分解研究	胡振宏著	科学出版社	202308
259	9787030736598	岩溶山区森林转型研究：贵州案例	赵宇鸾著	科学出版社	202309
260	9787122419897	盐湖资源综合利用	方黎，李永梅主编	化学工业出版社	202301
261	9787572318269	盐碱地饲用草生产与利用关键技术	翟桂玉著	山东科学技术出版社	202312
262	9787513283076	药用植物生态学	晋玲，董诚明主编	中国中医药出版社	202308
263	9787030755063	野生植物资源开发利用	马艳萍，张党权主编	科学出版社	202306
264	9787511155412	以乌梁素海为例的山水林田湖草沙生态保护修复试点工程创新评价优评的思考和实践	李根东主编	中国环境出版集团	202306

（续）

序号	ISBN	书名	责任者	出版者	出版年月
265	9787568941570	阴条岭保护植物图鉴	陈锋编著	重庆大学出版社	202311
266	9787552570069	银川市古树名木与重点保护树木资源	杨晓艳，苏东岩主编	阳光出版社	202309
267	9787521923124	油茶产业发展实用技术手册	国家林业和草原局科学技术司编	中国林业出版社	202308
268	9787567431034	园林规划与绿色生态园林建设	杨晶，郑亮，王春军主编	东北林业大学出版社	202304
269	9787574405424	园林绿化与景观设计	张玲，庞爽慧，庞晓博著	吉林科学技术出版社	202305
270	9787565529627	园艺昆虫学	唐庆峰，石旺鹏，华红霞主编	中国农业大学出版社	202306
271	9787030756466	园艺植物栽培生理学	郭得平，张波主编	科学出版社	202311
272	9787572707346	原生演替与植被恢复	罗辑等著	四川科学技术出版社	202307
273	9787564953126	原位钝化：植物修复对铜镉污染土壤的影响研究	徐磊著	河南大学出版社	202302
274	9787122429261	云南松凋萎菌及激素调控研究	蔡年辉等著	化学工业出版社	202307
275	9787109312586	张广才岭森林啮齿动物分散贮食行为与策略	李殿伟著	中国农业出版社	202308
276	9787522618777	长江江苏段浮游植物和着生藻类群落结构时空变化规律研究	周俊伟等著	中国水利水电出版社	202310
277	9787562555858	长江中游河湖湿地生态环境地质问题及对策	刘广宁等著	中国地质大学出版社	202306
278	9787030692801	浙江昆虫志：第七卷，鞘翅目	杨星科，张润志主编	科学出版社	202309
279	9787030723420	浙江昆虫志：第十二卷，鳞翅目	韩红香，姜楠主编	科学出版社	202307
280	9787030738707	浙江省森林立地分类与地质量评价	汤孟平等著	科学出版社	202302
281	9787302636472	浙江乌岩岭森林动态样地：树种及其分布格局	仲磊等主编	清华大学出版社	202306
282	9787030674951	珍稀濒危植物保护技术	李景文等著	科学出版社	202305
283	9787030752222	拯救保护小种群野生植物云南蓝果树	杨文忠等著	科学出版社	202303
284	9787040601374	植物大数据技术与应用	李林主编	高等教育出版社	202306
285	9787030760456	植物化学成分汉英名称集：汉英对照	赵维良，谢恬主编	科学出版社	202308
286	9787040599350	植物检疫学	胡白石，许志刚主编	高等教育出版社	202307
287	9787030754400	植物生物质分离与转化技术实验	任俊莉，项舟洋，庞春生主编	科学出版社	202306
288	9787502980948	植物物候对环境变化的响应与调控机制	周广胜等著	气象出版社	202311
289	9787040604368	植物细胞壁与木材形成	林金星，贺新强主编	高等教育出版社	202305
290	9787040603408	植物细胞工程原理与技术	王正加主编	高等教育出版社	202307
291	9787040602395	植物学	张彪，田胜尼，丁海东主编	高等教育出版社	202308
292	9787030740113	植物与昆虫的相互作用	王琛柱，娄永根主编	科学出版社	202306
293	9787565529405	植物与植物生理	袁玉娟，黄萍主编	中国农业大学出版社	202303
294	9787030756503	治沙原理与技术	高永主编	科学出版社	202306
295	9787521923445	中国：二十一世纪的园林之母（第三卷）	马金双主编	中国林业出版社	202309

（续）

序号	ISBN	书名	责任者	出版者	出版年月
296	9787521923452	中国：二十一世纪的园林之母（第四卷）	马金双主编	中国林业出版社	202309
297	9787521923469	中国：二十一世纪的园林之母（第五卷）	马金双主编	中国林业出版社	202309
298	9787569056624	中国北方沙区土壤微生物的分布特征及影响因素	闫茹著	四川大学出版社有限责任公司	202305
299	9787109305946	中国草业统计：2021	农业农村部畜牧兽医局，全国畜牧总站编	中国农业出版社	202304
300	9787521919684	中国常见植物识别丛书：南方树木	林秦文，刘冰编著	中国林业出版社	202308
301	9787100211307	中国常见植物野外识别手册：大兴安岭册	马克平，刘冰丛书主编	商务印书馆	202304
302	9787100222204	中国常见植物野外识别手册：吉林册	马克平，刘冰主编	商务印书馆	202309
303	9787100222211	中国常见植物野外识别手册：辽宁册	马克平，刘冰主编	商务印书馆	202309
304	9787122424150	中国单宁植物	张亮亮，侯学良等著	化学工业出版社	202305
305	9787030627650	中国东北草地植物资源及其利用与保护	王正文，张文浩主编	科学出版社	202303
306	9787521922561	中国杜仲核心种质	杜红岩等著	中国林业出版社	202308
307	9787112279555	中国古代园林史纲要	汪菊渊编著	中国建筑工业出版社	202310
308	9787533346287	中国国际重要湿地全记录	左平编著	齐鲁书社	202301
309	9787522722412	中国国家公园立法与实践问题研究	鲁冰清著	中国社会科学出版社	202308
310	9787300322421	中国环境法学	竺效主编	中国人民大学出版社	202311
311	9787521851281	中国近现代林业经济史	柯水发等编著	经济科学出版社	202311
312	9787521921427	中国经济林	国家林业和草原局林业和草原改革发展司，国家林业和草原局宣传中心编	中国林业出版社	202302
313	9787570627912	中国科学院植物资源科考丛书：第一辑	王文采主编	湖北科学技术出版社	202306
314	9787522826172	中国林业和草原生态安全评价报告：2022-2023	袁继明，张大红主编	社会科学文献出版社	202312
315	9787313294371	中国林业科学研究院木材工业研究所早期史：1928-1952	胡宗刚著	上海交通大学出版社	202309
316	9787521920925	中国林业事业的先驱和开拓者：唐燿 成俊卿 朱惠方 柯病凡 葛明裕 申宗圻 王恺年谱	王希群、傅峰、刘一星、王安琪、郭保香编著	中国林业出版社	202301
317	9787521923940	中国林学优秀学术报告：2022	中国林学会编	中国林业出版社	202310
318	9787521847291	中国陆地生态系统核算方法与应用研究	汪劲松著	经济科学出版社	202307
319	9787521921274	中国南方灌丛植物图鉴	熊高明，申国珍编著	中国林业出版社	202303
320	9787030754165	中国鸟类分类与分布名录	郑光美主编	科学出版社	202306
321	9787523201961	中国秦岭外来入侵植物图鉴	王宇超，周亚福主编	世界图书出版西安有限公司	202304
322	9787511663740	中国热带地区草地夜蛾监测与绿色防控技术	吕宝乾，卢辉，王树昌主编	中国农业科学技术出版社	202307
323	9787010257105	中国森林公园旅游发展：影响因素与效率研究	秦光远，程宝栋著	人民出版社	202307

（续）

序号	ISBN	书名	责任者	出版者	出版年月
324	9787521916799	中国森林生态产品四十年时空演变研究	中国林业科学研究院编著	中国林业出版社	202307
325	9787030739629	中国森林生态系统质量与管理状况评估报告	于贵瑞等编著	科学出版社	202309
326	9787109310971	中国生态系统定位观测与研究数据集：森林生态系统卷·海南尖峰岭站：1957-2018	周璋、陈德祥、李意德主编	中国农业出版社	202309
327	9787109314399	中国生态系统定位观测与研究数据集：湖泊湿地海湾生态系统卷·龙江三江站：2000-2015	宋长春主编	中国农业出版社	202311
328	9787109314085	中国生态系统定位观测与研究数据集：森林生态系统卷·广东鹤山站：2005-2015	饶兴权、刘素萍、孙聃主编	中国农业出版社	202311
329	9787109305915	中国生态系统定位观测与研究数据集：草地与荒漠生态系统卷·甘肃民勤站：2007-2015	杨自辉、郭树江主编	中国农业出版社	202305
330	9787109303218	中国生态系统定位观测与研究数据集：湖泊湿地海湾生态系统卷·山东胶州湾站：2007-2015	陈宜瑜总主编	中国农业出版社	202301
331	9787109312821	中国生态系统定位观测与研究数据集：湖泊湿地海湾生态系统卷·广东大亚湾站：2007-2017	王友绍、孙翠慈、王玉图主编	中国农业出版社	202311
332	9787109311138	中国生态系统定位观测与研究数据集：森林生态系统卷·云南西双版纳站：2007-2017	陈宜瑜总主编	中国农业出版社	202309
333	9787109314313	中国生态系统定位观测与研究数据集：草地与荒漠生态系统卷·河北沽源站：2008-2018	王堃等主编	中国农业出版社	202311
334	9787109310292	中国生态系统定位观测与研究数据集：草地与荒漠生态系统卷·新疆策勒站：2009-2015	李向义、曾凡江主编	中国农业出版社	202308
335	9787109314320	中国生态系统定位观测与研究数据集：森林生态系统卷·内蒙古大兴安岭站：2009-2015	张秋良、王水、郝帅主编	中国农业出版社	202311
336	9787109314405	中国生态系统定位观测与研究数据集：草地与荒漠生态系统卷·宁夏沙坡头站：2009-2018	谭会娟、潘颜霞、李新荣主编	中国农业出版社	202312
337	9787109311435	中国生态系统定位观测与研究数据集：森林生态系统卷·吉林长白山站：2009-2018	王安志主编	中国农业出版社	202309
338	9787109307810	中国生态系统定位观测与研究数据集：森林生态系统卷·陕西秦岭站：2009-2019	张硕新、张鑫、庞军柱主编	中国农业出版社	202306
339	9787558748585	中国石斛属花形态图志	李璐著	云南科技出版社	202305
340	9787511662217	中国天然草原常见毒害草草图谱	赵宝玉、谭承建主编	中国农业科学技术出版社	202306
341	9787030738899	中国退耕还林工程固碳速率与潜力	刘国彬等著	科学出版社	202311
342	9787519915025	中国乡村产业发展蓝皮书：2022	中国乡村发展志愿服务促进会组织编写	研究出版社	202306
343	9787519915001	中国油橄榄产业发展蓝皮书：2022	中国乡村发展志愿服务促进会组织编写	研究出版社	202306
344	9787519915032	中国杂交构树产业发展蓝皮书：2022	中国乡村发展志愿服务促进会组织编写	研究出版社	202306
345	9787521922516	中国长岛鸟类图鉴	于国旭、顾晓军主编	中国林业出版社	202306

（续）

序号	ISBN	书名	责任者	出版者	出版年月
346	9787521922509	中国长岛野生植物志	范瑛、于国旭、王清春主编	中国林业出版社	202306
347	9787030748102	中国沼泽志	姜明、赵魁义主编	科学出版社	202307
348	9787030751720	中国真菌志：第六十三卷，牛肝菌科	杨祝良主编	科学出版社	202303
349	9787030769220	中国真菌志：第七十六卷，丛赤壳科 生赤壳科	曾昭清、庄文颖主编	科学出版社	202311
350	9787521909685	中国植物保护百科全书：农药卷	中国植物保护百科全书总编纂委员会农药卷编纂委员会编	中国林业出版社	202306
351	9787519773779	中华人民共和国野生动物保护法	法律出版社编	法律出版社	202301
352	9787508863566	中蒙俄国际经济走廊植被变化与生态灾害研究	时忠杰等著	龙门书局	202310
353	9787502979621	中亚树木年轮研究	张同文等著	气象出版社	202307
354	9787550936492	中原林木树种分类及应用管理技术	赵阳等主编	黄河水利出版社	202307
355	9787110913637	重庆林业统计：2021	尹权为等主编	中国农业出版社	202310
356	9787521922912	诸暨东白山省级自然保护区木本植物资源	陈高坤等主编	中国林业出版社	202306
357	9787564395469	竹材制浆造纸技术	刘一山、刘连丽、张俊编著	西南交通大学出版社	202310
358	9787568938099	主导或参与：自然保护地社区协调发展之模式选择	邓禾著	重庆大学出版社	202303
359	9787555517931	铸魂草原：钱学森草产业理论探索	夏日编著	远方出版社	202305
360	9787030763136	资源昆虫学	严善春主编	科学出版社	202309
361	9787030693334	紫杉醇绿色提取与先进递送技术	赵修华、吴铭芳、王玲玲著	科学出版社	202311
362	9787562556787	自然保护地体系概述	方世明、武勰、杨媛媛编著	中国地质大学出版社	202312
363	9787521923193	走进林业	叶世森、廖建国主编	中国林业出版社	202309

数据来源：中国林业科学研究院图书馆。

附表5 2023年林业和草原科研院所软件著作权

序号	登记号	软件名称	著作权人	登记日期
1	2023SR1530065	杨树大径级用材培育技术信息服务系统	安徽省林业科学研究院	20231129
2	2023SR1343048	桉树五指毛桃复合培育经济效益分析系统	福建省林业科学研究院	20231031
3	2023SR1322999	桉树五指毛桃复合培育智能施肥管理系统	福建省林业科学研究院	20231027
4	2023SR0394586	无人机航片枯死松树智能识别系统	福建省林业科学研究院	20230324
5	2023SR1791708	公益林示范区建设成效评估系统	广东省林业科学研究院	20231228
6	2023SR1791691	公益林示范区综合数据分析系统	广东省林业科学研究院	20231228
7	2023SR0550852	林木径阶分布分析软件	广东省林业科学研究院	20230518
8	2023SR0481216	基于YOLOv5的中华穿山甲监测识别软件	广东省林业科学研究院	20230418
9	2023SR0481218	中华穿山甲救护管理信息系统	广东省林业科学研究院	20230418
10	2023SR0481217	基于GRU网络的穿山甲爬跨行为识别软件	广东省林业科学研究院	20230418
11	2023SR0363493	近红外食用林产品营养分析软件	广东省林业科学研究院	20230320
12	2023SR0348334	基于深度学习的中华穿山甲行为识别软件	广东省林业科学研究院	20230316
13	2023SR0348335	基于Android系统的穿山甲行为识别软件	广东省林业科学研究院	20230316
14	2023SR0348333	基于注意力机制的穿山甲行为识别软件	广东省林业科学研究院	20230316
15	2023SR0278489	数据开放共享平台	广东省林业科学研究院	20230224
16	2023SR0278490	林业科学数据管理系统	广东省林业科学研究院	20230224
17	2023SR0278491	数据全生命周期质量和安全控制系统	广东省林业科学研究院	20230224
18	2023SR0278492	数据中心标准与规范建设管理软件	广东省林业科学研究院	20230224
19	2023SR0278488	林业科学数据分析软件	广东省林业科学研究院	20230224
20	2023SR0274043	基于3D卷积的穿山甲繁育行为识别软件	广东省林业科学研究院	20230223
21	2023SR0274044	基于Flask框架的穿山甲繁育行为监测系统	广东省林业科学研究院	20230223
22	2023SR0274042	基于双流网络的穿山甲行为识别软件	广东省林业科学研究院	20230223
23	2023SR0013836	树木公园种子兴趣课互动系统	广东省林业科学研究院	20230104
24	2023SR0013871	树木公园蝴蝶兴趣课互动系统	广东省林业科学研究院	20230104
25	2023SR0012730	树木公园自然观兴趣课互动系统	广东省林业科学研究院	20230104
26	2023SR1748528	山茶杂交种早期鉴别分析记录系统	广西壮族自治区林业科学研究院	20231225
27	2023SR1583134	木材加工分析管理系统	广西壮族自治区林业科学研究院	20231207
28	2023SR1579919	木材理化性质数据库收集处理系统	广西壮族自治区林业科学研究院	20231207
29	2023SR1584660	木材解剖构造特性分析系统	广西壮族自治区林业科学研究院	20231207
30	2023SR1583029	木材涂饰质量分析监管系统	广西壮族自治区林业科学研究院	20231207

（续）

序号	登记号	软件名称	著作权人	登记日期
31	2023SR1584191	木料力学材性数据库收集处理系统	广西壮族自治区林业科学研究院	20231207
32	2023SR1577791	木料板材涂饰性能数据库收集处理系统	广西壮族自治区林业科学研究院	20231206
33	2023SR1570594	油茶叶中有效成分数据系统	广西壮族自治区林业科学研究院	20231206
34	2023SR1575365	木材制成标木后储存管理软件	广西壮族自治区林业科学研究院	20231206
35	2023SR1521189	木材理化性质分析系统	广西壮族自治区林业科学研究院	20231128
36	2023SR1520292	木材树龄检测分析系统	广西壮族自治区林业科学研究院	20231128
37	2023SR1502721	食用林产品生产基地环境监测与分析系统	广西壮族自治区林业科学研究院	20231124
38	2023SR1281877	人工林土壤腐解真菌资源管理系统	广西壮族自治区林业科学研究院	20231023
39	2023SR1186241	濒危石斛属植物智能识别系统	广西壮族自治区林业科学研究院	20231008
40	2023SR1120182	广西乡土参树种苗木培育管理信息系统	广西壮族自治区林业科学研究院	20230920
41	2023SR1051504	广西低丘林下中药材种植与加工管理系统	广西壮族自治区林业科学研究院	20230912
42	2023SR1040080	人工林土壤红外光谱库管理系统	广西壮族自治区林业科学研究院	20230911
43	2023SR1016626	桉树节子生长规律数据库管理系统	广西壮族自治区林业科学研究院	20230905
44	2023SR0909028	白千层黄酮活性成分数据系统	广西壮族自治区林业科学研究院	20230809
45	2023SR0908844	广西低丘林下中药材种植与加工溯源管理系统	广西壮族自治区林业科学研究院	20230809
46	2023SR0900532	白玉兰挥发性组分数据系统	广西壮族自治区林业科学研究院	20230807
47	2023SR0898946	4-松油醇型互叶白千层油成分数据系统	广西壮族自治区林业科学研究院	20230807
48	2023SR0898604	传统瑶族冒类泡治方活性成分数据系统	广西壮族自治区林业科学研究院	20230807
49	2023SR0899207	1,8-桉叶素型互叶白千层油成分数据系统	广西壮族自治区林业科学研究院	20230807
50	2023SR0893056	桉树无节材培育修枝强度管理系统	广西壮族自治区林业科学研究院	20230804
51	2023SR0893632	香花油茶叶中活性组分数据系统	广西壮族自治区林业科学研究院	20230804
52	2023SR0895513	黄玉兰挥发性组分数据系统	广西壮族自治区林业科学研究院	20230804
53	2023SR0877785	林科院智慧协同管理平台系统	广西壮族自治区林业科学研究院	20230802
54	2023SR0877788	林科院智慧协同管理平台系统	广西壮族自治区林业科学研究院	20230802
55	2023SR0856941	木材物理特性数据库管理系统	广西壮族自治区林业科学研究院	20230719
56	2023SR0764084	油茶籽油的挥发性组分数据库系统	广西壮族自治区林业科学研究院	20230630
57	2023SR0611600	木材解剖特性数据库管理系统	广西壮族自治区林业科学研究院	20230609
58	2023SR0598834	木材力学特性数据评价系统	广西壮族自治区林业科学研究院	20230608
59	2023SR0447104	胶合板生产线淋胶系统智能控制软件	广西壮族自治区林业科学研究院	20230407
60	2023SR0447067	胶合板生产线单板智能化分选控制系统软件	广西壮族自治区林业科学研究院	20230407
61	2023SR0160086	六万山森林空气负氧离子查询系统	广西壮族自治区林业科学研究院	20230130
62	2023SR0928675	基于北斗短报文的生态监测数据传输系统	贵州省林业科学研究院	20230814
63	2023SR0930092	多源旱树生态监测终端数据解析软件	贵州省林业科学研究院	20230814

序号	登记号	软件名称	著作权人	登记日期
64	2023SR0922544	生态监测台站物联基础管理系统	贵州省林业科学研究院	20230811
65	2023SR1782652	湿地与保护地物联网监测系统	国家林业和草原局华东调查规划院	20231227
66	2023SR1536995	林业产业发展适宜性评估软件	国家林业和草原局华东调查规划院	20231130
67	2023SR1536969	林业实景三维数据采集辅助软件	国家林业和草原局华东调查规划院	20231130
68	2023SR1536914	营造林作业设计树种配置辅助决策软件	国家林业和草原局华东调查规划院	20231130
69	2023SR1433568	有害生物调查监测和除治软件	国家林业和草原局华东调查规划院	20231114
70	2023SR1339746	林草现状数据分析决策软件	国家林业和草原局华东调查规划院	20231030
71	2023SR0721362	人造板产品碳足迹核算与评价系统	国家林业和草原局华东调查规划院	20230626
72	2023SR0558237	基于物联网的草原（草地）调查监测评价管理系统	国家林业和草原局华东调查规划院	20230523
73	2023SR0522732	智慧自然保护地云服务平台	国家林业和草原局华东调查规划院	20230508
74	2023SR0315111	基于 R 语言的林草资源空间属性均衡抽样系统	国家林业和草原局华东调查规划院	20230310
75	2023SR0315112	南方集体林区林草资源管理优化决策系统	国家林业和草原局华东调查规划院	20230310
76	2023SR0290033	林业造林作业设计数据统计分析管理系统	国家林业和草原局华东调查规划院	20230301
77	2023SR0290034	华东林草资源变化情况调查监测系统	国家林业和草原局华东调查规划院	20230301
78	2023SR0289993	林地保护利用规划实施成效监测评价系统	国家林业和草原局华东调查规划院	20230301
79	2023SR0221729	造林绿化空间遥感影像自动识别系统	国家林业和草原局华东调查规划院	20230210
80	2023SR0063570	林业碳汇监测计量系统	国家林业和草原局华东调查规划院	20230111
81	2023SR0027186	林地立地质量等级评价系统	国家林业和草原局华东调查规划院	20230106
82	2023SR0027187	林地保护利用规划优化决策分析系统	国家林业和草原局华东调查规划院	20230106
83	2023SR0688949	海南森林游憩资源价值评估系统	海南省林业科学研究院	20230619
84	2023SR0462156	海南岛三大流域水环境数据管理系统	海南省林业科学研究院	20230411
85	2023SR0462153	海南岛三大流域土地利用空间分布分析系统	海南省林业科学研究院	20230411
86	2023SR0461922	海南岛热带森林火灾风险评估系统	海南省林业科学研究院	20230411
87	2023SR0417859	海南热带雨林资源信息管理系统	海南省林业科学研究院	20230330
88	2023SR1344622	彩化臭椿嫁接苗培育技术支持系统	河北省林业和草原科学研究院	20231031
89	2023SR1268754	河北山地栎类造林模型设计系统	河北省林业和草原科学研究院	20231020
90	2023SR1190262	青檀种质资源可视化管理系统	河北省林业和草原科学研究院	20231008
91	2023SR0865477	卫矛属植物种质资源精准评价数据库系统	河北省林业和草原科学研究院	20230721
92	2023SR1469839	蜡梅苗木培育技术管理评价软件	河南省林业科学研究院	20231120
93	2023SR1607799	大数据橄榄育苗专家人员信息智能检测系统	湖北省林业科学研究院	20231211
94	2023SR1594745	美洲黑杨大径材高效培育专家咨询系统	湖北省林业科学研究院	20231208
95	2023SR1528379	绢毛蔷薇扦插育苗控制系统	湖北省林业科学研究院	20231129
96	2023SR1524967	沙棘苗木培育专家咨询系统	湖北省林业科学研究院	20231128

（续）

序号	登记号	软件名称	著作权人	登记日期
97	2023SR1415943	油茶授粉用蜂花粉标准化收集专家咨询系统	湖北省林业科学研究院	20231110
98	2023SR1274522	基于乡土树种筛选配置的自然保护区退化群落植被恢复指导软件	湖北省林业科学研究院	20231020
99	2023SR1134016	角倍种蚜人工繁育专家咨询系统	湖北省林业科学研究院	20230921
100	2023SR1134015	侧枝虫灯诱人工培育专家咨询系统	湖北省林业科学研究院	20230921
101	2023SR1106141	基于森林生态系统服务功能评估的生态补偿专家系统	湖北省林业科学研究院	20230919
102	2023SR0799012	林木白蚁的饵剂防治技术专家咨询系统	湖北省林业科学研究院	20230705
103	2023SR0798186	森林白蚁挖巢技术专家咨询系统	湖北省林业科学研究院	20230705
104	2023SR0792653	威百亩熏蒸松材线虫疫木标准化技术咨询系统	湖北省林业科学研究院	20230704
105	2023SR0599396	红椿高效育苗及丰产栽培专家咨询系统	湖北省林业科学研究院	20230608
106	2023SR0486900	油橄榄整形修剪专家咨询系统	湖北省林业科学研究院	20230420
107	2023SR0388364	食用林产品产地土壤重金属检测规范及专家咨询系统	湖北省林业科学研究院	20230323
108	2023SR0388139	食用林产品农药残留检测规范及专家咨询系统	湖北省林业科学研究院	20230323
109	2023SR0388321	食用林产品质量安全监测抽样规范及专家咨询系统	湖北省林业科学研究院	20230323
110	2023SR0343654	杉木人工林碳储量估算模型系统	湖北省林业科学研究院	20230316
111	2023SR0343653	日本落叶松人工林碳储量估算系统	湖北省林业科学研究院	20230316
112	2023SR0343652	主要针叶用材林质量评价系统	湖北省林业科学研究院	20230316
113	2023SR0261690	红火蚁鉴定及防治专家咨询系统	湖北省林业科学研究院	20230220
114	2023SR0261691	森林白蚁防治专家咨询系统	湖北省林业科学研究院	20230220
115	2023SR0257173	森林防火高点云台智能选址系统	湖北省林业科学研究院	20230217
116	2023SR0257072	基于物联网的林火因子监测网络系统	湖北省林业科学研究院	20230217
117	2023SR0257126	森林防火省-市-县一体化监测预警云系统	湖北省林业科学研究院	20230217
118	2023SR0257411	森林防火林区道路卡口火源监管控系统	湖北省林业科学研究院	20230217
119	2023SR0257174	基于边缘计算技术的森林环境传感器感知系统	湖北省林业科学研究院	20230217
120	2023SR0257127	森林防火"空天地人"四位一体的林火感知系统	湖北省林业科学研究院	20230217
121	2023SR0250522	"空天地人"一体化森林资源监测多维数据存储管理系统	湖北省林业科学研究院	20230216
122	2023SR0250597	"空天地人"一体化森林资源多维监测空间数据挖掘分析系统	湖北省林业科学研究院	20230216
123	2023SR0120715	黑杨栽培育种数据采集分析系统	湖北省林业科学研究院	20230119
124	2023SR1644908	林业育种数据采集分析系统	吉林省林业科学研究院	20231214
125	2023SR0250602	石塑木复合材用农作物秸秆原料切碎机控制系统	吉林省林业科学研究院	20230216
126	2023SR0205812	石塑木复合材料用秸秆加工混料控制系统	吉林省林业科学研究院	20230207
127	2023SR0203296	户外石塑木板材造粒管理软件	吉林省林业科学研究院	20230206

（续）

序号	登记号	软件名称	著作权人	登记日期
128	2023SR0011747	长白山林区森林质量综合评价分析系统	吉林省林业科学研究院	20230104
129	2023SR0429948	山林之眼监测系统	江苏省林业科学研究院	20230403
130	2023SR1810746	油茶林下套种模型评估与经济效益测算软件	江西省林业科学院	20231229
131	2023SR1811707	多代连栽杉木林改培种多目标经营经济测算系统	江西省林业科学院	20231229
132	2023SR1626832	蜜蜂养殖自动监控系统	江西省林业科学院	20231213
133	2023SR1626845	油茶茶籽质量检测软件	江西省林业科学院	20231213
134	2023SR1612083	竹子栽培土壤管理软件	江西省林业科学院	20231212
135	2023SR1251854	基于多元遥感数据的松材线虫病综合诊断服务平台	江西省林业科学院	20231018
136	2023SR0633804	鄱阳湖湿地鸟类智慧监测系统	江西省林业科学院	20230612
137	2023SR0430563	基于植物挥发性成分及林分因子的康养林效应评价系统	江西省林业科学院	20230403
138	2023SR0192562	中药材霉菌感染防冶辅助决策系统	江西省林业科学院	20230202
139	2023SR1399793	黄河流域冶沙方案规划设计管理平台	内蒙古自治区林业科学研究院	20231107
140	2023SR0358525	基于无人机的沙障固沙功能监测系统	内蒙古自治区林业科学研究院	20230317
141	2023SR1489594	紫根组培技术实验数据采集分析系统	山东省林业科学研究院	20231123
142	2023SR1410491	紫根播种育苗营养需求监测管理系统	山东省林业科学研究院	20231109
143	2023SR1365249	紫椴扦插成活率评估分析系统	山东省林业科学研究院	20231102
144	2023SR1192280	核桃病虫害检测识别预警系统	山东省林业科学研究院	20231008
145	2023SR1192275	核桃栽培营养需求监测管理系统	山东省林业科学研究院	20231008
146	2023SR1192267	核桃成熟度检测与评估系统	山东省林业科学研究院	20231008
147	2023SR0217390	白榆组培苗盐碱地适应性评价系统	山东省林业科学研究院	20230209
148	2023SR0210726	盐碱地榆树人工林主要生长因子统计系统	山东省林业科学研究院	20230208
149	2023SR0204393	草地生态状况大数据管理系统	陕西省林业科学院	20230207
150	2023SR1799079	云杉人工林健康经营评价系统	四川省林业科学研究院	20231228
151	2023SR0370824	四川林木病虫害数据库平台	四川省林业科学研究院	20230321
152	2023SR0288352	高山柳物候监测系统	四川省林业科学研究院	20230301
153	2023SR0247394	高原围栏禁牧草地恢复监测系统	四川省林业科学研究院	20230215
154	2023SR1031085	环境监测大数据管理系统	浙江省林业科学研究院	20230908
155	2023SR0854612	疏解竹束端面形态检测软件系统	浙江省林业科学研究院	20230719
156	2023SR0854615	疏解竹束端面裂隙的实时检测软件	浙江省林业科学研究院	20230719
157	2023SR0428527	药用昆虫资源查询系统	浙江省林业科学研究院	20230403
158	2023SR0388925	基于PLC控制系统的竹壁厚自动测量软件	浙江省林业科学研究院	20230323
159	2023SR0383565	基于竹材自动定长截断智能识别系统	浙江省林业科学研究院	20230322
160	2023SR0328490	森林病虫害DNA条形码登记系统	浙江省林业科学研究院	20230314

（续）

序号	登记号	软件名称	著作权人	登记日期
161	2023SR0308471	经济林病虫害查询系统	浙江省林业科学研究院	20230309
162	2023SR0172631	竹子病虫害查询系统	浙江省林业科学研究院	20230131
163	2023SR0172632	彩色树种病虫害查询系统	浙江省林业科学研究院	20230131
164	2023SR0119085	珍贵用材树种病虫害查询系统	浙江省林业科学研究院	20230119
165	2023SR0119084	中药材黄精病虫害查询系统	浙江省林业科学研究院	20230119
166	2023SR0119086	植物源资源圃建设管理系统	浙江省林业科学研究院	20230119
167	2023SR0052571	植物源农药收集和评价信息系统	浙江省林业科学研究院	20230110
168	2023SR0052572	虫生真菌资源查询系统	浙江省林业科学研究院	20230110
169	2023SR0052573	经济林下中药材病虫害查询系统	浙江省林业科学研究院	20230110
170	2023SR1792373	生物柴油工艺集成辅助系统	中国林业科学研究院林产化学工业研究所	20231228
171	2023SR1289704	中国林业科学研究院知识库平台	中国林业科学研究院林业科技信息研究所	20231024
172	2023SR1198888	木材安全专题信息服务平台	中国林业科学研究院林业科技信息研究所	20231009
173	2023SR0442215	林草专家学术圈系统	中国林业科学研究院林业科技信息研究所	20230406
174	2023SR0002852	林草局国际人才入库软件	中国林业科学研究院林业科技信息研究所	20230103
175	2023SR1802238	核桃品种苗木 QR Code 身份证分类决策系统	中国林业科学研究院林业研究所	20231229
176	2023SR1802239	核桃品种芽接繁殖系数据库管理系统	中国林业科学研究院林业研究所	20231229
177	2023SR1802157	核桃品种苗木 QR Code 身份证数据库管理系统	中国林业科学研究院林业研究所	20231229
178	2023SR1738199	核桃品种 VA 菌根容器化苗质量等级决策系统	中国林业科学研究院林业研究所	20231225
179	2023SR1738083	智慧果园质量追溯及调度指挥管理系统	中国林业科学研究院林业研究所	20231225
180	2023SR1574315	文冠果智慧果园农场管理应用系统	中国林业科学研究院林业研究所	20231206
181	2023SR1546061	软枣猕猴桃繁殖系可视化系统	中国林业科学研究院林业研究所	20231201
182	2023SR1545454	树莓智慧果园供温供水云可视化分析系统	中国林业科学研究院林业研究所	20231201
183	2023SR1545464	苹果智慧果园生产大数据系统软件	中国林业科学研究院林业研究所	20231201
184	2023SR1546062	智慧果园质量追溯及调度指挥管理系统	中国林业科学研究院林业研究所	20231201
185	2023SR0391027	樟子松大规格容器苗营造管护智能滴灌系统	中国林业科学研究院林业研究所	20230324
186	2023SR0285713	植物高可信度 miRNA 鉴定软件	中国林业科学研究院林业研究所	20230228
187	2023SR0270269	油橄榄种质资源数据库平台	中国林业科学研究院林业研究所	20230222
188	2023SR0242643	基于自定义表单的林草种质数据采集应用系统	中国林业科学研究院林业研究所	20230215
189	2023SR0242644	智慧林草种质数据管理系统	中国林业科学研究院林业研究所	20230215
190	2023SR0179908	杉木萌芽林分结构优化调整系统	中国林业科学研究院林业研究所	20230201
191	2023SR0179909	杉木萌芽林分状态特征分析系统	中国林业科学研究院林业研究所	20230201
192	2023SR1644993	木材弱相结构标本力学实验视频数据处理与分析软件	中国林业科学研究院木材工业研究所	20231214
193	2023SR1410813	弱相结构标本数据整理与可视化系统	中国林业科学研究院木材工业研究所	20231109

（续）

序号	登记号	软件名称	著作权人	登记日期
194	2023SR0868634	"晓晓木"木材特性类知识分析软件	中国林业科学研究院木材工业研究所	20230721
195	2023SR0626227	考古木材标本数据管理系统	中国林业科学研究院木材工业研究所	20230612
196	2023SR0406436	木材智软件	中国林业科学研究院木材工业研究所	20230328
197	2023SR0280510	"晓晓木"木材特性类知识分析软件	中国林业科学研究院木材工业研究所	20230227
198	2023SR0281576	基于Modbus TCP总线的多层实木复合地板生产线数据信息中间件软件	中国林业科学研究院木材工业研究所	20230227
199	2023SR0281563	多层实木复合地板生产线可视化看板软件	中国林业科学研究院木材工业研究所	20230227
200	2023SR0252756	基于OPC UA协议的木制品表面涂饰生产线数据采集与测试软件	中国林业科学研究院木材工业研究所	20230216
201	2023SR0252681	木门五金件锁铰孔槽加工数据分析软件	中国林业科学研究院木材工业研究所	20230216
202	2023SR0252682	门窗表面花型CNC加工代码自生成软件	中国林业科学研究院木材工业研究所	20230216
203	2023SR0082323	木材节子分类与色差评定软件	中国林业科学研究院木材工业研究所	20230113
204	2023SR0082322	并联学习网络训练与测试软件	中国林业科学研究院木材工业研究所	20230113
205	2023SR1205699	林业有害生物防控信息化管理平台	中国林业科学研究院热带林业实验中心	20231010
206	2023SR1204607	森林病虫害爆发预警系统	中国林业科学研究院热带林业实验中心	20231010
207	2023SR1204602	林业科学事业单位统计工作与信息管理平台	中国林业科学研究院热带林业实验中心	20231010
208	2023SR0961856	混交林智能经营分析软件平台	中国林业科学研究院热带林业实验中心	20230821
209	2023SR0954641	南亚热带马尾松生态碳汇评估管理系统	中国林业科学研究院热带林业实验中心	20230818
210	2023SR0836431	易结香沉香苗期管护系统	中国林业科学研究院热带林业实验中心	20230717
211	2023SR1326460	基于GPS卫星追踪数据的鸟类迁徙路线可视化软件	中国林业科学研究院森林生态环境与自然保护研究所	20231027
212	2023SR1197290	基于GPS卫星追踪数据的东方白鹳幼鸟时期划分软件	中国林业科学研究院森林生态环境与自然保护研究所	20231009
213	2023SR1190454	基于GPS卫星追踪数据的鸟类巢址定位软件	中国林业科学研究院森林生态环境与自然保护研究所	20231008
214	2023SR1141092	全国森林火险监测和预警平台	中国林业科学研究院森林生态环境与自然保护研究所	20230922
215	2023SR0971327	栎类害虫数据库及信息检索系统	中国林业科学研究院森林生态环境与自然保护研究所	20230824
216	2023SR0976374	杨树害虫数据库及信息检索系统	中国林业科学研究院森林生态环境与自然保护研究所	20230824
217	2023SR0963787	全国森林火灾综合预警和形势分析平台	中国林业科学研究院森林生态环境与自然保护研究所	20230822
218	2023SR0961929	固碳结合森林火灾监测预警系统	中国林业科学研究院森林生态环境与自然保护研究所	20230821
219	2023SR0891404	土壤数据采集APP	中国林业科学研究院森林生态环境与自然保护研究所	20230802
220	2023SR0885668	森林土壤数据库数据管理系统	中国林业科学研究院森林生态环境与自然保护研究所	20230802
221	2023SR1538712	黄河三角洲野生植物种质资源信息库系统	中国林业科学研究院生态保护与修复研究所	20231130
222	2023SR1538926	固氮植物种质资源信息库系统	中国林业科学研究院生态保护与修复研究所	20231130
223	2023SR1455674	野生动物监测数据智能采集系统	中国林业科学研究院生态保护与修复研究所	20231117
224	2023SR1355820	植物群落调查数据智能采集软件	中国林业科学研究院生态保护与修复研究所	20231102

（续）

序号	登记号	软件名称	著作权人	登记日期
225	2023SR1142798	红树林调查数据智能采集系统	中国林业科学研究院生态保护与修复研究所	20230922
226	2023SR1073515	野生动物监测数据智能采集系统	中国林业科学研究院生态保护与修复研究所	20230915
227	2023SR1072769	物候现象智能采集监测系统	中国林业科学研究院生态保护与修复研究所	20230915
228	2023SR0998507	濒危水鸟栖息地智慧管理系统	中国林业科学研究院生态保护与修复研究所	20230901
229	2023SR0875588	湿地植物多样性高光谱遥感监测反演系统	中国林业科学研究院生态保护与修复研究所	20230801
230	2023SR0378856	大熊猫栖息地植被监测数据智能采集系统	中国林业科学研究院生态保护与修复研究所	20230322
231	2023SR0371734	大熊猫监测数据智能采集系统	中国林业科学研究院生态保护与修复研究所	20230321
232	2023SR1109277	林草外来入侵物种普查与统计分析软件	中国林业科学研究院亚热带林业实验中心	20230920
233	2023SR1100836	农业外来入侵物种普查数据统计软件	中国林业科学研究院亚热带林业实验中心	20230919
234	2023SR0910650	城市绿地外来入侵物种普查系统	中国林业科学研究院亚热带林业实验中心	20230809
235	2023SR1324259	一种袋料灵芝仿野生栽培方法软件	中国林业科学研究院亚热带林业研究所	20231027
236	2023SR0445254	油茶叶良种识别分析软件	中国林业科学研究院亚热带林业研究所	20230406
237	2023SR1643937	林草生态智能管理平台	中国林业科学研究院资源信息研究所	20231214
238	2023SR1643953	用户行为分析系统	中国林业科学研究院资源信息研究所	20231214
239	2023SR1644069	林草科学数据空间化管理与检索平台	中国林业科学研究院资源信息研究所	20231214
240	2023SR1644706	林草野外数据调查平台	中国林业科学研究院资源信息研究所	20231214
241	2023SR1614831	国家林业和草原科学数据中心项目数据汇交系统	中国林业科学研究院资源信息研究所	20231212
242	2023SR1373936	基于Transformer的多源遥感森林树种类型语义分割软件	中国林业科学研究院资源信息研究所	20231103
243	2023SR1362445	基于已有产品整合的土地覆盖线分类软件	中国林业科学研究院资源信息研究所	20231102
244	2023SR1353702	无人机森林防火航线规划系统	中国林业科学研究院资源信息研究所	20231102
245	2023SR1362455	基于多因子加权的无云影像合成系统	中国林业科学研究院资源信息研究所	20231102
246	2023SR1323885	无人机森林防火巡护监控系统	中国林业科学研究院资源信息研究所	20231027
247	2023SR1255795	无人机防火应急指挥系统	中国林业科学研究院资源信息研究所	20231018
248	2023SR1255794	无人机防火数据管理系统	中国林业科学研究院资源信息研究所	20231018
249	2023SR1247439	无人机防火灾后评估系统	中国林业科学研究院资源信息研究所	20231017
250	2023SR1137763	无人机终端管理系统	中国林业科学研究院资源信息研究所	20230922
251	2023SR1130087	林业图像智能处理软件	中国林业科学研究院资源信息研究所	20230921
252	2023SR1098590	保护区资源管理系统	中国林业科学研究院资源信息研究所	20230919
253	2023SR1099706	科研成果宣传展示沙盘系统	中国林业科学研究院资源信息研究所	20230919
254	2023SR1100683	野外调查数据收集软件	中国林业科学研究院资源信息研究所	20230919
255	2023SR1095784	科研成果数字化展示系统	中国林业科学研究院资源信息研究所	20230918
256	2023SR0868203	广东省林草湿典型区域三维仿真系统	中国林业科学研究院资源信息研究所	20230721
257	2023SR0868202	广东省林草湿三维可视化系统	中国林业科学研究院资源信息研究所	20230721

（续）

序号	登记号	软件名称	著作权人	登记日期
258	2023SR0868267	广东省自然保护地人类活动监测成果三维仿真可视化系统	中国林业科学研究院资源信息研究所	20230721
259	2023SR0611987	基于多尺度注意力融合的多源遥感树种类型精细分类软件	中国林业科学研究院资源信息研究所	20230609
260	2023SR0605698	林木图像处理与特征提取系统	中国林业科学研究院资源信息研究所	20230608
261	2023SR0102589	森林乔木层生物多样性因子统计软件	中国林业科学研究院资源信息研究所	20230117
262	2023SR1667204	草原羊肉营养品质数据库系统	中国农业科学院草原研究所	20231218
263	2023SR1607485	优质农草畜产品营养品质数据库系统	中国农业科学院草原研究所	20231211
264	2023SR1009699	饲用植物营养成分数据库系统	中国农业科学院草原研究所	20230904
265	2023SR0955725	羊只个体识别及体重预测小程序	中国农业科学院草原研究所	20230821
266	2023SR0928428	首蓿害虫信息采集系统	中国农业科学院草原研究所	20230814
267	2023SR0920858	首蓿害虫种群动态记录系统	中国农业科学院草原研究所	20230811
268	2023SR0891262	名特优新农产品交易信息平台	中国农业科学院草原研究所	20230802
269	2023SR0811728	农牧交错区生态安全评价系统	中国农业科学院草原研究所	20230706
270	2023SR0811729	农牧交错区生态安全预警系统	中国农业科学院草原研究所	20230706
271	2023SR0799163	农牧交错区植被土壤数据收集系统	中国农业科学院草原研究所	20230705
272	2023SR0776400	基于边缘设备的种子收获质量智能表征系统	中国农业科学院草原研究所	20230703
273	2023SR0774782	基于CAN总线系统的苏尼特羊智能监控系统	中国农业科学院草原研究所	20230703
274	2023SR0783348	易落粒作物收获减损割台智能仿形调控系统	中国农业科学院草原研究所	20230703
275	2023SR0736106	草原蝗虫灾害监测预警系统	中国农业科学院草原研究所	20230628
276	2023SR0704195	基于区块链技术的苏尼特羊溯源系统	中国农业科学院草原研究所	20230625
277	2023SR0411317	手持式鼠密度智能监测系统	中国农业科学院草原研究所	20230329
278	2023SR0389769	猛禽智慧监测数据管理系统	中国农业科学院草原研究所	20230323
279	2023SR0389740	鼠害速调系统	中国农业科学院草原研究所	20230323
280	2023SR0389739	鼠害发生信息管理系统	中国农业科学院草原研究所	20230323
281	2023SR0389738	智能监防一体化大型灭鼠毒饵站数据管理系统	中国农业科学院草原研究所	20230323
282	2023SR1040092	松材线虫病防控管理系统	重庆市林业科学研究院	20230911
283	2023SR1040099	松材线虫病防控作业系统	重庆市林业科学研究院	20230911
284	2023SR0237179	栎类资源调查追踪管理系统	重庆市林业科学研究院	20230214

数据来源：中国版权保护中心《计算机软件著作权登记公告》。

附表6 2023年林业和草原科研院所授权发明专利

序号	专利号	专利名称	专利权人	发明人	申请日	授权公告日
1	ZL202111606995.2	一种提升肉苁蓉种子质量和产量的培育方法	阿拉善盟林业草原研究所（阿拉善盟林业草原调查规划中心、阿拉善荒漠研究中心）	赵晨光、鱼腾飞、李慧瑛、马扎雅泰、杨阳、张斌武、程瑞森、谢宗才、刘雪娟、海莲、王文舒、桂翔、谢菲、罗炜	20211224	20230606
2	ZL202310032070.4	一种锁阳种子接种前预处理装置	阿拉善盟林业草原研究所（阿拉善盟林业草原调查规划中心、阿拉善荒漠研究中心）	王文舒、张斌武、张震、谢宗才、刘雪娟、丁翾羽、林佳、汪铖、杨卫超、彭丽媛、杨旭、甘晓雪	20230109	20230418
3	ZL202110180489.5	一种运用油茶芽苗砧优良遗传因子改良嫁接穗的育种方法	安徽德昌苗木有限公司、安徽省林业科学研究院	曹志华、胡娟娟、杨雪梅、詹文勇、张琪	20210208	20230502
4	ZL202111158146.5	一种余甘子栽培方法	保山市林业和草原技术推广站（保山市林业和草原科学研究所）	杨晏平、赵江萍、耿树香、蒋华、罗存贞、黄佳聪	20210930	20230804
5	ZL202211032443.X	一种阴香组织培养快速繁殖的方法	北京林业大学、广东省林业科学研究院	林善枝、修宇、何波祥、蔡燕灵、梁东成、张谦、陈峰、林子欣、王紫睿	20220826	20230425
6	ZL201810199613.0	一种用于缺陷检测的光源装置	北京林业大学、国家林业局北京林业机械研究所	肖江、杨建华、闫磊、范磊、石煜、郑欣雨	20180312	20231215
7	ZL202210322772.1	一种提高酿酒酵母DNA片段转化效率的方法	北京擎科生物科技股份有限公司、国家林业和草原局生物灾害防控中心	杜军、谢天、卢修亮、李涛、岳方正、王文明、王早霞	20220330	20231117
8	ZL202111044010.1	鉴定杏果皮毛性状的SNP标记、引物及应用	北京市林业果树科学研究院	张美玲、姜凤超、孙浩元、杨丽、张俊环、王玉柱	20210907	20230829
9	ZL202110274030.1	一种山楂果肉的脱核方法	北京市林业果树科学研究院	董宁光、郑书旗、胡广隆	20210315	20230317
10	ZL202011293961.8	一种基于高效综合生态保健功能的植物景观配置模式的评价与筛选方法	北京市园林科学研究院	王月容、王茜、段敏杰、杨畅、刘晶	20201118	20230523
11	ZL201611240084.1	一种行道树深层补水复壮装置及建造方法和应用	北京市园林绿化科学研究院	孙宏彦、宋曙光、舒健骅、张京、丛日晨、李小菊、王茂良、王小波	20161228	20230418
12	ZL202011628134.X	一种肥皂荚组织培养再生体系建立方法	毕节市林业科学研究所	李斌、侯俊、陈杰、周应书、毕宁、王彩云、周丰	20201230	20230523
13	ZL202110222212.2	一种川西高山采伐迹地近自然林的恢复方法	成都理工大学、中国林业科学研究院森林生态环境与自然保护研究所	石松林、曹吉鑫、彭培好、陈展、尚鹤	20210226	20230602

（续）

序号	专利号	专利名称	专利权人	发明人	申请日	授权公告日
14	ZL202210518411.4	一种提高半干旱区异砧嫁接食用松穗条产量的方法	赤峰市林业科学研究所	程瑞春、乌志颜、张岱松、刘金有、潘国强、赵阳、李凤敏、惠建平、史涛、史国利、杨旭亮、陈泽、张娜、王园琳	20220512	20230414
15	ZL202211546059.1	一种高色牢度纳米改性装饰单板的制备方法	德华兔宝宝装饰新材股份有限公司、中国林业科学研究院木材工业研究所	吕少一、程明娟、詹先旭、彭国青、张龙飞、姜鹏、章剑	20221205	20231020
16	ZL202210728010.1	木单板的处理方法、木单板以及抗锈蚀阻燃胶合板	德华兔宝宝装饰新材股份有限公司、中国林业科学研究院木材工业研究所	李小科、姜鹏、詹先旭、陈志林、刘雪羽、陈方容佳、陆鸣亮、周宝	20220623	20230523
17	ZL202111510952.4	一种适用于野外的森林可燃物含水率测量装置	东北林业大学、哈尔滨工业大学、国家林草局西北调查规划设计院	胡海清、李东晖、满子源、于宏洲、胡同欣、郭妍、孙龙	20211211	20230915
18	ZL202310555558.5	一种抗寒月季及其杂交栽培方法	东北林业大学、黑龙江省森林保护研究所	郝宏娟、张楠宇、高宇、尚禹含、朱琳、张睿、遇文靖、宋小双、邱梦洁	20230517	20230804
19	ZL202210436534.3	一种朝鲜崖柏试验分析设备	东北林业大学、黑龙江省森林植物园（黑龙江省林植物研究所）	陶雷、单琳、高敏杰、赵佳、郭洪生、新莹	20220425	20230124
20	ZL201911235547.9	一种树木根腐病的评价方法	东莞市林业科学研究所（广东省林业区域性试验站东莞中心、东莞市林业科技推广站）	刘颂颂、张浩、黎炜彬、苏纯兰、陈葵仙、莫罗坚、胡秋艳	20191205	20230919
21	ZL202210811618.0	一种适用于退化草原的移栽机构及生态修复设备	鄂尔多斯市林业和草原事业发展中心	高秀芳、李海军、萨格萨、靳玉荣、薛淑媛	20220712	20230926
22	ZL201810799824.8	一种山茶树扦插条加工设备	佛山市林业科学研究所（佛山植物园）、佛山市璟南园林有限公司	赵鸿杰、柯欢、张学平、罗昭润、丁岳炼、玄祖迎、李鑫、万利鑫、陈杰、刘晓娟、林森镅、黄任荣	20180709	20231010
23	ZL202111493230.2	一种对环境友好的桉树尺蠖蛹期防治的方法	福建省林业科学研究院	蔡守平、曾丽琼、朱海天、何学友、林和再	20201013	20230512
24	ZL202210638988.9	一种新枯死松材线虫病疫木树干的处理方法	福建省林业科学研究院	蔡守平、何学友、曾丽琼、汤陈生、徐云、毛志群、梁智生、杨惠珍、詹芳	20220607	20230509

（续）

序号	专利号	专利名称	专利权人	发明人	申请日	授权公告日
25	ZL201810040717.7	一种油茶果多酚提取的渗滤罐	福建省林业科学研究院（福建省林业技术发展研究中心、福建省林业生产力促进中心、中国林业科学研究院海西分院）、福建省林业师范大学	苏良、卢玉栋、柯金炼、卢圣钊、吴阳、沈鬻英	20180116	20230926
26	ZL202211542516.X	一种沙木蓼组织快繁方法	甘肃农业大学、武威市林业科学研究院	何彩、张勤德、李毅、张正中、刘伟、金娜、晋敏、李强、李栋、董存元、胡芳、张涛、陈启辉、叶芳、任德全、高生春、曹虎、张秉铭、张利年、赵三虎、姚元文	20221202	20231121
27	ZL202110195155.5	一种外来树种的速生培育方法	甘肃省林业科学研究院	季元祖、王芳、陈梼青、张洋东、王增辉、马利、黄华梨	20210220	20230822
28	ZL201811109263.0	一种用于荒漠地区的快速集水装置	甘肃省治沙研究所	张志萍、安富博、李易珺、吴昊	20180921	20231110
29	ZL201710156505.0	一种蒸渗仪漏水点滴计量控制装置	甘肃省治沙研究所	张锦春、杨自辉、李昌龙、魏金平、李世伟	20170316	20230929
30	ZL201811208483.9	一种手扶式独轮麦草沙障铺设装置	甘肃省治沙研究所	徐先英、马瑞宾、赵鹏、王有明、刘虎俊、满多清、徐立忠	20181017	20230623
31	ZL202210818440.2	一种沙葱强制休眠的反季节栽培方法	甘肃省治沙研究所	严子柱、姚泽、马全林、王军增	20220713	20230602
32	ZL202111461886.6	一种沙葱收割装框一体机	甘肃省治沙研究所	严子柱、王军增、姚泽、姜生秀	20211202	20230509
33	ZL201911249863.1	一种沙米人工种植促进出苗需水量的预测方法及系统	甘肃省治沙研究所	王祺、马全林、魏林源、陈芳	20191209	20230418
34	ZL201811290208.6	一种泥沙快速沉淀水沙分离器	甘肃省治沙研究所、太小寺礁林场	安富博、刘淑娟、张芝萍、关星林、王秀丽、赵赫然、郭春秀、赵艳丽	20181031	20231226
35	ZL202210837839.5	一种蜜蜂用中草药制剂以及油茶林蜜蜂养殖方法	赣州市林业科学研究所	康金林、魏本柱、郭宗芳、黄贤斌、杨彩柏、赖哲颖、吴志强、赵希	20220715	20230725
36	ZL202310929902.2	一种检测穿山甲呼吸道合胞病毒A型的荧光定量PCR引物及其应用	广东省林业科学研究院	华彦、刘昊、张洁玲、胡锦、任振宇、燕洪美、英杰、吴文斌	20230727	20231114
37	ZL202310929913.0	用于检测穿山甲呼吸道合胞病毒B型的LAMP引物组及其应用	广东省林业科学研究院	王凯、刘昊、高海洋、胡锦、许学林、梁晓彤、刘莎莎、李永政	20230727	20231114

（续）

序号	专利号	专利名称	专利权人	发明人	申请日	授权公告日
38	ZL202211334425.7	一种马尾松多功能萜类合成酶突变体及其在生产倍半萜产品中的应用	广东省林业科学研究院	白青松	20221028	20231027
39	ZL202110937798.2	语音在北斗短报文碎片传输后的合并方法	广东省林业科学研究院	李大锋、梁加淬、袁公平、何友明、罗忠明、曹康、刘兴强	20210816	20230915
40	ZL202310816113.8	乙酸薄荷酯在驱避红火蚁中的应用	广东省林业科学研究院	杨华、邱华龙、钟家美、徐金柱、洪紫琼、凌斯全、严政、田龙艳、秦长生、李志强	20230705	20230915
41	ZL202310710422.7	油酸乙酯在引诱红火蚁中的应用	广东省林业科学研究院	邱华龙、钟家美、徐金柱、张春花、洪紫琼、凌斯全、严政、李志强、秦长生	20230615	20230908
42	ZL202211573106.1	一种同步促进金线铁锁毛状根皂苷合成和主根膨大的方法	广东省林业科学研究院	苏凌业、王洪峰、何春梅、徐明锋、于勇、历、邱涵涵、王丛丛	20221208	20230818
43	ZL202210965870.7	木荷生长与开花相关内参基因筛选方法、引物及应用	广东省林业科学研究院	白青松、何波祥、汪迎利、张谦、尧俊、连辉明、蔡燕灵、梁东成	20220812	20230818
44	ZL202110090278.2	一种杉木苗的培育方法	广东省林业科学研究院	韦如萍、胡德活、郑会全、曾碧欣、晏姝、王润辉	20210122	20230815
45	ZL202110398959.5	富硒栽培土及其应用	广东省林业科学研究院	王裕霞、徐燕霞、潘文	20210413	20230602
46	ZL202111162606.1	一株杉木球果假单孢菌及其应用	广东省林业科学研究院	田龙艳、秦长生、邱华龙、杨华、赵丹阳、练涛、赖国际、陆建康	20210930	20230425
47	ZL202210733077.4	用于千年健的组织培养产品、千年健的组织培养方法	广东省林业科学研究院	廖焕琴、张卫华、潘文、徐放、杨晓慧、杨会肖	20220627	20230414
48	ZL202110441067.9	一种棱果花组培快速繁殖方法	广东省林业科学研究院	廖焕琴、徐斌、潘文、杨晓慧、徐放、杨会肖、朱报著、张卫华、陈新宇	20210423	20230407
49	ZL202210079030.0	一种马尾松高产脂功能SNP标记的筛选方法及其应用	广东省林业科学研究院	白青松、何波祥、汪迎利、连辉明、陈杰连	20220124	20230407
50	ZL202010128430.7	一种城市公园风景游憩林树种配置相关性的分析方法	广东省林业科学研究院	赵庆、许东先、钱万惠、唐洪辉、胡柔璇	20200228	20230221
51	ZL202110654339.3	一种利用微波在木材中原位合成纳米氧化锌的方法	广东省林业科学研究院	王颂、谢耀军、曹永建、赖敏婷、马红霞、李兴伟	20210610	20230117
52	ZL202210355638.1	一种绿化草皮用无土栽培缓释肥的加工装置及方法	广东省林业科学研究院、北京林业大学	杨洋、董爽、李静、常智慧、许东先	20220406	20230411
53	ZL202210410180.5	一种适用于千铃儿花幼苗期施肥的氮磷钾肥料及其应用	广东省林业科学研究院、广东省沙头角林场（广东梧桐山国家森林公园管理处）	王静、张应中、唐旭晓、徐俊锋、罗勇志、易礼江	20220419	20230623

（续）

序号	专利号	专利名称	专利权人	发明人	申请日	授权公告日
54	ZL202210783637.7	基于5G的森林智慧防火方法、装置、系统、设备及介质	广东远景信息科技有限公司、广东省龙眼洞林场（广东莲花顶森林公园管理处）、广东省林业调查规划院	陈富强、洪维、何莹泉、华国琮、徐庆华、刘锡辉、余端娟、谭开源、石常青、郑任林、林祥、陈春景、王巧天、邓小锋、林毅	20220705	20230502
55	ZL201910620382.0	一种提取微胚乳超高油玉米饼蛋白的方法	广西益宝油料玉米开发有限公司、广西壮族自治区林业科学研究院、广西大学、广西天贵文化传播有限公司、南宁市桂福园农业有限公司	汤星月、李秋庭、陆顺忠、吴建文、宋钢、秦绪雄、陈文瑶、关继华、黎贲卿、邱米、杨素华、党中广、范兴、李沐晓	20190710	20230324
56	ZL202211182788.3	一种纤维板及其制备方法	广西壮族自治区林业科学研究院	王军锋、汤正捷、黄腾华、宋恋环、雷福娟、田珩、彭霞连	20220927	20231222
57	ZL201810611810.9	一种单杆升降易装御荒野高空作业台	广西壮族自治区林业科学研究院	潘文、蒙芳、彭玉华、欧芷阳、曹艳云、何琴飞	20180614	20231208
58	ZL202110443911.1	一种林下水肥一体化区块化智慧控制种植方法	广西壮族自治区林业科学研究院	杨开太、杜铃、李金怀、陈尔、叶勇卫、杨舒婷	20210423	20231208
59	ZL202110310000.1	一种林下四元生态高效栽培模式方法	广西壮族自治区林业科学研究院	杨开太、陈宝玲、陈尔、叶勇卫、杨舒婷	20210323	20231208
60	ZL202110443914.5	一种低丘林下多元组合生态高效栽培的配置方法	广西壮族自治区林业科学研究院	杨开太、陈宝玲、陈尔、叶勇卫、杨舒婷	20210423	20231208
61	ZL202110689908.8	一种培育回脉金花茶苗木的方法	广西壮族自治区林业科学研究院	廖美兰、杜铃、王华新、唐遗昊、蒙芳	20210622	20231208
62	ZL202111226945.1	一种避让式土壤采集装置	广西壮族自治区林业科学研究院	石媛媛、邓明军、宋贤冲、覃祚玉、唐健、覃其云、潘波、王会利、赵隽宇	20211021	20231205
63	ZL202210529294.1	一种简易高效的油茶大树换种方法	广西壮族自治区林业科学研究院	江泽鹏、夏莹莹、谢少义、梁滚、郝丙青、李伟强、梁健峰、路婷、陈国臣、王东雪	20220516	20231201
64	ZL202110309080.9	一种林下立体高效栽培香稻的方法	广西壮族自治区林业科学研究院	杨开太、李金怀、杜铃、陈宝玲、陈尔、叶勇卫、杨舒婷	20210323	20231128
65	ZL201810996614.8	一种精油提取分离装置	广西壮族自治区林业科学研究院	陈博雯、李军集、刘海龙、覃子海、肖玉菲、张烨、张晓宁	20180829	20231103
66	ZL201910121141.1	一种多功能芳香植物提取加工装置及其应用	广西壮族自治区林业科学研究院	孟中磊、周丽珠	20190219	20231103
67	ZL202210584424.1	一种大红八角的生理生化反应装置及生产工艺	广西壮族自治区林业科学研究院	陆顺忠、李秋庭、关继华、吴建文、汤星月、陆荣来	20220527	20231031

（续）

序号	专利号	专利名称	专利权人	发明人	申请日	授权公告日
68	ZL202110448676.7	一种由松节油合成中长链脂肪酸酯、龙脑酯以及制备环保塑化剂的方法	广西壮族自治区林业科学研究院	孟中磊、周永红、胡立红、赵振东、温如斯、高宁娜、廖仲秋	20210425	20231024
69	ZL202210434578.2	一种合成α-羟基羧酸酯的方法	广西壮族自治区林业科学研究院	孟中磊、秦荣秀、高宁娜、胡国姣、温如斯、梁忠云、胡立红、周永红、廖仲秋	20220424	20230829
70	ZL202110349746.3	一种藤本囊托羊蹄甲的扦插繁殖方法	广西壮族自治区林业科学研究院	林茂、唐庆、李进华、孙利娜、陈尔、杨舒婷、孙开道、秦波、石继精	20210331	20230822
71	ZL201910793295.5	集峰曲霉及其在黄野螟防治中的应用	广西壮族自治区林业科学研究院	常明山、赵鹏飞、吴耀军	20190816	20230808
72	ZL202210434580.X	一种促进桃金娘种子萌发的方法	广西壮族自治区林业科学研究院	孙利娜、林茂、李冰、王华新、龚建英、杨舒婷、杨开天、陈尔	20220424	20230808
73	ZL202010465812.9	一种从肉桂油重馏分中分离香豆素的方法	广西壮族自治区林业科学研究院	吴建文、陆顺忠、陆保荣、杨素华、黎贵卿、关继华、邱未、汤星月	20200528	20230728
74	ZL202210412636.1	一种红锥花期的调控方法	广西壮族自治区林业科学研究院	谭长强、申文辉、谢乐、钟彦廷、谢安德、黄志玲、曹国庆、黄冰华、李俊晓	20220419	20230714
75	ZL202210521422.8	一种基于VNIR和OPLS-DA预判桉树缺铁性黄化病的方法	广西壮族自治区林业科学研究院	赵隽宇、石媛媛、唐健、宋贤冲、王会利、潘波、覃其云、黄小药	20220513	20230707
76	ZL202210425074.4	一种利用微波预热的刨花板制备方法	广西壮族自治区林业科学研究院	王军锋、黄腾华、汤正捷、雷福娟、田珩、宋恋环	20220421	20230623
77	ZL202211128466.0	一种木材用疏水涂料及其制备方法与使用方法	广西壮族自治区林业科学研究院	黄腾华、王军锋、雷福娟、彭晋达、宋恋环	20220916	20230623
78	ZL202210506347.8	一种防根腐油梨砧木培育方法	广西壮族自治区林业科学研究院	何应会、黄红宝、梁文汇、马锦林、杨日升、黄耀恒、梁圣华、谢乐、黄伯高	20220510	20230602
79	ZL202210562395.9	一种大百合直链淀粉的分离方法	广西壮族自治区林业科学研究院	赵志珩、黄晓露、廖健明、梁文汇、李开祥、曾广宇	20220523	20230526
80	ZL202111308346.4	一种香花油茶大苗培育方法	广西壮族自治区林业科学研究院	马锦林、韦晓娟、陈国臣、叶航、张乎	20211105	20230516
81	ZL202211050597.1	一种木材表面密实化处理方法	广西壮族自治区林业科学研究院	王军锋、汤正捷、黄腾华、雷福娟、田珩、宋恋环、彭晋达	20220829	20230516
82	ZL202010342955.0	源于尾叶桉CAD基因序列的RNAi片段及其应用	广西壮族自治区林业科学研究院	陈博雯、李军集、肖玉菲、张晓宁、刘海龙、覃子海	20200427	20230512
83	ZL202010343342.9	一种RNAi片段及其用于调控木质素合成的应用	广西壮族自治区林业科学研究院	陈博雯、李军集、肖玉菲、张晓宁、刘海龙、覃子海	20200427	20230512

（续）

序号	专利号	专利名称	专利权人	发明人	申请日	授权公告日
84	ZL202010832177.3	一种从重质松节油中分离天然松油醇的方法	广西壮族自治区林业科学研究院	陆顺忠、汤星月、邱米、关继华、吴建文、李秋庭、黎贵卿、杨素华、党中广	20200818	20230505
85	ZL202010060956.6	一种轻质刨花板用的复配发泡胶黏剂	广西壮族自治区林业科学研究院	王军锋、黄腾华、宋恋环、雷福娟、宋洁、胡拉、陈晓玲、刘晓丹、罗玉芬	20200119	20230421
86	ZL202110311821.7	一种靖西大果山楂酒窖藏时间的鉴定方法	广西壮族自治区林业科学研究院	李军集、蓝金宣、廖健明、陈博雯、王坤、梁文汇、李开祥、黄晓露	20210324	20230411
87	ZL202110166933.8	一种松节油合成脂肪酸龙脑酯、制备方法及其在制备龙脑中的应用	广西壮族自治区林业科学研究院	孟中磊、周永红、胡立红、赵振东、梁忠云、温如斯、高守娜	20210205	20230407
88	ZL202011035787.7	一种樟树纯露的提取系统及其应用	广西壮族自治区林业科学研究院	杨素华、陆顺忠、黎贵卿、吴建文、汤星月、邱米、党中广、苏骊华、关继华、蒙锡	20200927	20230331
89	ZL202110892966.0	一种高蛋白杂交构树高效组培育苗的方法	广西壮族自治区林业科学研究院	肖玉菲、覃子海、钟连香、魏锴秋、张晓宁、张海龙	20210804	20230331
90	ZL202011033986.4	一种樟树纯露的提取方法	广西壮族自治区林业科学研究院	杨素华、陆顺忠、黎贵卿、吴建文、邱米、汤星月、苏骊华、党中广	20200927	20230328
91	ZL202111306397.3	一种油茶密植矮化造林方法	广西壮族自治区林业科学研究院	马锦林、韦晓娟、叶航、蔡娅、潘文、吴方圆	20211105	20230328
92	ZL202111083018.9	一种用于红树林害虫诱捕的装置及其应用方法	广西壮族自治区林业科学研究院	常明山、刘秀、吴耀军、蒋学建、薛云红、文娟、刘义爱、赵鹏飞	20210915	20230314
93	ZL202011288341.5	一种松节油合成乙酸龙脑酯的方法	广西壮族自治区林业科学研究院	孟中磊、周永红、胡立红、蒋剑春、赵振东、高宁、娜、廖仲秋	20201117	20230310
94	ZL202111033139.2	一种以水源涵养功能为主导的桉树混交林改造方法	广西壮族自治区林业科学研究院	宋贤冲、唐健、覃祚玉、石媛媛、赵隽宇、曹继钊、王会利、覃其云、邓小军、潘波、蒋湖波、黄凌志、甘福丁	20210903	20230103
95	ZL202110153158.2	一种以固香脑为原料合成甲氧基苯甲醛的方法	广西壮族自治区林业科学研究院、广西师范大学	杨漓、潘英明、唐海涛、蒙秀金、李桂珍	20210204	20230922
96	ZL202110350987.X	一种羟基香茅醛的高效绿色合成方法	广西壮族自治区林业科学研究院、广西师范大学	杨漓、潘英明、唐海涛、蒙秀金、李桂珍、谷瑶	20210331	20230901
97	ZL201910619772.6	一种油料饼粕蛋白质提取设备	广西壮族自治区林业科学研究院、广西益宝油科玉米开发有限公司、广西贵天贵文化传播有限公司、南宁市桂福园农业有限公司	吴建文、李秋庭、陆顺忠、汤星月、宋钢、秦绪雄、陈文瑶、黎贵卿、邱米、杨素华、党中广、范杰、李冰晓	20190710	20230609

（续）

序号	专利号	专利名称	专利权人	发明人	申请日	授权公告日
98	ZL202311421355.3	一种森林防灭火方法及系统	广州市林业和园林科学研究院	夏征、陈婉颖、郑丹菁、勾啸、李思莹、熊咏梅、刘兴跃	20231031	20231229
99	ZL202310207778.9	一种园林景观组合式立体绿化异常智能监控方法及系统	广州市林业和园林科学研究院	刘星、李浩健、夏征、钟哲、张欣、李晓静、谭嘉蔚、师鹏、陈开轩、卢剑威	20230306	20231103
100	ZL202310207790.X	一种立体绿化遥感智能灌溉方法及系统	广州市林业和园林科学研究院	刘星、李浩健、夏征、钟哲、张欣、李晓静、谭嘉蔚、师鹏、陈开轩、卢剑威	20230306	20231020
101	ZL202210187211.5	一种促进观赏石斛附生根的方法	广州市林业和园林科学研究院	贺漫媚、阮琳、王伟、陈秀萍、代色平、刘国锋、刘仔龙	20220228	20230912
102	ZL202310203789.X	一种簕杜鹃花期调控方法	广州市林业和园林科学研究院	郭沛楷、陆毅妍、阮琳、张丽佳、吴佳庆、陈秋香、傅小霞、乐龙胜、李坚、伍成厚、陈树鸿	20230306	20230908
103	ZL202115535281.1	一种天桥三角梅种植基质及其制备方法	广州市林业和园林科学研究院、广州市绿风生物技术有限公司	张丽华、刘新鲁、代镇、温志、郭沛楷、劳惠达、乐龙胜、陆毅妍、吴佳庆	20221130	20230801
104	ZL202211730598.0	一种官粉紫荆组织培养育苗的培养基及培养方法	广州市林业和园林科学研究院、华南农业大学	陈勇、田淑意、邓小梅、郑丹菁、罗树凯、贾朋、孟诗原、陈婉颖	20221230	20231013
105	ZL202107761750.5	一种矮牵牛PhSPL9-like转录因子及其应用	广州市林业和园林科学研究院、浙江省园林植物与花卉研究所（浙江省萧山棉麻研究所）	刘国锋、周琴、史杰玮、马广莹、包满珠	20220629	20231121
106	ZL202110438754.5	一种杉木优良家系苗木快繁方法	贵州省林业科学研究院	娄丽、陈波涛、龙倩、付品、罗敏、丁访军、朱佳敏、田小蓉	20210423	20231114
107	ZL202111015566.2	一种皂角接蜡封的结构	贵州省林业科学研究院	戴晓勇、袁丛军、罗俊、蒙仕春、张羽江、汪炳安、王荣贵、杨安学、严志朝、陈彩霞、侯黔灵、方忠艳	20220823	20231114
108	ZL202210812694.3	利用花椒剩余物所得的耐水性刨花板制备工艺	贵州省林业科学研究院	袁丛军、杨守禄、刘明、任潘稻、李迅、刘润、丁访军、戴晓勇、姬宁、黄安香	20220711	20231031
109	ZL202111149035.8	一种双螺杆榨油机压榨油茶籽后安全停机方法	贵州省林业科学研究院	郭少海、许杰、王进、张明刚、刘海	20210929	20231003
110	ZL202210048395.7	一种特异性分翅萼石斛和黑毛石斛的引物对、试剂盒及其应用	贵州省林业科学研究院	颜凤霞、江荣慧、田凡、姜运力、杨焱冰	20220117	20230721
111	ZL202210793480.6	一种菌类生长环境加热消杀炉	贵州省林业科学研究院	杨守禄、柏文恋、邹能英、丁访军、邱建生、王忠伟、刘竹、袁丛军、张念念、姬宁、李丹、黄安香、苏启业	20220705	20230620

序号	专利号	专利名称	专利权人	发明人	申请日	授权公告日
112	ZL202211015500.3	一种皂角接穗蜡封的方法	贵州省林业科学研究院	戴晓勇、袁丛军、罗俊、周赟、杨冰、张羽江、汪炳发、王荣贵、杨安学、陈璞、严志朝、陈彩霞、侯黔灵、方忠艳	20220823	20230526
113	ZL202111468450.X	一种小叶兜兰菌根真菌及其应用	贵州省林业科学研究院	田凡、廖小锋、霍达、王莲辉、杨焱冰、颜凤霞	20211203	20230516
114	ZL202110701694.1	一种虎舌红茎段消毒及增殖诱导的方法	贵州省林业科学研究院	吴高殷、邓伦秀、刘晓慧、陈锐、龙海燕、徐超然	20210624	20230505
115	ZL202210812695.8	利用花椒剩余物所得的高强度刨花板制备工艺	贵州省林业科学研究院	袁丛军、杨守禄、刘明、任潘瑞、罗俊、李迅、刘润、丁访军、姬宁、戴晓勇、黄安香	20220711	20230425
116	ZL202210808609.6	一种竹木材中原位自组装杂多酸类纳米阻燃剂及其制备方法	贵州省林业科学研究院	王忠伟、杨守禄、刘文勤、刘竹、姬宁、吴义强、卿彦、王勇、李迅、裴学富、李丹	20220711	20230425
117	ZL202311101276.4	一种基于视频卫星的森林智能防火方法	贵州省林业科学研究院、贵州省林业信息和宣传中心	韩郡、卢鹏、刘润、甘桂春、赵庆萍、杨卓城、赵恒、罗勇、郭进、黄心怡、蒋梦	20230830	20231107
118	ZL202210884799.X	基于吡啶羧化茶多酸在竹木材中原位自组装纳米微球的阻燃改性方法	贵州省林业科学研究院、中南林业科技大学	杨守禄、王忠伟、刘竹、姬宁、吴义强、勇、李迅、裴学富、李丹	20220726	20230411
119	ZL202310133672.9	一种威宁短柱油茶穗条的快繁方法	贵州省林业干部学校（贵州省林业科学研究院）	田怀、王港、徐嘉娟、朱亚艳、刘晓宏、霍达	20230217	20231114
120	ZL202210253609.4	一种中国特有观赏植物荔波杜鹃种子繁育方法	贵州省植物园（贵州省林业科学研究所、贵州省植物研究所）	李媛媛、周庆、邹军、刘海燕、周艳、袁茂琴、郭春艳	20220315	20230801
121	ZL202210236736.3	一种利用香榧种植铁石斛的种苗装置及其种苗方法	贵州省植物园（贵州省林业科学研究所、贵州省植物研究所）	任少华、周鑫伟、王陈、龙成昌、张驰强、周庆	20220311	20230725
122	ZL202211228225.3	一种辐花苣苔组织培养快繁方法	贵州省植物园（贵州省林业科学研究所、贵州省植物研究所）	任启飞、欧明烛、左祖伦、汤升虎、马菁华、刘芳、陈云飞	20221008	20230711
123	ZL202211024061.2	一种结合微生物手段的食用玫瑰黑斑病的绿色防控方法	贵州省植物园（贵州省林业科学研究所、贵州省植物研究所）	董万鹏、周洪英、丁海霞、吴楠、吴洪娥、杨明、周艳、侯秋梅、张秋佳	20220825	20230623
124	ZL202210081388.7	一种毛竹蜡质合成转录因子基因PeWST及其应用	国际竹藤中心	高志民、李晓赋、金晶	20220124	20231222

（续）

序号	专利号	专利名称	专利权人	发明人	申请日	授权公告日
125	ZL202210613627.9	一种竹篾仓储笼	国际竹藤中心	费本华、贾浩、孙丰波、方长华、刘焕荣、马欣欣、张秀标	20220531	20231215
126	ZL202011083988.4	竹规格材的高频热压连续自动化生产线及其生产方法	国际竹藤中心	刘焕荣、费本华、高福军、严彦、方长华、江泽慧、张秀标、马欣欣	20201012	20231128
127	ZL201810403403.9	一种竹质绿色装配式房屋及其建造方法	国际竹藤中心	陈复明、王戈、孙涛、周海英、程海涛、官飞飞、李超	20180428	20231107
128	ZL202211117557.4	一种干燥展平一体化的竹材的加工方法	国际竹藤中心	费本华、黄彬、方长华、王薪翔、陈林、刘焕荣	20220914	20231107
129	ZL202110961635.8	一种生物质材料内应力的实时测量装置及方法	国际竹藤中心	黎静、王汉坤、钟士华、张晓凤、张颖、王甲钧、朱家伟、刘明辉	20210820	20230915
130	ZL201811600545.0	一种户外竹质装配式双拼梁柱结构及其装配方法和应用	国际竹藤中心	陈复明、王戈、孙涛、李德月、尹毅剑、陈林碧、尤鸿猪、罗鑫昌、李超、余思柳、陈亮	20181226	20230912
131	ZL201811146140.4	一种基于BIM的竹木复合结构优化设计方法	国际竹藤中心	欧耀辉文、陈复明、林方正、朱楠、孙丰波、李德月、陈林碧、王戈	20180929	20230825
132	ZL202310146066.0	一种天然阻燃竹纸浆泡沫材料及其制备方法和应用	国际竹藤中心	靳肖贝、张融、覃道春、余溪、何莹、江泽慧	20230222	20230811
133	ZL202110624750.6	一种用于重金属吸附的磁性活性炭及其制备方法和再生方法	国际竹藤中心	江泽慧、刘杏娥、马建锋、代琳心、谭雨菁、胡晓虹、杨淑敏、田根林、尚莉莉	20210604	20230623
134	ZL202210147546.4	生物质样品固定装置及砂光系统	国际竹藤中心	田根林、张颖、李光磊、王汉坤、黎静、徐皓诚、钟士华、王甲钧、代福宽、汪紫微	20220217	20230512
135	ZL202110159604.0	基于地基激光雷达的毛竹林数量识别方法及装置	国际竹藤中心	官凤英、黄兰英、张亚雄、尹子旭、肖箫、夏雯	20210205	20230425
136	ZL202310056535.X	一种木质素碳负载的Fe-N单原子催化剂	国际竹藤中心	马建锋、代琳心、刘杏娥、马千里、尚莉莉	20230118	20230414
137	ZL202210147271.4	一种竹展平板的处理方法及所得竹展平板和应用	国际竹藤中心	方长华、李召召、栾玉、费本华、刘焕荣、马欣欣、张秀标、马一凡、孙丰波	20220217	20230411
138	ZL202110077714.2	一种竹基定向气凝胶及其制备方法	国际竹藤中心	马千里、崔媛媛、苏文会、马建锋、张纪元、王坤	20210120	20230407
139	ZL202110611691.9	一种一步法制备竹质活性炭的方法	国际竹藤中心	刘杏娥、仲美娟、杨淑敏、田根林、尚莉莉、马千里	20210602	20230407

（续）

序号	专利号	专利名称	专利权人	发明人	申请日	授权公告日
140	ZL202110966033.1	一种防霉阻燃耐磨一体化的无气味植物纤维增强热塑性聚合物复合材料及其制备和应用	国际竹藤中心	程海涛、王戈、顾少华、李明鹏、郑海军、李琪薇、李文婷、陈季荷	20210823	20230317
141	ZL202110796933.6	毛竹抗坏血酸过氧化物酶基因PeAPX1及其应用	国际竹藤中心	李雪平、李夷簃、宋笑龙、杨旸	20210714	20230221
142	ZL202110819533.2	毛竹抗坏血酸过氧化物酶基因PeAPX4及其应用	国际竹藤中心	李雪平、杨旸、宋笑龙、李夷簃	20210720	20230221
143	ZL202210548332.8	一种防水复合胶合材的制造方法及应用	国际竹藤中心	张秀标、江泽慧、费本华、刘焕荣、严彦、方长华	20220520	20230120
144	ZL202210557317.X	竹吸管加工方法	国际竹藤中心、安徽鸿叶集团有限公司、龙竹科技集团股份有限公司	方长华、费本华、殷明亮、连健昌、黄彬、栾王、刘焕荣、马欣欣、张秀标、孙丰波	20220520	20230407
145	ZL201810366122.0	一种单板/纤维RTM成型体育滑板的制备方法	国际竹藤中心、浙江省林业科学研究院	王戈、张文福、程海涛、顾少华、李明鹏	20180423	20231107
146	ZL201710849986.3	一种竹节、节间复合材及其制作方法	国际竹藤中心安徽太平试验中心	严彦、费本华	20170920	20230324
147	ZL202110794776.5	一种林分平均胸径链式计测方法及系统	国家林业和草原局调查规划设计院	张煜星、蒲莹、王威、孟京辉、任怡、陈新云、孙乡楠	20210714	20230829
148	ZL202114461916.3	一种疫木多级高效粉碎处理设备	国家林业和草原局调查规划设计院、丽水市森林资源保护管理总站	刘伟、陈君帜、杨少宗、王澍、魏海龙、叶菁、朱紫巍、何晓菲	20211202	20230623
149	ZL202210774643.6	一种高效爬树修枝机	国家林业和草原局哈尔滨林业机械研究所	韩立志、吴晓峰、付敏、李芝茹、李全堂、张北航、吴志华、陈来强、杨兰、何山	20220701	20231117
150	ZL202210336422.0	一种高效连续竹筒加工装置	国家林业和草原局哈尔滨林业机械研究所、福建呈祥建呈制造有限公司、湖南省林业科学院	周建波、陈森永、孙晓东、肖飞、张彬、傅万四、雷永杰	20220331	20230214
151	ZL202210794935.6	一种竹篼破碎装置	国家林业和草原局华东调查规划院	陈建义、王景才、郑云峰、孙伟韬、陈未亚、林荫、陈伟、沈旗陈、黄端荣、邢雅	20220707	20231219
152	ZL202210827197.0	一种林业病虫害防治用干石灰喷涂装置	国家林业和草原局华东调查规划院	陈建义、王景才、陈国富	20220714	20231003

（续）

序号	专利号	专利名称	专利权人	发明人	申请日	授权公告日
153	ZL202011320949.1	一种自然保护地保护空缺分析方法及系统	国家林业和草原局华东调查规划院	胡洵瑀、楼毅、张现武、刘道平、陈火春、钱逸凡、傅宇、刘骏	20201123	20230905
154	ZL202310691277.2	湿地监测样地边界优化方法及可读存储介质	国家林业和草原局华东调查规划院	董斯齐、袁军、张晓云、石田、周天元、王昱	20230612	20231020
155	ZL202310679509.2	一种林业地质调查野外数据采集设备及采集方法	国家林业和草原局华东调查规划院	赵林林、张煜星、陈新云、黄国胜、任伶、王晓丽、蒋育昊、温雪香、王凡、李利伟、牛利伟、王甜、张乔	20230609	20230815
156	ZL202211263888.9	基于土地利用数据的湿地变化分析方法及系统、存储介质	国家林业和草原局林草调查规划院	董斯齐、袁军、杨永峰	20221017	20230203
157	ZL202211709044.2	一种毛竹林土地芽孢杆菌及其应用	国家林业和草原局竹子研究开发中心	张小平、李巧玲、卞方圆、钟哲科、黄志远	20221229	20231219
158	ZL202211342471.1	2-(荧蒽-3-亚胺甲基)-苯酚，其制备方法，由其制备的竹纤维检测试纸及用途	国家林业和草原局竹子研究开发中心	杨金来、吴良如	20221031	20231212
159	ZL202211160939.5	一种基于竹材生材胶合的刨切薄竹制造方法	国家林业和草原局竹子研究开发中心	何盛、黄倩男、吴再兴、鲍敏振、谢江成	20220922	20230912
160	ZL202210067059.7	一种装饰贴面单板的色差调控方法	国家林业和草原局竹子研究开发中心	何盛、卢晓相、吴再兴、丁永欢、陈玉和	20220120	20230502
161	ZL201810997057.1	一种智能化锯竹设备	国家林业局北京林业机械研究所	傅万四、周建波、张彬、陈忠加、王昱潭、常飞虎、刘延鹤	20180829	20230808
162	ZL201810123039.0	一种锯材分等装置及方法	国家林业局北京林业机械研究所	张伟、陈东、吴雨生、金征	20180207	20230505
163	ZL201710675912.2	竹材自动进料定段设备	国家林业局北京林业机械研究所	周建波、傅万四、刘江龙、陈忠加、张彬、闫薇、常飞虎	20170809	20230407
164	ZL201711061168.3	竹笋自动剥壳设备及方法	国家林业局北京林业机械研究所	张伟、费本华、陈东、张波、吕黄飞、金征、吴雨生	20171101	20230321
165	ZL202310182763.1	一种三叶鱼藤防除方法	海南省林业科学研究院（海南省红树林研究院）	田蜜、钟才荣、陈东、陈毅青、方赞山	20230227	20231229
166	ZL202210449517.3	一种红树林湿地生态系统修复方法	海南省林业科学研究院（海南省红树林研究院）	田蜜、陈毅青、钟才荣、方赞山、刘建才	20220424	20230926
167	ZL202210797252.6	一种湿地红树林生态修复改造林方法	海南省林业科学研究院（海南省红树林研究院）	田蜜、钟才荣、陈毅青、方赞山	20220708	20230926
168	ZL202111228243.7	一种用于林业野外调查的采伐样木树干附着植物清除装置	海南省林业科学研究院（海南省红树林研究院）	雷金睿、陈毅青、陈宗铸、陈小花、吴庭天、李苑菱	20211021	20230131

（续）

序号	专利号	专利名称	专利权人	发明人	申请日	授权公告日
169	ZL202110471376.0	山稻种植用全降解地膜及其制备方法	杭州绿兴环保材料有限公司、浙江省林业科学研究院	王衍彬、许炯、秦玉川、王丽玲、方茹、贺亮、程俊文、童晓青、刘本同、钱华	20210429	20230117
170	ZL202110259287.X	一种山核桃树干腐病的预测方法	杭州市林业科学研究院	胡俊靖、潘利峰、李皓、董建华、袁紫倩、陈岗、吴纪良、陈丽华、雷亦晨	20210309	20231117
171	ZL202210803451.3	一种便于幼树苗护移植的装置	杭州植物园（杭州西湖园林科学研究院）	沈笑、张海珍、张璐、陈铁敏、冯嘉豪、汪洪毅	20220707	20231117
172	ZL202310161954.X	基于云边协同的松材线虫病变色立木遥感智能识别方法	合肥恒宝天择智能科技有限公司、安徽省林业科学研究院	王永、李晓娟、郭婉琳、尹华阳、李琳琳	20230224	20230512
173	ZL202211588231.X	基于人工智能和高分辨率遥感影像的松材线虫病监测方法	合肥恒宝天择智能科技有限公司、安徽省林业科学研究院	王永、李晓娟、郭婉琳、尹华阳、李琳琳	20221212	20230324
174	ZL202210055998.X	一种核桃黑斑病病原菌侵染方法	河北农业大学、中国林业科学研究院林业研究所	王宁、安秀红、王红霞、赵书岗、田义、张俊佩	20220118	20230331
175	ZL202210092271.9	一种提高温室葡萄地温的循环系统、施工方法及培育工艺	河北省林业和草原科学研究院	王惠芝、汉瑞峰、宫英振、于伟飞、李敬川、武亚静	20220126	20230602
176	ZL202210093327.2	根系观察箱	河北省林业和草原科学研究院	赵京献、郭伟珍、曹军合、渭磊	20220126	20230314
177	ZL202011454640.1	促进干旱沙地超深栽合榆圣干快速生根的造林方法	河北省林业和草原科学研究院	刘春鹏、徐振华、李茵贵、王广权、李新利、郑聪慧、高云昌、王志宏、崔海军、李向军	20201210	20230124
178	ZL202110829577.3	一种落叶松裸根苗越冬简易贮存苗架及方法	河北省林业和草原科学研究院	刘建婷、张鸿景、郑聪慧、杜子春、范冬冬、于文慧、王军、张汝杰、包刚、袁保力	20210722	20230124
179	ZL202110950375.4	促进雄性毛白杨嫁接苗自生根快速速萌发的方法	河北省林业和草原科学研究院	刘春鹏、王鑫、徐振华、李向军、王立方、郑聪慧、屈志松、焦广权、于志海、梁悦军	20210818	20230106
180	ZL202210800778.5	基于云平台融合多源卫星影像的常绿森林自动识别方法	河南大学、信阳市林业科学研究所、信阳市林业工作站（信阳市林木种苗站）、中国科学院、水利部成都山地灾害与环境研究所	夏浩铭、历灼梦、邱林、余亚平、赵伟、傅声雷	20220708	20230606
181	ZL202111372949.0	一种无人机飞播造林用播撒系统及播撒方法	河南省林业调查规划院、河南播荫植保科技有限公司	周三强、江帆、霍宝民、刘国伟、职庆利、孙会新、张琳、任金忠、石立忠、侯洁、汪衡、徐伟	20211119	20230321
182	ZL201910025194.3	开沟机	河南省林业科学研究院	丁鑫、朱会营、王晶、孙萌、汤正辉、沈希辉、程建明、沈植国	20190111	20230929

（续）

序号	专利号	专利名称	专利权人	发明人	申请日	授权公告日
183	ZL202110600990.2	一种智能三角卡尺树干直径测量装置及其测量方法	河南省林业科学研究院	徐桢祥，何威	20210531	20230912
184	ZL202210811102.6	一种每年可采切的蜡梅切花培育方法	河南省林业科学研究院	沈植国，丁鑫，程建明，孙萌，沈希辉，王安亭，石发良，石楠	20220711	20230523
185	ZL202210918978.0	一种促进杨树扦插苗生长及抗病的复合微生物菌剂和方法	河南省林业科学研究院	樊利丽，丁昌俊，杨海青，张艺凡，叶艳涛，张伟溪，胡艳琳，杨春华，凌晓明，郭秀丽	20220802	20230411
186	ZL202111070216.1	一种西伯利亚杏树的扦插育苗方法	黑龙江省林业科学研究所	姚颖，刘建明，温爱亭，吕跃东，刘会峰，李红艳，朝笑天，李颖，李思远，陈玉东，于中秋	20210913	20230331
187	ZL202211158301.8	一种基于荧光定量PCR技术定量检测杜鹃花类菌根真菌的引物及检测方法	黑龙江省林业科学研究所、东北林业大学	李丽丽，杨洪一，李天芳，孙国芝，张文达，吴佳育	20220922	20230602
188	ZL202210007378.9	一种节约水资源的林业育苗装置	黑龙江省林业科学院齐齐哈尔分院	张强，王福森，邢政华，杜宏志，毕宇，李勇，季晓慧	20220106	20230623
189	ZL202211036138.8	一种刺五加栽种用便捷设备	黑龙江省林业科学院伊春分院	刘运伟，韩家永，李占君，马珂，张志林，李忠林，董上，王贵来，高金辉	20220827	20231229
190	ZL202311156895.3	一种水飞蓟籽研磨装置	黑龙江省林业科学院伊春分院	张巍，徐宜彬，高智涛，李阳，刘运伟，李相全	20230908	20231201
191	ZL202211149998.2	一种林下刺五加人工育苗栽培装置	黑龙江省林业科学院伊春分院	李相全，刘运伟，程向东，艾志强，陈海波，李占方，李志新，李占君，马珂，范冬茹	20220921	20230922
192	ZL202011431841.X	一种钙果蓝莓复合无糖饮品及其制备方法	黑龙江省林业科学院伊春分院	张巍，李阳，刘运伟，徐宜彬，高智涛，王洪刚，徐杰，范瑞红，毛佩，周玲，姚彦文，董繁雨	20201202	20230602
193	ZL202111219466.7	一种血红色小菇的栽培方法	黑龙江省林业科学院伊春分院	高云虹，郭兴，刘运伟，高智涛，范冬茹，张德岩	20211015	20230602
194	ZL202211469772.0	一种中药材脱粒机	黑龙江省林业科学院伊春分院、中国科学院地理科学与资源研究所	刘运伟，张巍，韩家永，郭兴，李相全，董上，王洪刚，马珂，张厚良，房柱，高智涛，李占君，徐宜彬，周玲，张聪，刘邦，惠大勇，李志新	20221123	20230310
195	ZL202011546791.X	一种用于钻天柳营养钵苗的造林方法	黑龙江省林业科学院伊春分院、中国科学院地理科学与资源研究所	高金辉，张厚良，李泽红，刘运伟，董上，艾志强，林国英，郝锟，李占君，张巍，李巍巍，陈媛媛，张聪，尹慧妮	20201224	20231212
196	ZL202011549897.5	一种用于造林的钻天柳实生苗的繁育方法	黑龙江省林业科学院伊春分院、中国科学院地理科学与资源研究所	高金辉，李泽红，刘运伟，郝锟，刘继云，艾志强，林国英，房柱，马珂，姚彦文，董鑫宇	20201224	20231212

（续）

序号	专利号	专利名称	专利权人	发明人	申请日	授权公告日
197	ZL202110001812.8	一种保证东北杓兰当年可繁育的移栽方法	黑龙江省林业科学院伊春分院、中国科学院地理科学与资源研究所	董上、刘运伟、李泽红、高金辉、张厚良、马珂、房柱、李妍、刘继全、李艳杰、林国英	20210104	20230602
198	ZL202011382539.X	蓝靛果忍冬扦插基质苗床及蓝靛果忍冬扦插繁殖方法	黑龙江省林业科学院伊春分院、中国科学院地理科学与资源研究所	张巍、刘运伟、李泽红、徐宜彬、韩家永、高简涛、王洪刚、李妍、董上、姚彦波、杨萌	20201130	20230530
199	ZL202210125389.7	一种楼空状冰雕外壳制作模具及其制作方法	黑龙江省林业设计研究院、惠州学院	王海峰、孟献国、李静柏、邱思、梁东瑶	20220210	20230331
200	ZL201710115678.8	电动木耳采摘机	黑龙江省牡丹江林业科学研究所、郑焕春、杜运长、栾泰龙、陆莹	郑焕春、郭劲鹏、陆莹、杨燕超、赵勋、杜运长、朱玉宝、孙强、栾泰龙、李淑玲、赵禹宁、徐绍娣、付静、王佳	20170301	20230602
201	ZL201710115676.9	脚踏式木耳采摘机	黑龙江省牡丹江林业科学研究所、郑焕春、栾泰龙、陆莹、杜运长、徐绍娣	郑焕春、杜运长、孙强、王建蒲、李淑玲、朱玉宝、栾泰龙、王宏禄、孟宸、赵勋、郭禹宁、赵劲鹏、陆绍娣、刘坤	20170301	20230526
202	ZL201710512722.9	一种柜类家具框架自体锁定装配结构	黑龙江省木材科学研究所	毛磊、王宏禄、白雪、赵思森、闫超、李晨琦、王齐	20170628	20230407
203	ZL202310143965.5	一种用于防治榛实象的植物源引诱剂及其制备方法和应用	黑龙江省森林保护研究所	马晓乾、王琪、尚尔雨、高宇、滑莎、赵红盈、宋小双、遇文婧、石春玲、彭丹丹、于继伟	20230221	20230815
204	ZL202210057567.7	一种提高古树移植成活率的方法	湖北省林业勘察设计院	刘鹏、路宽、戴湘鸿、赵洪波、谈建文、吴吉、文红波、杨峰、曾少伟	20220119	20230811
205	ZL202210922836.1	一种适宜油茶机械化栽培的非耕作区管理方法	湖北省林业科学研究院	夏剑萍、黄发新、李光荣、蔡三山、徐红梅、宋祥、郭毅、张玲、查玉平、张子一、徐小文、洪承昊	20220802	20231222
206	ZL202310796581.3	基于图像数据的核桃成熟度智能检测方法	湖北省林业科学研究院	徐永杰、姜德志、黄发新、徐雅雯、王瑞文	20230703	20230908
207	ZL202211704016.1	一种森林防火的智能预警监控管理方法	湖北省林业科学研究院、光谷技术有限公司	袁传武、张维、王怡、孙拥康、吴文丰、周明玥、刘卫华、刘驰、周胜	20221229	20230505
208	ZL202310854154.6	一种油橄榄育苗环境数据智能监测方法及系统	湖北省林业科学研究院、湖北鑫榄源油橄榄科技有限公司	姜德志、徐永杰、黄发新、朱莲艳、王瑞文、徐雅雯	20230713	20230908
209	ZL202210899005.7	镍铁双金属氧化物改性生物炭催化剂及其制备方法和应用	湖南省林业科学院	李辉、邓佳钦、李家琦、黄忠良、吴子剑、张轩、覃晓莉、黄觊、张燕茹、谭梦娇	20220728	20231205
210	ZL201810996339.X	一种自动化锯竹设备	湖南省林业科学院	孙晓东、彭亮、肖飞、龚玉子、丁渝峰、李阳	20180829	20230915

（续）

序号	专利号	专利名称	专利权人	发明人	申请日	授权公告日
211	ZL202210317083.1	一种栀子果实处理方法	湖南省林业科学院	杨艳、李昌珠、陈景震、肖志红、李培旺、吉悦娜、张爱华	20220329	20230818
212	ZL201810994720.2	一种锯竹设备	湖南省林业科学院	彭亮、吴振明、孙晓东、肖飞、龚玉子、丁渝峰、康妮	20180829	20230808
213	ZL201810798828.4	一种木丝增强稻草秸秆板及其制备方法	湖南省林业科学院	邓腊云、陈泽君、李志高、王勇、范友华、马芳	20180719	20230725
214	ZL201811062958.8	树干连年生长量监测装置及监测方法	湖南省林业科学院	马玉丰、李冰璮、彭湃、田育新、李锡泉、田菲、邓楠、朱庆安、周善良	20180912	20230725
215	ZL202210649548.3	一种抑制金黄色葡萄球菌生物被膜的组合物及其制备方法	湖南省林业科学院	刘思思、刘汝觉、涂佳、李昌珠、肖志红、李党训、李力、吉悦娜、肖静晶	20220610	20230714
216	ZL202210575028.2	促进溶解磷酸铁的油茶内生放线菌及其应用	湖南省林业科学院	徐婷、陈志忠、崔坤鹏、朱咏华、彭映赫、张震、何之龙、刘彩霞、张英	20220525	20230711
217	ZL202210211555.5	一株蜜环菌株及其应用	湖南省林业科学院	谭云、谭著明、申爱荣、沈宝明、刘丽娜	20220304	20230425
218	ZL201711105609.5	一种好氧发酵装置及采用此装置的好氧发酵系统	湖南省林业科学院	黄斌、黄忠良、吴子剑、李辉、阮敏、张轩、覃晓莉	20171110	20230418
219	ZL202111287579.0	一种改性油茶壳纤维促进污泥泡沫化及干化的方法	湖南省林业科学院	黄斌、赵成、黄忠良、李辉、阮敏、吴希锴、姚世蓉、吴子剑、张轩、覃晓莉	20211102	20230418
220	ZL202210362440.6	一种栀子体细胞胚胎发生及植株再生方法	湖南省林业科学院	杨艳、李昌珠、陈景震、张震、李培旺、唐洁、曾虹、张翼、李力	20220408	20230411
221	ZL202111026955.0	一种樟树嫩枝扦插育苗方法	湖南省林业科学院	魏志恒、吴际友、程勇、张珉、陈明奉、廖德志	20210902	20230324
222	ZL202110268875.X	一种基于功能性状筛选模型的入侵植物生物防治系统	湖南省林业科学院、桂林航天工业学院、湖南汽车工程职业学院、湖南南岳衡山国家级自然保护区管理局、中南林业科技大学	曾掌权、胸华斐、张得隽、王颖、李明红、夏江林、吴鑫、杨蕊、牛艳东、罗佳、马丰、邓楠、吴小丽、徐佳姿	20210312	20230103
223	ZL202110270976.0	一种基于大数据智能识别外来植物调查系统	湖南省林业科学院、桂林航天工业学院、中南林业科技大学、湖南南岳衡山国家级自然保护区管理局、湖南汽车工程职业学院	曾掌权、张得隽、李明红、王颖、胸华斐、杨蕊、牛艳东、罗佳、小丽、徐佳姿、马丰、邓楠、吴	20210312	20230829
224	ZL202110987189.8	一种产虫茶昆虫室内规模化繁殖的方法	湖南省林业科学院、湖南林科达农林技术服务有限公司	颜学武、赵正萍、袁冬菊、张敏、钟武洪、卢敏、颜果、邬颖、彭勇	20210826	20230407

序号	专利号	专利名称	专利权人	发明人	申请日	授权公告日
225	ZL202210047924.1	一种利用深度学习的毛竹扩张程度评价和防控系统	湖南省林业科学院、湖南省岳衡山国家级自然保护区管理局	曾掌权、吴卫红、李明红、杨蕊、田育新、肖亚琴、旷柏根、夏江林、牛艳东、罗佳、邓喜、马丰丰、李晖、吴小丽、徐佳雯、姚敏、尹华、龚自立、袁穗波	20220117	20230620
226	ZL202110268870.7	一种外来植物集群分布调查系统	湖南汽车工程职业学院、桂林航天工业学院、湖南省岳衡山国家级自然保护区管理局、中南林业科技大学	曾掌权、王颖、张得隽、杨蕊、李明红、夏江林、吴鑫、阙华斐、牛艳东、罗佳、邓楠、吴小丽、徐佳雯	20210312	20231222
227	ZL202211030211.0	一种油茶果壳籽分选机构	湖南省林业科学院、湖南省东方油茶全产业链服务有限公司	马力、周琨博、康地、高晶、张震、李志钢、许彦明、邓森文、陈树康、陈永忠、胡家玮	20220826	20230822
228	ZL202211030304.3	一种油茶籽声波水雾清洗机	湖南省林业科学院、湖南省东方油茶全产业链服务有限公司	马力、李志钢、许彦明、张震、周琨博、康地、高晶、邓森文、陈树康、陈永忠、胡家玮	20220826	20230714
229	ZL202210842111.1	一种油茶蒲籽分离装置	湖南省林业科学院、湖南省东方油茶全产业链服务有限公司	马力、康地、周琨博、李志钢、许彦明、邓森文、陈树康、陈永忠、胡家玮、高晶、张震	20220718	20230616
230	ZL202210224891.3	一种缩短茶皂素制备时间的浓缩方法	湖南省林业科学院、湖南湘纯农业科技有限公司	李昌珠、刘思思、肖志红、张爱华、吉悦娜、李党训、刘汝宽、李力、冯争名	20220309	20231117
231	ZL202110270972.2	一种外来植物分布格局与传播途径预警分析系统	湖南省林业科技大学、桂林航天工业学院、湖南汽车工程职业学院、湖南省岳衡山国家级自然保护区管理局	曾掌权、吴鑫、张得隽、王颖、李明红、夏江林、杨蕊、牛艳东、罗佳、马丰丰、邓楠、吴小丽、徐佳雯	20210312	20230207
232	ZL202210586270.X	一种大豆基胶黏剂及其制备方法和应用	湖南省林业科技大学、湖南家森竹木科技有限公司、湖南恒信新型建材有限公司	王勇、邓腊云、吴红、李贤军、李霞镇、郝晓峰、毛敏、王杰超、向湘军、李业红	20220527	20230602
233	ZL202210900629.6	一种木竹材的改性方法及其应用	湖南省林业科技大学、湖南家乐竹木科技股份有限公司、湖南恒信新型建材有限公司、湖南福森竹木科技有限公司	王勇、邓腊云、李霞镇、王栋、李拥军、王杰超、毛敏、李贤军、李业红	20220728	20231013

（续）

序号	专利号	专利名称	专利权人	发明人	申请日	授权公告日
234	ZL202110392093.7	一种福建青冈播种育苗方法	湖南省森林植物园	牟村、吕浩、彭静、李湘鹏	20210413	20230418
235	ZL202110397351.0	一种尖叶栎种子育苗方法	湖南省森林植物园	牟村、彭静、吕浩、张帆	20210413	20230331
236	ZL201911302588.5	一种自显色蛇葡萄叶中方便快速提纯二氢杨梅素的方法	华南农业大学、广东省林业科学研究院	谭建文、钱涛、徐巧林、刘少博	20191217	20230905
237	ZL202111320654.9	一种多变西南山茶嫁接繁殖方法	怀化市林业科学研究所（湖南中坡国家森林公园管理处、怀化市中坡风景名胜管理处、怀化市中坡国有林场）、湖南省植物园	张凌宏、颜立红、唐娟、田晓明、蒋利媛、袁春、李雯、向红艳、周芳芝	20211109	20230523
238	ZL202110056773.1	一种单砧木多品种的枫香种子园营建方法	环江毛南族自治县华山林场、广西壮族自治区林业科学研究院	唐生森、尹明善、覃永康、韦兵览、卢陆峰、蒙春江	20210115	20230509
239	ZL202011611025.7	橙黄玉凤花的组织培养方法	惠州市林业科学研究所（惠州植物园管理服务中心）	刘德浩、郑洲翔、廖文莉、陈智涛、邓伍东、舒夏竺、阴艳萍、吴宝宏、张鑫、张展鹏、周建芬、刘健	20201230	20230502
240	ZL202210961738.9	一种接穗切削装置	吉安市林业科学研究所（吉安市青原山试验林场）	龚伟、黄逢龙、周日巍、甘青、雷海年、罗宇龙、刘大椿	20220811	20231114
241	ZL202110643289.9	山楂海棠嫁接育苗方法	吉林省林业科学研究院	吕梦燕、齐海丰、任军、林玉梅、赵佳丽、张立民、陈思羽、齐志杰、齐天牛、王锐、张宇驰	20210609	20230818
242	ZL202310206480.6	一种基于人工智能的监测样地位置调节系统及方法	吉林省林业科学研究院	张忠辉、何怀江、罗也、包广道、王梓默、孙越、朱洪波、王雨、刘婷、杨成江、林土杰、杨晶、李岩、张春雨、于忠亮	20230307	20230818
243	ZL202310635870.5	一种林木种苗浇水施肥系统	吉林省林业科学研究院	付世苯、张大伟、苑景淇、于忠亮、杨帆、王梓默、谭笑、包广道、范旭、易华、周旭昌、罗也、刘婷、陈泽姗	20230601	20230811
244	ZL202310544533.5	一种中药种植自动式灌溉装置	吉林省林业科学研究院	张大伟、付世苯、张忠辉、于忠亮、王梓默、杨帆、苑景淇、胡长群、胡胜友、兰大鹏、曹磊、王晓霞、于海媛、赵立胜	20230516	20230808
245	ZL202110745533.7	一种含有随动调节组件的农业防治装置	吉林省林业科学研究院	李立梅、李鑫、于波、卞大伟、勾天兵、杨帆、陈思羽、钱雪	20210603	20230623
246	ZL202110360647.5	一种生防链霉菌的发酵方法	吉林省林业科学研究院	李立梅、孙伟、左彤彤、陈越渎、刘庆珍、丁丙涵、于海媛	20191127	20230616
247	ZL202310218321.8	一种基于大数据的森林质量综合评估方法及系统	吉林省林业科学研究院	张忠辉、王丛林、陈泽姗、林土杰、刘梓默、罗也、王梓默、张春雨、程岩、郝珉辉、孙越、何怀江、张春雨、苑景淇	20230309	20230526

（续）

序号	专利号	专利名称	专利权人	发明人	申请日	授权公告日
248	ZL202310195371.9	用于退化天然次生林生态修复的智能预警系统及方法	吉林省林业科学研究院	何怀江、张忠辉、包广道、孙越、罗也、朱洪波、王梓默、王雨、任皎、张英楠、林士杰、张天祥、王峰洁、杨帆、郝珉辉、陈贝贝、刘志宇	20230303	20230505
249	ZL202311207034.3	一种基于倾斜摄影的林地坡面土壤侵蚀测量系统	吉林省林业科学研究院（吉林省林业生物防治中心站）	王梓默、林士杰、何怀江、张大伟、朱红波、杨帆、包广道、张忠辉、杨雨春、罗也、刘婷、李岩、于忠亮、韩姣、包颖	20230919	20231208
250	ZL202310987626.5	一种用于智慧林业的优化管控系统及方法	吉林省林业科学研究院（吉林省林业生物防治中心站）	张忠辉、张大伟、杨帆、韩姣、付世苹、胡长群、李春默、王梓默、刘婷、杨成江、于海媛、赵吉胜、苑景淇、罗也、林士杰	20230808	20231103
251	ZL202310826712.8	用于森林碳汇数据采集的GIS数据处理系统	吉林省林业科学研究院（吉林省林业生物防治中心站）	张立民、金桂香、陈思羽、吕梦燕、任军、张前、赵爬笼、唐桂德、徐京文、康力、段加玉、李苏、朱凌燕、张岩松、李彬、李彦森、杨恒飞	20230707	20230908
252	ZL202111337604.1	一种白僵菌及其应用	吉林省林业科学研究院（吉林省林业生物防治中心站）	李立梅、毛赫、温玄烨、李鑫、陈井生、左彤彤、陈越渠、赵戈、盛海、陈宁	20211109	20230829
253	ZL202211194647.3	一种生态护坡砌块及其铺设方法	济南市园林和林业科学研究院（济南市林木种质资源中心）	刘毓、卢明、刘红权、杨晓军、李锡宁	20220929	20230113
254	ZL202311119951.6	一种果树繁育中叶片病虫害区域分析方法	济宁市林业保护和发展服务中心	任敬明、张忠镇、宋军、李依妮、韦存通、李秉龙、顾伟丽、刘晓东、张田田	20230918	20231219
255	ZL202211075332.7	一种适用于工厂化苗木种植的育苗装置	济宁市林业保护和发展服务中心	宋尚文、杨成利、孙连毅、胡连昌、江超、崔莹	20220904	20231003
256	ZL202210329713.7	一种古树名木树洞填充修复装置	济宁市林业保护和发展服务中心	杨成利、宋尚文、孙连毅、胡连昌	20220331	20230818
257	ZL202210914419.2	一种小型果园果树根部土壤钻孔施肥装置	济宁市林业保护和发展服务中心	胡连昌、李同茂、张树军、耿强、张永慧、张强	20220729	20230728
258	ZL202210879014.X	一种森林病虫害防治用诱虫灭虫机	嘉兴市林业技术推广站	顾沈华、吴小双、吴晓羚、王永良、殷昊、周卫文、张秀玲、李春耀、徐冬梅、王义平	20220725	20230707
259	ZL202110941012.4	猴耳环无糖组织培养方法	江门市新会区林业科学研究所（江门市新会区林业科技推广站）	王立、黄宏健、陈祖旭、张卫华、陈启民、陈小玲、叶棠、谭沛涛	20210817	20231124
260	ZL202211607548.3	一种水黄皮组织培养方法	江门市新会区林业科学研究所（江门市新会区林业科技推广站）	王立	20221214	20230929

（续）

序号	专利号	专利名称	专利权人	发明人	申请日	授权公告日
261	ZL201910349791.1	杜仲育苗方法	江门市新会区林业科学研究所（江门市新会区林业科技推广站）	王立	20190428	20230407
262	ZL202010945233.4	一种雌花两性花同株灌木柳引物和应用	江苏省林业科学研究院	周洁、王保松、何旭东	20200910	20230901
263	ZL202211164664.2	一种经愈伤组织不定芽再生的椰榆嫁接繁殖方法	江苏省林业科学研究院	吕运舟、董俊彤、孙海楠、蒋泽平、杨勇、黄利斌	20220923	20230627
264	ZL202210539842.9	一种低成本直杆乌桕苗木的培育方法	江苏省林业科学研究院	隋德宗、郑纪伟、陈庆生、姜开朋、王保松、邹景文、王帅、吴纲	20220518	20230623
265	ZL202210176184.1	一种美国白蛾越冬蛹的诱集调查方法及诱集装置	江苏省林业科学研究院	刘云鹏、解春霞、郑华英、徐丽丽、高悦	20220225	20230613
266	ZL202111035566.4	一种基于林泽生境的库尾消落带湿地修复方法	江西省林业科学院	朱仔伟、廖伟、高瑾、梅雅茹、刘俊	20210903	20231124
267	ZL202211120928.4	一种竹笋加工用清洗装置	江西省林业科学院	余能富、刘斌、高伟、王小东、谢阳志、邓涛、狄岚	20220915	20231110
268	ZL202210823005.9	一种用于水华治理的预报装置	江西省林业科学院	王丽艳、周晨、罗坤水、黄文超	20220713	20230919
269	ZL202211314894.2	一种樟树 CcLis 基因及其表达蛋白和应用	江西省林业科学院	郑永杰、伍艳芳、汪信东、刘新亮、张月婷、章挺、温世钫、郭捷	20221025	20230905
270	ZL202211433482.0	一种防止水土流失的生态护坡	江西省林业科学院	王丽艳、李虹茹、汤浩灈、罗坤水、杨桦	20221116	20230801
271	ZL202110734739.5	一种樟树樟巢螟虫害的防治方法	江西省林业科学院	谢谷艾、涂业荀、金明霞、马一鸣、喻爱林、熊彩云、刘晓华、王洋、万静、欧阳丽	20210630	20230725
272	ZL202211538449.4	一种用于规模化杯下中药材的采收装置	江西省林业科学院	贾全全、胡小红、夏诗琪、林洪、朱灵芝、李婷、陈宜均、黄丽莉、龚斌	20221202	20230718
273	ZL202210368663.3	森林生态环境监测装置	江西省林业科学院	周晨、罗坤水、王丽艳、唐星林、狄岚、黄文超	20220409	20230620
274	ZL202210461848.9	一种便于移栽的木本种用栽培装置	江西省林业科学院	赵攀、张继红、郑育桃、马利燕、陈俊松、贺磊、章挺、丁伟	20220428	20230609
275	ZL202310344238.5	吡喃并吡啶酮类化合物在制备治疗肝癌药物中的应用	江西省林业科学院	高伟、黄亚茹、杨海宽、高芳、华小菊、郑永、迟韵阳、郭捷	20230403	20230606
276	ZL202310344232.8	吡喃并喹啉类化合物在制备治疗宫颈癌药物中的应用	江西省林业科学院	高伟、黄亚茹、杨海宽、高芳、华小菊、迟韵阳、郭捷	20230403	20230602
277	ZL202211316870.0	一种林区空气质量监测设备	江西省林业科学院	王丽艳、李虹茹、汤浩灈、罗坤水、杨桦	20221026	20230516

（续）

序号	专利号	专利名称	专利权人	发明人	申请日	授权公告日
278	ZL202111047872.X	一种基于水松的库尾落带林泽生态系统高效构建方法	江西省林业科学院	朱仔伟、廖伟、梅雅茹、任琼、唐山、曾文昌、袁继红	20210908	20230505
279	ZL202111286527.1	一种基于羌菊的库塘消落带消落恢复方法	江西省林业科学院	朱仔伟、周莉萌、梅雅茹、缪泸君、廖伟、任琼、袁继红、万方	20211102	20230411
280	ZL202211323747.1	一种城市区域河道水面漂浮物整治设备	江西省林业科学院	王丽艳、李虹茹、汤浩潇、罗坤水、杨桦	20221027	20230411
281	ZL202111286514.4	一种基于马甲子的湿地消落带植被恢复方法	江西省林业科学院	朱仔伟、周莉萌、高黄、梅雅茹、廖伟、缪泸君、兰志春、迟韵阳	20211102	20230324
282	ZL202210584230.1	柠檬醛含氮衍生物及其制备方法和应用	江西省林业科学院、江西农业大学	黄亚茹、杨杰芳、郭捷、廖圣良、李升星、华小菊、刘新亮、周诚	20220527	20231128
283	ZL202011474139.1	基于高光谱无人机的病害潜伏树检测方法及系统	江西省林业科学院、江西农业大学	谢谷艾、喻爱林、陆坤、金明霞、添业筍、万静、阙生全、刘晓华、王文辉	20201214	20230815
284	ZL202210584220.8	一种柠檬醛衍生物及其制备方法和应用	江西省林业科学院、江西农业大学	黄亚茹、杨杰芳、廖圣良、李升星、迟韵阳、华小菊、周诚	20220527	20230804
285	ZL202111145754.2	一种基于机器学习算法的掺伪茶油鉴别方法	江西省林业科学院、中南林业科技大学	徐友志、付宇新、钟海雁、曾小林、喻望、贺义昌、王召莹、曹冰、符树根、龙晓茵、罗贤飞、孙婷婷	20210928	20230623
286	ZL202211358958.9	一种基于园林绿化的植被覆盖密度评估方法	金乡县林业保护和发展服务中心（金乡县湿地保护中心、金乡县野生动植物保护中心、金乡县国有白洼林场）	袁传镇、张海燕、于丽霞、张宏智	20221102	20230131
287	ZL202211306080.4	一种基于图像理解的林业病虫智能识别方法及系统	金乡县林业保护和发展服务中心（金乡县湿地保护中心、金乡县野生动植物保护中心、金乡县国有白洼林场）、东平县接山镇人民政府	赵学文、李宪忠、李伟、孔娜	20221025	20230526
288	ZL202211306080.4	一种基于图像理解的林业病虫智能识别方法及系统	金乡县林业保护和发展服务中心（金乡县湿地保护中心、金乡县野生动植物保护中心、金乡县国有白洼林场）、东平县接庄镇人民政府	赵学文、李宪忠、李伟、孔娜	20221025	20230428

（续）

序号	专利号	专利名称	专利权人	发明人	申请日	授权公告日
289	ZL202210688216.6	一种金沙江干热河谷地区油橄榄高效扦插育苗方法	丽江市林业科学研究所	于桂才、洪献梅、王洪艳、高云贵、赵丽芳、李庆华、丁德品、谭凤琼、杨根林、关云琳、杨志刚、胡佳莫、李晓玲、王晓燕	20220616	20230908
290	ZL202210882918.8	一种林业害虫诱捕设备	丽水经济技术开发区生态林业发展中心	王春来、刘伟、李晓东、陈伟龙、何晓菲、杜有新、叶惠慧、林志伟	20220726	20230721
291	ZL202210865289.8	一种林业驱鸟设备	丽水经济技术开发区生态林业发展中心	李晓东、刘伟、王春来、陈伟龙、何晓菲、杜有新、叶惠慧、林志伟	20220721	20230609
292	ZL202210542490.2	一种基于多花黄精加工用包装装置	丽水市林业技术推广总站（丽水市林业产业服务中心）	潘永柱、冯博杰、田苏奎、阙建勇、何晓菲飞、黄宇南	20220518	20231201
293	ZL201810522677.X	一种油茶林土壤熟化系统及其制作方法	丽水市林业科学研究院	葛永金、何小勇、刘跃钧、林昌礼、谢建秋、程亚平、宋艳冬	20180528	20230613
294	ZL202310069616.3	一种容器苗无纺布基质自动切割机械	丽水市森林资源保护管理总站	刘伟、张勇、刘海英、王增、黄玉洁、余国民、杨艺薇、张彦博、郭桂芬、何晓菲	20230207	20231003
295	ZL202110764982.1	一种用于硬枝双舌嫁接接穗的切削装置	凉山彝族自治州林业草原科学研究院	刘大章、毛丽萍、郑崇兰、李志超、巫玲琳、祝铭谦	20210707	20230912
296	ZL202310513053.2	一种干视频图像识别森林病虫害防治方法及系统	凉山州现代林业产业发展指导服务中心、国家林业和草原局产业发展规划院、北京林业大学	胡定林、谭芮、熊雄、曹志勇、樊宵雷、辛昭、张洋、吴成亮	20230509	20230721
297	ZL202210254289.4	一种林业用榛树病虫害防治装置	辽宁省经济林研究所	孙俊、张悦、尤文忠、王克瀚、曲晖、郑金利、王道明、解明、张永华、马端峰	20220315	20230425
298	ZL202210201340.5	一种降低花生镉含量的叶面肥及其制备方法和应用	辽宁省沙地治理与利用研究所（辽宁省花生研究所、辽宁省风沙地改良利用研究所、辽宁省固沙造林研究所）	于树春、于国庆、董敬超、殷业超、王力夫、任亮、尤淑丽、王海新、史普想、裴利凯、徐于惠	20220303	20230224
299	ZL202310300642.2	一种林业种植用植被绿化坡及修建方法	聊城市林业发展中心	薛静芳、秦敏、张锋、汤梦雅、张景臣、郭喜军、鲁汉增、张晓文、高桂音、王洪峰	20230327	20230616
300	ZL202310216109.8	一种林业育苗生产用种子储存设备及储存方法	聊城市林业发展中心	薛静芳、田书勇、孙雪晗、张锋、秦敏、郭喜军、张晓文、高佳音、张贵民	20230308	20230606
301	ZL202210116733.6	一种澳洲坚果果树育苗方法	临沧市林业科学院	白海东、施德、杨建荣、樊绍光、万晓丽、王红颜、石定宏、禹德梅、何家梅、雷艳	20220207	20231205
302	ZL202111648403.3	一种澳洲坚果果制品及其制备方法	临沧市林业科学院	杨建荣、施德、樊绍光、白海东、李智华、罗国发、禹德荣、王红颜、何家梅、雷艳、石定宏	20211230	20231107

（续）

序号	专利号	专利名称	专利权人	发明人	申请日	授权公告日
303	ZL202210845404.5	一种林业虫害监测以及害虫自动收集装置	临沂市森林湿地保护中心	何长流、马蓉莉、彭晓娟、张莹、焦玉辉	20220719	20231229
304	ZL202210777519.5	一种林业随机土壤检测取样装置	临沂市森林湿地保护中心	黄晓淼、彭晓娟、何长流	20220701	20230616
305	ZL202210979408.2	一种林业勘查钻孔机	临沂市森林湿地保护中心	王立芹、陈娟、曹永富、张楠、王小青、李广云、李士会	20220816	20230310
306	ZL202211154246.5	一种可调育苗盘	龙泉市林业科学研究院	陈焕伟、徐肇友、陈杏林、路先有、周红敏、吴国亮、金森芳、叶琳燕	20220921	20230623
307	ZL202111313105.9	一种林业病虫害防治用药剂喷洒设备及其喷洒方法	民勤县林业技术推广站	张海霞、陆云、周玉春、柴秀萍、许雪妮、陈国银	20211108	20230203
308	ZL202210751940.9	一种光响应型智能木膜及其制备方法与应用	南京林业大学、贵阳学院、贵州省林业科学研究院、北京林业大学、德华兔宝宝装饰新材股份有限公司	蔡亚辉、吴建飞、李建章、路建林、杨守禄、高强、詹先旭、董友明、田丹	20220628	20231103
309	ZL202010069452.0	竹柏和长叶竹柏叶绿体基因组PCR扩增引物及其应用	南京林业大学、江西省林业科学院	祁浩然、杨春霞、育猛	20200120	20230117
310	ZL202110830221.1	一种香樟齿喙象气味结合蛋白PtsuOBP11、编码基因、引诱剂及其应用	南京林业大学、上海市林业总站	陈聪、郝德君、王焱、韩阳阳、樊斌焅、耿蕙舒、于晓航、李寿银	20210722	20230718
311	ZL202110831507.1	一种源于香樟齿喙象气味结合蛋白PtsuOBP24及监测防治香樟齿喙象引诱剂和应用	南京林业大学、上海市林业总站	樊斌焅、郝德君、于晓航、李慧、陈聪、张岳峰、王焱、韩阳阳、耿蕙舒	20210722	20230613
312	ZL202110683460.9	美国白蛾不同性别成虫荧光定量内参基因及其引物和应用	南京市园林和林业科学研究院（南京市园林绿化指导院）	陈文霞、黄志宽	20210621	20231110
313	ZL202210120449.6	一种林业作物回收用压缩成型运输装置	南阳市森林病虫害防治检疫站	孙新杰、丁修强、张会龙、丛海江、王亚苏、吕慎彦、李雪、李雅彬、房丽娟、薛照宇、夏炎、王德清	20220209	20230623
314	ZL202211024659.1	一种湿地公园水面垃圾快速打捞装置	内蒙古自治区林业和草原监测规划院	于洪波、张波、李方桢、弓文玄	20220825	20230822
315	ZL201610315931.X	一种草本植被盖度激光测量仪	内蒙古自治区林业科学研究院	胡小龙、袁立敏、闫德仁、黄海广、薛博、曲娜、赵学军、闫婷、刘永宏	20160513	20231201
316	ZL202211223322.3	一种新式昆虫熏杀瓶	内蒙古自治区林业科学研究院	张颖、张嘉益、吴秀花、海龙、杨宏伟、刘永宏	20221008	20230922

（续）

序号	专利号	专利名称	专利权人	发明人	申请日	授权公告日
317	ZL202111231340.1	一种土壤风蚀测量装置	内蒙古自治区林业科学研究院	王云霓、郭晔、刘雪锋、李佳陶、张海东、吴振廷	20211022	20230919
318	ZL202110961031.3	一种室内土壤入渗速率测量设备	内蒙古自治区林业科学研究院	曹恭祥、王云霓、滑永春、梁海荣、邢冠颖、张凤鹤、陈亚锋、刘瑞龙	20210820	20230815
319	ZL202110936396.0	一种林地水土流失量监测装置	内蒙古自治区林业科学研究院	曹恭祥、王云霓、梁海荣、李佳陶、冯涛、刘佳、刘瑞龙、陈亚锋	20210816	20230714
320	ZL202111202045.3	一种森林穿透雨收集监测装置	内蒙古自治区林业科学研究院	王云霓、曹恭祥、郭晔、王博、宁静、白高娃	20211015	20230523
321	ZL202210134934.9	用于野生黑枸杞叶片诱导幼苗的培养基、培养方法及应用	内蒙古自治区林业科学研究院	杨海荣、伊特格乐、白玉娥、黄卫丽、哈布尔、王亚萍、王美珍、闫婷、乌日恒、张凤鹤	20220214	20230509
322	ZL202111201859.5	一种山地人工林地下水潜水位动态监测装置	内蒙古自治区林业科学研究院	王云霓、曹恭祥、福升、桑昊、师鹏飞、杨溢文	20211015	20230414
323	ZL202111328247.2	一种坡面薄层水流的流量检测装置	内蒙古自治区林业科学研究院	王云霓、曹恭祥、弥宏卓、聂正英、贾喜平	20211110	20230414
324	ZL202111346840.X	一种适用于沙质土壤地基的基座	内蒙古自治区林业科学研究院	袁立敏、胡小龙、杨宇、丛文成、闫德仁、杨制国、黄海广	20211115	20230407
325	ZL202110849934.2	一种人工林集水区坡度测定设备	内蒙古自治区林业科学研究院	王云霓、曹恭祥、梁海荣、高颖、李娜、陈亚锋、滑永春、刘瑞龙	20210727	20230331
326	ZL202110825134.7	一种核桃树剪枝装置及方法	濮阳市林业科学院	张兆欣、谢守江、张涛、刘焕、程国华、魏鸿利、郭陈、赵宁宁、李钢建、申艳普、李文娟、魏红、魏瑞芳、孙利娟、郭圆圆	20210721	20230110
327	ZL202210288587.5	一种濒危红树植物瓶花木幼苗抚育方法	琼台师范学院、海南师范大学、三亚市林业科学研究院	靳翔、杨勇、王伟、曾德华、洪文君、刘俊	20220323	20230606
328	ZL202210891974.8	一种倍蚜虫的收集储存方法	三峡大学、五峰博翎种业有限公司、五峰县林业科学研究所、五峰土家族自治县林业科学研究所、五峰倍都生态农业发展有限公司	桑子阳、刘腾、陈发菊、严高红、刘文、朱仲龙、陈赤清、梁宏伟、谭兵、朱姝妹	20220727	20231020
329	ZL202210879521.3	一种盐肤木体细胞胚胎发生与植株再生方法	三峡大学、五峰土家族自治县林业科学研究所	刘文、尹飞飞、陈发菊、梁宏伟、王玉兵、桑子阳、杨洋、龚清	20220725	20230620
330	ZL202311015150.5	一种潮汐模拟排水用过滤设备	三亚市林业科学研究院	曾德华、刘俊、王树宇、洪文君、孙令俊、黄永平	20230814	20231027

（续）

序号	专利号	专利名称	专利权人	发明人	申请日	授权公告日
331	ZL202310525947.3	一种用于无翼坡垒幼苗的实验设备	三亚市林业科学研究院	罗金环、刘俊、蔡开朗、何书奋、曾鹏华、洪文君、麦志通	20230511	20230815
332	ZL202310566803.2	一种林业育苗用智能栽培架	三亚市林业科学研究院	罗金环、刘俊、蔡开朗、洪文君、麦志通、陈伟玉	20230519	20230721
333	ZL202310213758.2	一种野生重楼出苗辅助生长设备及发生长方法	三亚市林业科学研究院	蔡开朗、陈运雷、麦志通、邢增俊、洪文君、罗静、陈伟玉	20230308	20230602
334	ZL202210932957.4	林草种质资源的设施保存方法及信息管理系统	山东省林草种质资源中心（山东省药乡林场）	韩彪、咸洋、张继良、解孝满、杨海平、孙延国、葛磊、徐鹏、赵立军	20220804	20231117
335	ZL202210549931.1	一种酒水均匀的林木育苗用浸种催芽装置	山东省林草种质资源中心（山东省药乡林场）	刘鹏、包志刚、马景泽、田春青、刘丹、吴府胜、韩彪、韩立军、张峰	20220520	20230922
336	ZL202210576231.1	一种识别林木种子饱满度设备	山东省林草种质资源中心（山东省药乡林场）	杨海平、王宁、庄振杰、陈莹、田春青、刘琼、姚树建、张峰	20220525	20230602
337	ZL202210564078.0	一种除杂功能的林木种子采集装置	山东省林草种质资源中心（山东省药乡林场）	包志刚、张峰、刘鹏、赵永军、吴府胜、王磊、宁、韩彪、庄振杰、王刚毅	20220523	20230526
338	ZL202210235518.8	一种白檀组织培养的培养基及其组织培养方法	山东省林草种质资源中心（山东省药乡林场）	咸洋、韩彪、解孝满、徐鹏、张继良、赵立军、乔建、董昕、王磊、崔程程	20220311	20230124
339	ZL202311453696.9	一种板栗脱蓬机粉碎箱	山东省林业保护和发展服务中心	丁彬、王庆华、杨秀萍、孟晓辉、张刘东、王舶鉴、杨柳、白瑞亮、李辉、周忠福、刘琳	20231103	20231229
340	ZL202310914993.2	一种树木分枝角测量装置及测量方法	山东省林业保护和发展服务中心	周继磊、邢广萍、付茵茵、王媛、张英、姚林梅、刘琳、周忠福	20230725	20231208
341	ZL202311185394.8	一种油用牡丹粉碎研磨装置及粉碎研磨方法	山东省林业保护和发展服务中心	卢洁、吴承荣、于华冰、韩冠苒、杜鑫、张鹏远、刘琳	20230914	20231201
342	ZL202311119831.6	一种挖方装置	山东省林业保护和发展服务中心	赵文太、包志强、逢增伦、梁江涛、刘金龙、刘蕾、张文会、夏慧慧、解小锋、邵飞、马小惠、韩强	20230901	20231114
343	ZL202310968450.9	一种清洗机构及林业种子筛选器	山东省林业保护和发展服务中心	付晓刚、于晓燕、高丙东、谯媛媛、郑惠中、杨柳、汪晓红、王瑞雪、李亚红	20230803	20231010
344	ZL202310965955.X	一种侧柏土壤根系生物量收集分离器及收集分离方法	山东省林业保护和发展服务中心	张刘东、高晴、周忠福、丁彬、孟晓辉、李辉、周继磊、李坤	20230802	20231010
345	ZL202310899243.2	一种盆栽苗根茎土清除设备	山东省林业保护和发展服务中心	秦永建、邢广萍、路洪贵、王媛、盛升、赵春磊、龚兆忠、刘琳、曹秀霞	20230721	20230915
346	ZL202310141281.1	一种森林灭火用旋转式喷射水炮	山东省林业保护和发展服务中心	包志强、赵文太、刘金龙、解小锋、邵飞、张鹏远、周继磊、孟晓晔、付德刚、张文会、邢成龙、郭建曜	20230221	20230613

（续）

序号	专利号	专利名称	专利权人	发明人	申请日	授权公告日
347	ZL202310208699.X	一种芍药种子用固体杂质去除和筛选设备及筛选方法	山东省林业保护和发展服务中心	秦永建、韩冠苒、卢洁、邢广泽、王媛、盛升、李兴、孙浩	20230307	20230606
348	ZL202310135152.1	一种林业起重机用起升装置的连接结构	山东省林业保护和发展服务中心	赵文太、包志强、刘金龙、梁江涛、邵飞、张鹏远、周继磊、付德刚、张文会、邢成龙、郭建曜	20230220	20230505
349	ZL202211401591.4	一种木槿种植移栽用运输容器及其使用方法	山东省林业保护和发展服务中心	陈俊强、窦霄、董章凯、周继磊、卢洁、韩冠苒、刘红、潘雪雁、陈莹	20221110	20230113
350	ZL202211401585.9	一种姜 种植监测用叶面积测量装置及测量方法	山东省林业保护和发展服务中心	陈俊强、窦霄、董章凯、周继磊、秦永建、韩冠苒、刘红、潘雪雁、牛红云、于晓燕	20221110	20230113
351	ZL202311047552.3	一种森林防火勘测用温湿度检测设备及检测方法	山东省林业科学研究院	回兴建、董玉峰、李宗泰、王霞、张传余、董爱新、舒秀阁、于振群、曲宏辉、张广峰、吴开健	20230821	20231117
352	ZL202311084325.8	一种于杨树生长规律监测的测量装置	山东省林业科学研究院	回兴建、李宗泰、张传余、董玉峰、魏娟、牛红云、朱莎莎、王霞、胡丁猛、葛磊、毕思圣	20230828	20231117
353	ZL202310977487.8	一种阻燃剂喷洒装置及生态保护用森林草原防火装置	山东省林业科学研究院	回兴建、王年、董玉峰、魏娟、张传余、李宗泰、王霞、胡丁猛、乔艳辉、石磊	20230804	20230929
354	ZL202310967598.0	湿地塑料废物收集分离分离机构及生态修复装置	山东省林业科学研究院	范小利、梁玉、张文馨、王强、乔艳建、王先红、高莉、冯鹏、刘淑荣	20230803	20230929
355	ZL202310636327.7	一种渗水深度测量装置及测量方法	山东省林业科学研究院	回兴建、李士美、王霞、王加田、董玉峰、魏娟、魏爱新、张传余、胡丁猛、梁玉、夏江宝、董爱新、马丙尧、贾明、范小利、张文馨、许景伟、曲宏辉、张广峰、张龚	20230601	20230804
356	ZL202210937132.1	一种芍药室内育苗方法	山东省林业科学研究院	姜楠南、陈俊强、张谦、李宗泰、房义福、孙音、赵秀娟、李宏艺、刘天裕、徐兵、陈恒新、王琰	20220805	20230623
357	ZL202110937389.2	一种任意地形条件下树木高度和干长冠长精度测量方法	山东省林业科学研究院	葛忠强、陈俊强、王清华、梁燕、李永涛、杜振宇	20210816	20230620
358	ZL202210311565.6	一株高效降解刺头木霉及其应用	山东省林业科学研究院	杨庆山、张淑静、王静、臧真荣、贾明、任飞、马安宝、舒秀阁、梁静、孙超	20220328	20230620
359	ZL202210310897.2	一株绿木霉及其在降解鱼蛋白中的应用	山东省林业科学研究院	杨庆山、张淑静、陈迪、周健、王静、马安宝、海霞、王静、王振猛、何明明、魏静、孙超	20220328	20230620
360	ZL202210486591.2	一株枯草芽孢杆菌及其在防治花椒病害方面的应用	山东省林业科学研究院	王清海、万玉昆、刘在哲、吕娟、韩新英、杨静、朱文成、孔令刚、刘、王俊伟、万平平	20220506	20230620
361	ZL202210545263.5	一株荧光假单胞菌及其在防治樱桃枝干病害中的应用	山东省林业科学研究院	张淑静、武海卫、马丙尧、刘辛红、王孟筱、孙超、王霞、高嘉、牛赠光	20220519	20230620

（续）

序号	专利号	专利名称	专利权人	发明人	申请日	授权公告日
362	ZL202210545152.4	一株高效降解斯氏蛋白的跨山曲霉及其应用	山东省林业科学研究院	杨庆山、张淑静、周健、王莉莉、魏海霞、臧真荣、朱文成、王振猛、贾明、李永涛、张传余	20220519	20230620
363	ZL202310344942.0	一种管接头及森林灭火装置	山东省林业科学研究院	闫兴建、魏娟、王加田、马丙尧、张传余、许景伟、贾明、乔艳辉、曲宏辉、王霞、李士美、董爱新、胡丁猛、梁玉、张广峰、牛红云、夏江宝、范小莉、张銮	20230403	20230609
364	ZL202211475177.8	一种园林工程生物绿化方法	山东省林业科学研究院	赵秀娟、朱文成、高嘉、井大炜、马丙尧、乔艳辉、于鹏、刘方春、刘文孝	20221123	20230602
365	ZL202210395446.3	一种三角枫轻基质无纺布容器育苗方法	山东省林业科学研究院	刘桂民、张兰英、王清华、李庆华、毕思圣、杜华兵、秦国栋	20220415	20230523
366	ZL202210284102.5	一种林木套筒嫁接装置	山东省林业科学研究院	杨庆山、李永涛、魏海霞、周健、臧真荣、何明明、王莉莉	20220322	20230512
367	ZL202111239930.2	一种延迟芍药开花的方法及应用	山东省林业科学研究院	姜楠南、陈俊强、房义福、赵海军、张谦、孙音、李月荃、赵文刚、刘海燕、李丽、舒秀阁	20210924	20230317
368	ZL202111525367.1	一种无花果枝端修剪结合抗菌膜使用提升产量的方法	山东省林业科学研究院	贾明、孙锐、赵经超、王小芳、魏娟、梁静、孙音	20211214	20230124
369	ZL202210467003.0	一种直接诱导中华七叶树大田叶柄再生不定芽的启动培养基及应用	山东省林业科学研究院、费县国有大青山林场	毛秀红、毛欣、张元帅、李欣、董元夫、伏红英、陈俊强、王静、马安宝、王翠艳、王金顶	20220429	20230926
370	ZL202210510681.0	一种北美红花七叶树无纺布容器育苗方法	山东省林业科学研究院、费县国有大青山林场	李玉岭、毛秀红、张元帅、刘翠兰、李立香、王红静、王翠艳、王金娜、张红贞	20220511	20230804
371	ZL202210365754.1	一种用于预测白蜡杂种优势的SSR标记及其应用	山东省林业科学研究院、山东华博基因工程有限公司	燕丽萍、吴德军、王因花、任飞、李丽、刘翠兰、贺英转、张波、张子通	20220408	20231110
372	ZL202110570994.0	一种轻质可饰面定向刨花板连续平压工艺	山东省林业科学研究院、中国林业科学研究院木材工业研究所、寿光市鲁丽木业股份有限公司、山东旋金机械有限公司	何明明、李长贵、张亚慧、于文吉、马玉贵、王雅慧、霍子微、朱景振、朱文成、王钧、葛立军	20210525	20230124
373	ZL202111121244.1	一种富含发酵银杏果粉的功能型饼干及其制备方法	山东省农业科学院、浙江省林业科学研究院、济南省康多宝生物技术有限公司	于金慧、王衍彬、秦玉川、尤升波、毕玉平、陈高、马德源、刘超	20210924	20230804
374	ZL201810762069.6	一种基于贝叶斯最大熵的土壤含水量预测方法	山东省农业科学院科技信息研究所、山东省林业科学研究院	杨玉建、王清华、仝雪芹、杜振宇、葛忠强	20180712	20230407

（续）

序号	专利号	专利名称	专利权人	发明人	申请日	授权公告日
375	ZL202211272176.3	（6Z，9Z）-3，4-环氧十九碳二烯的制备方法	山西农业大学、鄂尔多斯市林业和草原事业发展中心、虫捕头（苏州）生物科技有限公司	荆小院、孙彦楠、刘红霞、杨建军、许胜利、戚俊堂、吕淼、张军、郝玉杰	20221018	20230620
376	ZL202110909363.7	一种木本植物幼苗生物量预测方法	山西省林业和草原科学研究院	周帅、郝向春、韩丽君、翟瑜、张华、陈思、陈天成	20210809	20231110
377	ZL202211018500.9	一种林业用多功能林木支撑装置	山西省林业和草原科学研究院	武静、张彩红、贺奇、丁志刚、杨飞	20220824	20230929
378	ZL202310540720.6	森林抚育剩余物处理设备及其处理方法	山西省林业和草原科学研究院	王建义、宗彦平、朱松林、马彦广、郭强、梁书平、郭斌、马佳琳、张娜	20230515	20230718
379	ZL202310447026.X	苗圃地播种开沟机	山西省林业和草原科学研究院	王建义、李俊峰、郭斌、梁书平、张娜、杨彦军	20230424	20230627
380	ZL202310395553.0	一种苗床整地装置及其整地方法	山西省林业和草原科学研究院	王建义、朱松林、郭斌、马佳琳、张彩红、田建华、樊志荣、马彦广	20230414	20230616
381	ZL202110153257.0	一种利用硝酸铜进行毛榛组培继代增殖的方法	山西省林业和草原科学研究院	张娜、刘劲、张春媛、李春英、杨飞、史敏华、贺义才、杨俊莺、马佳琳、陈春、胡万银、高晋东	20210204	20230526
382	ZL202111435131.9	黄褐蔂枯叶蛾性诱剂活性组分、性诱剂及诱捕方法	山西远界科技有限公司、内蒙古自治区林业和草原有害生物防治检疫总站、内蒙古农芯科技有限公司、鄂尔多斯市林业和草原事业发展中心、准格尔旗林业和草原事业发展中心	刘红霞、赵胜国、靳嵘、许胜利、蔺向波、于占茹、白雪珍、荆小院、黄敏佳、郝玉杰、张昆、李俊锦、窦蕊、魏玉宏	20211129	20230901
383	ZL202111681373.6	一种森林火灾灭火装置及方法	陕西省林业科学院	吴普侠、王得祥、马志林、李军保、马延东、朱颖、王华烨、樊华烨	20211231	20230825
384	ZL202210590625.2	一种可升降的林业有害生物防治喷雾机	陕西省林业科学院	任博文、谢毓芬、陈鹏、梁超琼、黄昱、任俊逯、郭欣怡	20220527	20230804
385	ZL202210636430.7	一种林业有害生物防治用防护装置	陕西省林业科学院	任博文、郭晖、谢毓芬、陈鹏、任俊逯、郭欣怡、黄昱	20220607	20230602
386	ZL202110796677.0	一种增加固废消纳量的园林地形再造方法	上海市园林科学规划研究院	张浪、李晓娇、罗玉兰、李玮、朱爱青、贾虎	20210714	20231128
387	ZL202210776896.7	一种微藻复合调理剂在城市搬迁地土壤改良中的应用	上海市园林科学规划研究院	马想、梁晶、王小涵、伍海兵、何小丽、陈平	20220704	20230929
388	ZL202011295752.7	城市绿地土壤含水率检测方法	上海市园林科学规划研究院	张浪、张彬莲、易扬、邢路琪、仲启铖	20201118	20230922

（续）

序号	专利号	专利名称	专利权人	发明人	申请日	授权公告日
389	ZL202110759005.2	城市化区域生态安全格局评估方法	上海市园林科学规划研究院	张浪、仲启铖、张桂莲、郑谐维、吕永龙、宋帅、易扬	20210705	20230915
390	ZL202011295789.X	城市绿地地上生物量估测方法	上海市园林科学规划研究院	张浪、张桂莲、易扬、张冬梅、邢璐琪、林奕成	20201118	20230804
391	ZL202110754350.7	一种垃圾填埋场植被构建的方法	上海市园林科学规划研究院	郑思俊、张庆费、张冬梅、有祥亮、罗玉兰、李晓策、富婷婷、杨博、刘博、殷明	20210701	20230725
392	ZL202011299064.8	城市绿地三维绿量测算方法	上海市园林科学规划研究院	易扬、张桂莲、张浪、邢璐琪、林奕成、江子尧	20201118	20230721
393	ZL202210535832.8	重金属污染场地树木密植修复方法	上海市园林科学规划研究院	张冬梅、傅仁杰、张浪、尹丽娟、有祥亮、罗玉兰	20220517	20230623
394	ZL202011295739.1	城市绿地植被信息数据化精准测定方法	上海市园林科学规划研究院	张桂莲、易扬、林勇、邢璐琪、郑谐维	20201118	20230620
395	ZL201710169629.2	一种用于测定屋顶绿化活荷载的装置	上海市园林科学规划研究院	张浪、郑思俊、王啸宇、崔心红、李跃忠、杨梦珂、富婷婷、李晓策	20170321	20230512
396	ZL201710170045.7	一种用于测定垂直绿墙水土流失的装置	上海市园林科学规划研究院	张浪、郑思俊、崔心红、杨梦珂、李跃忠、李晓策、张冬梅、王啸宇	20170321	20230512
397	ZL201911322250.6	一种森林资产质量分级评价方法	上海市园林科学规划研究院	张桂莲、仲启铖、崔心红、林奕成、郑谐维、江子尧	20191220	20230418
398	ZL202210540890.X	一种制备"四化"苗木种植土的方法及应用	上海市园林科学规划研究院	何小丽、梁晶、伍海兵、王小涵、马想、陈平	20220517	20230411
399	ZL202011295757.X	城市绿地树木树冠缺损率计算方法	上海市园林科学规划研究院	张浪、易扬、张桂莲、林勇、邢璐琪、仲启铖	20201118	20230331
400	ZL202110090514.0	大规格全冠乔木移植最小土球规格确定方法	上海市园林科学规划研究院	张浪、罗玉兰、张冬梅、朱爱青、李晓娇	20210122	20230224
401	ZL202011376036.1	城市搬迁地土壤障碍因子快速取样和检测系统及方法	上海市园林科学规划研究院	张浪、张冬梅、傅仁杰、尹丽娟、有祥亮	20201130	20230131
402	ZL202110985913.3	具有园林植物促生功能的鞘脂菌及其用途	上海市园林科学规划研究院、中国农业科学院农业资源与农业区划研究所	何山文、韩继刚、张晓霞、赵莺莺、马荣	20210824	20230103
403	ZL202010543312.2	一种厚皮香园林景观苗的培育方法	上饶市林业科学研究所	邹芸、曹晓平、杨森兴、沈建群、陈慧、李秀滨、江斌、吴永光	20200615	20230203
404	ZL202010543305.2	一种丘陵瘠薄山地闽楠的栽培方法	上饶市林业科学研究所、永丰县官山林场、江西省林业科学院	曹晓平、江斌、伍艳芳、江香梅、刘头、杨森兴、彭勇、周君、黄宇潮、陈慧、杨军	20200615	20230606

（续）

序号	专利号	专利名称	专利权人	发明人	申请日	授权公告日
405	ZL202210223572.0	可聚合低共熔溶剂型抗静电剂的制备方法及其应用	圣象实业（江苏）有限公司，中国林业科学研究院木材工业研究所	吴梅花、李善明、王素鹏、姜志华、彭立民、赵保成、贡红霞	20220309	20230915
406	ZL202210396180.4	一种氏啮小蜂繁育用装置	寿光市林业发展中心	王勇、马玉花、张毅福、信晓萌、赵春周、赵舒婷、蔺博、孙春凯	20220415	20230207
407	ZL202210465288.4	一种林地落叶害虫防治器及防治方法	寿光市林业发展中心	王勇、信晓萌、赵春周、李新厂、于希湖、张福贞	20220429	20230113
408	ZL202210952152.6	一种立木树高测量方法	四川大学，四川省林业和草原调查规划院（四川省林业和草原生态环境监测中心）	高飞、李娜娜、李贝贝、李涛	20220809	20230707
409	ZL202310235234.3	一种固定样地复位方法	四川大学，四川省林业和草原调查规划院（四川省林业和草原生态环境监测中心）	高飞、李娜娜、李贝贝、李涛	20230313	20230623
410	ZL202310235294.5	一种同心圆森林样地调查测量方法	四川大学，四川省林业和草原调查规划院（四川省林业和草原生态环境监测中心）	高飞、李娜娜、李贝贝、李涛	20230313	20230523
411	ZL202210635291.6	用于桢楠种质鉴定的SSR分子标记引物组合及应用	四川农业大学，四川林业科学研究院	杨汉波、辜云杰、朱艳、彭建、谢佳鑫、安文娜、朱鹏、陈良华、何方	20220606	20230407
412	ZL202211191996.X	一种基于视频数据的病牛甄别方法	四川省草原科学研究院	赵洪文、罗晓林、安添午、张翔飞、官久强、多杰措	20220928	20230804
413	ZL202211662839.2	一种自然保护地空间重构方法、装置及电子设备	四川省林业和草原调查规划院（四川省林业和草原生态环境监测中心）	王洪荣、张文、梁玉喜、林波、陈家德、彭成、方懿、宋放、谢云、文登学	20221223	20231121
414	ZL202310203643.5	一种森林碳储量与碳汇价值监测系统及动态评估方法	四川省林业和草原调查规划院（四川省林业和草原生态环境监测中心），四川样地时空科技有限公司	高飞、李娜娜、田颖泽、赖长鸿、宋放	20230306	20230707
415	ZL202310203619.1	一种碳汇造林和森林经营碳汇项目碳汇动态计量方法	四川省林业和草原调查规划院（四川省林业和草原生态环境监测中心），四川样地时空科技有限公司	高飞、李娜娜、田颖泽、赖长鸿、宋放	20230306	20230616

（续）

序号	专利号	专利名称	专利权人	发明人	申请日	授权公告日
416	ZL202310203600.7	一种国家储备林建设成效监测方法、系统及云平台	四川省林业和草原调查规划院（四川省林业和草原生态环境监测中心）、四川省祥地时空科技有限公司	高飞、贾程、李娜娜、田颖泽	20230306	20230509
417	ZL202111536554.X	一种膨润土基高原土壤改良剂及用途	四川省林业科学研究院	陈德朝、贺丽、刘成、鄢武先、邓东周、吴世磊、文智猷、杨靖宇、李红君、苏宇、于炼达、黄雪梅	20211215	20231107
418	ZL202211407814.8	基于层次分析的森林资产管理绩效评估指标体系构建方法	四川省林业科学研究院	李旭华、冯秋红、李建军、孙治宇、徐峥静茹、蔡蕾、刘兴良、潘红丽、李慧超、吴从文	20221110	20230926
419	ZL202211221358.8	一种无褐化杉木外植体及其制备方法	四川省林业科学研究院	黄文华、王振、陈炙、李佳蔓、肖兴翠、郭洪英	20221008	20230919
420	ZL202210861562.X	一种苗木防冻液及其制备方法	四川省林业科学研究院	张炜、周静、张玎遥、武碧先	20220720	20230811
421	ZL202310122611.2	一种基于土壤水分资源承载力的植被恢复规划方法及装置	四川省林业科学研究院	邓东周、贺丽、陈德朝、苏宇、黄雪梅、吴科君、李红霖、吴世磊、王雪	20230216	20230516
422	ZL202110205259.X	一种从油樟油中分离出高纯度桉桦烯的方法及装置	四川省林业科学研究院	莫开林、徐明、杨凌、吴斌、黄伊嘉	20210224	20230407
423	ZL202210897478.3	一种花椒蛀干害虫捕捉防治装置	四川省林业科学研究院、凉山州现代林业产业发展指导服务中心、金堂县农业项目投资促进服务站	杨志武、胡定林、刘娟、罗成荣、刘茂、吴万波、陈善深波	20220728	20230822
424	ZL202310236062.1	一种濒危野生植物移栽装置	四川省林业科学研究院、四川省生态环境科学研究院	潘红丽、田雨、李慧超、蔡蕾、文智猷、徐峥静茹、李旭华、冯秋红、刘兴良	20230313	20230905
425	ZL202310457178.8	一种基于关联关系的物种入侵检测方法和系统	四川省林业科学研究院、四川省生态环境科学研究院	潘红丽、田雨、李慧超、蔡蕾、孟长来、杨梅、孙治宇	20230426	20230804
426	ZL202010384508.1	一种防止食用兰州百合紫化的保鲜方法及其应用	天津市林业果树研究所	张鹏、李江阔、魏宝东	20200509	20231121
427	ZL202010384477.X	一种延长蓝莓果贮藏期的保鲜方法及其应用	天津市林业果树研究所	张鹏、李江阔、霍俊伟、徐祥彬	20200509	20231121
428	ZL202110101852.X	一种单宁酸/糠醛-紫胶树脂防蚀涂料及其制备方法	五峰赤诚生物科技股份有限公司、中国林业科学研究院资源昆虫研究所	李春岭、张弘、陈赤清、李坤、张雯雯、毛业富、刘义稳、陈清龙	20210126	20230131

序号	专利号	专利名称	专利权人	发明人	申请日	授权公告日
429	ZL202110102244.0	一种单宁酸/桐油酸酯增韧紫胶树脂防蚀涂料及其制备方法	五峰赤诚生物科技股份有限公司，中国林业科学研究院资源昆虫研究所	陈赤清、李坤、张弘、李春吟、张雯雯、毛业富、刘义稳、陈清龙	20210126	20230131
430	ZL202011535336.X	一种利用塔拉单宁制备鞣花酸的方法	五峰赤诚生物科技股份有限公司，中国林业科学研究院资源昆虫研究所	陈赤清、张弘、徐涓、李坤、毛业富、刘义稳、陈清龙、张品德、冯运洋	20201223	20230117
431	ZL202211100992.6	基于波动热处理技术储存异色瓢虫卵的方法	武汉市园林科学研究院	于静亚、董立坤、毛润萍、王志华、刘超、裴张新、王朴、康凯丽、张晶晶、祝相均、潘婷婷	20220909	20230829
432	ZL202110842115.5	基于转录组测序开发的悬铃木SSR分子标记及其应用	武汉市园林科学研究院	张思思、王建强、姚军、聂超仁、杨星宇、尹秋、章晓琴、李娜	20210726	20230718
433	ZL202115542517.4	一种柽柳组织快繁方法	武威市林业科学研究院	金娜、李栋、何彩、罗祥、张勤德、张斌、王鑫、刘伟、史星云、陈岩辉、晋敏、胡芳、叶芳、曹虎、赵连鑫、张涛、张利年、赵三虎、董存元、任德全、高生春、姚元文、朱东虎	20221202	20231117
434	ZL202010142387.X	一种含山蜡梅的茶叶及其制备方法	婺源县龙坞山蜡梅专业合作社、上饶市林业科学研究所	于宏、李飞、朱恒、杨军、汪涛涌、王建、邹芸、余军浪、黄进盛、李根来、游晓庆、沈爱民、周君、李大进、黄宇潮、彭勇	20200304	20230912
435	ZL202111212728.7	以芒萁茎层片覆盖酸性岩质高陡边坡进行生态治理的方法	西安高岭绿能科技有限公司、江西省林业科学院	刘丽婷、杨杰芳、张港隆、龚春、熊振宇、朱恩永、高伟、李田	20211018	20230714
436	ZL202311069218.8	一种基于图像识别的华山松生长动态的监控方法及系统	西南林业大学、凉山州现代林业产业发展指导服务中心、国家林业和草原局产业发展规划院	贾呈鑫卓、胡定林、郑丽、谭芮、曹志勇、张妍、张皓然、龙元丽、王娟	20230824	20231107
437	ZL202310263410.4	一种林业种植用设备	夏津县林业发展中心	谷风杰	20230317	20231107
438	ZL202310263407.2	一种林业苗圃培育装置	夏津县林业发展中心	谷风杰	20230317	20230926
439	ZL202111077300.0	一种亚高山草甸生态修复治理方法	忻州师范学院、山西省林业和草原工程总站	罗正明、白景萍、牛力轩、郑庆荣、王世忠、刘婷婷、邢亚亮、马钊、郭阳阳、姜树珍、李成、关望源、黄敏、景斌、杨惠清	20220905	20231222
440	ZL202010909165.6	一种新疆地区退化草地生态修复方法	新疆大学、新疆林科院园林绿化研究所	张仁平、罗明、郭靖、段刚	20200902	20230912
441	ZL201910876271.6	一种用于枣树病毒病检测的引物及其应用	新疆林科院经济林研究所	白剑宇、李宏、韩剑、张静文、袁英哲、崔燕华、正兴、刘	20190917	20230321

（续）

序号	专利号	专利名称	专利权人	发明人	申请日	授权公告日
442	ZL202110804621.5	一种能够对森林积雪深度进行准确实时监测的装置及方法	新疆林科院森林生态研究所、新疆林科院造林治沙研究所	张毓涛、李吉玫、唐努尔、叶尔肯、孙雪娇、王丽、王雅佩、李翔、刘丽燕	20210716	20230418
443	ZL202011266232.3	一种防止大沙枣幼树啃食的方法	新疆林业科学院	罗青红、周斌、蒋腾、刘丽燕、盛炜、刘巧玲、阿不都热西提·热合曼、帕提古丽、买买提吐尔逊、古丽丽提古沙·卡斯木	20201113	20231114
444	ZL202011364119.9	一种胡杨幼林人工促进快速成林的方法	新疆林业科学院	吴天忠、管文珂、海妮肯、山台、刘丽燕、朱玉伟、张利钰、夏林淋	20201127	20230908
445	ZL201710076990.0	干旱灌溉区树木移栽装置及移栽方法	新疆林业科学院	李宏、程平、张志刚、阿力比亚提·王素甫、杨朝晖、郑朝晖	20170213	20230425
446	ZL201710070912.X	一种树木根系获取工具	新疆林业科学院	张志刚、李宏、程平	20170209	20230224
447	ZL202111483484.6	一种提高幼龄葡萄空间利用率利苗木质量的方法	新疆林业科学院	潘越、郭靖、王永涛、张浩、韩政伟、王佳玥、张东亚、刘阳阳、马勇	20211207	20230124
448	ZL202110844305.0	一种用于大沙枣穗条的切割装置	新疆林业科学院现代林业农业科技有限公司	盛炜、刘丽燕、刘巧玲、蒋腾、王旭、罗青红、阿不都热西提·热合曼、古丽丽沙·卡斯木、帕提古丽·买买提吐尔逊、孙浩洋、刘伟	20210726	20230804
449	ZL201710426306.7	一种树干爬树害虫自动计数系统	新疆林业科学院现代林业研究所	王蕾、罗磊、陈梦、刘忠军、高健、高亚琪、阳、刘鹏、吴向	20170608	20230728
450	ZL202110491861.4	一种果实霜冻预防方法及其装置	新疆农业大学、中国农业科学院农业信息研究所、新疆林业科学院现代林业研究所	古丽米拉·克孜尔别克、孙伟、王蕾、曹姗姗、李全胜、马妍	20210506	20230829
451	ZL202210006667.7	一种食用玫瑰扦插基质以及食用玫瑰的扦插方法	新疆维吾尔自治区阿克苏地区林业技术推广服务中心	赵英、赵一草、徐航、张志刚、韩晓燕、郑新国、孔德智	20220105	20230704
452	ZL202210293652.3	一种林果病虫害防治用喷雾装置及其喷雾方法	新泰市林业保护发展中心	周楠楠、邱林、鄢洪星、申明海、张玉虎、张建设、曹玉翠、陈涛	20220323	20230425
453	ZL201810259189.4	北部边缘区冬季油茶栽植方法	信阳市林业科学研究所	卜付军、邱林、江原猛、张英姿、周传涛、王晓云、闫创、班龙海、新、曾鸣	20180327	20230110

序号	专利号	专利名称	专利权人	发明人	申请日	授权公告日
454	ZL202211471274.X	一种起垄装置	烟台市森林资源监测保护服务中心（烟台沿海防护林省级自然保护区管理服务中心、烟台市林业科学研究所）	刘娟、孙晓慧、高鹏、张建梅	20221123	20231020
455	ZL202111277817.X	一种用硫脲解除榛子种子休眠和促进发芽的方法	烟台市森林资源监测保护服务中心（烟台沿海防护林省级自然保护区管理服务中心、烟台市林业科学研究所）	孙晓慧	20211030	20230822
456	ZL202210484909.3	松香基 vitrimer 及其制备方法以及其在制备碳纤维复合材料中的应用	盐城工学院、中国林业科学研究院林产化学工业研究所	闫鑫焱、王娟、王毅超、宋湛谦、商士斌、蔡照胜	20220506	20231010
457	ZL202210468185.3	一种松香基 CO_2 响应型微乳液及其制备方法和应用	盐城工学院、中国林业科学研究院林产化学工业研究所	闫鑫焱、王娟、王毅超、宋湛谦、商士斌、蔡照胜	20220429	20230623
458	ZL202211085126.4	一种电力高压草枪	榆林市林业科学研究所	郭彩云、张泽宁、张永强、张惠、张婵娟、刘姝玲、雷烨飞、郭靖、叶润红	20220906	20231117
459	ZL202111053483.8	一种预防过敏性鼻炎的口罩	榆林市林业科学研究所	肖建明、张泽宁、郭胜伟、魏道伟、侯玲、张广利	20210909	20230303
460	ZL202111419069.4	一种核桃生产加工用自动分拣装置	榆林市林业科学研究所	肖建明、张泽宁、付斌、张惠、常苗苗、许凌霞、刘永新、郭胜伟	20211126	20230221
461	ZL202311245209.X	一种森林碳汇潜力预测方法及装置	云南省林业调查规划院	温庆忠、黄运荣、冷鸿天、施凯泽	20230926	20231128
462	ZL202211506504.1	一种用于虫漏沉香培养的引诱剂及其使用方法	云南省林业和草原科学院	陈鹏、袁端玲	20221129	20230926
463	ZL202110616151.X	一种茶树扦插小枝异地保活方法	云南省林业和草原科学院	陈剑、杨文忠、张珊珊、张传光	20210602	20230915
464	ZL202310609867.6	一种核桃破壳及仁壳分离设备及加工生产线	云南省林业和草原科学院	宁德鲁、马婷、耿树香、王高升、刘润民、李文圻	20230529	20230912
465	ZL202211312312.7	一种华白及非共生萌发培养基及其繁殖方法	云南省林业和草原科学院	华梅、孔继君、蒋宏	20221025	20230901
466	ZL202211368972.7	滇黄精根部内生真菌 YAFEF086 菌株及应用	云南省林业和草原科学院	肖良俊、王毅	20221103	20230829

（续）

序号	专利号	专利名称	专利权人	发明人	申请日	授权公告日
467	ZL202211048485.2	丽江杓兰共生真菌YAFEF040及应用	云南省林业和草原科学院	王毅、耿云芬	20221229	20230801
468	ZL202310404359.4	一种油橄榄果保绿加工设备及方法	云南省林业和草原科学院	耿树香、徐田、贺娜、肖良俊、吴涛	20230417	20230728
469	ZL202310455721.0	一种油橄榄加工设备及方法	云南省林业和草原科学院	耿树香、宁德鲁、李勇杰、陈海云、徐田	20230425	20230728
470	ZL202310590436.X	一种核桃生产用立式混合搅拌结构及其榨油方法	云南省林业和草原科学院	宁德鲁、马婷、王高升、李文坪、刘润民	20230524	20230728
471	ZL202211040736.2	盾壳霉 YAFEF037 菌株及其分离方法和应用	云南省林业和草原科学院	王毅、耿云芬	20221103	20230721
472	ZL202310490422.0	一种金线兰同属植物种子非共生萌发培养基及繁育方法	云南省林业和草原科学院	华梅、孔继君	20230504	20230630
473	ZL202310404360.7	一种油橄榄果保绿清洗装置及其保绿加工设备	云南省林业和草原科学院	耿树香、李勇杰、徐田、贺娜、肖良俊、吴涛	20230417	20230616
474	ZL202111110776.5	一种魔芋种植方法	云南省林业和草原科学院	肖良俊、宁德鲁、吴涛、耿树香	20210923	20230328
475	ZL202011321204.7	一种促进大花独蒜兰种子萌发的方法	云南省林业和草原科学院	向振勇、孔继君	20201123	20230203
476	ZL202310605873.4	一种油麦吊云杉共生真菌及应用	云南省林业和草原科学院、迪庆州藏族自治州哈巴雪山省级自然保护区管护局	王毅、耿云芬、原晓龙、魏健生、张劲峰	20230526	20230829
477	ZL202310611837.9	一种玉龙杓兰共生真菌及其应用	云南省林业和草原科学院、迪庆州藏族自治州哈巴雪山省级自然保护区管护局	王毅、耿云芬、原晓龙、魏健生、张劲峰	20230529	20230829
478	ZL202211041146.1	兰淡领瓶霉及其分离方法和应用	云南省林业和草原科学院、黄冈师范学院	王毅、余饺君	20221103	20230829
479	ZL202210894915.6	一种暖地杓兰种子萌发及繁育栽培方法	云南省林业和草原科学院、云南景兰园艺有限公司	华梅、孔继君、蒋宏、刘艺、周蓉、于文清	20220728	20230407
480	ZL201710796067.4	一种桔小实蝇多虫态养虫箱及其同养方法	云南省林业科学院	陈鹏、郑传伟、王艺璇、袁瑞玲、冯丹、杜春花、周益奎、叶辉、杨涛、杨珊、陈敏	20170906	20230808
481	ZL201910754870.0	一种古树干树酚的测算方法	云南省林业和草原科学院漾核桃研究院	杨建华、习学良、侯敏、王高升	20190815	20230324
482	ZL202211428881.8	一种林业用木苗移植机	鄢陵县林业产业发展中心	侯卫国、仝海国、程永志、李体彪、于海涛、振、黄秀芬、王洪占、李尊民、江瑞华、侯孝	20221115	20230811

（续）

序号	专利号	专利名称	专利权人	发明人	申请日	授权公告日
483	ZL202310496421.7	一种基于无线电导航的森林资源调查监测方法及系统	浙江茂源林业工程有限公司，浙江省林业科学研究院	毛朝明，丁敏，胡传久，蒋灵华，李新星，潘建林	20230505	20230714
484	ZL202210702728.3	一种复方天然植物提取物协同抗菌抗病毒多壳微胶囊及其制备方法和应用	浙江升华云峰新材股份有限公司，中国林业科学研究院木材工业研究所	陈媛，李改云，桂成胜，范东斌，沈云芳，高水昌，戴雪枫，唐雨枫	20220621	20230825
485	ZL202210498971.8	一种高色牢度重组装饰单板的制备方法	浙江升华云峰新材股份有限公司，中国林业科学研究院木材工业研究所	耿奥舆，王达，盛娜，李改云，桂成胜，沈云芳，施红良，范东斌，王金林，宋满华，赵建忠，顾水祥，施晓宏，俞燕芬	20220509	20230808
486	ZL202111194838.5	樱花SSR分子标记引物及在20个樱花品种鉴定中的应用	浙江省林业科学研究院	蒋冬月，孙泽硕，李因刚	20211013	20231222
487	ZL202111238341.9	樱花SSR分子标记引物及在42个樱花品种鉴定中的应用	浙江省林业科学研究院	蒋冬月，孙泽硕，沈凤强，李因刚，胡国伟	20211022	20231222
488	ZL201711500440.3	一种RTM成型竹束复合板材制造方法	浙江省林业科学研究院	张文福，王戈，程海涛，庄晓伟，于海霞	20171231	20231128
489	ZL202111304527.X	樱花SSR分子标记引物及在145个樱花品种鉴定中的应用	浙江省林业科学研究院	蒋冬月，沈鑫	20211104	20231124
490	ZL201810472545.0	一种生物质炭粉小型压片机	浙江省林业科学研究院	庄晓伟，陈忠良，陈顺伟，潘炘，蒋应梯，于海霞，刘亚群，王进，张文福	20180517	20231121
491	ZL202210081172.0	一种凝胶型浙麦冬美白面膜及其制备方法	浙江省林业科学研究院	王丽玲，王衍彬，黄旭波，秦玉川	20220124	20231114
492	ZL202211030685.5	利用麦冬须根提取茶余物制备蚊子诱捕剂的方法	浙江省林业科学研究院	王丽玲，王衍彬，秦玉川	20220826	20231114
493	ZL202211051824.2	一种基于特征性成分及含量测定香榧籽油真伪的气质联用法	浙江省林业科学研究院	杨柳	20220830	20231013
494	ZL202211051856.2	一种基于a-香树精特征检测油茶籽油真伪及含量的方法	浙江省林业科学研究院	杨柳，柴振林，王家瑶，樊民亮，朱杰丽，王衍彬，王朝仁，欧菊芳，尚素微，周侃佩，杨黎耀，陆军，赵红波，郎欢，陆燕萍	20220830	20231013
495	ZL202211051825.7	一种基于桃花炪酚特征检测香榧籽油真伪及含量的方法	浙江省林业科学研究院	杨柳	20220830	20231010
496	ZL202210911478.4	一种竹热处理真液改良碱性土壤的方法	浙江省林业科学研究院	于海霞，潘炘	20220730	20231003

（续）

序号	专利号	专利名称	专利权人	发明人	申请日	授权公告日
497	ZL202011401322.9	一种含藤茶苯取的重组方便山稻米及其制备方法	浙江省林业科学研究院	王衍彬、秦玉川、王丽玲、方茹、童晓青、黄旭波、贺亮、程俊文、刘本同、钱华	20201202	20230908
498	ZL202111041890.7	一种算算单株毛竹扩散能力及关键调节因子的方法	浙江省林业科学研究院	王秀云、陈卓梅、宋绪忠、杨华	20210907	20230825
499	ZL202210119918.2	一种高黏度木液浆及其制备方法	浙江省林业科学研究院	潘炘、庄晓伟、冯永顺、王进、于海霞	20220209	20230818
500	ZL202110909721.4	一种基于动态热机械法的水溶性低分子量树脂固化特性的测试方法	浙江省林业科学研究院	徐康、李中昊、李贤军、张晓萌、李琴、袁少飞、张建、王洪艳	20210809	20230811
501	ZL202111403173.4	一种从藤茶中提取二氢杨梅素的方法	浙江省林业科学研究院	王丽玲、黄旭波、秦玉川、王衍彬、方茹、童晓青	20211124	20230808
502	ZL202211232003.9	一种离子液体修饰复合材料及其制备方法、应用	浙江省林业科学研究院	王丽玲、王衍彬、秦玉川	20221010	20230808
503	ZL202211111918.4	一种耐候型竹质结构材的制备方法	浙江省林业科学研究院	张建、张文福、袁少飞、王洪艳	20220913	20230718
504	ZL202210143953.8	一种环保酵素及其快速制备方法和应用	浙江省林业科学研究院	彭华正、朱汤军、金群英	20220217	20230627
505	ZL202210666755.X	一种食品接触用绿色防霉竹材的制备方法	浙江省林业科学研究院	于海霞、杨伟明、刘彬、王进、王增	20220613	20230620
506	ZL201811146886.5	一种竹材定长截断与节智能识别设备	浙江省林业科学研究院	徐康、沈冯峥、李琴、袁少飞、张建、王洪艳	20180929	20230616
507	ZL202001347115.3	一种高通量低成本的微量生物样品分子鉴定技术	浙江省林业科学研究院	彭华正、金群英、朱汤军、叶华琳	20200428	20230616
508	ZL202210348643.X	一种桑树桑黄子实体甘露半乳聚糖及其制备和用途	浙江省林业科学研究院	程俊文、贺亮、魏海龙、黄旭波、胡传久、王衍彬、李海波	20220401	20230606
509	ZL202110067432.4	一种生产气泡胶囊剂的自动化设备及方法	浙江省林业科学研究院	金群英、彭华正、朱汤军、张飞英、叶华琳	20210119	20230530
510	ZL202110471384.5	山稻叶面肥及其制备方法	浙江省林业科学研究院	王衍彬、秦玉川、王丽玲、方茹、童晓青、贺亮、程俊文、刘本同、钱华	20210429	20230530
511	ZL202110880332.3	一种溶液悬浮装置及制备竹纤维玻璃纤网预制体的方法	浙江省林业科学研究院	张文福、施江靖、于海霞、邹艳萍、陈红	20210802	20230509
512	ZL202110283847.5	一种耐磨抑菌竹秆吸管的制备方法	浙江省林业科学研究院	张文福、张建、袁少飞、于海霞、施江靖	20210317	20230502

（续）

序号	专利号	专利名称	专利权人	发明人	申请日	授权公告日
513	ZL202110850973.4	一种VARTM成型复合材料用竹基混杂纤维毡制备方法	浙江省林业科学研究院	张文福、施江靖、邹艳萍、于海霞、陈红	20210727	20230502
514	ZL202011235565.X	一种多用途的微胶囊制备装置及方法	浙江省林业科学研究院	彭华正、金群英、朱汤军、张飞英、黄冠中、叶华琳	20201109	20230425
515	ZL202110283783.9	一种竹笋壳纤维可降解模塑餐盒的制备方法	浙江省林业科学研究院	张文福、于海霞、陈红、施江靖、邹艳萍	20210317	20230407
516	ZL202210107763.0	一种固体缓释复配阿维菌素类杀松材线虫剂及生产工艺	浙江省林业科学研究院	胡杨	20220128	20230324
517	ZL202110115236.X	一种低醛高质量实木复合地板加工工艺	浙江省林业科学研究院	徐漫平、方崇荣、吴忠其	20210128	20230317
518	ZL202110316238.5	一种水溶性低分子量树脂相态变化的微观在线检测方法	浙江省林业科学研究院	徐康、张晓萌、李琴、袁少飞、张建、王洪艳、赵建诚	20210324	20230203
519	ZL201810372291.5	一种聚氨酯填充761竹质球杆的制备方法	浙江省林业科学研究院、国际竹藤中心	张文福、王戈、程海涛、顾少华、庄晓伟、于海霞	20180424	20230718
520	ZL201810364679.0	一种束竹篾混编预浸料及其压层压板的制备方法	浙江省林业科学研究院、国际竹藤中心	张文福、王戈、程海涛、顾少华、李明鹏	20180423	20230704
521	ZL201810372947.3	一种竹单板LCM成型家具构件的制造方法	浙江省林业科学研究院、国际竹藤中心	张文福、王戈、程海涛、顾少华、庄晓伟、于海霞	20180424	20230411
522	ZL202110467766.0	鉴别玉山鱼腥草、细香榧、大香榧和磐大榧的引物及方法	浙江省林业科学研究院、磐安县自然资源和规划局、磐安县中药产业发展促进中心	李海波、陈红星、张苏炯、沈建军、宋其岩、陈友吾、叶碧欢、胡传久	20210428	20231205
523	ZL202110443006.6	鉴别香榧品种玉山鱼腥草、大丁香香榧和磐大榧的引物及方法	浙江省林业科学研究院、磐安县自然资源和规划局、磐安县中药产业发展促进中心	陈红星、陈友吾、李海波、宋其岩、叶碧欢、张苏炯、胡传久	20210423	20231201
524	ZL202110846256.4	一种鉴别香榧多倍体品种的分子特征性SSR引物及方法	浙江省林业科学研究院、磐安县自然资源和规划局、磐安县中药产业发展促进中心	李海波、叶碧欢、宋其岩、陈红星、张苏炯、陈友吾、沈建军、胡传久	20210726	20230526
525	ZL202110444514.6	鉴别香榧品种玉山鱼腥草、大丁香香榧的多重标记记物	浙江省林业科学研究院、磐安县自然资源和规划局、磐安县中药产业发展促进中心	叶碧欢、李海波、陈红星、沈建军、宋其岩、张苏炯、胡传久	20210423	20230428

（续）

序号	专利号	专利名称	专利权人	发明人	申请日	授权公告日
526	ZL202110908764.0	鉴别特早熟玉环柚'早玉文旦'的多重SSR标记引物及方法	浙江省林业科学研究院、玉环市自然资源和规划局	沈建军、李海波、陈友吾、宋其岩、叶碧欢、李元春	20210809	20231205
527	ZL202110908812.6	鉴别特早熟玉环柚'早玉文旦'品种的引物及方法	浙江省林业科学研究院、玉环市自然资源和规划局	李海波、宋其岩、李元春、叶碧欢、沈建军、陈友吾	20210809	20231205
528	ZL201911022139.5	木竹质空心成型墙板加强筋连续内置成型方法及成型装置	浙江省林业科学研究院、浙江工业大学工程设计集团有限公司	刘乐群、刘方成	20191025	20231013
529	ZL201911020673.2	一种超厚木竹质芯空成型墙板的连续成型方法及成型装置	浙江省林业科学研究院、浙江工业大学工程设计集团有限公司	刘乐群、刘方成	20191025	20230613
530	ZL201810378813.2	一种再生重组厚芯竹胶合板及其制造方法	浙江省林业科学研究院、浙江省林产品质量检测站（浙江省林木种苗质量监督检验站）	于海霞、徐漫平、潘炘、庄晓伟、张文福、蒋应梯、王进	20180425	20230801
531	ZL202010065960.1	一种多尺度相容的林木年生长模型组建模方法	浙江省森林资源监测中心	陶吉兴、李碧勇、代劲松、张翊武、谢秉楼、张翰飞、张成军、朱振贤、何欢、邬枭楠、骆义波	20200120	20230414
532	ZL202211284123.3	一种紫薇花期调控复合植物调节剂以及花期调控方法	浙江省亚热带作物研究所（浙南林业科学研究院）	马晓华、郑坚、钱仁卷、张旭乐、叶胜忠、叶友菊、章彦君、章巧依、陈春青、胡青荻	20221020	20231124
533	ZL202310234404.6	一种栀子同源四倍体的诱导方法	浙江省亚热带作物研究所（浙南林业科学研究院）	姜武、戴惠明、肖庆来、陈家栋、段晓婧、李亚洋、张立华、陶正明	20230306	20231124
534	ZL202211572674.X	一种利用栀子茎尖嫁接的组织培养育苗的方法	浙江省亚热带作物研究所（浙南林业科学研究院）	姜武、戴惠明、段晓婧、陈家栋、李亚洋、张立华、陶正明	20221208	20230912
535	ZL202210580295.9	一种丛枝菌根真菌在栀子种子萌发和扦插中的应用	浙江省亚热带作物研究所（浙南林业科学研究院）	陈家栋、姜武、张佳佳、林庆业、段晓婧、陶正明	20220525	20230526
536	ZL202210459275.6	一种高阻尼降噪竹纤维砧板及其制备方法	浙江味老大工贸有限公司、浙江省林业科学研究院	张帅、张敏、张文福、张建、王飞燕、王虹	20220427	20230822
537	ZL202111041825.4	一种海洋生态环境损害调查方法	中国科学院大学、中国林业科学研究院林业新技术研究所	李润奎、蔡盼丽、文苑玉、高文举、董建、王君顺、郭靖娴	20210907	20230718

序号	专利号	专利名称	专利权人	发明人	申请日	授权公告日
538	ZL202210490426.4	一种沙丘风蚀风积量自动监测装置及方法	中国科学院西北生态环境资源研究院，内蒙古额济纳胡杨林国家级自然保护区管理局，阿拉善盟林业草原研究所（阿拉善盟林业调查规划中心、阿拉善荒漠研究中心）	鱼腾飞、冯起、席海洋、赵晨光、陈勇、魏新成、谢宗才、马扎雅泰、刘雪娟、丁翊羽	20220506	20230516
539	ZL202010556512.1	一种胺类环氧固化剂生产废水的回收利用制备曼尼希碱固化剂的方法	中国林科院林产化工研究所南京科技开发有限公司、中国林业科学研究院林产化学工业研究所	李守海、陈瑶、夏建陵、诸进华、杨小华、张燕	20200617	20231226
540	ZL202011378523.1	一种荒漠地区时序 AGB 遥感估算方法	中国林业科学研究院	闫峰、卢琦、刘雨晴	20201201	20230718
541	ZL202310128494.0	一种灰楸叶片不定芽诱导及植株再生的方法	中国林业科学研究院	王军辉、张守攻、杨英英、付鹏跃、杨桂娟、麻文俊、赵鲲、负慧玲	20230217	20230516
542	ZL202210983857.4	一种油杉体细胞胚发生体系的建立方法及其应用	中国林业科学研究院	韩学敏、曾庆银、王丹、金守霆	20220817	20230509
543	ZL202310146530.6	一种楸树幼胚无菌诱导植株再生的方法	中国林业科学研究院	王楠、王军辉、张守攻、付鹏跃、杨桂娟、赵鲲、负慧玲	20230222	20230502
544	ZL201910181801.5	一种介导双链 RNA 进入中华紫胶虫体内的方法	中国林业科学研究院高原林业研究所	陈航、王伟伟、凌晓犟、陆沁、柳鹏飞、张金稳	20190311	20231003
545	ZL202211248120.4	一种桤育苗方法	中国林业科学研究院高原林业研究所	马宏、万友名、李金仙、李正红	20221012	20230623
546	ZL202111260050.X	一株高效溶磷菌 MQR6 及其发酵产物与应用	中国林业科学研究院华北林业实验中心	马庆华、栾明宝、原伟杰、王兴红、蔡京艳、孔斌、李建波	20211028	20231212
547	ZL202310831490.9	胡杨 PeDUB1 基因在提高植物耐旱性和耐盐性上的应用	中国林业科学研究院华北林业实验中心	李建波、贾会霞、赵金娜、郑广顺、杨艳飞	20230707	20231121
548	ZL202210728845.7	一种仁用杏 PasLEA3-2 基因及其在抗寒、促进植物提前开花或种子结实中的应用	中国林业科学研究院华北林业实验中心	李少锋、王少丽、王鹏、夏永秀、郑广顺	20220624	20230505
549	ZL202210729091.7	一种仁用杏 Pasdehydrin-3 基因及其在抗寒、促开花或种子结实中的应用	中国林业科学研究院华北林业实验中心	李少锋、王鹏、王少丽、夏永秀、吕芳妮	20220624	20230505

(续)

序号	专利号	专利名称	专利权人	发明人	申请日	授权公告日
550	ZL202110718394.4	一种维持柿轻简化生产的树形管理方法	中国林业科学研究院经济林研究所	傅建敏、刁松锋、李华威、韩卫娟、索玉静、张嘉嘉	20210628	20231020
551	ZL202210161123.8	一种夏栎组织培养提高再生效率的处理方法	中国林业科学研究院经济林研究所	朱景乐、周宗顺、樊巍、李慧、陈梦娇、任跃、牛新江	20220222	20230801
552	ZL202210882944.0	杏促花促雌剂、制备方法及预防雌蕊败育和大小年的方法	中国林业科学研究院经济林研究所	乌云塔娜、尹明宇、张钰婧、李金淞、邵世质、王楚、白海坤、李辉、梁武军、杨其宇、朱绪春	20220726	20230714
553	ZL202210155808.1	用于避倒春寒的晚花山杏砧木及主栽杏利用晚花山杏砧木避倒春寒的方法	中国林业科学研究院经济林研究所	乌云塔娜、尹明宇、朱绪春、徐宛玉、王楚、黄梦真、白海坤、罗彬、徐宗才	20220221	20230623
554	ZL202211364040.5	基于基因组杂交合度的杏属植物远缘杂交高亲和胃干亲本选择方法和子叶败育杂种胚挽救方法	中国林业科学研究院经济林研究所	乌云塔娜、尹明宇、陈晨、白海坤、朱绪春、宁、张钰婧、王楚、李辉、吴锦秋	20221102	20230623
555	ZL202211239354.2	一种秋水仙碱处理种子高效诱导柿多倍体的方法	中国林业科学研究院经济林研究所	索玉静、李华威、傅建敏、孙鹏、李芳东	20221011	20230623
556	ZL202110689891.6	一种具有抗氧化及免疫活性的苦杏仁肽及其制备方法和用途	中国林业科学研究院经济林研究所	乌云塔娜、朱绪春、刘慧敏、黄梦真、李铁柱、尹明宇、吕伟馨	20210622	20230512
557	ZL201910387511.6	一种西伯利亚杏早晚花期的早期鉴别引物、筛选方法和鉴别方法	中国林业科学研究院经济林研究所	乌云塔娜、徐宛玉、朱高浦、赵宇、王淋、刘慧敏、黄梦真、苟宁宁、陈晨、白海坤	20190510	20230505
558	ZL202110897232.1	活性多肽及其用途	中国林业科学研究院经济林研究所	乌云塔娜、朱绪春、刘慧敏、尹明宇、黄梦真、李辉	20210805	20230428
559	ZL202111239847.1	一种水陆两生净化水体植物群落构建方法	中国林业科学研究院经济林研究所	杨海青、岳华峰、张艺凡、赵广杰、班龙海、狄新令、孙思梅、魏晓岚、刘国顺、李占林、吴晗彬、李海涛、朱景乐、杨超伟	20211025	20230407
560	ZL202111353262.2	一种大果油杏的培育方法	中国林业科学研究院经济林研究所	乌云塔娜、朱绪春、尹明宇、王楚、白海坤、王志勇、黄梦真、苟宁宁、邢晓飞、刘生虎、余海正、李慧	20211116	20230331
561	ZL201910886961.X	一种难生根树种扦插基质的制备方法	中国林业科学研究院经济林研究所	刁松锋、傅建敏、李华威、孙鹏、索玉静、李芳东、刘军利、刘金凤	20190919	20230110
562	ZL202110663078.1	一种空气介导调控磷酸活性炭孔道和表面性质的方法	中国林业科学研究院林产化学工业研究所	王傲、蒋剑春、许伟、徐茹婷、孙昊、卢辛成、陈超、檀畅、马名哲	20210615	20231219

序号	专利号	专利名称	专利权人	发明人	申请日	授权公告日
563	ZL202111213494.8	一种铌负载碳纳米管固体酸催化剂及其制备方法和应用	中国林业科学研究院林产化学工业研究所	叶俊、蒋剑春、赵剑、徐俊明、谭卫红、王奎、静、夏海虹、陆海龙、王瑞珍	20211019	20231205
564	ZL202210531759.7	一种肿瘤环境响应阴离子可型聚乙烯醇靶向载体的制备方法	中国林业科学研究院林产化学工业研究所	王成章、袁花、张昌伟	20220518	20231205
565	ZL202111262487.7	一种含F二元含苯基苯并环丁烯单体及其制备方法和应用	中国林业科学研究院林产化学工业研究所	沈明贵、付飞、王丹、刘鹤、张海波、商士斌、朱湛谦、朱东	20211028	20231201
566	ZL202111600039.3	一种生物基多元醇衍生的自修复聚氨酯及其制备方法	中国林业科学研究院林产化学工业研究所	林雅玫、王飞	20211224	20231121
567	ZL202111374460.7	一种污泥制备颗粒活性炭的方法	中国林业科学研究院林产化学工业研究所	刘石彩、王亚利、许伟、卢辛成	20211119	20231117
568	ZL202110986716.3	一株产芽孢漆酶的芽孢杆菌及其应用	中国林业科学研究院林产化学工业研究所	杨静、赵剑、张宁、解静聪、徐浩、蒋剑春	20210826	20231117
569	ZL202210058687.9	一种利用深共熔溶剂提取紫苏籽粕中迷迭香酸的方法	中国林业科学研究院林产化学工业研究所	闫林林、郑光耀、王艳辉	20220116	20231110
570	ZL202011177566.3	木质素石墨烯及其制备方法	中国林业科学研究院林产化学工业研究所	林艳、房桂干、邓拥军、沈葵忠、韩善明、李红斌、焦健、吴珽、梁龙、梁芳敏、朱北平	20201029	20231107
571	ZL202210181382.7	一类AIE化合物、其制备方法及其应用	中国林业科学研究院林产化学工业研究所	高宏、窦立楠、高亚楠、商士斌、朱湛谦	20220225	20231027
572	ZL202211036810.3	一种高强度可自愈合的有机硅弹性体的制备方法、其应用及其再生方法	中国林业科学研究院林产化学工业研究所	刘鹤、杨欣欣、李京京、商士斌、朱湛谦	20220829	20231024
573	ZL202110724815.4	桐油基水性极压润滑添加剂及其制备方法	中国林业科学研究院林产化学工业研究所	李梅、姚娜、丁海阳、李守海、张燕、许利娜、杨小华	20210629	20231013
574	ZL202310265020.0	一种利用预处理杨木厌氧发酵产乙醇的方法	中国林业科学研究院林产化学工业研究所	张宁、姜越、蒋剑春、杨静、赵剑、徐浩、解静聪	20230317	20230926
575	ZL202310960977.7	一种C8漆酚衍生物及其制备方法和应用	中国林业科学研究院林产化学工业研究所	周昊、王成章	20230802	20230926
576	ZL202011207312.1	以植物纤维膜为原料制备的纳米金刚石及其方法	中国林业科学研究院林产化学工业研究所	林艳、房桂干、邓拥军、沈葵忠、韩善明、李红斌、焦健、吴珽、梁龙、梁芳敏、朱北平	20201103	20230922
577	ZL202211631720.9	活性炭与磁性铁氧体复合材料协同处理工业废水的方法	中国林业科学研究院林产化学工业研究所	张娜、檀俊利、陈玉平、方羽、樊高	20221219	20230912
578	ZL202011351324.1	一种吸附性多孔微球的松香基磁性多孔离子染料的制备方法及应用	中国林业科学研究院林产化学工业研究所	程增会、王基夫、王春鹏、储富祥	20201126	20230905

(续)

序号	专利号	专利名称	专利权人	发明人	申请日	授权公告日
579	ZL202110798836.0	一种 D-A-π-A-D 型荧光化合物及其制备方法	中国林业科学研究院林产化学工业研究所	高宏、窦立薇、高亚楠、商士斌、宋湛谦	20210715	20230905
580	ZL202210561254.5	一种可光固化的蓖麻油基形状记忆弹性体及其制备方法和应用	中国林业科学研究院林产化学工业研究所	李守海、聂圆、李梅、刘芮同、邓天翔、丁海阳、许利娜、姚娜、杨小华、张燕	20220523	20230905
581	ZL202011143895.6	利用林木生物质制备低聚木糖和纤维低聚糖的方法	中国林业科学研究院林产化学工业研究所	张宁、解静聪、蒋剑春、杨静、徐浩、赵剑、童娅娟	20201023	20230901
582	ZL202210496262.6	一种提高农林剩余物固态厌氧发酵制备甲烷产量和产率的方法	中国林业科学研究院林产化学工业研究所	蒋剑春、徐浩、解静聪、王奎、张宁、杨静、徐卫	20220507	20230901
583	ZL202310624365.0	一种马蓝干燥叶及其吲哚苷提取制的制备方法	中国林业科学研究院林产化学工业研究所	周昊、王成章、杨潇然	20230530	20230829
584	ZL202011206600.5	以植物纤维为原料制备的纳米金刚石及其方法	中国林业科学研究院林产化学工业研究所	林艳、房桂干、沈葵忠、韩善明、李红斌、焦琰、吴珽、田庆文、梁芳敏、朱北平	20201103	20230825
585	ZL202210777399.9	一种利用碱性低共熔溶剂快速高效解离木质纤维素的方法	中国林业科学研究院林产化学工业研究所	黄晨、请求不公布姓名、程金元、赵梦妮、詹云姬、邓拥军、房桂干	20220704	20230825
586	ZL202211122089.X	一种木质素基金属有机配合物及其制备方法和应用	中国林业科学研究院林产化学工业研究所	张海波、王超、冯雪贞、商士斌	20220915	20230825
587	ZL202211012287.0	一种蓖麻油改性的内增塑聚氯乙烯材料及其制备方法	中国林业科学研究院林产化学工业研究所	李梅、邓天翔、许利娜、张燕、姚娜、丁海阳、杨小华	20220823	20230815
588	ZL202211576653.5	一种桐油基多元酸固化剂及其合成方法	中国林业科学研究院林产化学工业研究所	陈洁、常仔永、聂小安、李文斌、王义刚	20221208	20230815
589	ZL202211655537.2	一种腰果酚基粘缸剂及其制备方法	中国林业科学研究院林产化学工业研究所	陈洁、聂小安、王义刚、李文斌、朱宇	20221221	20230815
590	ZL202111105564.8	一种四氢萘基席夫碱类化合物及其制备方法与除草应用	中国林业科学研究院林产化学工业研究所	赵振东、张红梅、陈玉湘、王婧、徐士超、董欢欢、卢言菊、古研、毕良武	20210922	20230811
591	ZL202211464543.X	一种葡萄糖基/氨基酸复合碳球的制备方法及其应用	中国林业科学研究院林产化学工业研究所	丁海阳、姚娜、李梅、李守海、杨小华、许利娜、张燕	20221122	20230811
592	ZL202111365445.6	一种具有 pH 响应的两亲性聚皮烯醇多孔生物衍生物的制备方法	中国林业科学研究院林产化学工业研究所	王成章、袁花、张昌伟	20211117	20230808
593	ZL202111677458.7	一种催化油脂脱氧制备烃生物燃油的方法	中国林业科学研究院林产化学工业研究所	徐俊明、曹新城、蒋剑春、刘朋、赵佳平、龙锋	20211231	20230804
594	ZL202210355953.4	一种草铵膦原液精制脱色的方法	中国林业科学研究院林产化学工业研究所	孙昊、马名哲、孙康、王傲、蒋剑春、徐茹婷、张燕萍	20220406	20230804

（续）

序号	专利号	专利名称	专利权人	发明人	申请日	授权公告日
595	ZL202210356749.4	一种竹热解气化副产物改性制备成型活性炭的方法	中国林业科学研究院林产化学工业研究所	孙昊、马名哲、徐茹婷、应浩、孙康、蒋剑春、王傲、许伟、卢辛成、张燕萍	20220406	20230804
596	ZL202010063346.1	一种微波连续调频协同生物质热解产物气态加氢装置及其使用方法	中国林业科学研究院林产化学工业研究所	蒋剑春、王佳、孙云娟、周铭昊、刘朋、王奎、叶俊、李静、夏海虹、徐俊明	20200119	20230801
597	ZL202110965391.0	一种抑制头孢镰刀菌的哈茨木霉及其应用	中国林业科学研究院林产化学工业研究所	张宁、蒋剑春、杨静、赵剑、徐浩、解静聪、童媛娟	20210820	20230801
598	ZL202310656470.2	具有靶向抗肿瘤活性的漆酚基异羟肟酸酚型 HDAC 抑制剂及其制备方法和应用	中国林业科学研究院林产化学工业研究所	周昊、王成章	20230605	20230801
599	ZL202011361038.3	一种催化油脂加氢生产生物航空燃油用催化剂及其制备方法和应用	中国林业科学研究院林产化学工业研究所	刘朋、周铭昊、蒋剑春、王奎、叶俊、夏海虹、李静、赵佳平、王瑞珍、陆海龙	20201127	20230728
600	ZL202210314885.7	一种低能耗预处理木质纤维素原料的方法	中国林业科学研究院林产化学工业研究所	黄晨、詹云妮、程金元、刘旭泽、韩善明、邓拥军、房桂干	20220328	20230714
601	ZL202110640996.2	一种高吸附性能秸秆活性炭的制备方法	中国林业科学研究院林产化学工业研究所	卢辛成、徐茹婷、孙康、王傲、陈超、张燕萍、蒋剑春	20210609	20230707
602	ZL202211013187.X	一种可降解防水高强度可循环再利用的纸塑料的制备方法及其循环回用方法	中国林业科学研究院林产化学工业研究所	刘鹤、杨欣欣、张博文、高士斌、宋湛谦	20220823	20230707
603	ZL202110684611.2	一种高光固化活性的水环氧丙康酸酯树脂的制备方法	中国林业科学研究院林产化学工业研究所	吴国民、边均娜、刘朋、孔振武、陈健、杨兆哲	20210621	20230630
604	ZL202111677455.3	一种在温和条件下催化脂肪酸制备脂肪醇的方法	中国林业科学研究院林产化学工业研究所	徐俊明、曹新城、刘朋、蒋剑春、赵佳平、龙锋	20211231	20230613
605	ZL202111214821.1	一种蓖麻油基形状记忆聚合物及其制备方法	中国林业科学研究院林产化学工业研究所	李守海、刘芮同、李梅、丁海阳、许利娜、杨小华、张燕	20211019	20230606
606	ZL202211227528.3	自修复型二聚脂肪酸基形状记忆弹性体及其制备方法	中国林业科学研究院林产化学工业研究所	李守海、聂圆、李梅、丁海阳、许利娜、姚娜、杨小华、张燕	20221009	20230606
607	ZL202011320753.2	一种木质素基纳米吸附剂及其制备方法	中国林业科学研究院林产化学工业研究所	房桂干、严振宇、史青宇、沈葵忠、储富祥、王春鹏	20201123	20230602
608	ZL202310083674.1	一种 $E_{_{}NF_{}}$ 级木质素基刨花板的制备方法	中国林业科学研究院林产化学工业研究所	张代晖、高士帅、史青宇、储富祥、王春鹏	20230208	20230512

（续）

序号	专利号	专利名称	专利权人	发明人	申请日	授权公告日
609	ZL202011378614.5	一种松香基有机硅交联剂、其制备方法及其应用	中国林业科学研究院林产化学工业研究所	刘鹤，王诗博，杨欣欣，王思恒，商士斌，宋湛谦	20201201	20230418
610	ZL202110181061.2	肉桂醛-多糖及其抗氧化涂料	中国林业科学研究院林产化学工业研究所	毕良武，李胜男，程贤，陈玉湘，赵振东，卢言菊，徐士超，古妍	20210210	20230411
611	ZL202210733525.0	一种制备木质素胶黏剂的方法及其产品	中国林业科学研究院林产化学工业研究所	黄晨，程金元，詹云妮，刘旭泽，梁芳敏，邓拥军，房桂干	20220624	20230411
612	ZL202010952233.7	一种生物基潜伏性水性环氧树脂及其制备方法	中国林业科学研究院林产化学工业研究所	黄金瑞，聂小安，王义刚	20200911	20230407
613	ZL202010951723.5	一种腰果酚基超疏水棉织物及其制备方法和应用	中国林业科学研究院林产化学工业研究所	尚倩倩，周永红，刘承果，胡立红，杨晓慧，胡云，薄采颖，潘政	20200911	20230407
614	ZL201910451353.6	一种提高纤维原料生物酶降解转化率可发酵糖的预处理方法	中国林业科学研究院林产化学工业研究所	焦健，梁龙，朱北平，黄晨，田庆文，冉桂干，房桂干，邓拥军，沈葵忠，丁来保，梁芳敏，盘爱享，张华兰，林艳，施英乔，李萍，庄国俊，吴珏，魏县象，陈远航，严震宇，解存欣	20190528	20230328
615	ZL202110513047.8	一种功能性纤维基纳米粒子及其绿色制备方法和应用	中国林业科学研究院林产化学工业研究所	张代晖，谢宜彤，储富祥，王春鹏，高士帅，甕均宇	20210511	20230321
616	ZL202210355156.2	一种车船用碳基定型机油净化材料制备新方法	中国林业科学研究院林产化学工业研究所	卢辛成，孙康，蒋剑春，赵剑，卫民，徐茹婷，张燕萍	20220402	20230317
617	ZL202010489324.1	一种马来海松酸基偶氮苯单体及其制备方法	中国林业科学研究院林产化学工业研究所	张海波，李婉冰，许嘉琍，商士斌，王丹，沈明贵，宋湛谦	20200602	20230314
618	ZL201910835377.1	桐油基可双重交联树脂单体及其制备方法和应用	中国林业科学研究院林产化学工业研究所	李宁海，易靖，夏建陵，李梅，张燕，杨小华，陈瑶	20190905	20230228
619	ZL202111672261.4	一种具有抑菌活性的荧光水凝胶、致动器及其制备方法	中国林业科学研究院林产化学工业研究所	张海波，冯雪贞，商士斌，王超	20211231	20230228
620	ZL202010567132.8	一种植物单宁介导的超疏水纤维素材料及其制备方法和应用	中国林业科学研究院林产化学工业研究所	尚倩倩，周永红，刘承果，胡立红，潘政，薄采颖，杨晓慧，胡云，王超	20200619	20230221
621	ZL201911000462.2	以吡啶衍生物为π桥的脱氢枞酸三芳胺基 D-π-A 型化合物及其合成方法	中国林业科学研究院林产化学工业研究所	高宏，高亚楠，檀贯妮，商士斌，宋湛谦	20191021	20230203
622	ZL202010964142.5	一种桐油基光响应单体、其制备方法及其用于光致形变聚合物的应用	中国林业科学研究院林产化学工业研究所	张海波，李婉冰，商士斌，刘鹤，沈明贵	20200915	20230203
623	ZL202110278360.8	一种从银杏叶中提取物加工废水中高效分离莽草酸的方法	中国林业科学研究院林产化学工业研究所	周昊，王成章	20210315	20230131

（续）

序号	专利号	专利名称	专利权人	发明人	申请日	授权公告日
624	ZL202111386724.0	一种水溶性阳离子木质素基可聚合单体、其制备方法及其应用	中国林业科学研究院林产化学工业研究所	张海波、王超、商士斌、沈明贵、宋湛谦	20211122	20230131
625	ZL202111286590.5	一种造纸黑液制备保温、可降解发泡包装材料的方法	中国林业科学研究院林产化学工业研究所	朱北平、梁龙、尹航、房桂干、杨成、索晓红、焦健、邓拥军、沈葵忠、林艳、田庆文、吴珽、韩善明、李红斌、梁芳敏、盘爱享、刘行文、庄国俊、赵梦珂、李响、詹云妮、程金元、周虎毅	20211102	20230124
626	ZL201910559892.1	一种速生构树制备催化氧还原反应（ORR）活性炭的新方法	中国林业科学研究院林产化学工业研究所	刘艳艳、蒋剑春、王奎、孙康、周文琛、魏琳珊、吴迪超	20190626	20230120
627	ZL202011050238.7	一种光响应型松香基阴离子表面活性剂及其制备方法、以及光响应型黏弹液	中国林业科学研究院林产化学工业研究所	翟兆兰、叶圣丰、商士斌、刘鹤、宋湛谦	20200929	20230117
628	ZL202111147649.2	一种兼有抗菌和益生活性的蒲公英花多糖提取物及其制备方法	中国林业科学研究院林产化学工业研究所	谢普军、黄立新、张彩虹、邓叶俊	20210929	20230106
629	ZL202210618061.9	一种全生物基苯并噁嗪单体改性环氧大豆油树脂及其制备方法	中国林业科学研究院林产化学工业研究所、广西民族大学	沈明贵、付飞、王丹、胡飞龙、刘鹤、张海波、商士斌、宋湛谦、朱杰	20220601	20230630
630	ZL202110302282.0	一种马蓝叶吲哚类生物碱揉捻破壁转化蓝靛的方法	中国林业科学研究院林产化学工业研究所、凯里小生源生物科技有限公司	王成章、李川、颜洋洋、陶冉、张华兴、李鸿飞	20210322	20231128
631	ZL202110302258.7	一种酶协同生物转化制备合靛蓝的马蓝发酵干叶中的方法	中国林业科学研究院林产化学工业研究所、凯里小生源生物科技有限公司	王成章、李川、颜洋洋、陶冉、张华兴、李鸿飞	20210322	20230808
632	ZL202110358213.1	电导调控酸化马蓝粗提物和分级萃取马蓝生物碱的方法	中国林业科学研究院林产化学工业研究所、凯里小生源生物科技有限公司	王成章、颜洋洋、李川、陶冉、张华兴、李鸿飞	20210401	20230808
633	ZL202210610811.8	一种马蓝鲜茎叶生物碱稳态化处理及炮制方法	中国林业科学研究院林产化学工业研究所、凯里小生源生物科技有限公司	王成章、刘丹阳、张昌伟、周昊、张华兴	20220531	20230714
634	ZL202211175249.7	一种水性粘缸剂及其制备方法和应用	中国林业科学研究院林产化学工业研究所、南京赛润得新材料科技有限公司	黄金瑞、聂小安、李帅、董建、顾玺、陈洁、王义刚	20220926	20230901

（续）

序号	专利号	专利名称	专利权人	发明人	申请日	授权公告日
635	ZL202210441278.7	一种高稳定性硫酸盐木质素复合纳米微球及其制备方法和应用	中国林业科学研究院林产化学工业研究所、齐鲁工业大学	吴延、赵梦珂、严振宇、和铭、孟霞、梁龙、邓拥军、林艳、朱北平	20220425	20230825
636	ZL201710820681.X	双向机械触点式换向阀的操作方法	中国林业科学研究院林业新技术研究所	杨光、张长青、张磊、杨建华、于航	20170913	20231124
637	ZL201810634477.3	丛生竹择伐机	中国林业科学研究院林业新技术研究所	于航、傅万四、张长青、李长威、杨光、白乡、郭任军、李根军	20180620	20231003
638	ZL202110429284.6	一种二维薄层色谱分离沉香的方法	中国林业科学研究院林业新技术研究所	晏婷婷、陈媛、杨昇、范东斌	20210421	20230901
639	ZL202111234666.X	一种基于木质木材纤维生物质材料的黏结剂喷射成型一体机	中国林业科学研究院林业新技术研究所	闫承琳、李晓旭、刘子昕	20211022	20230616
640	ZL202110975360.3	一种扩散型 3 龄松材线虫的鉴定方法	中国林业科学研究院林业新技术研究所	崔嵘、理永霞、潘龙、白建伟、李杰	20210824	20230407
641	ZL202111022154.7	一种吸声材料及其制备方法	中国林业科学研究院林业新技术研究所	彭立民、樊正强、冯云、刘美宏、何金蓉、吴世谦	20210901	20230331
642	ZL202010176671.9	一种古建筑木构用常用树种的现场识别方法及装置	中国林业科学研究院林业新技术研究所、中国林业科学研究院木材工业研究所	陈勇平、郭文静、唐启恒、常亮、任一萍、罗书品	20200313	20230321
643	ZL202211132152.8	一种干油橄榄品种鉴定的种质资源数据库构建方法和应用	中国林业科学研究院林业研究所	曾艳飞、黄兰、张建国、闫鹏程	20220916	20231020
644	ZL202311034961.X	一种鉴别区分油橄榄、尖叶木樨榄及其杂交后代的方法	中国林业科学研究院林业研究所	王兆山、龙金花	20230817	20231017
645	ZL202210793771.5	一种灰杨金属转运蛋白、基因及其应用	中国林业科学研究院林业研究所	邓蕴荣、于文剑、石文广、周婧、罗志斌	20220707	20230915
646	ZL202210472207.3	一种用于杉木的嫁接装置	中国林业科学研究院林业研究所	周红敏、彭辉、张弓乔、惠刚盈、赵中华、胡艳波、季新良、刘俊祥、古琳	20220429	20230908
647	ZL202111583618.1	植物质外体铅离子和 / 或镉离子示踪方法和 Leadmium^{TM} Green AM 新用途	中国林业科学研究院林业研究所	石文广、罗志斌、张玉红	20211222	20230905
648	ZL202210448768.X	一种微生物 - 生物炭的组合物及其制备方法和应用	中国林业科学研究院林业研究所	张倩、邢锦城、孙启祥、杨海水、褚建民、甘红豪、郭嘉	20220426	20230815

（续）

序号	专利号	专利名称	专利权人	发明人	申请日	授权公告日
649	ZL202211009900.3	一种利用杨树细短花枝进行人工杂交育种的方法	中国林业科学研究院林业研究所	丁昌俊、董玉峰、韩友吉、苏晓华、李善文、黄秦军、王延平	20220822	20230815
650	ZL202010326421.9	一种检测冠状病毒S1抗原的试剂盒及其非诊断目的的检测方法	中国林业科学研究院林业研究所	国鹏、张建国、王兆山	20200423	20230707
651	ZL202211535987.8	一种与落叶松开花时间相关的LaSCL6蛋白及其编码基因和应用	中国林业科学研究院林业研究所	李万峰、黄宗钠、臧巧路、叶查龙、叶婵娟、吴昕、佰、李静、齐力旺	20221202	20230609
652	ZL202211056599.1	一种提高杨树室内人工杂交育种质量的育种方法	中国林业科学研究院林业研究所	丁昌俊、董玉峰、张伟溪、苏晓华、李善文、黄秦军、王延平	20220831	20230602
653	ZL202210672532.4	与缩短落叶松育种周期相关的蛋白及其应用	中国林业科学研究院林业研究所	李万峰、叶查龙、臧巧路、程冬霞、李湘漪、齐力旺	20220615	20230516
654	ZL202111137381.4	一种文冠果抗旱基因、SNP及其应用	中国林业科学研究院林业研究所	刘肖娟、王利兵、毕泉鑫、于海燕、李迎超	20210927	20230509
655	ZL202111614069.X	菌根、激素二元互作对榛子松冬景容器大苗促根的方法	中国林业科学研究院林业研究所	刘俊祥、李振坚、孙振元、许洋、沈艳姿、邹竣竹、郑来友	20211227	20230321
656	ZL202111405818.8	一种调控杨树木质素的PagARR9基因及其应用	中国林业科学研究院林业研究所	赵树堂、胡梦璇、郭伟、刘颖丽、赵新伟	20211124	20230321
657	ZL202110852384.X	一种牡丹中参与花青苷转运和积累的GST基因及其应用	中国林业科学研究院林业研究所	王雁、韩路路、周琳	20210727	20230314
658	ZL202111339433.6	一种平欧杂种榛授粉授粉配置栽培方法	中国林业科学研究院林业研究所	马庆华、赵天田、梁丽松、杨振、王贵禧、姜维坚、侯思皓、霍宏亮、梁维坚	20211112	20230106
659	ZL201910835241.0	一种日本落叶松种质的指纹图谱构建方法及其应用	中国林业科学研究院林业研究所、湖北省林业科学研究院	孙晓梅、杜超群、谢允慧、冯健、许业洲、袁慧	20190905	20231107
660	ZL202210447769.2	一种用于生态恢复的复合菌剂、组合物及其制备方法和应用	中国林业科学研究院林业研究所、青岛农业大学	张倩、杨洪晓、孙启祥、邢锦城、杨海水、褚建民、甘红豪、郭嘉	20220426	20231222
661	ZL202211256206.1	一种调控杨树木质素合成的PagERF81基因及其应用	中国林业科学研究院林业研究所、泰安市泰山林业科学研究院	赵树堂、赵新伟、郭伟、刘颖丽、胡梦璇、卢孟柱	20221013	20230815
662	ZL202311359460.9	一种阻燃氨基树脂涂料及其制备方法和应用	中国林业科学研究院木材工业研究所	吴玉章、屈伟、蒋金锐、罗佳明	20231020	20231229

（续）

序号	专利号	专利名称	专利权人	发明人	申请日	授权公告日
663	ZL202311372556.9	一种修复炭层龟裂阻燃氨基树脂涂料及其制备方法和应用	中国林业科学研究院木材工业研究所	吴玉章、高瑞清、屈伟、蒋金锐、罗佳明	20231023	20231229
664	ZL202111463925.6	一种木材横纹抗压全时程本构关系的构建方法	中国林业科学研究院木材工业研究所	钟永、陈勇平、任海青、武国芳、孙竞成、王雪玉	20211203	20231219
665	ZL202311240743.1	一种结构用锯材强度等级的连续在线检测装置及方法	中国林业科学研究院木材工业研究所	钟永、蔡润、付方伟、武国芳、任海青	20230925	20231208
666	ZL202211358387.9	一种基于荧光变色碳量子点的高耐光变色色型纳米助剂及其制备方法及应用	中国林业科学研究院木材工业研究所	张龙飞、吕少一、梁善庆、林兰英、陈志林	20221101	20231107
667	ZL202211667095.3	基于多源特征融合的木材材种鉴定方法和装置	中国林业科学研究院木材工业研究所	何拓、刘守佳、段亚方、郑昌、焦立超、郭娟	20221222	20231027
668	ZL202211698182.5	反应型阻燃重组木及其制备方法	中国林业科学研究院木材工业研究所	姜鹏、陈志林、于文吉、张亚慧、贾宏煜	20221228	20231027
669	ZL202210287174.5	超高强度木材及其制备方法	中国林业科学研究院木材工业研究所	李改云、郭登康、傅峰、杨、耿奥博	20220322	20231024
670	ZL202310847677.8	一种基于碳量子点的耐污防指纹助剂及其制备方法、耐污防指纹涂料及应用	中国林业科学研究院木材工业研究所	张龙飞、吕少一、李善明、彭立民、梁善庆、陈志林、程献宝	20230712	20230922
671	ZL201910379025.X	一种木结构构件上下料系统及方法	中国林业科学研究院木材工业研究所	张伟、杨增帅、高锐、金征、林章磊、叶勤生	20190508	20230919
672	ZL202110417480.1	一种丘陵山地机械化除灌旋耕工作头及其工作方法	中国林业科学研究院木材工业研究所	张伟、王国富、苗虎、纪敏、金征	20210419	20230912
673	ZL202210533719.6	基于高含水率单元组重率重组材的工艺及应用	中国林业科学研究院木材工业研究所	于文吉、张亚梅、高琪	20220516	20230905
674	ZL202110417909.7	一种困难立地造林挖坑工作头及其工作方法	中国林业科学研究院木材工业研究所	张伟、王国富、苗虎、纪敏、金征	20210419	20230825
675	ZL202211031226.9	海花草自动称重压缩打包生产线系统及方法	中国林业科学研究院木材工业研究所	张伟、苗虎、纪敏、金征	20220826	20230818
676	ZL202211654177.4	一种胶合木层板单元的质量控制系统及方法	中国林业科学研究院木材工业研究所	钟永、武国芳、任海青、付方伟、杨世玉	20221222	20230818
677	ZL201810122075.5	一种锯材表面质量等级划分装置及方法	中国林业科学研究院木材工业研究所	张伟、陈东、吴雨生、金征	20180207	20230804

（续）

序号	专利号	专利名称	专利权人	发明人	申请日	授权公告日
678	ZL202110417067.5	一种圆竹采伐设备及采伐方法	中国林业科学研究院木材工业研究所	张伟、苗虎、王国富、纪敏、金征	20210419	20230804
679	ZL202211654268.8	一种结构用锯材的质量轻制系统及方法	中国林业科学研究院木材工业研究所	钟永、武国芳、付方伟、任海青、杨世玉	20221222	20230804
680	ZL202011215658.6	一种高防霉耐水型豆粕蛋白胶黏剂及其制备方法	中国林业科学研究院木材工业研究所	杨昇、范东斌、储富祥、李改云、陈嫒、陈欢	20201104	20230721
681	ZL202102237040.2	无胶纤维塑化板及其制备方法	中国林业科学研究院木材工业研究所	陈嫒、李改云、张铁娟、范东斌	20220310	20230721
682	ZL201810527529.7	装配式木结构预制构件柔性加工生产线及柔韧加工方法	中国林业科学研究院木材工业研究所	张伟、陈东、吴雨生、杨增帅、金征	20180528	20230704
683	ZL202111556778.7	丙烯酸酯微乳液木性改性剂及其制备方法与应用	中国林业科学研究院木材工业研究所	孙柏玲、柴宇博、刘君良、黄安民、王小青、苏莹莹	20211217	20230523
684	ZL201910613751.3	一种具有抗菌防霉性能的重组木及其制备方法	中国林业科学研究院木材工业研究所	张亚梅、于文吉、余养伦	20190709	20230425
685	ZL201810817973.2	一种适用于凸轮机构的静平衡设计方法	中国林业科学研究院木材工业研究所	王霄、周玉成、陈龙现、刘传泽、苗虎	20180724	20230421
686	ZL202011191525.X	一种木材表面干缩应变的在线检测方法及装置	中国林业科学研究院木材工业研究所	付宗营、周永东、周凡、高鑫	20201030	20230421
687	ZL201810527530.X	木结构集成材柔性加工生产线及柔性加工方法	中国林业科学研究院木材工业研究所	张伟、陈东、杨增帅、吴雨生、金征	20180528	20230418
688	ZL201811071312.6	一种木工圆锯片外缘临界温度载荷的预测方法	中国林业科学研究院木材工业研究所	李博、张占宽	20180914	20230418
689	ZL201510680844.X	矩形竹片缺棱缺陷及颜色分拣方法	中国林业科学研究院木材工业研究所	张长青、杨光、傅万四、张雷、陈忠加、杨建华、张端、赵章荣、隋晓梅	20151021	20230414
690	ZL202210209164.X	一种DNA条形码及鉴别楠属和润楠属中多种木材的方法	中国林业科学研究院木材工业研究所	焦立超、陶杨、殷亚方、郭雨、王杰、何拓、马灵玉、姜笑梅、张永刚	20220304	20230407
691	ZL202210149079.9	一种木质文物的古DNA捕获方法	中国林业科学研究院木材工业研究所	焦立超、陆杨、郭雨、郭娟、何拓、马灵玉	20220218	20230324
692	ZL202111073333.3	一种具有压阻效应的导电木质海绵及其制备方法和应用	中国林业科学研究院木材工业研究所	王小青、管浩、戴鑫建、倪林、胡极航、王鑫	20210914	20230321
693	ZL202210316009.8	一种装饰用浸渍用浅色胶黏剂及其制备方法	中国林业科学研究院木材工业研究所	徐建峰、刘如、龙玲	20220329	20230321

（续）

序号	专利号	专利名称	专利权人	发明人	申请日	授权公告日
694	ZL202210895626.8	高强度杉木胶合木梁及制备方法和抗弯刚度指标确定方法	中国林业科学研究院木材工业研究所	钟永、任海青、武国芳、付方伟、杨世玉	20220727	20230321
695	ZL202210000101.3	一种竹材纤维和薄壁细胞分离方法	中国林业科学研究院木材工业研究所	余养伦、黄宇翔、李鹤衣、于文吉、高瑞清	20220101	20230214
696	ZL202110422872.7	一种释香型饰面人造板及其制备方法	中国林业科学研究院木材工业研究所	徐建峰、龙玲、刘如、唐召群	20210420	20230131
697	ZL202010285153.0	一种无损快速测定木质文物保存状态的方法	中国林业科学研究院木材工业研究所	郭娟、殷亚方、张永刚、焦立超、李姗、何拓、王杰、韩刘杨、李仁、刘守佳	20200413	20230124
698	ZL202211523144.6	一种锯切质量与刀具寿命预测系统	中国林业科学研究院木材工业研究所、北京科技大学、杭州吉冈工具有限公司	李博、于铭洋、高瑞清、洪亮、张勃洋、张清东	20221201	20230317
699	ZL202011413228.5	木质重组材料及其制备方法	中国林业科学研究院木材工业研究所、山东省林业科学研究院	张亚慧、于文吉、李长贵、刘德玺、黄宇翔、祝荣先、何明明、齐越、马志珍、吴江源	20201204	20230825
700	ZL202111651509.9	木基重组材料及其制备方法	中国林业科学研究院木材工业研究所、四川华盛竹业有限责任公司	张亚慧、于文吉、张亚非、李峰、马红霞、齐越、吴江源、祝荣先、黄宇翔、雷文成	20211230	20230103
701	ZL201810293427.3	温室气体收集装置	中国林业科学研究院热带林业实验中心	明安刚、陶怡、农友、李华、牛长海	20180330	20231208
702	ZL201810294670.7	林木根系质量测定的工具	中国林业科学研究院热带林业实验中心	明安刚、陶怡、农友、雷丽群	20180330	20231117
703	ZL201811414082.9	格木无节材培育的修枝方法	中国林业科学研究院热带林业实验中心	郝建、贾宏炎、赵志刚、郭文福	20181126	20231003
704	ZL201810293728.6	土壤样品采集工具	中国林业科学研究院热带林业实验中心	明安刚、牛长海、陈建全、孙冬婧、陶怡	20180330	20230922
705	ZL201811222159.2	一种山地集材抓木爪	中国林业科学研究院热带林业实验中心	贾宏炎、刁海林、牛长海、陈东成	20181019	20230808
706	ZL201811222160.5	一种可避让障碍物的轻便抓木爪	中国林业科学研究院热带林业实验中心	贾宏炎、刁海林、牛长海、陈东成、蒙建	20181019	20230623
707	ZL201811221569.5	一种自行式绞盘集材机及其集材方法	中国林业科学研究院热带林业实验中心	贾宏炎、刁海林、牛长海、苏建苗、陈东成	20181019	20230623
708	ZL202210989709.3	红锥育种方法	中国林业科学研究院热带林业实验中心	刘光金、侯佳、田祖为、贾宏炎、李朝英、劳庆祥、谌红辉、吴俊多、张显强、农志	20220818	20230602

（续）

序号	专利号	专利名称	专利权人	发明人	申请日	授权公告日
709	ZL202310687128.9	一种土沉香易结香优株金丝油的无性快繁方法	中国林业科学研究院热带林业研究所	李湘阳、曾炳山、胡冰	20230609	20231208
710	ZL202010285492.9	一种快速统计植物花粉-胚珠比的方法	中国林业科学研究院热带林业研究所	裴男才、孙冰、史欣、李健容、罗中莱	20200413	20231024
711	ZL202211393170.1	一种以西南桦节间茎段为外植体的再生方法	中国林业科学研究院热带林业研究所	王欢、郭俊杰、王春胜、尹海锋、曾杰	20221108	20230829
712	ZL202210304973.9	一种提高尾细桉杂交的复层混交方法	中国林业科学研究院热带林业研究所	李光友、徐建民、范春节、陆海飞、张沛健、陈马兴、李孔生、周芳萍、李娟、李华强	20220325	20230704
713	ZL201910665025.6	一种基于双酶切的简化基因组测序文库的构建方法	中国林业科学研究院热带林业研究所	李发根、甘四明、贾翠蓉、翁启杰、周长品、朱显亮	20190723	20230606
714	ZL202210609032.6	油橄榄仁组织培养方法及其培养基	中国林业科学研究院热带林业研究所	王欢、郭俊杰、曾其琇瑶、王春胜、曾杰	20220531	20230523
715	ZL201910239989.4	用于鉴定桉树无性系的SNP位点多点荧光检测引物、试剂盒、检测方法及其应用	中国林业科学研究院热带林业研究所	周长品、李发根、翁启杰、李昌荣、甘四明	20190327	20230502
716	ZL201611182685.1	取土钻	中国林业科学研究院热带林业研究所	杨曾奖、徐大平、李小飞	20161220	20230314
717	ZL202110159934.X	一种利用高压气体诱导土沉香结香的方法及其应用	中国林业科学研究院热带林业研究所	周再知、刘高峰、黄桂华、张青青	20210205	20230314
718	ZL202210011845.5	一种马大杂种相思的芽诱导培养基及其应用	中国林业科学研究院热带林业研究所	黄烈健、卢艳平、陈玉军、李玫	20220107	20230314
719	ZL202111371801.5	用于Lonsdalea属病原菌检测的引物探针组合、试剂盒、检测方法及其应用	中国林业科学研究院森林生态环境与保护研究所	李永、王圣洁、田国忠、薛寒、姜宁、朴春根	20211118	20230721
720	ZL202111371804.9	一种根瘤菌、由其制备的菌剂及应用	中国林业科学研究院森林生态环境与保护研究所	李永、薛寒、姜宁、朴春根、汪来发	20211118	20230714
721	ZL202110941952.3	美国白蛾Rop基因dsRNA及其细菌表达液和应用	中国林业科学研究院森林生态环境与保护研究所	张真、张珣、樊智智、孔祥波、刘福、方加兴	20210817	20230516
722	ZL202010951619.6	一种可扩展球式矩阵地下火险监测方法和装置	中国林业科学研究院森林生态环境与保护研究所、大兴安岭林业集团公司森林经营管理部技术推广站	王明玉、舒立福、杨丽君、田晓瑞、赵凤君、朱光辉	20200911	20230825
723	ZL202210035181.6	一种化合物及其制备方法与应用	中国林业科学研究院森林生态环境与自然保护研究所	刘福、张真、孔祥波、张苏芳、方加兴	20220113	20230915

（续）

序号	专利号	专利名称	专利权人	发明人	申请日	授权公告日
724	ZL202210890306.3	一种用于松材线虫防治的pH响应型自荧光纳米农药载体及制备方法、纳米农药和应用	中国林业科学研究院森林生态环境与自然保护研究所	孔祥波、于威、理永霞、郭晓滨、张星耀、方加兴、刘福、张苏芳	20220727	20230707
725	ZL202210616811.9	一种花绒寄甲高效繁育方法	中国林业科学研究院森林生态环境与自然保护研究所	王小艺、王少博、韩孟娇、张彦龙、杨忠岐	20220601	20230512
726	ZL202210614856.2	一种防治松材线虫病的苏云金芽孢杆菌工程菌制备方法与应用	中国林业科学研究院森林生态环境与自然保护研究所	理永霞、李东振、王璇、刘振凯、张星耀	20220601	20230421
727	ZL202311116508.5	一种多源林业土壤属性数据库的构建方法	中国林业科学研究院森林生态环境与自然保护研究所（国家林业和草原局世界自然遗产保护研究中心）	沈琛琛、黄志霖、肖文发、朱建华、曾立雄	20230911	20231226
728	ZL202311063067.5	一种基于神经辐射场的诊稀鸟类三维模型重构方法与装置	中国林业科学研究院森林生态环境与自然保护研究所（国家林业和草原局世界自然遗产保护研究中心）、北京信息科技大学、山东黄河三角洲国家级自然保护区管理委员会	江红星、刘畅、吕梦雪、路峰、岳修鹏、张树岩、邱钧	20230823	20231229
729	ZL202311075124.1	一种基于GPS跟踪数据的鸟类迁飞路线图论建模方法	中国林业科学研究院森林生态环境与自然保护研究所（国家林业和草原局世界自然遗产保护研究中心）、北京信息科技大学、山东黄河三角洲国家级自然保护区管理委员会	江红星、刘畅、路峰、岳修鹏、周英锋、张树岩、邱钧	20230825	20231128
730	ZL202210843390.3	一种基于森林自然感知进行雷击火预警扑救的方法和系统	中国林业科学研究院森林生态环境与自然保护研究所、中国科学院电工研究所	王明玉、苑尚博、宋佳军、舒立福、李伟克、李威、司莉青、赵凤君	20220718	20230822
731	ZL201810390792.6	一种水力传播的湿地植物种子捕获装置及方法	中国林业科学研究院生态保护与修复研究所	李伟、窦志国、崔丽娟、康晓明、张晓栋、王燕、李春义、赵欣胜、胡宇坤、徐慧博、蔡杨	20180427	20230711
732	ZL202210861648.2	一种适用于大块生物质原料的高温碳化装置及方法	中国林业科学研究院生态保护与修复研究所	周泽峰	20220720	20230519

（续）

序号	专利号	专利名称	专利权人	发明人	申请日	授权公告日
733	ZL202110584694.8	一种防止蟹类扰动的土壤监测固定样方装置及安装使用方法	中国林业科学研究院生态保护与修复研究所	张骁栋、康晓明、王金枝、颜亮、李勇、闫钟清、张克柔、康恩泽	20210527	20230505
734	ZL202310696934.2	基于大数据分析的树干液流流速预测系统	中国林业科学研究院速生树木研究所	王志超、杜阿朋、许宇星、竹万宽	20230613	20230922
735	ZL202210379677.5	一种卡亚蔬菜和饲料的栽培修剪方法	中国林业科学研究院速生树木研究所	张沛健、尚秀华、刘果、彭彦、高丽琼、潘晓宇、张维耀	20220412	20230324
736	ZL202111635153.4	一种油茶高效组织培养及植株再生的方法	中国林业科学研究院亚热带林业研究所	邱文敏、卓仁英、姚小华、徐静、刘林秀、陈娟娟、张燕	20221219	20231222
737	ZL202010807208.X	一种促进弗吉尼亚栎扦插生根的苗床加温方法	中国林业科学研究院亚热带林业研究所	王树凤、孙海菁、施翔、陈益泰、吴天林	20200812	20231107
738	ZL202110843911.0	与油茶种子出仁率相关的DNA片段、SNP分子标记及其应用	中国林业科学研究院亚热带林业研究所	王开良、邵慰忠、林萍	20210726	20231031
739	ZL202110844658.0	一种与油茶单果质量相关的DNA片段及其应用	中国林业科学研究院亚热带林业研究所	常君、林萍、姚小华、王开良	20210726	20231031
740	ZL201910305146.X	山茶品种春江红霞的多态性标记引物及山茶品种鉴定方法	中国林业科学研究院亚热带林业研究所	李纪元、潘丽芹、范正琪、殷恒福、李辛雷、何丽波、李绍棠	20190416	20230822
741	ZL202110846310.5	一种与油茶种子油脂中亚酸含量相关的DNA片段及其应用	中国林业科学研究院亚热带林业研究所	常君、林萍、姚小华、王开良	20210726	20230815
742	ZL202111299783.4	薄壳山核桃Mahan, Pawnee和Greenriver的SSR分子标记及其应用	中国林业科学研究院亚热带林业研究所	张成才、姚小华、任华东、常君	20211104	20230804
743	ZL202111300894.2	薄壳山核桃品种McMillian的SSR分子标记及其应用	中国林业科学研究院亚热带林业研究所	张成才、任华东、姚小华、常君	20211104	20230804
744	ZL202210071641.0	转录因子LCMYB4在调控山鸡椒萜类合成中的应用	中国林业科学研究院亚热带林业研究所	赵耘霄、陈益存、汪阳东、高暝、吴立文	20220121	20230804
745	ZL202210066720.2	转录因子LcERF19在调控山鸡椒精油合成中的应用	中国林业科学研究院亚热带林业研究所	汪阳东、王民炎、陈益存、高暝、吴立文、赵耘霄	20220120	20230804
746	ZL202110843913.X	与油茶种子油脂中亚油酸含量相关的DNA片段、SNP分子标记及其应用	中国林业科学研究院亚热带林业研究所	林萍、邵慰忠、姚小华	20210726	20230728

（续）

序号	专利号	专利名称	专利权人	发明人	申请日	授权公告日
747	ZL202111300949.X	薄壳山核桃品种 Creek 的分子标记及其应用	中国林业科学研究院亚热带林业研究所	张成才、常君、任华东、姚小华	20211104	20230711
748	ZL202111538383.4	D6 蛋白激酶 D6PKL2 的新用途	中国林业科学研究院亚热带林业研究所	汪阳东、陈益存、高暝、吴立文、赵耘霄	20211215	20230630
749	ZL202110837844.1	与油茶单果质量相关的 DNA 片段，其紧密连锁的 SNP 分子标记及其应用	中国林业科学研究院亚热带林业研究所	林萍、姚小华、王开良、常君	20210723	20230623
750	ZL202110837852.6	与油茶种子出仁率相关的 DNA 片段，其紧密连锁的 SNP 分子标记及其应用	中国林业科学研究院亚热带林业研究所	林萍、王开良、姚小华、常君	20210723	20230623
751	ZL202010442392.2	与油茶种仁油中亚麻酸含量相关的 SNP 分子标记及其应用	中国林业科学研究院亚热带林业研究所	林萍、常君、王开良	20200522	20230512
752	ZL202210160482.1	一种亚热带次生林恢复育方法	中国林业科学研究院亚热带林业研究所	曹永慧、李生、周本智	20220222	20230509
753	ZL202111533326.7	一种方便拆洗的便携式诱捕装置	中国林业科学研究院亚热带林业研究所	张威、张亚波、滕莹、舒金平、李志红	20211215	20230411
754	ZL202010456767.0	与油茶种子油脂中棕榈油酸含量相关的 SNP 分子标记及其应用	中国林业科学研究院亚热带林业研究所	王开良、林萍、姚小华	20200526	20230321
755	ZL202010479308.4	与油茶种仁油含油率相关的 2 个 SNP 分子标记及其应用	中国林业科学研究院亚热带林业研究所	林萍、常君、王开良	20200529	20230321
756	ZL202010477521.1	与油茶种子油脂中软脂酸含量相关的 SNP 分子标记及其应用	中国林业科学研究院亚热带林业研究所	林萍、龙伟、任华东	20200529	20230321
757	ZL202010456775.5	与油茶种子油中硬脂酸含量相关的 SNP 分子标记及其应用	中国林业科学研究院亚热带林业研究所	林萍、王开良、姚小华	20200526	20230321
758	ZL202111524480.8	一种飞行昆虫诱捕装置及其方法	中国林业科学研究院亚热带林业研究所	张威、滕莹、舒金平、张亚波、李志红、李妍	20211214	20230321
759	ZL202110080365.6	一种吉伦不动杆菌及其应用	中国林业科学研究院亚热带林业研究所	张亚波、张威、滕莹、方林鑫、王迪、李志红、舒金平	20210915	20230310
760	ZL202111622356.5	一种基于陈麦粒的羊肚菌开放式低成本制种方法	中国林业科学研究院亚热带林业研究所	张玮、陈胜、吴一凡、谢锦忠、张慧萍、蔡晓郡、华克达	20211228	20230117
761	ZL201911213441.9	杂合二倍体内生真菌菌株及其用途	中国林业科学研究院亚热带林业研究所	杨预展、袁志林、王欣玉	20191202	20230110

序号	专利号	专利名称	专利权人	发明人	申请日	授权公告日
762	ZL201910929264.8	金花茶SSR标记引物及其在杂种鉴定中的应用	中国林业科学研究院亚热带林业研究所	李辛雷、王洁、殷恒福、范正琪、李纪元	20190929	20230103
763	ZL202110124721.3	一种高级烷醇微胶囊、制备方法及其在泡腾片中的应用	中国林业科学研究院资源昆虫研究所	马金菊、张弘、陈晓鸣、刘兰香、徐涓、李凯	20210129	20230502
764	ZL202111488685.5	一种调控滇丁香花花期的方法	中国林业科学研究院资源昆虫研究所	李正红、万友名、马宏、刘秀贤	20200526	20230314
765	ZL202011202798.X	一种赤式紫胶桐酸的制备方法	中国林业科学研究院资源昆虫研究所	李坤、唐保山、张弘、石小娟、张雯雯、马金菊、刘兰香、徐涓	20201102	20230217
766	ZL202011539220.3	一种鞣花酸的制备方法	中国林业科学研究院资源昆虫研究所、五峰赤诚生物科技股份有限公司	徐涓、张弘、陈赤清、李坤、李凯、张雯雯、富、刘义稳、张品德、陈清龙	20201223	20230818
767	ZL202010051085.1	富集稀散金属的固定化单宁、制备方法及利用其富集稀散金属的方法	中国林业科学研究院资源昆虫研究所、五峰赤诚生物科技股份有限公司	张雯雯、陈赤清、黄铖、李坤、毛业富、冯运洋、陈清龙、张品德、刘义稳、张弘	20200117	20230623
768	ZL202111451516.4	喙尾琵琶甲提取物在化妆品中的应用	中国林业科学研究院资源昆虫研究所、中国科学院昆明动物研究所	赵敏、赖切、冯颖、张腊梅、石雷、何钊、孙龙、吕秋敏、王成业	20211201	20231114
769	ZL202110278924.8	一种解决林分中针叶树三维模型树冠分枝交叉重叠的方法	中国林业科学研究院资源信息研究所	张怀清、崔泽宇、朱念福、杨廷栋	20210316	20231031
770	ZL202110430523.X	一种气候变化条件下落叶松分布变化和生产力协同估算方法	中国林业科学研究院资源信息研究所	邓广、庞勇、李增元	20210421	20231020
771	ZL202011032211.5	基于遥感图像和植被类型图的森林草原火灾火势判别方法	中国林业科学研究院资源信息研究所	覃先林、胡心雨、刘倩、李增元	20200927	20230929
772	ZL202110301809.8	一种基于肢体动作交互驱动的森林经营作业模拟方法	中国林业科学研究院资源信息研究所	张怀清、朱念福、杨廷栋	20210322	20230926
773	ZL202110296912.8	一种基于邻域特征的单木骨架提取及可视化方法	中国林业科学研究院资源信息研究所	张怀清、潘少杰、胡春华、杨廷栋	20210319	20230926
774	ZL202110376198.3	一种基于目标树经营同伐术智能选择算法	中国林业科学研究院资源信息研究所	庞丽峰、刘丹、罗勇、刘鹏举	20210408	20230901
775	ZL202310500273.1	一种基于无人机的灌丛覆盖度测量方法	中国林业科学研究院资源信息研究所	孙斌、岳巍、高志海、李毅夫、闫紫钰	20230506	20230811
776	ZL202110137599.3	一种角规测定林分断面积虚拟仿真方法	中国林业科学研究院资源信息研究所	李永亮、刘丹、朱念福、范亚雄、张卓立	20210201	20230725

（续）

序号	专利号	专利名称	专利权人	发明人	申请日	授权公告日
777	ZL202010250327.X	一种悬空同结构的枝下高动态可视化模拟方法及系统	中国林业科学研究院资源信息研究所	张怀清、朱念福、杨廷栋、李永亮	20200401	20230425
778	ZL20201161714.8	一种同步实现航空红外影像温度定标及几何检校的方法	中国林业科学研究院资源信息研究所	斯林	20201230	20230407
779	ZL20211067427.1	一种树木微钻阻力仪及其评价木材质量的方法	中国林业科学研究院资源信息研究所、信阳师范学院	符利勇、唐守正、姚建峰、卢军、郑一力、郭旭展	20210617	20230124
780	ZL202110974466.1	具有溶磷功能并促进园林植物生长的根腐菌及其应用	中国农业科学院农业资源与农业区划研究所、上海市园林科学规划研究院	何山文、张晓霞、韩继刚、赵莺莺、马荣	20210824	20230801
781	ZL202107366.10.2	以油茶皂素为主成分的防黏性涂层及其制备方法和在抑制蜡样芽孢杆菌中的应用	中南林业科技大学、湖南省林业科学院	高一丹、马英姿、刘思思、肖志红、李昌珠、吉悦娜、李力、肖静晶、涂佳	20220627	20230606
782	ZL202107924.0	一种利用未成熟杂交种子培育茶花新品种幼苗的方法	重庆市风景园林科学研究院	李玲莉、邹世慧、汤丽红	20210618	20230516
783	ZL202111286.28.0	一种树木砍伐防倒装置及其砍伐方法	重庆市林业科学研究院	薛沛沛、孟祥江、陈本文、何邦亮、马正锐、师贺雄、薛兰兰、王蕾	20220916	20231020
784	ZL20221114035.9	一种黄栌叶色调控剂及其使用方法	重庆市林业科学研究院	黄小辉、冯大兰、王玉书、李秀珍、魏立本、黄世友、张玄、周小舟、唐佳佳	20220914	20231003
785	ZL20221079868.5	一种森林抚育整枝修剪器	重庆市林业科学研究院	孟祥江、马正锐、何邦亮、师贺雄、薛沛沛、陈本文、薛兰兰、王蕾	20220706	20230922
786	ZL20201489411.3	一种竹笋保鲜剂及其制备方法	重庆市林业科学研究院	童龙、李彬、李红艳、张磊、陈丽洁、耿养会、李川	20201216	20230829
787	ZL202111039.58.4	一种箭叶淫羊藿优株块根无性快繁的育苗方法	重庆市林业科学研究院	卢敏、戴前莉、朱恒星、陈林、李薇、倪流发、郭妮、王大铭	20220909	20230815
788	ZL20210884068.5	一种李子破碎去核装置	重庆市林业科学研究院	师贺雄、夏鹰、刘祖英、孟祥江、马正锐、王蕾	20220726	20230728
789	ZL202010699732.X	一种鲜笋保鲜涂膜剂及其制备方法	重庆市林业科学研究院	童龙、李彬、耿养会、陈丽洁、张磊、李红艳	20200720	20230606
790	ZL202111400637.6	一种丛生竹工厂化扦插方法	重庆市林业科学研究院	童龙、李彬、李红艳、陈丽洁、李川、磊、冉斌	20211119	20230606
791	ZL202210078168.9	一种退化马尾松林下套种老鹰茶的种植方法	重庆市林业科学研究院	卢敏、朱恒星、戴前莉、黄飞逸、李川、刘小明、管运峰、汪锐、俞峰、张	20220124	20230425
792	ZL202115878.22.0	一种老鹰茶轻质量容器扦插育苗方法	重庆市林业科学研究院	戴前莉、卢敏、朱恒星、陈本文、李川、张晓蓉、高飞、黄飞逸、管运峰、刘小明	20211223	20230314

（续）

序号	专利号	专利名称	专利权人	发明人	申请日	授权公告日
793	ZL202011202291.4	一种枸杞叶制茶方法	重庆市林业科学研究院、重庆森丰林业科技发展有限责任公司	谢芙赞、马立辉、王云堂	20201102	20230505
794	ZL202210439211.X	一种组织培养中玻璃化缓解装置	淄博市林业保护发展中心、淄博市公园城市服务中心、山东农业工程学院	杨昊、李明赞、徐海涛、于梅、何秋月	20220425	20230411
795	ZL202211287588.4	一种林业害虫防治装置及其防治方法	遵义市林业科学研究所	徐志文、任雪敏、郑翼、王淑君、展茂魁、赵斌	20221020	20230915
796	ZL202210993650.5	一种松干蚧防治装置及使用方法	遵义市林业科学研究所	任雪敏、徐志文、周宇、展茂魁、路纪芳、陈波、赵斌、孙亚茹	20220818	20230818

数据来源：国家知识产权局中国专利数据库。